*2024*
# 国家统一法律职业资格考试

## 历年客观试题精讲

主编 桑 磊
编著 柯勇敏

# 民 法
## ［章节版］

扫码进题库

中国法制出版社
CHINA LEGAL PUBLISHING HOUSE

图书在版编目（CIP）数据

2024 国家统一法律职业资格考试历年客观试题精讲：章节版．民法／桑磊主编．—北京：中国法制出版社，2024.6

ISBN 978-7-5216-4156-1

Ⅰ.①2… Ⅱ.①桑… Ⅲ.①民法-中国-资格考试-题解 Ⅳ.①D920.4

中国国家版本馆 CIP 数据核字（2024）第 031844 号

策划编辑：李连宇

责任编辑：李连宇 黄丹丹 刘海龙 潘环环　　　　　　　封面设计：拓　朴

2024 国家统一法律职业资格考试历年客观试题精讲：章节版．民法

2024 GUOJIA TONGYI FALÜ ZHIYE ZIGE KAOSHI LINIAN KEGUAN SHITI JINGJIANG：ZHANGJIEBAN. MINFA

主编／桑　磊

经销／新华书店

印刷／三河市华润印刷有限公司

开本／787 毫米×1092 毫米　16 开　　　　　　　　　　印张／11.75　字数／340 千

版次／2024 年 6 月第 1 版　　　　　　　　　　　　　2024 年 6 月第 1 次印刷

中国法制出版社出版

书号 ISBN 978-7-5216-4156-1　　　　　　　　　　　总定价：261.00 元（全八册）

北京市西城区西便门西里甲 16 号西便门办公区

邮政编码：100053　　　　　　　　　　　　　　　　传真：010-63141600

网址：http：//www.zgfzs.com　　　　　　　　　　编辑部电话：010-63141811

市场营销部电话：010-63141612　　　　　　　　　印务部电话：010-63141606

（如有印装质量问题，请与本社印务部联系。）

本书二维码内容由桑磊法考提供，用于服务广大考生，有效期截至 2024 年 12 月 31 日。

# 目　录

# 法律文件简称对照表

| 简称 | 全称 |
| --- | --- |
| 查封、扣押、冻结规定 | 最高人民法院关于人民法院民事执行中查封、扣押、冻结财产的规定 |
| 城镇房屋租赁合同解释 | 最高人民法院关于审理城镇房屋租赁合同纠纷案件具体应用法律若干问题的解释 |
| 公司法规定三 | 最高人民法院关于适用《中华人民共和国公司法》若干问题的规定（三） |
| 技术合同解释 | 最高人民法院关于审理技术合同纠纷案件适用法律若干问题的解释 |
| 建设工程施工合同解释一 | 最高人民法院关于审理建设工程施工合同纠纷案件适用法律问题的解释（一） |
| 建筑物区分所有权解释 | 最高人民法院关于审理建筑物区分所有权纠纷案件适用法律若干问题的解释 |
| 九民纪要 | 全国法院民商事审判工作会议纪要 |
| 旅游纠纷规定 | 最高人民法院关于审理旅游纠纷案件适用法律若干问题的规定 |
| 买卖合同解释 | 最高人民法院关于审理买卖合同纠纷案件适用法律问题的解释 |
| 民法典担保制度解释 | 最高人民法院关于适用《中华人民共和国民法典》有关担保制度的解释 |
| 民法典婚姻家庭编解释一 | 最高人民法院关于适用《中华人民共和国民法典》婚姻家庭编的解释（一） |
| 民法典继承编解释一 | 最高人民法院关于适用《中华人民共和国民法典》继承编的解释（一） |
| 民法典物权编解释一 | 最高人民法院关于适用《中华人民共和国民法典》物权编的解释（一） |
| 民法典总则编解释 | 最高人民法院关于适用《中华人民共和国民法典》总则编若干问题的解释 |
| 民法典合同编通则解释 | 最高人民法院关于适用《中华人民共和国民法典》合同编通则若干问题的解释 |
| 民间借贷规定 | 最高人民法院关于审理民间借贷案件适用法律若干问题的规定 |
| 民诉解释 | 最高人民法院关于适用《中华人民共和国民事诉讼法》的解释 |
| 商品房买卖合同解释 | 最高人民法院关于审理商品房买卖合同纠纷案件适用法律若干问题的解释 |
| 食品药品纠纷规定 | 最高人民法院关于审理食品药品纠纷案件适用法律若干问题的规定 |
| 诉讼时效规定 | 最高人民法院关于审理民事案件适用诉讼时效制度若干问题的规定 |

# 第一章　民法概述

1. 甲男与乙女在离婚协议中约定：为了婚生女小萍的健康成长，乙女若再婚也不可再生育子女。该约定违反民法哪一基本原则？（2019年回忆版）

A. 公序良俗原则

B. 平等原则

C. 自愿原则

D. 诚信原则

2. 甲、乙二人同村，宅基地毗邻。甲的宅基地倚山、地势较低，乙的宅基地在上将其环绕。乙因琐事与甲多次争吵而郁闷难解，便沿二人宅基地的边界线靠己方一侧，建起高5米围墙，使甲在自家院内却有身处监牢之感。乙的行为违背民法的下列哪一基本原则？（2017-3-1）

A. 自愿原则

B. 公平原则

C. 平等原则

D. 诚信原则

3. 根据法律规定，下列哪一种社会关系应由民法调整？（2016-3-1）

A. 甲请求税务机关退还其多缴的个人所得税

B. 乙手机丢失后发布寻物启事称："拾得者送还手机，本人当面酬谢"

C. 丙对女友书面承诺："如我在上海找到工作，则陪你去欧洲旅游"

D. 丁作为青年志愿者，定期去福利院做帮工

4. 甲单独邀请朋友乙到家中吃饭，乙爽快答应并表示一定赴约。甲为此精心准备，还因炒菜被热油烫伤。但当日乙因其他应酬而未赴约，也未及时告知甲，致使甲准备的饭菜浪费。关于乙对甲的责任，下列哪一说法是正确的？（2016-3-10）

A. 无须承担法律责任

B. 应承担违约责任

C. 应承担侵权责任

D. 应承担缔约过失责任

**1.** ［答案］A　　［难度］易

［考点］民法的基本原则

［命题和解题思路］本题以离婚协议中的条款内容为切入点对民法的基本原则进行考查，提问方式较为直接，难度不大。民法的基本原则在民法客观题考试中偶尔考查，主要的考查方式是：给定某个合同或者当事人的某个行为，要求考生判断其是否违反民法的基本原则，以及判断具体违反了哪个基本原则。与此相应，对于民法的基本原则这一考点，考生复习的侧重点有二：（1）各个基本原则的含义以及违反各个基本原则的典型例证；（2）各个基本原则之间的区别，特别是诚实信用原则与公序良俗原则之间的区分。

［选项分析］选项A考查公序良俗原则。公序良俗原则指的是民事主体从事民事活动不得违背公共秩序与善良风俗。本题中，甲男与乙女在离婚协议中约定：为了婚生女小萍的健康成长，乙女若再婚也不可再生育子女。该约定对乙女施加了过分的限制，严重侵犯了乙女的生育自由，违反了婚姻家庭伦理层面的公序良俗，结合《民法典》第153条第2款，该约定因违反公序良俗原则而无效。选项A正确。

选项B考查平等原则。《民法典》第4条规定："民事主体在民事活动中的法律地位一律平等。"据此可知，平等原则强调民事主体在从事民事活动时，相互之间在法律地位上是平等的。本题中，甲男与乙女签订离婚协议并无一方法律地位凌驾于另一方的情形，并未违反平等原则。选项B错误。

选项C考查自愿原则。《民法典》第5条规定："民事主体从事民事活动，应当遵循自愿原则，按照自己的意思设立、变更、终止民事法律关系。"据此可知，自愿原则是指民事主体有权根据自己的意愿，自愿从事民事活动，按照自己的意思形成民事法律关系。本题中，甲男与乙女的离婚协议是出于双方的真实意思而签订，是自愿

签订的，并未违反自愿原则。选项 C 错误。

选项 D 考查诚实信用原则。《民法典》第 7 条规定："民事主体从事民事活动，应当遵循诚信原则，秉持诚实，恪守承诺。"和公序良俗原则相比，诚信原则侧重于调整义务的履行和权利的行使，通常并不调整民事法律行为的效力。因此，甲男与乙女离婚协议的内容，通常不会违反诚信原则。选项 D 错误。

**2.** [答案] D　　　[难度] 易

[考点] 民法的基本原则

[命题和解题思路] 本题考查考生对各民法基本原则的理解，难度不大。本题涉及的背景事实属于典型的权利滥用，而权利滥用是违反诚信原则的主要情形之一。如果能明确这一点，本题约等于是送分题。

[选项分析] 选项 A 考查自愿原则。《民法典》第 5 条规定："民事主体从事民事活动，应当遵循自愿原则，按照自己的意思设立、变更、终止民事法律关系。"据此可知，自愿原则是指民事主体有权根据自己的意愿，自愿从事民事活动，按照自己的意思形成民事法律关系。本题中，乙的行为是出于自愿而为之，并无不自由或者不真实的因素，因而并未违反自愿原则。选项 A 错误。

选项 B 考查公平原则。《民法典》第 6 条规定："民事主体从事民事活动，应当遵循公平原则，合理确定各方的权利和义务。"据此可知，公平原则强调民事主体在参与民事活动中要合理地确定各方的权利和义务，防止各方权利义务的失衡，其侧重于当事人之间权利义务的对等性。本题中，乙的行为并不涉及双方权利义务的均衡与对等，并未违反公平原则。选项 B 错误。

选项 C 考查平等原则。《民法典》第 4 条规定："民事主体在民事活动中的法律地位一律平等。"据此可知，平等原则强调民事主体在从事民事活动时，相互之间在法律地位上是平等的。本题中，甲乙之间的法律地位是平等的，并无一方当事人在法律地位上凌驾于另一方的情形，因此并未违反平等原则。选项 C 错误。

选项 D 考查诚实信用原则。《民法典》第 7 条规定："民事主体从事民事活动，应当遵循诚信原则，秉持诚实，恪守承诺。"据此可知，诚实信用原则是指民事主体在行使权利或者履行义务时，

应当遵循诚实信用的道德准则。违反诚实信用原则的典型例证之一就是权利滥用行为。对此，《民法典》第 132 条规定："民事主体不得滥用民事权利损害国家利益、社会公共利益或者他人合法权益。"该条规定了禁止权利滥用。对于权利滥用的具体判断，《民法典总则编解释》第 3 条第 2 款规定："行为人以损害国家利益、社会公共利益、他人合法权益为主要目的行使民事权利的，人民法院应当认定构成滥用民事权利。"据此，乙建起高墙的行为使甲在自家院内却有身处监牢之感，其行为目的并非行使权利，而是侵害甲的合法权益，此种权利行使行为是一种权利滥用行为，显然违反了诚实信用原则。选项 D 正确。

**3.** [答案] B　　　[难度] 中

[考点] 民法的调整对象

[命题和解题思路] 民法的调整对象这一考点在民法客观题考试中偶尔出现，其主要的考查方式是给定某个法律事实，要求考生判断其是否受民法调整。针对这样的考查方式，考生在复习这一考点时需要注意以下两个方面：（1）民事法律关系与法律不调整的法律事实之间的区别，特别是掌握情谊行为的一些典型例证，例如请客吃饭、搭便车、答应在火车上叫醒他人等。但是，情谊行为的事实过程中如果穿插了侵权等情节，可能会转化为民法调整的民事法律关系，例如无偿搭朋友回家时故意闯红灯造成人身损害，此时不再是单纯的情谊行为。换言之，情谊行为可能会因为一些额外的事实因素向民事法律关系转化。（2）民事法律关系与其他法律部门调整对象的区分。当确定某一法律事实受法律调整以后，需要进一步明确具体是受民法调整还是受其他部门法调整，其中尤其需要注意民事法律关系和行政法律关系之间的区分。公权力机关在行使公权力时所形成的法律关系属于行政法律关系，原则上不受民法调整，例如税务机关的征税、退税等税收行为；行政机关作出征收决定的行为；行政机关作出行政处罚的行为等。

[选项分析] 选项 A 具体考查民事法律关系与行政法律关系的区别。民事法律关系是平等主体之间的人身关系和财产关系，而行政法律关系是行政主体在行使行政职权的过程中与相对人发生的法律关系。甲请求税务机关退还其多缴的个人

所得税，其中涉及的法律关系是税务机关作为行政主体在行使征税职权的过程中形成的，当事人之间是不平等的，是典型的行政法律关系，民法并不调整。选项 A 不当选。

选项 B 考查悬赏广告。《民法典》第 499 条对悬赏广告作出了界定，悬赏人以公开方式声明对完成特定行为的人支付报酬的，完成该行为的人可以请求其支付。从其体系位置看，《民法典》的立法者对悬赏广告采取了合同说，将其作为债的发生原因之一，显然由民法调整。选项 B 当选。

选项 C 与选项 D 考查情谊行为的识别与判断。情谊行为是指不具备法律效果的交往行为。它和民事法律行为的核心区别在于：在情谊行为中，当事人之间并无受法律约束的意思。也正因此，情谊行为原则上不受民法的调整。在选项 C 中，丙对女友书面承诺："如我在上海找到工作，则陪你去欧洲旅游。"丙的承诺行为显然没有受法律约束的意思，仅是二人交往过程中的情谊行为，不受民法调整。选项 C 不当选。选项 D 中，丁作为青年志愿者定期去福利院做帮工并没有受法律约束的意思，其行为只是一种社会交往意义上的情谊行为，也同样不受民法调整。选项 D 不当选。

4. ［答案］A　　［难度］易
［考点］民法的调整对象

［命题和解题思路］从请客吃饭这一基础事实，不难看出本题考查的知识点简单而直接——甲、乙之间的法律关系是民事法律关系还是情谊行为。请客吃饭是典型的情谊行为，并不存在有效的法律意义上的合同关系，因此不会有违约责任，也不会有缔约过失责任。如果当事人并未实施额外的侵权行为，该情谊行为也不会转化为民事法律关系。本题解答时，可能有的考生会认为乙须对甲的人身损害负责。对于这一问题，考生需要严格按照一般侵权责任的构成要件来分析，切勿仅凭直觉判断。对于甲的损害，乙并未实施侵权行为，也没有过错，侵权责任并不成立，双方并无侵权关系。

［选项分析］解答本题需要对甲乙之间的关系是否受民法调整作出判断。甲、乙之间的请客吃饭行为，双方并没有受法律约束的意思，是典型的情谊行为，不受民法调整。因此，乙的行为不会产生法律责任，双方没有法律意义上的合同关系，乙未赴约的行为不具有合同法上的意义，乙无须承担违约责任，也无须承担缔约过失责任。对于甲的人身损害是否应由乙负责的问题，甲的损害是其自己造成的，乙并未实施侵权行为，也没有过错，侵权责任并不成立，双方不存在侵权关系。选项 B、C、D 均错误，选项 A 正确。

# 第二章　自然人

## 试　题

1. 2016 年 3 月，张某出海捕鱼，因沉船事故而失去音信。2020 年 5 月，张某的配偶刘某向法院申请宣告其为失踪人，张某的债权人孙某则申请宣告张某死亡。法院审查后发现张某符合宣告死亡的条件。对此，下列哪一说法是正确的？（2022 年回忆版）

A. 孙某无资格申请宣告张某死亡
B. 法院应当按照孙某申请判决宣告张某死亡
C. 法院应当按照刘某申请判决宣告张某失踪
D. 法院应当按照审查结果判决宣告张某死亡

2. 舞蹈家甲将 100 万元赠与 10 岁儿童乙，但约定该款项只能用于乙的舞蹈培训，乙表示接受，

但乙的父母不同意。关于该赠与的效力，下列哪一说法是正确的？（2021 年回忆版）

A. 因乙的父母不同意，赠与无效
B. 因该赠与是纯获利益的，因此有效
C. 因该赠与有利于乙，乙的父母应当同意
D. 因该赠与得到了乙的同意，因此有效

3. 陆某因抢劫罪被判处刑罚，其妻孟某与之离婚，双方协议约定儿子小勇由陆某抚养，实际由陆某父母看管。关于小勇的监护人，下列哪一说法是正确的？（2020 年回忆版）

A. 陆某是其唯一监护人
B. 孟某是其唯一监护人
C. 孟某和陆某父亲、母亲是其监护人
D. 陆某和孟某是其监护人

**4.** 甲、乙是夫妻，育有一子丙（4 岁）。后甲乙因感情不和协议离婚，双方约定儿子丙归甲抚养。后甲沉迷赌博，时常殴打丙，并将甲母赠与丙的两块玉佩卖掉做赌资。对此，下列哪些说法是正确的？（2019 年回忆版）

　　A. 乙可以申请法院撤销甲的监护权

　　B. 丙可请求甲承担损害赔偿责任

　　C. 丙对甲殴打致损的赔偿请求权不受诉讼时效的限制

　　D. 丙对甲卖掉玉佩的赔偿请求权诉讼时效期间为自丙知情之日起 3 年

**5.** 2014 年 6 月 1 日，北京市民韩某乘坐 MH360 航班从马来西亚飞回北京。飞机中途失事，至今（2018 年 10 月）下落不明。韩妻何某欲将儿子小韩（未满 6 岁）送人抚养以便自己再嫁，但与韩某的父母产生分歧，遂一起咨询刘律师，刘律师建议通过宣告死亡制度处理并告知相关事项。关于宣告死亡，下列哪些说法是正确的？（2018 年回忆版）

　　A. 韩某的利害关系人申请宣告韩某死亡有顺序先后的限制

　　B. 韩某的父母申请宣告韩某失踪，何某申请宣告死亡，法院应当根据何某的申请宣告韩某死亡

　　C. 如法院宣告韩某死亡，则判决作出之日视为韩某死亡的日期

　　D. 如法院宣告韩某死亡但是韩某并未死亡的，在被宣告死亡期间韩某所实施的民事法律行为效力待定

**6.** 2015 年 2 月，家住陕西省 W 县的孙某（男，51 周岁，有配偶）依法收养了孤儿小丽（女，11 周岁）为养女，后孙某多次对小丽实施性侵害，致其先后产下两名女婴。2017 年 5 月，当地群众向公安机关匿名举报，媒体也纷纷曝光此事。2017 年 8 月，当地法院判决孙某构成强奸罪，判决有期徒刑 3 年。关于本案，下列哪些说法是错误的？（2018 年回忆版）

　　A. W 县民政部门可以直接撤销孙某的监护人资格

　　B. 孙某被撤销监护资格后可以不再给付小丽抚养费

　　C. 孙某出狱后，如确有悔改表现的，经其申请，人民法院可以恢复其监护人资格

　　D. 小丽对孙某的损害赔偿请求权的诉讼时效期间自孙某法定代理权终止之日起计算

**7.** 肖特有音乐天赋，16 岁便不再上学，以演出收入为主要生活来源。肖特成长过程中，多有长辈馈赠：7 岁时受赠口琴 1 个，9 岁时受赠钢琴 1 架，15 岁时受赠名贵小提琴 1 把。对肖特行为能力及其受赠行为效力的判断，根据《民法总则》相关规定，下列哪一选项是正确的？（2017-3-2）

　　A. 肖特尚不具备完全的民事行为能力

　　B. 受赠口琴的行为无效，应由其法定代理人代理实施

　　C. 受赠钢琴的行为无效，因与其当时的年龄智力不相当

　　D. 受赠小提琴的行为无效，因与其当时的年龄智力不相当

**8.** 甲出境经商下落不明，2015 年 9 月经其妻乙请求被 K 县法院宣告死亡，其后乙未再婚，乙是甲唯一的继承人。2016 年 3 月，乙将家里的一辆轿车赠送给了弟弟丙，交付并办理了过户登记。2016 年 10 月，经商失败的甲返回 K 县，为还债将登记于自己名下的一套夫妻共有住房私自卖给知情的丁；同年 12 月，甲的死亡宣告被撤销。下列哪些选项是正确的？（2017-3-52）

　　A. 甲、乙的婚姻关系自撤销死亡宣告之日起自行恢复

　　B. 乙有权赠与该轿车

　　C. 丙可不返还该轿车

　　D. 甲出卖房屋的行为无效

**9.** 甲、乙为夫妻，长期感情不和。2010 年 5 月 1 日甲乘火车去外地出差，在火车上失踪，没有发现其被害尸体，也没有发现其在何处下车。2016 年 6 月 5 日法院依照法定程序宣告甲死亡。之后，乙向法院起诉要求铁路公司对甲的死亡进行赔偿。关于甲被宣告死亡，下列哪些说法是正确的？（2016-3-51）

　　A. 甲的继承人可以继承其财产

　　B. 甲、乙婚姻关系消灭，且不可能恢复

　　C. 2016 年 6 月 5 日为甲的死亡日期

　　D. 铁路公司应当对甲的死亡进行赔偿

**10.** 甲 8 周岁，多次在国际钢琴大赛中获奖，并获得大量奖金。甲的父母乙、丙为了甲的利益，

考虑到甲的奖金存放银行增值有限，遂将奖金全部购买了股票，但恰遇股市暴跌，甲的奖金损失过半。关于乙、丙的行为，下列哪些说法是正确的？（2016-3-52）

　　A. 乙、丙应对投资股票给甲造成的损失承担责任

　　B. 乙、丙不能随意处分甲的财产

　　C. 乙、丙的行为构成无因管理，无须承担责任

　　D. 如主张赔偿，甲对父母的诉讼时效期间在进行中的最后 6 个月内因自己系无行为能力人而中止，待成年后继续计算

## 详　解

**1.** ［答案］C　　［难度］中

［考点］宣告失踪、宣告死亡

［命题和解题思路］从四个选项的表述来看，本题考查的是宣告失踪与宣告死亡的关系。对于二者的关系，《民法典》第 47 条已经明确，宣告死亡不以宣告失踪为前提。因此，考生很容易结合《民法典》第 47 条就得出应该宣告死亡的结论。但是这样的分析不够全面完整。本题的解答还需要考生先分析申请宣告失踪和宣告死亡的主体是否符合法定资格要求，不论是宣告失踪还是宣告死亡，现行法都是规定"利害关系人"可以申请，但是二者"利害关系人"的范围有所不同。特别是结合《民法典总则编解释》第 16 条第 3 款，被申请人的债权人、债务人、合伙人等民事主体，原则上不是宣告死亡的"利害关系人"。对于这一点，考生可能容易忽视。因此，在《民法典总则编解释》颁行后，考生在复习宣告失踪与宣告死亡制度时，需要关注谁有权申请这一问题。事实上，本题中，债权人孙某并没有申请宣告死亡的资格，因此也就没有适用《民法典》第 47 条的必要了。

［选项分析］本题看似考查的是宣告失踪与宣告死亡之间的关系，其实不然。作为前置问题，考生应先分别分析刘某和孙某有没有资格申请。对于刘某的申请资格，难度不大。《民法典总则编解释》第 14 条规定："人民法院审理宣告失踪案件时，下列人员应当认定为民法典第四十条规定的利害关系人：（一）被申请人的近亲属；（二）依据民法典第一千一百二十八条、第一千一百二十九

条规定对被申请人有继承权的亲属；（三）债权人、债务人、合伙人等与被申请人有民事权利义务关系的民事主体，但是不申请宣告失踪不影响其权利行使、义务履行的除外。"据此结合本题，刘某作为张某的配偶，属于其近亲属，有权申请宣告张某为失踪人。对于债权人孙某是否有申请资格，《民法典总则编解释》第 16 条第 3 款规定："被申请人的债权人、债务人、合伙人等民事主体不能认定为民法典第四十六条规定的利害关系人，但是不申请宣告死亡不能保护其相应合法权益的除外。"据此可知，被申请人的债权人原则上不是有权申请宣告死亡的利害关系人，仅在存在合法权益保护需要时才有资格进行申请，因此本题中孙某原则上没有申请资格。此时，法院应按照刘某申请判决宣告失踪。选项 A、B、D 均错误，选项 C 正确。

**2.** ［答案］B　　［难度］中

［考点］限制民事行为能力；赠与合同

［命题和解题思路］结合题干中的问题和年龄信息不难推断，本题考查的是民事行为能力对民事法律行为的效力影响。10 岁的乙属于限制民事行为能力人，本题的问题实际上可以转化为：限制民事行为能力人能否独立地实施赠与行为？解题时，考生首先应结合年龄信息判断乙属于限制民事行为能力人，在此基础上结合限制民事行为能力人可以独立实施的民事行为能力范围，分析本题中的赠与合同是否落入这一范围。结合《民法典》第 19 条，限制民事行为能力人可以独立实施的民事法律行为包括：（1）纯获利益的民事法律行为；（2）与其年龄、智力相适应的民事法律行为。本题赠与涉及的数额为 100 万元，显然超出了 10 岁未成年人的年龄和智力，因此本题判断的重点在于该赠与合同是否属于"纯获利益的民事法律行为"。对于"纯获利益的民事法律行为"，考生需要注意：纯获利益的民事法律行为的判断标准是法律标准而非经济标准。对于赠与合同，需要区分附义务的赠与和目的性赠与，前者不是"纯获利益的民事法律行为"，而后者仍然是"纯获利益的民事法律行为"。

［选项分析］本题涉及的核心问题是赠与合同的效力。《民法典》第 19 条规定："八周岁以上的未成年人为限制民事行为能力人，实施民事法律

行为由其法定代理人代理或者经其法定代理人同意、追认；但是，可以独立实施纯获利益的民事法律行为或者与其年龄、智力相适应的民事法律行为。"据此结合本题，乙为限制民事行为能力人，其可以独立实施纯获利益的民事法律行为。这里的纯获利益指的是法律上的纯获利益，即乙不得在该民事法律行为中负担法律义务。本题中，乙与甲缔结了赠与合同，据此乙有义务将赠与的款项用于乙的舞蹈培训，该赠与并非附义务的赠与而是目的性赠与，仍属于纯获利益的民事法律行为，因此乙可以独立实施。该赠与合同有效。选项 A、C、D 均错误，选项 B 正确。

**3.** [答案] D　　[难度] 易

[考点] 监护的设立

[命题和解题思路] 从四个选项的表述不难推断，本题考查的是监护的设立这一考点。本题的难点在于：可能有考生会误认为父母离婚会导致监护关系的终止，由此作出错误判断。**对于被监护人是未成年人的情形，考生在分析其监护人时，应以父母为出发点。**因为父母是未成年人法定的、自然的监护人，只要有父母一方尚健在且有监护能力，他人就无法取得监护人地位。在父母的基础上，考生需要结合题干的信息分析小勇的监护人有没有从父母转为其他人。在分析时考生需要注意区分监护与抚养，**父母离婚可能会导致未成年子女的抚养人的变更，但是离婚这一法律事实不会导致未成年子女的监护人变更。**此外，考生也需要注意，**实际照顾与看管未成年人的人未必是其监护人，**因为监护人因患病、外出务工等原因在一定期限内不能完全履行监护职责时，可以将全部或者部分监护职责委托给他人，此时仍以委托人为监护人。

[选项分析]《民法典》第 27 条第 1 款规定："父母是未成年子女的监护人。"据此可知，父母是未成年子女天然的法定监护人。进而需要判断的是，本题中发生的若干法律事实是否会导致监护人的变更。首先，父母一方犯罪被判处刑罚不是丧失监护人资格的法定事由。因此，"陆某因抢劫罪被判处刑罚"这一法律事实本身不会导致陆某丧失监护人的法律地位。其次，父母离婚并协议约定未成年子女由其中一方抚养，并不会导致未成年子女的监护人的变更。监护和抚养在现行

法上属于不同的法律制度，需要明确区分。因此，陆某与孟某离婚，双方协议约定儿子小勇由陆某抚养，并不会导致小勇的监护人的变更。小勇的监护人仍为陆某与孟某。最后，监护人暂时无法履行监护职责时，现行法允许其将监护职责全部或部分地委托给他人。《民法典总则编解释》第 13 条规定："监护人因患病、外出务工等原因在一定期限内不能完全履行监护职责，将全部或者部分监护职责委托给他人，当事人主张受托人因此成为监护人的，人民法院不予支持。"本题中，陆某因刑事犯罪而被判处刑罚，暂时无法履行监护职责，将其监护职责委托给其父母，这一行为并不会使得陆某父母成为小勇的监护人。在进行全面分析后不难发现，陆某和孟某仍然是小勇的监护人。选项 A、B、C 均错误，选项 D 正确。

**4.** [答案] AB　　[难度] 难

[考点] 监护人资格的撤销；监护人的职责；诉讼时效期间的起算

[命题和解题思路] 本题围绕监护制度展开，命题人将监护制度和诉讼时效制度进行有机地衔接。本题的命题套路也表明，监护制度和诉讼时效制度之间是存在紧密关联的，因为《民法典》针对某些涉及监护制度的请求权，规定了特殊的诉讼时效起算点。从选项 A 的表述不难看出，该选项考查的是监护资格的撤销问题，考生在分析时需要注意：甲的行为是否满足撤销的法定事由，以及监护资格应如何撤销，谁有权向什么机关申请撤销。《民法典》第 36 条对此作出了集中规定。选项 B 则主要涉及甲的行为是否违反监护职责，对于这一问题，考生在分析时需要秉持"最有利于被监护人"的基本理念，在这一理念下不难发现，甲殴打丙的行为以及擅自出卖玉佩的行为，都是违反监护职责的行为。对于违反监护职责所应承担的法律责任，主要就是损害赔偿责任。选项 C 与选项 D 涉及的是某些涉及监护制度的请求权，其特殊的诉讼时效起算点。考生在复习时需要梳理并总结：现行法上有哪些关于诉讼时效特殊起算点的规定。需要提醒注意的是，被监护人对监护人（法定代理人）的损害赔偿请求权，有特殊的诉讼时效起算点，并非不适用诉讼时效制度。

[选项分析] 选项 A 考查监护人资格的撤销。

《民法典》第36条规定："监护人有下列情形之一的，人民法院根据有关个人或者组织的申请，撤销其监护人资格，安排必要的临时监护措施，并按照最有利于被监护人的原则依法指定监护人：（一）实施严重损害被监护人身心健康的行为；（二）怠于履行监护职责，或者无法履行监护职责且拒绝将监护职责部分或者全部委托给他人，导致被监护人处于危困状态；（三）实施严重侵害被监护人合法权益的其他行为。"该条规定了监护人资格撤销的法定事由。据此可知，离婚不会导致监护人地位的丧失，因此，甲、乙二人离婚后仍是丙的监护人。在甲单独抚养丙期间，甲沉迷赌博，时常殴打丙，并将甲母赠与丙的两块玉佩卖掉做赌资，这一系列的行为显然严重损害了被监护人丙的身心健康，符合《民法典》第36条第一种撤销监护人资格的条件。在此基础上还需要判断有权申请监护人资格撤销的主体。对此《民法典》第36条的表述是"有关个人或者组织"，同为监护人的乙显然属于这里的"有关个人或者组织"，其有权申请法院撤销甲的监护权。选项A正确。

选项B考查监护人的职责。《民法典》第35条第1款规定："监护人应当按照最有利于被监护人的原则履行监护职责。监护人除为维护被监护人利益外，不得处分被监护人的财产。"据此可知，监护人履行监护职责的基本原则是最有利于被监护人。本题中，甲将甲母赠与丙的两块玉佩卖掉做赌资这一行为，侵害了丙的合法权益。《民法典》第34条第1款规定："监护人的职责是代理被监护人实施民事法律行为，保护被监护人的人身权利、财产权利以及其他合法权益等。"甲时常殴打丙的行为是未依法履行监护职责的体现，侵害了丙的合法权益。对于监护人未依法履行监护职责的行为，《民法典》第34条第3款规定："监护人不履行监护职责或者侵害被监护人合法权益的，应当承担法律责任。"这里的"法律责任"主要指的就是损害赔偿。因此，被监护人丙有权请求监护人甲承担损害赔偿责任。选项B正确。

选项C与选项D均考查诉讼时效期间的起算。《民法典》第188条规定的普通诉讼时效期间为3年，自权利人知道或者应当知道权利受到损害以及义务人之日起计算。与此同时，《民法典》第190条针对无民事行为能力人或者限制民事行为能力人对其法定代理人的请求权规定了特殊的诉讼时效起算点，依据该条，无民事行为能力人或者限制民事行为能力人对其法定代理人的请求权的诉讼时效期间自该法定代理终止之日起计算。设置特殊的起算点，主要目的是保护无民事行为能力人或者限制民事行为能力人对其法定代理人的请求权能够切实实现，从而维护其合法权益。无民事行为能力人或者限制民事行为能力人对其法定代理人的请求权的诉讼时效，其特殊之处仅在于起算点，时效期间仍与普通诉讼时效的3年期间相同。因此，本题中丙对甲殴打致损的赔偿请求权的诉讼时效期间是3年，而非不受诉讼时效限制。选项C错误。丙对甲卖掉玉佩的赔偿请求权的诉讼时效的起算点是法定代理终止之日，而非丙知情之日。选项D错误。

**5.** ［答案］AB ［难度］中
［考点］宣告死亡

［命题和解题思路］结合四个选项可知，本题围绕宣告死亡制度展开。宣告失踪与宣告死亡是民法客观题考试中的常客。考生在掌握这两个制度时不妨通过对比的方式进行学习，特别是在考查宣告死亡制度时要注意不要受到宣告失踪规则的影响。本题总体上是对现行法的直接考查，难度不大。不过，需要提醒注意的是，本题是2018年的民法客观题，当年《民法典总则编解释》尚未颁行，按照当时的通行见解，有权申请宣告死亡的利害关系人并无顺位的限制。但是，《民法典总则编解释》第16条实际上确立了有权申请宣告死亡的利害关系人之间的顺位。因此选项A在2018年考试时是错误的。此种情况在2024年的客观题考试中应该不会出现。

［选项分析］《民法典》第46条规定："自然人有下列情形之一的，利害关系人可以向人民法院申请宣告该自然人死亡：（一）下落不明满四年；（二）因意外事件，下落不明满二年。因意外事件下落不明，经有关机关证明该自然人不可能生存的，申请宣告死亡不受二年时间的限制。"在《民法典总则编解释》颁行之前，学理上的通行见解认为有权申请宣告死亡的利害关系人之间没有顺位限制。因此选项A在2018年法考时是错误的。但是，《民法典总则编解释》第16条规定："人民法院审理宣告死亡案件时，被申请人的配

偶、父母、子女，以及依据民法典第一千一百二十九条规定对被申请人有继承权的亲属应当认定为民法典第四十六条规定的利害关系人。符合下列情形之一的，被申请人的其他近亲属，以及依据民法典第一千一百二十八条规定对被申请人有继承权的亲属应当认定为民法典第四十六条规定的利害关系人：（一）被申请人的配偶、父母、子女均已死亡或者下落不明的；（二）不申请宣告死亡不能保护其相应合法权益的。被申请人的债权人、债务人、合伙人等民事主体不能认定为民法典第四十六条规定的利害关系人，但是不申请宣告死亡不能保护其相应合法权益的除外。"据此可知，在被申请人的配偶、父母、子女以及其他近亲属之间，是有申请顺位的先后的，并非没有顺位限制。因此选项 A 目前是正确的，特此说明。

《民法典》第 47 条规定："对同一自然人，有的利害关系人申请宣告死亡，有的利害关系人申请宣告失踪，符合本法规定的宣告死亡条件的，人民法院应当宣告死亡。"本题中，韩某已经下落不明 4 年有余，已经符合《民法典》第 46 条规定的宣告死亡的条件。依据《民法典》第 47 条，法院应当根据何某的申请宣告韩某死亡。选项 B 正确。

《民法典》第 48 条规定："被宣告死亡的人，人民法院宣告死亡的判决作出之日视为其死亡的日期；因意外事件下落不明宣告死亡的，意外事件发生之日视为其死亡的日期。"结合本题，飞机失事属于意外事件，韩某是因意外事件下落不明宣告死亡的，死亡的日期应该是意外事件发生之日而非宣告死亡的判决作出之日。选项 C 错误。

《民法典》第 49 条规定："自然人被宣告死亡但是并未死亡的，不影响该自然人在被宣告死亡期间实施的民事法律行为的效力。"据此，法院宣告韩某死亡但是韩某并未死亡的，在被宣告死亡期间韩某所实施的民事法律行为需要具体分析判断，有效、可撤销、效力待定等均有可能。选项 D 错误。

**6.** ［答案］ABCD　　［难度］难

［考点］监护人资格的撤销与恢复；诉讼时效期间的起算

［命题和解题思路］从四个选项的表述不难看出，本题围绕监护制度展开考查，且聚焦于监护

人资格的撤销与恢复问题。此外，命题人也在选项 D 中将监护制度与诉讼时效制度结合起来考查，要求考生分析未成年人遭受性侵害时损害赔偿请求权的诉讼时效期间。解答本题时，考生首先需要明确的是，自收养关系成立之日起，养父母与养子女间的权利义务关系，适用民法关于父母子女关系的规定（《民法典》第 1111 条第 1 款），因此收养关系成立后，孙某就成为小丽的监护人。考生应在此基础上结合相关知识展开分析。本题解答的难点在于对于相关知识本身的掌握，考生尤其需要注意：（1）未成年人遭受性侵时，不论性侵来自监护人（法定代理人）还是他人，诉讼时效都是从年满 18 周岁开始计算。特别是遭受监护人（法定代理人）性侵时，损害赔偿请求权的诉讼时效，不是从法定代理关系终止之日起算。（2）监护人的监护资格被撤销后，并不影响其抚养费的支付义务。（3）对于监护资格撤销后的恢复，只有被监护人的父母或者子女非因故意犯罪行为被撤销监护资格时，才有恢复的机会。

［选项分析］《民法典》第 1111 条第 1 款规定："自收养关系成立之日起，养父母与养子女间的权利义务关系，适用本法关于父母子女关系的规定；养子女与养父母的近亲属间的权利义务关系，适用本法关于子女与父母的近亲属关系的规定。"据此，孙某依法收养了孤儿小丽为养女后，双方的权利义务关系适用父母子女之间的规定。依据《民法典》第 27 条第 1 款，孙某是小丽的监护人。本题的分析应在此基础上展开。

选项 A 考查监护人资格的撤销。《民法典》第 36 条规定："监护人有下列情形之一的，人民法院根据有关个人或者组织的申请，撤销其监护人资格，安排必要的临时监护措施，并按照最有利于被监护人的原则依法指定监护人：（一）实施严重损害被监护人身心健康的行为；（二）怠于履行监护职责，或者无法履行监护职责且拒绝将监护职责部分或者全部委托给他人，导致被监护人处于困危状态；（三）实施严重侵害被监护人合法权益的其他行为。本条规定的有关个人、组织包括：其他依法具有监护资格的人、居民委员会、村民委员会、学校、医疗机构、妇女联合会、残疾人联合会、未成年人保护组织、依法设立的老年人组织、民政部门等。前款规定的个人和民政部门

以外的组织未及时向人民法院申请撤销监护人资格的，民政部门应当向人民法院申请。"据此结合本题，孙某多次对小丽实施性侵害，致其先后产下两名女婴，严重损害了被监护人身心健康，已经符合撤销监护人资格的法定事由（《民法典》第36条第1种情形）。但是监护人资格的撤销须经有关个人或者组织的申请，由法院作出。民政部门只能申请法院撤销孙某的监护人资格，但是民政部门无权直接撤销孙某的监护人资格。选项A错误。

选项B考查监护人资格撤销的法律效果。《民法典》第37条规定："依法负担被监护人抚养费、赡养费、扶养费的父母、子女、配偶等，被人民法院撤销监护人资格后，应当继续履行负担的义务。"据此可知，抚养费的支付义务不会因为监护人资格被撤销而免除，孙某仍应向小丽支付抚养费。选项B错误。

选项C考查监护人资格的恢复。《民法典》第38条规定："被监护人的父母或者子女被人民法院撤销监护人资格后，除对被监护人实施故意犯罪的外，确有悔改表现的，经其申请，人民法院可以在尊重被监护人真实意愿的前提下，视情况恢复其监护人资格，人民法院指定的监护人与被监护人的监护关系同时终止。"据此可知，对被监护人实施故意犯罪的情形下，监护人资格是不能恢复的。本题中，孙某多次对小丽实施性侵害，构成强奸罪，属于故意犯罪，其监护人资格不能恢复。选项C错误。

选项D考查诉讼时效期间的起算。《民法典》第191条规定："未成年人遭受性侵害的损害赔偿请求权的诉讼时效期间，自受害人年满十八周岁之日起计算。"该条系出于保护未成年人合法权益，有助于其顺利寻求法律救济的考虑，设置了特殊的诉讼时效起算点。据此结合本题，小丽对孙某的损害赔偿请求权的诉讼时效期间自小丽18周岁之日起算，而非自孙某法定代理权终止之日起计算。选项D错误。

**7.** ［答案］B　　［难度］易
［考点］自然人的民事行为能力
［命题和解题思路］本题以自然人在不同年龄下实施的民事法律行为为基础事实，围绕民事行为能力这一考点展开考查，考查难度适中。解答

本题的关键在于判断不同年龄下肖特的民事行为能力。在解题思路上，考生应先厘清肖特前后一共实施了哪些民事法律行为，以及实施各个民事法律行为时分别几岁，在此基础上，结合民事法律行为制度判断，当时肖特的民事行为能力状况，据此进一步判断各个民事法律行为的效力。由于本题涉及的都是赠与行为，该行为属于纯获利益的民事法律行为，命题人的这一安排也在一定程度上降低了本题的难度。

［选项分析］《民法典》第18条第2款规定："十六周岁以上的未成年人，以自己的劳动收入为主要生活来源的，视为完全民事行为能力人。"据此结合本题，肖特16岁便不再上学，以演出收入为主要生活来源，应视为完全民事行为能力人。选项A错误。

《民法典》第20条规定："不满八周岁的未成年人为无民事行为能力人，由其法定代理人代理实施民事法律行为。"《民法典》第144条规定："无民事行为能力人实施的民事法律行为无效。"据此结合本题，受赠口琴行为发生于肖特7岁时，当时肖特为无民事行为能力人，应由其法定代理人代理实施民事法律行为。依据《民法典》第144条，无民事行为能力人单独实施的所有民事法律行为，不区分是否纯获利益，一律无效。因此，肖特7岁时受赠口琴的行为是无效的。选项B正确。

《民法典》第19条规定："八周岁以上的未成年人为限制民事行为能力人，实施民事法律行为由其法定代理人代理或者经其法定代理人同意、追认；但是，可以独立实施纯获利益的民事法律行为或者与其年龄、智力相适应的民事法律行为。"据此结合本题，受赠钢琴发生于肖特9岁时，受赠名贵小提琴发生于肖特15岁时，当时肖特是限制民事行为能力人。由于受赠钢琴与受赠名贵小提琴都是纯获利益的民事法律行为，因此，肖特都可以单独实施，受赠钢琴和受赠名贵小提琴的行为都是有效的。选项C与选项D均错误。

**8.** ［答案］ABC　［难度］中
［考点］宣告死亡；合同效力
［命题和解题思路］结合题干与四个选项的表述，考生不难识别出本题是围绕宣告死亡制度而

展开。对于宣告死亡制度，客观题考试主要涉及以下知识点：宣告死亡和宣告死亡的关系、宣告死亡的前提条件、宣告死亡的申请人及其顺位问题、死亡日期的确定、宣告死亡的法律效果、被宣告死亡之人事实上未死亡时实施的民事法律行为的效力、死亡宣告的撤销程序、死亡宣告被撤销的法律效果。考生复习时应全面掌握这些知识点，避免知识盲区的存在。本题主要聚焦于宣告死亡的法律效果、被宣告死亡之人事实上未死亡时实施的民事法律行为的效力、死亡宣告被撤销的法律效果这三个问题。此外，选项 D 还涉及无权处分的合同效力判断，对此需要注意，处分权的缺失并不影响买卖合同等负担行为的效力。

[选项分析] 选项 A 考查死亡宣告被撤销的法律效果，具体涉及被宣告死亡之人的婚姻关系恢复问题。《民法典》第 51 条规定："被宣告死亡的人的婚姻关系，自死亡宣告之日起消灭。死亡宣告被撤销的，婚姻关系自撤销死亡宣告之日起自行恢复。但是，其配偶再婚或者向婚姻登记机关书面声明不愿意恢复的除外。"据此可知，死亡宣告被撤销时，婚姻关系自行恢复，但有两个例外：（1）其配偶再婚；（2）其配偶向婚姻登记机关书面声明不愿意恢复。本题中不存在例外的两种情形，因此二人婚姻关系自甲的死亡宣告被撤销之日起自行恢复。选项 A 正确。

选项 B 考查宣告死亡的法律效果。《民法典继承编解释一》第 1 条规定："继承从被继承人生理死亡或者被宣告死亡时开始。宣告死亡的，根据民法典第四十八条规定确定的死亡日期，为继承开始的时间。"据此结合本题，甲的妻子乙作为其唯一继承人，自甲被宣告死亡之日起，成为甲遗产的所有人，并可依法行使所有权。因此，乙有权将轿车赠与丙，该处分属于有权处分。选项 B 正确。

选项 C 考查死亡宣告被撤销的法律效果，具体涉及死亡宣告被撤销后的财产返还问题。《民法典》第 53 条第 1 款规定："被撤销死亡宣告的人有权请求依照本法第六编取得其财产的民事主体返还财产；无法返还的，应当给予适当补偿。"据此，乙通过继承取得轿车的所有权，将轿车赠与丙属于有权处分，且双方已经交付轿车并办理了过户登记，丙通过赠与依法取得了轿车所有权。丙是通过合法有效的赠与合同取得轿车所有权，

无需返还。选项 C 正确。

选项 D 考查欠缺处分权时的买卖合同效力。《民法典》第 49 条规定："自然人被宣告死亡但是并未死亡的，不影响该自然人在被宣告死亡期间实施的民事法律行为的效力。"据此，宣告死亡并不影响甲出卖房屋行为的效力。《民法典》第 301 条规定："处分共有的不动产或者动产以及对共有的不动产或者动产作重大修缮、变更性质或者用途的，应当经占份额三分之二以上的按份共有人或者全体共同共有人同意，但是共有人之间另有约定的除外。"据此结合本题，甲出卖夫妻共有住房，属于无权处分，但是《民法典》第 597 条第 1 款规定："因出卖人未取得处分权致使标的物所有权不能转移的，买受人可以解除合同并请求出卖人承担违约责任。"据此可知，处分权的缺失不影响买卖合同的效力，因此，甲出卖房屋的行为（房屋买卖合同）是有效的。选项 D 错误。

**9.** [答案] AC　　[难度] 中

[考点] 宣告死亡；侵权责任的基本构成要件；违约责任的构成

[命题和解题思路] 本题较为巧妙地将宣告死亡和违约责任、侵权责任融合在一起考查，命题角度较为新颖，也颇具难度。前三个选项结合《民法典》关于宣告死亡制度的相关规则即可解答，难度不大。选项 D 是本题的难点。乙起诉铁路公司对甲的死亡进行赔偿，由于选项 D 并未指明是侵权赔偿还是违约赔偿，因此考生在分析时，对这两个思路都要考虑，要养成思虑周全的好习惯。对于违约责任与侵权责任的判断，应严格地按照二者各自的构成要件展开分析，切勿根据自己模糊的直觉判断。

[选项分析] 选项 A 与选项 B 考查宣告死亡的法律效果。选项 A 具体涉及宣告死亡在财产方面的法律效果。依据《民法典继承编解释一》第 1 条第 1 款，继承从被继承人生理死亡或者被宣告死亡时开始。因此，甲被宣告死亡后，乙作为其第一顺位的法定继承人，可以继承甲的遗产。选项 A 正确。

选项 B 具体涉及宣告死亡在身份关系方面的法律效果。《民法典》第 51 条规定："被宣告死亡的人的婚姻关系，自死亡宣告之日起消灭。死亡

宣告被撤销的，婚姻关系自撤销死亡宣告之日起自行恢复。但是，其配偶再婚或者向婚姻登记机关书面声明不愿意恢复的除外。"据此结合本题，甲被宣告死亡之日起，甲与乙的婚姻关系自动消灭，但是该婚姻关系是可能恢复的，选项 B 过于绝对。如果甲的死亡宣告被撤销，那么甲与乙的婚姻关系将会自行恢复，除非乙再婚或向婚姻登记机关书面声明不愿意恢复。选项 B 错误。

选项 C 考查死亡日期的确定。《民法典》第 48 条规定："被宣告死亡的人，人民法院宣告死亡的判决作出之日视为其死亡的日期；因意外事件下落不明宣告死亡的，意外事件发生之日视为其死亡的日期。"据此结合本题，甲并非因意外事件下落不明，因此甲的死亡日期应该是人民法院宣告死亡的判决作出之日，即 2016 年 6 月 5 日。选项 C 正确。

选项 D 考查侵权责任的基本构成要件与违约责任的构成。对于铁路公司的损害赔偿责任，有违约与侵权两种判断思路。从违约的角度看，甲与铁路公司订立了客运合同。《民法典》第 823 条第 1 款规定："承运人应当对运输过程中旅客的伤亡承担赔偿责任；但是，伤亡是旅客自身健康原因造成的或者承运人证明伤亡是旅客故意、重大过失造成的除外。"但是，从本题题干来看，甲在火车上失踪，且没有发现其被害尸体，这意味着甲如果死亡，也很可能不是发生在运输过程中，显然不能基于违约要求铁路公司承担损害赔偿责任。从侵权的角度看，本题属于一般侵权，《民法典》第 1165 条第 1 款规定："行为人因过错侵害他人民事权益造成损害的，应当承担侵权责任。"据此，乙向法院起诉要求铁路公司对甲的死亡进行赔偿，需要证明以下要件：铁路公司的加害行为、过错、乙的损害以及因果关系。然而，并无证据表明铁路公司存在加害行为以及过错，侵权责任并不成立。因此，不论基于违约还是侵权，乙都无权向铁路公司主张损害赔偿。选项 D 错误。

**10.** ［答案］AB（本题原答案为 ABD，在《民法典》颁行生效后，修改为 AB）　　［难度］中

［考点］监护人的职责；无因管理；诉讼时效期间的起算；诉讼时效期间的中止

［命题和解题思路］结合题干与四个选项的表述不难推断：乙和丙的行为与"最有利于被监护人"这一基本原则相违背，很可能构成违反监护职责的行为。因此，本题的考点不难识别，一方面考查监护制度中的监护职责相关问题，另一方面结合诉讼时效制度，考查与监护制度相关的请求权的特殊诉讼时效。对于选项 D，考生需要注意诉讼时效的特殊起算与诉讼时效中止的区别，切勿混淆二者。对于诉讼时效中止，考生需要注意，仅有请求方欠缺民事行为能力这一因素，不足以构成诉讼时效的中止事由，还必须满足请求方"没有法定代理人，或者法定代理人死亡、丧失民事行为能力、丧失代理权"的条件。对于选项 C，考生需要注意构成无因管理的前提之一是没有约定或者法定的义务存在。

［选项分析］选项 A 与选项 B 均考查监护人的职责。对于监护人的职责，《民法典》第 35 条第 1 款规定："监护人应当按照最有利于被监护人的原则履行监护职责。监护人除为维护被监护人利益外，不得处分被监护人的财产。"据此，被监护人不能随意处分监护人的财产，须为维护被监护人利益而处分其财产。选项 B 正确。与此同时，监护人在履行职责时须遵循最有利于被监护人的原则。本题中，乙与丙作为监护人将被监护人的奖金全部购买了股票，股票交易本身是具有高风险性的，且最终股市暴跌，奖金损失过半。乙与丙将甲的财产投入如此高风险的交易领域，并不符合甲的利益，违反了最有利于被监护人原则。因此，乙与丙并未合法妥当地履行其监护责任。《民法典》第 34 条第 3 款规定："监护人不履行监护职责或者侵害被监护人合法权益的，应当承担法律责任。"据此结合本题，乙与丙应向甲承担法律责任，即赔偿投资股票给甲造成的损失。选项 A 正确。

选项 C 考查无因管理的成立要件。《民法典》第 979 条第 1 款规定："管理人没有法定的或者约定的义务，为避免他人利益受损失而管理他人事务的，可以请求受益人偿还因管理事务而支出的必要费用；管理人因管理事务受到损失的，可以请求受益人给予适当补偿。"据此，构成无因管理的前提之一是没有约定或者法定的义务存在。本题中，乙和丙作为监护人，管理与维护被监护人的财产是其监护职责所在（《民法典》第 34 条与第 35 条），属于法定义务，其行为不构成无因管

理。选项 C 错误。

选项 D 考查诉讼时效期间的起算与中止。**诉讼时效期间的中止以诉讼时效期间的起算为前提。**如果诉讼时效期间尚未起算，则没有进一步讨论中止与否的必要。就无民事行为能力人或者限制民事行为能力人对其法定代理人的请求权，《民法典》规定了特殊的诉讼时效期间的起算规则。《民法典》第 190 条规定："无民事行为能力人或者限制民事行为能力人对其法定代理人的请求权的诉讼时效期间，自该法定代理终止之日起计算。"据此结合本题，甲对乙、丙的赔偿请求权，其诉讼时效自法定代理终止之日起计算。《民法典》第 194 条规定："在诉讼时效期间的最后六个月内，因下列障碍，不能行使请求权的，诉讼时效中止：（一）不可抗力；**（二）无民事行为能力人或者限**制民事行为能力人没有法定代理人，或者法定代理人死亡、丧失民事行为能力、丧失代理权；（三）继承开始后未确定继承人或者遗产管理人；（四）权利人被义务人或者其他人控制；（五）其他导致权利人不能行使请求权的障碍。自中止时效的原因消除之日起满六个月，诉讼时效期间届满。"据此结合本题，甲对父母的赔偿请求权，其诉讼时效自法定代理终止之日起算，诉讼时效期间为 3 年（《民法典》第 188 条）。诉讼时效期间进行中的最后 6 个月内，甲欠缺民事行为能力并非诉讼时效中止的事由，因为甲很可能有了新的监护人，此时诉讼时效不会中止。选项 D 错误。

对于选项 D 需要稍加说明，作为 2016 年的民法客观题，选项 D 在当年是正确的。但《民法典》颁行后，选项 D 不再正确。

# 第三章　法人和非法人组织

## 试　题

📶 **1.** 黄逢、黄现和金耘共同出资，拟设立名为"黄金黄研究会"的社会团体法人。设立过程中，黄逢等 3 人以黄金黄研究会名义与某科技园签署了为期 3 年的商铺租赁协议，月租金 5 万元，押 3 付 1。此外，金耘为设立黄金黄研究会，以个人名义向某印刷厂租赁了一台高级印刷机。关于某科技园和某印刷厂的债权，下列哪些选项是正确的？（2017-3-53）

A. 如黄金黄研究会未成立，则某科技园的租赁债权消灭

B. 即便黄金黄研究会未成立，某科技园就租赁债权，仍可向黄逢等 3 人主张

C. 如黄金黄研究会未成立，则就某科技园的租赁债务，由黄逢等 3 人承担连带责任

D. 黄金黄研究会成立后，某印刷厂就租赁债权，既可向黄金黄研究会主张，也可向金耘主张

📶 **2.** 甲企业是由自然人安琚与乙企业（个人独资）各出资 50% 设立的普通合伙企业，欠丙企业货款 50 万元，由于经营不善，甲企业全部资产仅剩 20 万元。现所欠货款到期，相关各方因货款清偿发生纠纷。对此，下列哪一表述是正确的？（2016-3-2）

A. 丙企业只能要求安琚与乙企业各自承担 15 万元的清偿责任

B. 丙企业只能要求甲企业承担清偿责任

C. 欠款应先以甲企业的财产偿还，不足部分由安琚与乙企业承担无限连带责任

D. 就乙企业对丙企业的应偿债务，乙企业投资人不承担责任

📶 **3.** 甲以自己的名义，用家庭共有财产捐资设立以资助治疗麻风病为目的的基金会法人，由乙任理事长。后因对该病的防治工作卓有成效使其几乎绝迹，为实现基金会的公益性，现欲改变宗旨和目的。下列哪一选项是正确的？（2015-3-1）

A. 甲作出决定即可，因甲是创始人和出资人

B. 乙作出决定即可，因乙是法定代表人

C. 应由甲的家庭成员共同决定，因甲是用家庭共有财产捐资的

D. 应由基金会法人按照程序申请，经过上级主管部门批准

📶 **4.** 甲公司和乙公司在前者印制的标准格式《货运代理合同》上盖章。《货运代理合同》第四条约定："乙公司法定代表人对乙公司支付货运代理费承担连带责任。"乙公司法定代表人李红在合

同尾部签字。后双方发生纠纷，甲公司起诉乙公司，并要求此时乙公司的法定代表人李蓝承担连带责任。关于李蓝拒绝承担连带责任的抗辩事由，下列哪一表述能够成立？（2014-3-3）

A. 第四条为无效格式条款

B. 乙公司法定代表人未在第四条处签字

C. 乙公司法定代表人的签字仅代表乙公司的行为

D. 李蓝并未在合同上签字

**5.** 宗某患尿毒症，其所在单位甲公司组织员工捐款20万元用于救治宗某。此20万元存放于专门设立的账户中。宗某医治无效死亡，花了15万元医疗费。关于余下5万元，下列哪一表述是正确的？（2014-3-4）

A. 应归甲公司所有

B. 应归宗某继承人所有

C. 应按比例退还员工

D. 应用于同类公益事业

**6.** 下列哪些情形下，甲公司应承担民事责任？（2013-3-52）

A. 甲公司董事乙与丙公司签订保证合同，乙擅自在合同上加盖甲公司公章和法定代表人丁的印章

B. 甲公司与乙公司签订借款合同，甲公司未盖公章，但乙公司已付款，且该款用于甲公司项目建设

C. 甲公司法定代表人乙委托员工丙与丁签订合同，借用丁的存款单办理质押贷款用于经营

D. 甲公司与乙约定，乙向甲公司交纳保证金，甲公司为乙贷款购买设备提供担保。甲公司法定代表人丙以个人名义收取该保证金并转交甲公司出纳员入账

## 详　解

**1.** ［答案］BCD　　［难度］中

［考点］法人的设立

［命题和解题思路］本题涉及法人设立行为的后果承担问题，是对《民法典》第75条的直接考查，考生直接依据该条解答即可。需要注意的是，《民法典》第75条是借鉴《公司法规定三》关于公司设立行为后果承担规则而来，解释该条时需与《公司法规定三》的规定相协调。

［选项分析］《民法典》第75条对法人设立行为的后果承担问题进行了集中规定。该条规定："设立人为设立法人从事的民事活动，其法律后果由法人承受；法人未成立的，其法律后果由设立人承受，设立人为二人以上的，享有连带债权，承担连带债务。设立人为设立法人以自己的名义从事民事活动产生的民事责任，第三人有权选择请求法人或者设立人承担。"本题的四个选项均应依据该条进行分析。

选项A、B、C均涉及某科技园的商铺租赁合同的责任承担，该合同是发起人以法人名义签订的，若法人未成立，该科技园的商铺租赁合同应由三位发起人承受，享有连带债权，承担连带债务，租赁债权并不消灭，某科技园就租赁债权，仍可向黄逢等3人主张。选项A错误；选项B与选项C均正确。

选项D涉及高级印刷机的租赁合同。该合同是发起人为法人设立以自己名义签订的，对于高级印刷机租赁合同下的债权，第三人某印刷厂既可以选择由黄金黄研究会承担，也可以选择由设立人金耘承担。选项D正确。

**2.** ［答案］C　　［难度］易

［考点］非法人组织民事责任的承担

［命题和解题思路］从甲企业属于普通合伙企业这一题干信息以及四个选项的表述来看，本题涉及的核心问题其实只有一个：普通合伙企业的债务应如何清偿？因此本题是对非法人组织民事责任的承担问题的简单考查。不论是普通合伙企业还是个人独资企业，都是《民法典》规定的非法人组织。对于非法人组织的债务承担，非法人组织的财产不足以清偿债务时，其出资人或设立人负有无限责任。

［选项分析］依据《民法典》第102条，合伙企业与个人独资企业都是典型的非法人组织。《民法典》第104条规定："非法人组织的财产不足以清偿债务的，其出资人或者设立人承担无限责任。法律另有规定的，依照其规定。"与此同时，《合伙企业法》第39条规定："合伙企业不能清偿到期债务的，合伙人承担无限连带责任。"《个人独资企业法》第31条规定："个人独资企业财产不足以清偿债务的，投资人应当以其个人的其他财产予以清偿。"据此结合本题，甲企业作为普通合

伙企业，其债务应由各合伙人承担无限责任，即由自然人安琚与乙企业承担无限责任。选项 A 与选项 B 均错误。

就乙企业对丙企业的应偿债务，乙企业作为个人独资企业，其投资人应承担无限责任。选项 D 错误。

在责任承担的顺序上，甲的债务应先以甲的财产偿还，不足的由各合伙人承担无限责任，选项 C 正确。

**3.** [答案] D　　[难度] 中
[考点] 非营利法人
[命题和解题思路] 非营利法人在法考客观题中不常出现，不过本题的考查难度不大，是对现行法规定的直接考查。对于基金会法人，考生需要明确其属于捐助法人，其组织结构与营利法人是有本质差别的。==捐助人在基金会设立以后并非其成员，不能参与决策，基金会的决策应由理事会负责作出。==

[选项分析] 本题涉及的主要问题是基金会如何作出决策。在《民法典》的法人体系下，基金会属于捐助法人（《民法典》第 92 条），在性质上属于财团法人，其以一定的捐助财产为构成基础，并无成员。因此，捐助人并非基金会的成员，其不能参与基金会的决策。依据《民法典》第 93 条和《基金会管理条例》第 21 条，理事会是基金会的决策机构，因此，改变宗旨和目的的决策应由理事会作出，实行集体讨论，以决议的方式形成决策。因此，甲作为出资人，与其家庭成员都不能参与基金会的决策，乙虽为基金会的理事长，但其不能一人作出决策，需通过理事会决议的方式决策。选项 A、B、C 均错误，选项 D 正确。

**4.** [答案] D　　[难度] 难
[考点] 格式条款；法定代表人
[命题和解题思路] 本题将格式条款与法定代表人的行为效力结合起来考查，核心问题在于理解李红签字的法律意义。对于《货运代理合同》，考生需要注意：（1）==书面合同的签章无须在每一个合同条文处都签章==；（2）由于《货运代理合同》中包含李红对支付货运代理费承担连带责任的约定，导致《货运代理合同》中包含了保证或债务加入的合同，==也导致末尾李红的签名是对两个合同的签名，具有双重含义==。

[选项分析] 选项 A 考查格式条款效力的判断。《民法典》第 496 条与第 497 条专门针对格式条款订入合同与效力判断作出了规定。《民法典》第 496 条第 2 款规定："采用格式条款订立合同的，提供格式条款的一方应当遵循公平原则确定当事人之间的权利和义务，并采取合理的方式提示对方注意免除或者减轻其责任等与对方有重大利害关系的条款，按照对方的要求，对该条款予以说明。提供格式条款的一方未履行提示或者说明义务，致使对方没有注意或者理解与其有重大利害关系的条款的，对方可以主张该条款不成为合同的内容。"《民法典》第 497 条规定："有下列情形之一的，该格式条款无效：（一）具有本法第一编第六章第三节和本法第五百零六条规定的无效情形；（二）提供格式条款一方不合理地免除或者减轻其责任、加重对方责任、限制对方主要权利；（三）提供格式条款一方排除对方主要权利。"从本题题干来看，并无明显事实表明存在导致格式条款无效的因素。选项 A 不成立，不当选。

选项 B 考查书面合同的签章。当事人在合同尾部进行签章即代表对合同所有条款的认可，无须在每一条签章，除非双方对某条款进行了修改。选项 B 不成立，不当选。

李红在《货运代理合同》尾部签字的行为包含双重含义：其一，以乙公司名义和甲公司签订《货运代理合同》，该合同归属于乙公司；其二，专门针对《货运代理合同》第 4 条，以自己的名义和甲公司签订了一个保证或债务加入的合同，该合同仅归属于李红本人。因此，李红的签名不仅代表乙公司，同时也就《货运代理合同》第 4 条代表自己。选项 C 不成立，不当选。

李红在《货运代理合同》尾部签字的行为，一方面使得甲乙两公司之间缔结了有效的《货运代理合同》，另一方面使得李红与甲公司之间缔结了有效的保证合同或债务加入合同。对于前者，《货运代理合同》的效力不会受此后法定代表人更换的影响，合同签订时李红是真实的法定代表人，《货运代理合同》就确定有效；对于后者，由于李红和甲公司之间的保证合同或债务加入合同仅约束李红和甲公司，与乙公司无关，因此，乙公司更换新的法定代表人后，该合同不能约束新的法定代表人。由于李蓝并未签字，李红与甲公司之间的合同不能约束李蓝。选项 D 成立，当选。

**5.** [答案] D [难度] 中

[考点] 慈善捐赠

[命题和解题思路] 本题考查的是慈善捐赠中慈善项目终止后剩余财产分配的问题。解答本题时考生需要清晰地区分民事赠与、慈善捐赠和捐助法人，并在此基础上确认甲公司的捐赠行为属于慈善捐助，结合《慈善法》的相关规定作答。本题也表明法考客观题偶尔会出现超越考试大纲的题目。

[选项分析] 本题中，甲公司组织员工捐款 20 万元用于救治宗某，并将其存放于专门设立的账户中。此行为已经不是单纯的民事赠与，而是《慈善法》上的捐赠行为。《慈善法》第 34 条规定："本法所称慈善捐赠，是指自然人、法人和其他组织基于慈善目的，自愿、无偿赠与财产的活动。"需要注意的是，本题中甲公司的捐赠行为，并非《民法典》设立捐助法人的捐助行为，因此，关于捐助法人、基金会的相关规定不能适用。关于剩余捐赠财产的分配问题，《慈善法》第 57 条规定："慈善项目终止后捐赠财产有剩余的，按照募捐方案或者捐赠协议处理；募捐方案未规定或者捐赠协议未约定的，慈善组织应当将剩余财产用于目的相同或者相近的其他慈善项目，并向社会公开。"据此，剩余的 5 万元应用于目的相同或者相近的其他慈善项目。选项 A、B、C 均错误，选项 D 正确。

**6.** [答案] ABCD [难度] 中

[考点] 表见代理；合同的成立；法定代表人；职务代理

[命题和解题思路] 本题是法考常见的命题方式，即通过四个相互独立的选项考查相近的知识点。此类题目各选项涉及的背景事实往往都比较简单，考查难度不会很大。不过，本题的每个选项都会对应一些容易出错的点。选项 A 涉及表见代理，需要结合《民法典》第 172 条以及表见代理的四个要件进行分析，可能有考生对被代理人的可归责性要件存有疑义，本题中乙持有的甲公司公章和法定代表人丁的印章都是真实的，此种风险是甲公司应当承担的，其对公章的控制管理

不善。对于选项 B，需要注意合同即使尚未签订，也可以通过合同义务的履行来补正。选项 C 中既涉及乙的代表行为（委托丙），也涉及代理行为（丙与丁签订合同），需要分开分析，乙的代表行为是有权代表行为，而经过乙的授权，丙的行为构成有权代理。选项 D 涉及法定代表人的个人行为，尽管该行为并非代表行为，但其已经将保证金转交甲公司出纳员入账，该笔款项已归属于公司，相应的法律责任也由公司承担。

[选项分析] 选项 A 考查表见代理，具有一定的干扰性。《民法典》第 172 条规定："行为人没有代理权、超越代理权或者代理权终止后，仍然实施代理行为，相对人有理由相信行为人有代理权的，该代理行为有效。"据此，表见代理的构成要件有四：（1）代理人没有代理权；（2）存在代理权外观；（3）被代理人具有可归责性；（4）相对方是善意的。据此结合本题，乙为甲公司董事，其在保证合同上加盖甲公司公章与法定代表人的印章具有权利外观，对于该外观，甲公司具有可归责性，丙善意地相信该代理行为，故构成表见代理。选项 A 正确。

选项 B 考查合同的成立。《民法典》第 490 条第 1 款规定："当事人采用合同书形式订立合同的，自当事人均签名、盖章或者按指印时合同成立。在签名、盖章或者按指印之前，当事人一方已经履行主要义务，对方接受时，该合同成立。"据此结合本题，甲公司虽然未在合同上盖章，但是合同相对方乙公司已经付款，甲公司也已实际使用该借款，所以该合同已经成立并生效。选项 B 正确。

选项 C 考查法定代表人。乙是甲公司的法定代表人，其行为代表甲公司，乙委托丙从事合同签订工作，丙为甲公司的意定代理人，其签订合同的行为属于有权代理，由甲公司承担民事责任。选项 C 正确。

选项 D 考查的是法定代表人的个人行为。甲公司法定代表人丙以个人名义收取该保证金，该行为并非代表行为，不过其已经将保证金转交甲公司出纳员入账，该笔款项已归属于甲公司，乙的保证金义务履行完毕，相应的法律责任由甲公司承担。选项 D 正确。

# 第四章　民事法律行为

📶 **1.** 老年人甲听说乙公司邀请了医生开展健康培训，并且进行免费体检，遂参加体检。之后发现自己骨密度太低，就在培训医生的推荐下，花费 800 元购买了某款保健品，但回家后心生悔意。经查明，该培训医生是乙公司的内部员工，甲购买的保健品市场价仅为 100 元，也没有增加骨密度的功效，存在扩大宣传的事实。对此，甲的下列哪一做法是正确的？（2023 年回忆版）

　　A. 以欺诈为由撤销合同

　　B. 以显失公平为由撤销合同

　　C. 以胁迫为由撤销合同

　　D. 以恶意串通为由请求确认合同无效

📶 **2.** 甲到某地旅游，在乙经营的路边店铺购买豆浆时，发现乙用来盛放豆浆的小碗花色古朴，甚是好看，遂提出购买留作纪念，双方约定价款为 20 元。甲的朋友丙是古董专家，一次到甲家做客时看到该小碗，疑是古董，后经鉴定为明代某官窑出土的古董。后乙得知，欲起诉撤销合同。关于乙起诉撤销合同的事由，下列哪一选项是正确的？（2023 年回忆版）

　　A. 重大误解　　　　B. 显失公平

　　C. 欺诈　　　　　　D. 胁迫

📶 **3.** 王某在李某的手机店内购买一部新手机，使用一个月后出现故障，遂去张某的维修店维修，发现该手机在购买前有使用记录，属于翻新机。对此，王某的下列哪些做法是正确的？（2023 年回忆版）

　　A. 请求李某返还部分手机款

　　B. 解除手机买卖合同

　　C. 基于显失公平撤销手机买卖合同

　　D. 基于欺诈撤销手机买卖合同

📶 **4.** 知名作曲家何某在二手书店翻到了自己早年丢弃的笔记本，里面有自己年轻时写的乐谱，遂提出要买回笔记本。书店店员吴某报价 5000 元，何某认为价格太高。对此，关于何某的下列哪些说法是错误的？（2023 年回忆版）

　　A. 对乐谱仍享有著作权

　　B. 对笔记本仍有所有权

　　C. 可以在买下笔记本后以胁迫为由撤销合同

　　D. 可以在买下笔记本后以显失公平为由撤销合同

📶 **5.** 某日，王某在古玩街花费数万元购买了一对青铜烛台，疑为明代真品。后经鉴定，该烛台为现代仿品，仅值数百元。关于王某的救济，下列哪一说法是正确的？（2022 年回忆版）

　　A. 可主张存在重大误解，请求撤销合同

　　B. 意思表示真实有效，无权请求撤销合同

　　C. 可主张存在显失公平，请求撤销合同

　　D. 可主张其被出卖人欺诈，请求撤销合同

📶 **6.** 甲公司看中了某五星级酒店大堂悬挂的名画，遂以 4.5 亿元的价格（比市场价高 1 亿元）买下了该酒店。之后，甲公司以 1.5 亿元的价格拍卖了该名画。对于酒店买卖合同的效力，下列哪一说法是正确的？（2022 年回忆版）

　　A. 买卖合同有效

　　B. 买卖合同因重大误解可撤销

　　C. 买卖合同因显失公平可撤销

　　D. 买卖合同因欺诈可撤销

📶 **7.** 甲与乙就甲名下的某处房产签订房屋买卖合同，乙支付了 100 万元购房款。双方又约定甲租用该房，每月向乙支付 10 万元租金，租期 1 年，丙为甲的租金债务承担连带保证责任。后发现该房为虚构物，甲和乙对此知情，但丙对此不知情。对此，下列哪些说法是正确的？（2021 年回忆版）

　　A. 名为租赁合同，实为借款合同

　　B. 借款合同有效，担保合同可撤销

　　C. 借款合同有效，担保合同无效

　　D. 租赁合同无效，担保合同无效

📶 **8.** 钱某有一幅祖传名画，市价估计近百万元。高某欲以低价购入，便联合艺术品鉴定专家李某对钱某进行游说。李某对钱某谎称该画属于赝品，价值也就 10 万元左右。钱某信以为真，但并未将

画卖给高某，而是以 15 万元卖给了不知情的陈某。钱某知晓后，可以哪一理由撤销与陈某的买卖合同？（2019 年回忆版）

　　A. 显失公平

　　B. 受陈某欺诈

　　C. 受李某欺诈

　　D. 重大误解

**9.** 某大师带着自己设计的三层镂空作品参加某电视台节目，声称没人能做出更高的镂空作品。主持人问："如果有人做出来呢？"大师说："如果有人做出来，我就把这个三层作品赠送给他。"大师与主持人击掌为誓，并邀请观众做见证。节目播出后，王某做出了五层镂空作品。关于某大师行为的性质及其效力，下列哪一说法是正确的？（2018 年回忆版）

　　A. 显失公平行为，大师可据此撤销

　　B. 戏谑行为，不成立法律行为

　　C. 赠与合同，大师可随时撤销

　　D. 悬赏广告，大师应向王某交付三层镂空作品

**10.** 2017 年 11 月 16 日，顾某接到某商城销售经理詹某的电话，请他帮忙发送商城的销售广告，约定一条短信 0.1 元。后顾某在朋友的介绍下花 1 万元购买了伪基站设备，并驾驶面包车携带该设备在市区范围内群发广告。11 月 20 日下午，顾某还没有拿到自己的广告报酬就被公安机关抓获。经查，顾某已群发短信 10 万条，获取 10 万个手机用户信息并将该信息出卖给了一家房地产开发公司，获益 1 万元。关于本案，下列哪些说法是正确的？（2018 年回忆版）

　　A. 顾某和詹某之间的约定无效

　　B. 顾某和詹某之间的约定效力待定

　　C. 顾某可以请求詹某给付自己 1 万元报酬

　　D. 顾某侵害了他人对其个人信息享有的民事权益

**11.** 齐某扮成建筑工人模样，在工地旁摆放一尊廉价购得的旧蟾蜍石雕，冒充新挖出文物等待买主。甲曾以 5000 元从齐某处买过一尊同款石雕，发现被骗后正在和齐某交涉时，乙过来询问。甲有意让乙也上当，以便要回被骗款项，未等齐某开口便对乙说："我之前从他这买了一个貔貅，转手就赚了，这个你不要我就要了。"乙信以为

真，以 5000 元买下石雕。关于所涉民事法律行为的效力，下列哪一说法是正确的？（2017-3-3）

　　A. 乙可向甲主张撤销其购买行为

　　B. 乙可向齐某主张撤销其购买行为

　　C. 甲不得向齐某主张撤销其购买行为

　　D. 乙的撤销权自购买行为发生之日起 2 年内不行使则消灭

**12.** 潘某去某地旅游，当地玉石资源丰富，且盛行"赌石"活动，买者购买原石后自行剖切，损益自负。潘某花 5000 元向某商家买了两块原石，切开后发现其中一块为极品玉石，市场估价上百万元。商家深觉不公，要求潘某退还该玉石或补交价款。对此，下列哪一选项是正确的？（2016-3-3）

　　A. 商家无权要求潘某退货

　　B. 商家可基于公平原则要求潘某适当补偿

　　C. 商家可基于重大误解而主张撤销交易

　　D. 商家可基于显失公平而主张撤销交易

**13.** 张某和李某设立的甲公司伪造房产证，以优惠价格与乙企业（国有）签订房屋买卖合同，以骗取钱财。乙企业交付房款后，因甲公司不能交房而始知被骗。关于乙企业可以采取的民事救济措施，下列哪一选项是正确的？（2015-3-3）

　　A. 以甲公司实施欺诈损害国家利益为由主张合同无效

　　B. 只能请求撤销合同

　　C. 通过乙企业的主管部门主张合同无效

　　D. 可以请求撤销合同，也可以不请求撤销合同而要求甲公司承担违约责任

**14.** 下列哪一情形下，甲对乙不构成胁迫？（2013-3-3）

　　A. 甲说，如不出借 1 万元，则举报乙犯罪。乙照办，后查实乙构成犯罪

　　B. 甲说，如不将藏獒卖给甲，则举报乙犯罪。乙照办，后查实乙不构成犯罪

　　C. 甲说，如不购买甲即将报废的汽车，将公开乙的个人隐私。乙照办

　　D. 甲说，如不赔偿乙撞伤甲的医疗费，则举报乙醉酒驾车。乙照办，甲取得医疗费和慰问金

**15.** 甲、乙之间的下列哪些合同属于有效合同？（2013-3-53）

A. 甲与丙离婚期间，用夫妻共同存款向乙公司购买保险，指定自己为受益人

B. 甲将其宅基地抵押给同村外嫁他村的乙用于借款

C. 甲将房屋卖给精神病人乙，合同履行后房价上涨

D. 甲驾车将流浪精神病人撞死，因查找不到死者亲属，乙民政部门代其与甲达成赔偿协议

## 详 解

**1.** [答案] A [难度] 中

[考点] 可撤销的民事法律行为、无效的民事法律行为

[命题和解题思路] 本题以实践中较为常见的老年人购买高价保健品被"坑"的法律事实为基础，对民事法律行为的可撤销事由以及无效事由进行集中考查，这一考点也是每年民法客观题考试的必考考点。从四个选项的表述来看，本题涉及三个可撤销事由——欺诈、胁迫与显失公平，以及一个无效事由——恶意串通行为。解答本题的关键问题在于将相关可撤销事由和无效事由的构成要件与题干事实相结合，判断乙公司的行为具体与何者相符。解题时考生切勿根据直觉判断，而应秉持构成要件思维。

[选项分析] A 选项、B 选项与 C 选项均考查可撤销的民事法律行为，分别涉及欺诈、显失公平与胁迫这三个可撤销事由。就欺诈而言，《民法典》第 148 条规定，一方以欺诈手段，使对方在违背真实意思的情况下实施的民事法律行为，受欺诈方有权请求人民法院或者仲裁机构予以撤销。实践中，老年人被欺诈购买保健品是十分常见的现象。对此，《最高人民法院关于为促进消费提供司法服务和保障的意见》第 15 条明确规定，**通过夸大宣传、虚构商品或者服务的治疗、保健、养生等功能，向老年消费者销售质次价高的商品或者服务，构成欺诈**，消费者请求生产经营者承担惩罚性赔偿责任的，人民法院应当依法支持。经营者诱导老年消费者购买不符合其需求或者明显超出其需求范围的保健食品等商品或者服务，致使合同显失公平，消费者请求撤销合同的，人民法院应当依法支持。本题中，乙公司指示其内部员工假扮医生，并虚构保健品的治疗、保健功能，诱导老年人甲购买高价保健品，构成欺诈行为，

甲有权基于欺诈撤销合同。A 选项正确。

《民法典》第 151 条规定，一方利用对方处于危困状态、缺乏判断能力等情形，致使民事法律行为成立时显失公平的，受损害方有权请求人民法院或者仲裁机构予以撤销。据此，显失公平需要满足主客观两方面要件。本题中，乙公司的行为已经构成欺诈，此时就不宜再认定其为显失公平。B 选项错误。

胁迫是指以给自然人及其近亲属等的人身权利、财产权利以及其他合法权益造成损害或者以给法人、非法人组织的名誉、荣誉、财产权益等造成损害为要挟，迫使其基于恐惧心理作出意思表示。本题中乙公司并无胁迫行为，甲无权以胁迫为由撤销合同。C 选项错误。

《民法典》第 154 条规定，行为人与相对人恶意串通，损害他人合法权益的民事法律行为无效。本题中，培训医生是乙公司的内部员工，而保健品买卖合同成立于乙公司与甲之间，并不存在恶意串通行为。D 选项错误。

**2.** [答案] A [难度] 中

[考点] 可撤销的民事法律行为

[命题和解题思路] 审题后不难发现，本题以小碗买卖合同为基础法律事实，对民事法律行为的四个可撤销事由集中展开考查。本题解答的关键在于秉持构成要件思维，考生需结合题干事实，结合四个可撤销事由的构成要件一一展开分析，切勿仅凭借直觉判断。其中对于显失公平，考生尤其需要注意，仅有客观层面的显失公平结果是不够的，还需要满足主观要件。

[选项分析] A 选项考查重大误解。《民法典》第 147 条规定，基于重大误解实施的民事法律行为，行为人有权请求人民法院或者仲裁机构予以撤销。《民法典总则编解释》第 19 条第 1 款规定，行为人对行为的性质、对方当事人或者标的物的品种、质量、规格、价格、数量等产生错误认识，按照通常理解如果不发生该错误认识行为人就不会作出相应意思表示的，人民法院可以认定为《民法典》第 147 条规定的重大误解。据此，乙误以为卖给甲的小碗是普通小碗，而实际上该小碗是明代某官窑出土的古董，对买卖标的物存在严重的性质认识错误。这一错误在交易上有重大意义，因为普通小碗与明代某官窑出土的古董之间

价格相差悬殊。乙有权基于重大误解起诉撤销。A选项正确。

B选项考查显失公平。《民法典》第151条规定，一方利用对方处于危困状态、缺乏判断能力等情形，致使民事法律行为成立时显失公平的，受损害方有权请求人民法院或者仲裁机构予以撤销。据此可知，显失公平须同时满足主观与客观双重要件。本题中主观要件并不符合，因为缔结小碗买卖合同时，双方都对该碗的实际性质与价值不知情，甲并不存在利用乙处于危困状态、缺乏判断能力等情形。因此，乙无权基于显失公平起诉撤销。B选项错误。

C选项考查欺诈。《民法典》第148条规定，一方以欺诈手段，使对方在违背真实意思的情况下实施的民事法律行为，受欺诈方有权请求人民法院或者仲裁机构予以撤销。本题中，甲并不存在捏造事实或隐瞒事实的情形，不构成欺诈，乙无权基于欺诈起诉撤销。C选项错误。

D选项考查胁迫。《民法典》第150条规定，一方或者第三人以胁迫手段，使对方在违背真实意思的情况下实施的民事法律行为，受胁迫方有权请求人民法院或者仲裁机构予以撤销。本题中，甲并不存在胁迫行为，乙无权基于胁迫起诉撤销。D选项错误。

**3.** ［答案］ABD ［难度］中

［考点］违约责任的形式、合同解除、可撤销的民事法律行为

［命题和解题思路］本题以手机买卖作为基础法律事实，命题人在其中增加欺诈的因素，较为综合地考查了民事法律行为的可撤销事由、合同解除以及违约责任的具体形式等多个考点，有一定难度。对于王某是否有权解除合同的问题，考生应将分析重点置于李某是否存在足以导致合同目的无法实现的违约行为；对于手机买卖合同是否可撤销的问题，考生在解题时应结合显失公平与欺诈的构成要件，分析李某的相关行为究竟属于何者；对于违约责任的成立以及具体方式，考生首先应确定李某存在何种类型的违约行为，并在此基础上结合《民法典》的相关规定分析其可能的违约责任承担方式。

［选项分析］A选项考查违约责任。本题中，王某在李某的手机店内购买一部新手机，但李某

交付的手机却并非新手机，而是翻新机，不符合合同的约定，属于不完全履行的违约情形。《民法典》第582条规定，履行不符合约定的，应当按照当事人的约定承担违约责任。对违约责任没有约定或者约定不明确，依据本法第510条的规定仍不能确定的，受损害方根据标的的性质以及损失的大小，可以合理选择请求对方承担修理、重作、更换、退货、减少价款或者报酬等违约责任。据此，王某有权向李某主张减少价款，由于王某已经支付了全部的手机款，因此王某有权请求李某返还部分手机款。A选项正确。

B选项考查合同解除。由于本题并不涉及合意解除与约定解除权的情形，买卖合同中也并无任意解除权的规定，因此需重点分析王某能否基于李某的违约行为而享有法定解除权。《民法典》第563条第1款规定，有下列情形之一的，当事人可以解除合同……（4）当事人一方迟延履行债务或者有其他违约行为致使不能实现合同目的……结合该条款第4项，李某将一部翻新机当作新手机交付给王某，存在违约行为，且导致手机买卖合同的目的无法实现，王某享有法定解除权，有权解除手机买卖合同。B选项正确。

C选项与D选项均考查可撤销的民事法律行为，具体涉及显失公平与欺诈。本题中，出卖人李某明知其售卖的手机属于翻新机，仍将该手机当作新手机卖给王某，存在欺诈行为，王某基于该欺诈行为与李某缔结手机买卖合同，王某有权基于欺诈撤销手机买卖合同。王某与李某之间并不存在显失公平的情形。C选项错误，D选项正确。

**4.** ［答案］BCD ［难度］难

［考点］作品的概念、可撤销的民事法律行为

［命题和解题思路］本题是民法与知识产权法的融合题，命题人在对民法上的民事法律行为的可撤销事由进行集中考查的同时，还兼顾着作权法上相关知识点的考查，又以多选题的方式呈现，有一定难度。解答本题时，考生首先需要区分作品与作品的载体，乐谱所包含的音乐作品，其著作权人始终是何某，并不会因为载体——笔记本所有权的变化而转移。至于作品的载体——笔记本，作为普通动产，其所有权的归属就需要适用物权上的相关规则判断。至于笔记本买卖是否构

成胁迫与显失公平，考生应结合二者的构成要件进行分析，切勿仅凭借直觉判断。

[选项分析] A选项与B选项均考查对作品与作品的载体的区分。本题中，何某早年自己丢弃了笔记本，这一抛弃行为导致何某丧失对该笔记本的所有权。B选项错误，当选。该笔记本是何某音乐作品的载体，笔记本所有权归属的变化不会影响音乐作品的著作权归属，因此何某对乐谱仍享有著作权。A选项正确，不当选。

C选项与D选项均考查可撤销的民事法律行为。《民法典》第150条将胁迫作为民事法律行为的可撤销事由。胁迫是指以给自然人及其近亲属等的人身权利、财产权利以及其他合法权益造成损害或者以给法人、非法人组织的名誉、荣誉、财产权益等造成损害为要挟，迫使其基于恐惧心理作出意思表示。本题中，即使何某买下笔记本，吴某也并不存在胁迫的情形，何某无权以胁迫为由撤销合同。C选项错误，当选。《民法典》第151条规定，一方利用对方处于危困状态、缺乏判断能力等情形，致使民事法律行为成立时显失公平的，受损害方有权请求人民法院或者仲裁机构予以撤销。据此，显失公平需要同时满足主观要件与客观要件。本题中，即使何某买下笔记本，吴某也并不存在利用何某处于危困状态、缺乏判断能力等情形，主观要件并不满足，因此何某无权以显失公平为由撤销合同。D选项错误，当选。

**5.** [答案] B　　[难度] 中
[考点] 可撤销的民事法律行为
[命题和解题思路] 本题以古玩买卖为基础法律事实集中地考查民事法律行为的可撤销事由。对此考生需要意识到：古玩买卖属于一种特殊的买卖，在性质上属于风险交易，一般而言，只要交易中未含欺诈的行为，即便买受人事后得知古玩为仿品，也不能基于重大误解撤销。需要指出的是，对于古玩的真伪如果存在认识错误，过去一般认为买受人是可以基于重大误解撤销合同的。但是《民法典总则编解释》第19条已经明确通过但书的形式将古玩、艺术品等风险交易排除。因此今后的法考客观题中，对于古玩、艺术品等特殊的风险交易，即使购买后发现其为仿品，原则上也不能基于重大误解撤销。

[选项分析] 选项A考查重大误解。《民

典》第147条明确将重大误解列为民事法律行为的可撤销事由。《民法典总则编解释》第19条第2款规定："行为人能够证明自己实施民事法律行为时存在重大误解，并请求撤销该民事法律行为的，人民法院依法予以支持；但是，根据交易习惯等认定行为人无权请求撤销的除外。"该条款中的"根据交易习惯等认定行为人无权请求撤销的除外"所指的主要类型之一就是古玩、艺术品买卖，古玩的真伪鉴定是一件十分专业且十分主观的事情，这意味着古玩、艺术品买卖本身就带有风险交易的性质，原则上只要交易中未含欺诈的行为，即便买受人事后得知该古玩为仿品，也不能基于重大误解撤销。因此，本题中尽管后经鉴定，该烛台为现代仿品，王某也不能基于重大误解撤销合同。选项A错误。

选项C考查显失公平。《民法典》第151条规定："一方利用对方处于危困状态、缺乏判断能力等情形，致使民事法律行为成立时显失公平的，受损害方有权请求人民法院或者仲裁机构予以撤销。"据此，显失公平的构成要求包含主观要件与客观要件，本题中并不存在一方利用对方处于危困状态、缺乏判断能力等情形，主观要件并不符合，不构成显失公平。选项C错误。

选项D考查欺诈。《民法典》第148条规定欺诈是民事法律行为的可撤销事由之一，但本题中并无事实表明出卖人对王某实施了欺诈，因此王某无权基于欺诈撤销合同。选项D错误。

综上，本题中王某无权撤销合同，该青铜烛台买卖合同是合法有效的。选项B正确。

**6.** [答案] A　　[难度] 中
[考点] 可撤销的民事法律行为
[命题和解题思路] 2022年的法考客观题两次涉及古玩、艺术品买卖。本题以酒店收购为事实背景，考查民事法律行为的效力瑕疵制度。解答本题时，一方面，考生需要注意，五星级酒店的收购，如果没有特别约定，应包含酒店大堂所挂的画作。甲公司买下该酒店后，就成为该画作的所有权人。此后甲公司对画作进行拍卖，属于有权处分。另一方面，考生也需要注意，古玩、艺术品买卖本身就带有风险交易的性质，原则上只要交易中未含欺诈的行为，即便买受人事后得知古玩为仿品，也不能基于重大误解撤销。

［选项分析］本题中，甲公司为了酒店大堂所挂的画作而买下酒店，如果合同中没有特别约定，则五星级酒店的收购，应包括该画作，因为该画作属于该五星级酒店这一集合物的一部分。在此基础上，甲公司在买下该酒店后就成为画作的所有权人，在此基础上，甲公司以 1.5 亿元的价格拍卖该画，属于有权处分。就酒店的买卖合同而言，即使酒店的出让方对该画是否为真品存在认识错误，也不得基于重大误解而撤销。《民法典总则编解释》第 19 条第 2 款规定："行为人能够证明自己实施民事法律行为时存在重大误解，并请求撤销该民事法律行为的，人民法院依法予以支持；但是，根据交易习惯等认定行为人无权请求撤销的除外。"该条款中的"根据交易习惯等认定行为人无权请求撤销的除外"所指的主要类型之一就是古玩、艺术品买卖。此外，结合《民法典》第 148 条与第 151 条，本题也不构成显失公平或者欺诈，一方面，甲公司并没有利用对方处于危困状态、缺乏判断能力等情形，不构成显失公平；另一方面，甲公司也并未实施欺诈行为，不构成欺诈。因此，本题中酒店买卖合同是有效的。选项 B、C、D 均错误，选项 A 正确。

**7.** ［答案］ACD　　　［难度］难

［考点］虚假行为；保证合同

［命题和解题思路］本题考查了虚假行为以及保证合同的效力，有一定难度。解答本题时，一方面要抓住"该房为虚构物"这一核心事实要素；另一方面要注意甲与乙之间存在两层民事法律行为，存在表面行为+隐藏行为的行为结构。表面上双方签订的是房屋买卖合同和房屋租赁合同，因为房屋为虚构物，都是通谋虚伪行为，是无效的。而结合房屋买卖合同与房屋租赁合同的交易结构与资金的走向，不难发现双方真实的交易目的是借贷。此外，对于担保合同的效力，需要结合丙不知情这一情节进行分析。

［选项分析］本题中，由于房屋为虚构物且甲乙对此均知情，这意味着双方通谋以后签订了房屋买卖合同与房屋租赁合同（售后回租模式），这两个合同均非当事人真实的意思表示，属于虚假行为。《民法典》第 146 条规定："行为人与相对人以虚假的意思表示实施的民事法律行为无效。以虚假的意思表示隐藏的民事法律行为的效力，

依照有关法律规定处理。"据此结合本题，房屋买卖合同与房屋租赁合同作为通谋虚假行为，都是无效的。甲、乙二人真实的意思，由其交易安排来看，是甲向乙借款 100 万元，通过每月还款 10 万元的方式来归还本金与利息。因此，甲、乙之间的隐藏行为是借款合同，该合同并无其他效力瑕疵事由，是有效的。由于丙对房屋为虚构物这一事实情节并不知情，因此，其并无为甲、乙之间的借款关系提供担保的意思。既然房屋买卖合同与租赁合同均无效，那么作为从合同的保证合同也随之无效（《民法典》第 388 条第 1 款）。选项 B 错误，选项 A、C、D 均正确。

**8.** ［答案］D　　　［难度］中

［考点］可撤销的民事法律行为

［命题和解题思路］本题考查可撤销的民事法律行为，考查难度适中。现行法上民事法律行为的可撤销事由可以分为重大误解（《民法典》第 147 条）、欺诈（《民法典》第 148-149 条）、胁迫（《民法典》第 150 条）与显失公平（《民法典》第 151 条）。解答本题时，需要结合各可撤销事由的构成要件进行分析。其中，显失公平的判断一定要严格结合主观要件与客观要件分析，特别是注意主观要件是否符合。对于欺诈，则需要区分相对方欺诈与第三人欺诈，在第三人欺诈时，合同撤销的前提是相对方知道或应当知道该欺诈行为。

［选项分析］选项 A 考查显失公平。《民法典》第 151 条规定："一方利用对方处于危困状态、缺乏判断能力等情形，致使民事法律行为成立时显失公平的，受损害方有权请求人民法院或者仲裁机构予以撤销。"据此，显失公平的构成有二：（1）主观要件：存在一方利用对方处于危困状态、缺乏判断能力等情形；（2）客观要件：民事法律行为成立时显失公平。本题中，陈某与钱某签订合同时是不知情的，并未利用对方处于危困状态或缺乏判断能力，因此，显失公平的主观要件并不满足，钱某不得基于显失公平撤销与陈某的买卖合同。选项 A 错误。

选项 B 与选项 C 都涉及欺诈的认定。欺诈可以分为相对方欺诈（《民法典》第 148 条）与第三人欺诈（《民法典》第 149 条）。由于本题中陈某在与钱某签订合同时并无欺诈行为，其属于不知

情的交易相对方，因此，相对方欺诈显然不构成。选项 B 错误。仅需考虑是否构成第三人欺诈。关于第三人欺诈，《民法典》第 149 条规定："第三人实施欺诈行为，使一方在违背真实意思的情况下实施的民事法律行为，对方知道或者应当知道该欺诈行为的，受欺诈方有权请求人民法院或者仲裁机构予以撤销。"据此，第三人欺诈时，被欺诈方想要撤销民事法律行为，还需要一个额外的要件——相对方知道或应当知道该欺诈行为。本题中，交易相对方陈某在缔约时并不知情，该要件并不符合，因此，钱某不能依据《民法典》第 149 条撤销买卖合同。选项 C 错误。

选项 D 考查重大误解。《民法典》第 147 条规定："基于重大误解实施的民事法律行为，行为人有权请求人民法院或者仲裁机构予以撤销。"本题中，由于李某的欺诈行为使得钱某陷入了认识错误，即误认为该画是赝品，不值钱，基于该认识错误与陈某以低价签订了买卖合同。钱某可以依据《民法典》第 147 条撤销买卖合同。选项 D 正确。

难点解析：欺诈与重大误解的比较。值得注意的是，在欺诈的情形下，由于欺诈的构成要求被欺诈方因为欺诈行为陷入错误，因此，构成欺诈的往往也构成重大误解，被欺诈方也可以基于重大误解来撤销合同。被欺诈方可以自行选择撤销事由。不过，基于欺诈撤销和基于错误撤销有以下区别：（1）欺诈的构成要件更为严格。除了要求被欺诈方陷入认识错误以外，还要求有欺诈行为，第三人欺诈时还要求相对方知道或应当知道该欺诈行为。（2）基于重大误解撤销的撤销权除斥期间更短。依据《民法典》第 152 条，基于重大误解的撤销权除斥期间是 90 天，而基于欺诈的撤销权除斥期间是 1 年。（3）基于重大误解撤销往往不能要求对方承担缔约过失责任，基于欺诈撤销时可以基于《民法典》第 157 条要求对方承担缔约过失责任。

**9.** [答案] D　　[难度] 中

[考点] 显失公平；戏谑行为；赠与合同；悬赏广告

[命题和解题思路] 本题结合一个具体的案例事实，考查考生能否准确地区分戏谑行为与悬赏广告，尽管选项 A 与选项 C 均有一定的迷惑性，

但本题的难点其实还是在于选项 B 与选项 D 之间的选择。解答本题时需要注意，对于大师的行为是否构成戏谑行为，并不以行为人本人的视角为准，而应以一般理性人的视角为准。从一般理性人的角度看，大师的行为具有明确的受法律约束的意思，属于悬赏广告。

[选项分析] 选项 A 考查显失公平。《民法典》第 151 条规定："一方利用对方处于危困状态、缺乏判断能力等情形，致使民事法律行为成立时显失公平的，受损害方有权请求人民法院或者仲裁机构予以撤销。"据此，显失公平的构成有二：（1）主观要件：存在一方利用对方处于危困状态、缺乏判断能力等情形；（2）客观要件：民事法律行为成立时显失公平。本案中，大师的单方允诺，并不形成交易关系，也并没有利用对方的危困状态、欠缺判断力等影响对方的真实意愿，不属于显失公平行为，不能据此撤销该行为。选项 A 错误。

选项 B 考查戏谑行为。戏谑行为属于学术上的概念，现行法并未规定，需要结合相关学理知识进行分析判断。戏谑行为即非诚意行为，是指行为人作出意思表示时并无产生民事权利义务的真实意图，并且期待对方不至于对此产生误认。戏谑行为因缺乏目的意思和效果意思，并不能成立民事法律关系。需要注意的是，是否构成戏谑行为，并不以行为人本人的视角为准，而应以一般理性人的视角为准，换言之，在一般理性人看来，该行为是戏谑行为，并无受法律约束的意思。本题中，大师在电视节目中正式、公开进行承诺意思表示，并与主持人击掌为誓，邀请观众做见证。在一般的观众看来，该行为是认真严肃且具有法律效果意思的行为，不属于戏谑行为。选项 B 错误。

选项 C 考查赠与合同。《民法典》第 657 条规定："赠与合同是赠与人将自己的财产无偿给予受赠人，受赠人表示接受赠与的合同。"据此，赠与合同属于双方行为，并且有明确的受赠人。而本题中，大师的行为并非针对王某，其意思表示是向不特定公众发出的，双方并无赠与的合意，因此，大师与王某之间并非赠与合同关系。选项 C 错误。

选项 D 考查悬赏广告。《民法典》第 499 条规定："悬赏人以公开方式声明对完成特定行为的人

支付报酬的，完成该行为的人可以请求其支付。"悬赏广告的对象是不特定的主体，凡符合表意人在单方允诺中所列条件的人，即可以取得所允诺的利益。本题中，节目播出后王某做出了五层镂空作品，符合大师在单方允诺行为中所列的条件，双方成立债权债务关系，大师应当履行自己的承诺义务，交付其创作的三层镂空作品。选项 D 正确。

**10.** [答案] AD     [难度] 中

[考点] 合同的效力；个人信息的保护

[命题与解题思路] 本题改编自最高人民法院的一则公报案例"无锡市掌柜无线网络技术有限公司诉无锡嘉宝置业有限公司网络服务合同纠纷案"（《中华人民共和国最高人民法院公报》2015年第3期），命题人将合同的效力与个人信息的保护问题结合起来考查。从四个选项的设置来看，选项 A 与选项 B、选项 A 与选项 C 之间都是相互矛盾的，这在一定程度上降低了本题的难度。解答本题的关键在于判断顾某和詹某之间的垃圾短信合同效力如何，考生需要结合垃圾短信合同的内容与特点，确定其违反网络信息保护规定，同时会侵害社会公共利益，在此基础上判断垃圾短信合同的效力。明确了合同效力以后，选项 C 自然是错误的，对于无效的合同显然不能主张报酬。

[选项分析]《民法典》第153条第1款规定："违反法律、行政法规的强制性规定的民事法律行为无效。但是，该强制性规定不导致该民事法律行为无效的除外。"据此结合本题，顾某和詹某明知发送的电子信息为垃圾信息，却无视手机用户群体是否同意接受商业广告的主观意愿，通过合同约定强行向不特定公众发送商业广告，违反网络信息保护规定，侵害不特定公众的利益，约定属于无效。选项 A 正确。

顾某和詹某之间的约定违反了法律、行政法规的强制性规定，属于确定无效行为。而且，不属于"欠缺行为能力者签订合同"的情形，不可经追认而转化为有效。选项 B 错误。

基于上述分析，由于顾某与詹某的约定无效，顾某请求詹某给付违法所得的1万元并无法律依据。选项 C 错误。

选项 D 考查个人信息保护问题。根据《民法典》第111条的规定："自然人的个人信息受法律

保护，任何组织或者个人需要获取他人个人信息的，应当依法取得并确保信息安全，不得非法收集、使用、加工、传输他人个人信息，不得非法买卖、提供或者公开他人个人信息。"而题中顾某非法获取10万个手机用户信息并出卖给他人，应当承担侵害个人信息的民事责任。选项 D 正确。

**11.** [答案] B     [难度] 中

[考点] 可撤销的民事法律行为

[命题和解题思路] 本题涉及的是《民法典》里关于欺诈的新规则——第三人欺诈。民事法律行为效力瑕疵制度是民法客观题的核心考点之一，复习时需重点掌握。对于第三人欺诈，考生需要注意：（1）撤销的前提——对方知道或者应当知道该欺诈行为；（2）撤销由被欺诈方向合同相对方主张，而非向欺诈行为人主张，这一点考生可能会有混淆；（3）撤销的除斥期间——自知道或者应当知道撤销事由之日起1年内，如果自合同缔结之日起5年内不行使，撤销权也消灭。

[选项分析] 本题中，齐某和乙之间缔结了石雕的买卖合同，但乙是基于甲的欺诈行为而缔结该买卖合同。这一行为结构属于典型的第三人欺诈。《民法典》第149条规定："第三人实施欺诈行为，使一方在违背真实意思的情况下实施的民事法律行为，对方知道或者应当知道该欺诈行为的，受欺诈方有权请求人民法院或者仲裁机构予以撤销。"据此，基于第三人欺诈撤销民事法律行为，除了满足欺诈的一般要件以外，还需要满足一个额外要件——对方知道或者应当知道该欺诈行为。本题中，齐某明知自己出卖的石雕并非文物，也明知甲对乙的行为是欺诈行为，符合该额外要件。因此，乙可以依据《民法典》第149条要求撤销该石雕买卖合同。需要注意的是，不论是相对方欺诈还是第三人欺诈，基于合同相对性原则，撤销的对象都是合同的相对方，因为作出欺诈行为的第三人并未参与该法律关系。因此，乙可以向齐某主张撤销其购买行为。选项 A 与选项 C 均错误，选项 B 正确。

《民法典》第152条区分了不同的可撤销事由，规定了不同的撤销权除斥期间。该条规定："有下列情形之一的，撤销权消灭：（一）当事人自知道或者应当知道撤销事由之日起一年内、重大误解的当事人自知道或者应当知道撤销事由之

日起九十日内没有行使撤销权；（二）当事人受胁迫，自胁迫行为终止之日起一年内没有行使撤销权；（三）当事人知道撤销事由后明确表示或者以自己的行为表明放弃撤销权。当事人自民事法律行为发生之日起五年内没有行使撤销权的，撤销权消灭。"据此，不同撤销事由对应不同的除斥期间：

（1）基于重大误解的撤销权：除斥期间为 90 日，起算点为当事人自知道或者应当知道撤销事由之日；

（2）基于欺诈（包括第三人欺诈）、显失公平的撤销权：除斥期间为 1 年，起算点为当事人自知道或者应当知道撤销事由之日；

（3）基于胁迫的撤销权：除斥期间为 1 年，起算点为胁迫行为终止之日；

（4）所有撤销权都有一个最长除斥期间——5 年，自民事法律行为发生之日起算。

依据上述总结，乙基于第三人欺诈的撤销权，除斥期间为 1 年，自乙知道欺诈事实之日起算。如果自合同缔结之日起 5 年内不行使，撤销权也消灭。选项 D 错误。

**12.** ［答案］A ［难度］易

［考点］公平原则；重大误解；显失公平

［命题和解题思路］本题以非常特殊的一种交易现象——赌石为基础事实，考查公平原则、重大误解与显失公平等考点。赌石是一项具有高风险性的交易，赌石合同属于射幸合同，其本身是合法有效的。而且作为射幸合同，所赌之石切开后不管开出什么，当事人都不能基于石头本身的价值或材质等请求解除或撤销合同，双方风险自负。如果能理解赌石合同的这些特征，本题基本上等于送分题。

［选项分析］本题的四个选项其实都围绕一个核心问题——潘某与某商家之间的赌石合同效力如何。赌石合同是珠宝行业常见的一种交易方式，其本身就带有极高的风险性，合同的效果在缔约时是不确定的，属于射幸合同。该合同虽有极高的风险性，但双方当事人对此是明知的，不存在重大误解，且当事人对此风险作出了明确的安排，并未显失公平。因此，赌石合同本身是有效的，并不存在欺诈、胁迫、显失公平等效力瑕疵因素，没有违反公序良俗原则，也没有违反法律、行政法规的强制性规定。此种合同本身也并不违反民

法上的公平原则。因此，潘某与商家之间的赌石合同是合法有效的，潘某切开后发现其中一块为极品玉石，也是符合该合同特征的。商家无权撤销或者解除该合同，进而也就无权要求潘某退货。综上，选项 A 正确，选项 BCD 错误。

**13.** ［答案］D ［难度］中

［考点］无效的民事法律行为；可撤销的民事法律行为；违约责任

［命题和解题思路］民事法律行为效力瑕疵制度是法考客观题中的核心考点，每年必考，本题既涉及民事法律行为的无效，也涉及可撤销，此外还融合了对违约责任的考查，具有一定的综合性，不过考查难度适中。解题时需要注意，不管是合同的无效还是可撤销，都需要有明确的事由与依据。本题中，考生容易出错的点在于，有的考生可能会误认为国企乙的利益等于国家利益，这是不正确的，**国企的利益不等于国家利益**。此外，在民事法律行为可撤销的情形下，**撤销权作为一种形成权，是可以放弃的，当事人可以不撤销民事法律行为而主张其他救济方式**。

［选项分析］选项 A 与选项 C 均考查无效的民事法律行为。现行法上民事法律行为无效的事由包括以下几类：（1）无民事行为能力（《民法典》第 144 条第 1 款）；（2）通谋虚伪行为（《民法典》第 146 条）；（3）违反法律、行政法规的强制性规定（《民法典》第 153 条第 1 款）；（4）违反公序良俗原则（《民法典》第 153 条第 2 款）；（5）恶意串通损害他人合法权益（《民法典》第 154 条）。选项 A 涉及本题合同是否因损害国家利益而无效。《民法典》实施之前，《合同法》第 52 条第 1 项规定的合同无效事由是"一方以欺诈、胁迫的手段订立合同，损害国家利益"，该项与第 4 项"损害社会公共利益"在《民法典》中被整合与改造为第 153 条第 2 款，不再使用损害国家利益的表达，而是改为公序良俗的表达。这是需要考生们注意的一个变化，因此，前《民法典》时代所说的国家利益和社会公共利益，在《民法典》时代都可以统一地被涵盖进公序良俗原则中进行分析判断。本题中，甲公司的欺诈行为所侵害的是乙企业的私人利益，并未涉及国家利益与社会公共利益，不能据此确认该合同无效。不仅乙不能主张合同无效，乙的主管部门也不得主张

合同无效。选项 A 与选项 C 均错误。

选项 B 与选项 D 考查可撤销的民事法律行为与违约责任的构成要件。本题中，乙与甲签订房屋买卖合同是基于甲的欺诈行为。《民法典》第 148 条规定："一方以欺诈手段，使对方在违背真实意思的情况下实施的民事法律行为，受欺诈方有权请求人民法院或者仲裁机构予以撤销。"据此，乙可以请求撤销与甲之间的房屋买卖合同以寻求救济。当然，撤销不是强制的，乙也可以不撤销而直接寻求违约责任的救济。因为如果乙不撤销房屋买卖合同的话，该合同就是有效的，双方需履行该合同，甲需要交付房屋并移转房屋所有权，而事实上甲不能交房，陷入履行不能，乙可以依据《民法典》第 577 条要求其承担相应的违约责任。《民法典》第 577 条规定："当事人一方不履行合同义务或者履行合同义务不符合约定的，应当承担继续履行、采取补救措施或者赔偿损失等违约责任。"选项 B 错误；选项 D 正确。

**14.** ［答案］D　　［难度］中

［考点］胁迫

［命题和解题思路］本题以四个互相独立的选项，围绕胁迫这一可撤销事由进行考查，考查难度适中。解答本题的关键与难点在于，考生需要掌握胁迫的不法性这一要件。胁迫的不法性包括：（1）手段不法；（2）目的不法；（3）手段与目的均合法，但二者的结合不法。若能准确地理解胁迫的不法性，本题即可轻松应对。

［选项分析］《民法典》第 150 条规定："一方或者第三人以胁迫手段，使对方在违背真实意思的情况下实施的民事法律行为，受胁迫方有权请求人民法院或者仲裁机构予以撤销。"据此，胁迫的构成要件有：（1）相对方或第三人的胁迫行为；（2）胁迫人故意；（3）因果关系：胁迫行为导致被胁迫方陷入恐惧，并基于恐惧作出意思表示；（4）胁迫具有不法性，包括手段不法与目的不法。对胁迫的判断需要结合上述构成要件进行分析。本题四个选项涉及的都是对其中不法性要件的判断。选项 A 中，借款的目的合法，举报乙犯罪的手段也合法，但二者没有内在的联系，其结合是非法的，构成胁迫。选项 B 中，乙不构成犯罪但甲捏造犯罪并以举报的方式相要挟，该手段非法，构成胁迫。选项 C 中，公开乙的个人隐私这一手段是违法的，因此构成胁迫。选项 D 中，举报乙醉酒驾车的手段合法，要求赔偿医疗费的目的也合法，且二者之间存在内在的联系，其结合并不违法，不构成胁迫。选项 A、B、C 不当选，选项 D 当选。

**15.** ［答案］AD　　［难度］中

［考点］民事法律行为的效力

［命题和解题思路］本题中，命题人以四个互相独立的小案例考查考生对民事法律行为效力瑕疵制度的掌握情况。现行法规定了民事法律行为的无效事由、可撤销事由以及效力待定事由，遇到此类题目时，关键是要确定待分析的合同瑕疵出现在哪个环节，可能存在何种瑕疵，明确了具体瑕疵，结合相关知识点即可轻松判断。通过分析，考生需要明确选项 A 里的合同涉及的瑕疵是无权处分，选项 B 涉及的瑕疵是用禁止抵押的财产设立抵押权，可能违反法律强制性规定，选项 C 的瑕疵在于乙欠缺民事行为能力，选项 D 的瑕疵在于民政部门可能欠缺代理权。

［选项分析］选项 A 涉及夫妻一方擅自处分夫妻共有财产时的合同效力判断问题。夫妻一方擅自处分夫妻共有财产是法考中多次出现的案例类型，处理此类问题，需要把握以下两点：（1）夫妻一方擅自处分夫妻共有财产的行为，依据《民法典》第 301 条，构成无权处分；（2）判断相关合同效力时，需要区分负担行为和处分行为，对于只是创设债权债务关系的负担行为，其效力是不受处分权影响的（《民法典》第 597 条第 1 款），因此，即使无处分权，负担行为如果没有其他效力瑕疵事由，也是有效的；而直接引起物权变动的处分行为是需要处分权的，欠缺处分权的话效力待定，需要夫妻另一方追认方可有效。夫妻另一方不追认时，第三人还可能构成善意取得（《民法典》第 311 条）。结合本题，甲擅自用夫妻共同存款与乙公司签订了保险合同，该合同属于典型的负担行为，仅创设债权债务关系，并未直接导致物权的变动，因此，该合同的效力不受处分权的影响，如果没有其他效力瑕疵，该保险合同是有效的。选项 A 正确。

选项 B 考查无效的民事法律行为。《民法典》第 399 条规定："下列财产不得抵押：（一）土地所有权；（二）宅基地、自留地、自留山等集体所有土地的使用权，但是法律规定可以抵押的除外；（三）学校、幼儿园、医疗机构等为公益目的成立的非营利法人的教育设施、医疗卫生设施和其他公益设施；（四）所有权、使用权不明或者有争议的财产；（五）依法被查封、扣押、监管的财产；（六）法律、行政法规规定不得抵押的其他财产。"其中第 2 项禁止宅基地使用权抵押。结合《民法典》第 153 条第 1 款，甲的抵押行为因违反《民法典》第 399 条而无效。选项 B 错误。

选项 C 考查欠缺民事行为能力对民事法律行为效力的影响。精神病人乙是否具有民事行为能力，选项 C 并未明确交代，因此可能存在两种情况：

（1）乙不能辨认自己的行为，属于无民事行为能力人。《民法典》第 144 条规定："无民事行为能力人实施的民事法律行为无效。"据此，若乙是无民事行为能力人，则甲乙之间的房屋买卖合同无效。合同签订后房价的变化对合同效力的判断并不产生影响。

（2）乙不能完全辨认自己的行为，属于限制民事行为能力人。《民法典》第 145 条第 1 款规定："限制民事行为能力人实施的纯获利益的民事法律行为或者与其年龄、智力、精神健康状况相适应的民事法律行为有效；实施的其他民事法律行为经法定代理人同意或者追认后有效。"据此，限制民事行为能力人可以独立实施的民事法律行为有两类：其一，纯获利益的民事法律行为；其

二，与其年龄、智力、精神健康状况相适应的民事法律行为。由于房屋价值很高，对辨识能力要求较高，明显超出一个限制民事行为能力人的年龄、智力、精神健康状况，甲乙之间的房屋买卖合同不属于第二类。就第一类而言，尽管合同履行后，房价上涨，使乙获得了经济利益，但是纯获利益的判断不采取经济利益的标准，而采取法律标准，只要限制民事行为能力人在该民事法律行为中负担了义务，就不是纯获利益，因此，甲乙之间的房屋买卖行为也不属于第一类。因此，甲乙之间的房屋买卖行为，效力待定，须经法定代理人同意或者追认后才能有效。

综上，上述两种情况下，甲乙之间的房屋买卖行为都不是有效的，选项 C 错误。

选项 D 属于涉及民政部门能否代理死者近亲属签订赔偿协议的问题，有一定难度。解题思路并不需要从监护制度或死者利益保护制度视角作出判断，而是要从代理制度角度进行分析。死亡赔偿金是对死者近亲属的财产损失和精神损害作出的赔偿，题目中"代其"的"其"显然是指死者近亲属，而非死者本人。况且，死者是无所谓"被监护"或"被代理"的问题。在近亲属暂时无法找到时（注意：并非没有近亲属），民政部门作为国家法定社会救助机构，可以代理死者亲属与赔偿义务人商定赔偿协议，符合公序良俗原则，不构成无权代理，该协议并无效力瑕疵。选项 D 正确。

# 第五章　代　理

## 试　题

1. 甲旅游公司的员工郑某去大理考察民宿，发现松茸正值上市期，遂以公司的名义和乙公司签订了团购合同，并且用自己的钱支付了松茸采购款。甲公司了解情况后，打算将该批松茸作为员工福利发放。对此，下列哪一说法是正确的？（2022 年回忆版）

A. 郑某无权代理，该买卖合同效力待定
B. 郑某可要求公司归还松茸采购款
C. 郑某可要求公司归还松茸
D. 如甲公司主张郑某欺诈，可撤销该合同

2. 甲出资委托乙帮忙购买一套古董茶具，乙以甲的名义与丙签订了买卖合同，付款后丙向乙交付了茶具。乙准备将茶具交付给甲时，因债务纠纷被丁起诉，丁获得胜诉判决后申请法院强制执行，法院扣押了该套茶具。关于本案，下列哪些表述是正确的？（2022 年回忆版）

A. 茶具所有权归甲
B. 茶具所有权归乙
C. 甲可以提起执行异议
D. 甲可以申请法院再审

3. 潘某将一块价值 500 万元的红木委托钟某卖出。刘某出价 600 万元，辛某则答应给钟某 50 万

元回扣，出 350 万元购买。钟某将红木卖给了辛某，并欺骗潘某说红木价格大跌，同时隐瞒了刘某的报价。后潘某得知真相后认为合同无效。对此，下列哪些说法是正确的？（2021 年回忆版）

　　A. 该合同有效

　　B. 钟某构成无权代理

　　C. 钟某与辛某对潘某的损害承担连带责任

　　D. 该合同无效

📶 **4.** 丙系甲香烟制造公司的市场专员，因舞弊被开除后，寻思着捞一票并报复甲公司。后伪造甲公司公章后，以甲公司的名义与不知情的乙公司于 4 月 20 日订立合同，约定："甲公司向乙公司出售熊猫牌香烟 50 箱，价款 500 万元"。5 月 1日，因丙请求乙公司将价款打入其指定的账户，乙公司经询问才得知丙已被开除。同时，甲公司对乙公司表示，是否接受该合同须考虑几天再做决定。5 月 10 日，甲公司通知乙公司，不接受丙订立的合同。对此，下列哪一表述是错误的？（2020 年回忆版）

　　A. 5 月 1 日至 5 月 10 日，乙公司有权通知甲公司撤销合同

　　B. 5 月 10 日后，乙公司有权请求甲公司履行合同义务

　　C. 5 月 10 日后，乙公司有权选择请求丙履行交付义务

　　D. 5 月 10 日后，乙公司有权选择请求丙赔偿转卖香烟可能获得的利润损失

📶 **5.** 甲公司员工唐某受公司委托从乙公司订购一批空气净化机，甲公司对净化机单价未作明确限定。唐某与乙公司私下商定将净化机单价比正常售价提高 200 元，乙公司给唐某每台 100 元的回扣。商定后，唐某以甲公司名义与乙公司签订了买卖合同。对此，下列哪一选项是正确的？（2016-3-4）

　　A. 该买卖合同以合法形式掩盖非法目的，因而无效

　　B. 唐某的行为属无权代理，买卖合同效力待定

　　C. 乙公司行为构成对甲公司的欺诈，买卖合同属可变更、可撤销合同

　　D. 唐某与乙公司恶意串通损害甲公司的利益，应对甲公司承担连带责任

📶 **6.** 甲公司与 15 周岁的网络奇才陈某签订委托合同，授权陈某为甲公司购买价值不超过 50 万元的软件。陈某的父母知道后，明确表示反对。关于委托合同和代理权授予的效力，下列哪一表述是正确的？（2015-3-4）

　　A. 均无效，因陈某的父母拒绝追认

　　B. 均有效，因委托合同仅需简单智力投入，不会损害陈某的利益，其父母是否追认并不重要

　　C. 是否有效，需确认陈某的真实意思，其父母拒绝追认，甲公司可向法院起诉请求确认委托合同的效力

　　D. 委托合同因陈某的父母不追认而无效，但代理权授予是单方法律行为，无需追认即有效

📶 **7.** 吴某是甲公司员工，持有甲公司授权委托书。吴某与温某签订了借款合同，该合同由温某签字、吴某用甲公司合同专用章盖章。后温某要求甲公司还款。下列哪些情形有助于甲公司否定吴某的行为构成表见代理？（2014-3-52）

　　A. 温某明知借款合同上的盖章是甲公司合同专用章而非甲公司公章，未表示反对

　　B. 温某未与甲公司核实，即将借款交给吴某

　　C. 吴某出示的甲公司授权委托书载明甲公司仅授权吴某参加投标活动

　　D. 吴某出示的甲公司空白授权委托书已届期

📶 **8.** 甲用伪造的乙公司公章，以乙公司名义与不知情的丙公司签订食用油买卖合同，以次充好，将劣质食用油卖给丙公司。合同没有约定仲裁条款。关于该合同，下列哪一表述是正确的？（2013-3-4）

　　A. 如乙公司追认，则丙公司有权通知乙公司撤销

　　B. 如乙公司追认，则丙公司有权请求法院撤销

　　C. 无论乙公司是否追认，丙公司均有权通知乙公司撤销

　　D. 无论乙公司是否追认，丙公司均有权要求乙公司履行

### 详　解

***1.*** ［答案］B　　［难度］中

　　［考点］无权代理、可撤销的民事法律行为、无因管理

[命题和解题思路] 代理制度是法考客观题的核心考点之一，每年必考。本题将代理制度与可撤销的民事法律行为以及无因管理等考点相结合，有一定综合性，不过考查难度适中。从团购合同是以公司名义签订这一事实不难看出，签订松茸的团购合同属于代理行为，且郑某并未事先获得授权，签订该合同属于无权代理行为。解答本题的核心问题在于，考生需要结合题干的相关事实要素判断松茸团购合同的效力。如果考生能从甲公司事后"打算将该批松茸作为员工福利发放"的事实中解读出甲公司有追认的意思，那么本题即可迎刃而解。既然甲公司追认，那么该合同确定有效，该无权代理行为是否构成表见代理，也无须再分析了。在此基础上，考生还需注意，郑某用自己的钱支付松茸款，是为了甲公司履行合同义务，有管理甲公司事务的意思，构成无因管理，其支付的采购款有权请求甲公司返还。

[选项分析] 从题干所描述的事实以及四个选项的表述来看，本题的解题关键在于判断郑某签订的松茸采购合同的效力。从团购合同是以公司的名义签订这一事实不难看出，签订松茸的团购合同属于代理行为。并且由于甲公司交代郑某的工作内容是去大理考察民宿，并未授予其购买松茸的代理权，因此郑某所签订的松茸团购合同属于无权代理行为。一般而言，涉及无权代理时应当结合《民法典》第 172 条以及表见代理的构成要件分析郑某的行为是否构成表见代理。但是，本题中被代理人甲公司事后"打算将该批松茸作为员工福利发放"，明显具有追认的意思，既然被代理人追认，那么郑某签订的松茸团购合同是确定有效的，无须再分析郑某是否为表见代理（因为即使构成表见代理，结果也是合同有效）。既然松茸团购合同有效，那么甲公司自然有权取得松茸的所有权，无须返还。选项 A 与选项 C 均错误。

选项 D 顺带考了可撤销的民事法律行为，具体涉及欺诈。上文分析松茸团购合同已经确定有效，并不存在可以撤销合同的欺诈情形。谎称自己有代理权而实施代理行为并不构成民事法律行为可撤销事由中的欺诈，而应直接适用代理制度。选项 D 错误。

选项 B 考查无因管理。《民法典》第 979 条第 1 款规定："管理人没有法定的或者约定的义务，为避免他人利益受损失而管理他人事务的，可以请求受益人偿还因管理事务而支出的必要费用；管理人因管理事务受到损失的，可以请求受益人给予适当补偿。"据此，郑某用自己的钱支付松茸款，是为了甲公司履行合同义务，有管理甲公司事务的意思，且没有法定或者约定的义务，该事务的管理符合被管理人甲公司的意思，构成适法的无因管理，郑某有权请求甲公司支付其支出的必要费用，即松茸采购款。选项 B 正确。

**2.** [答案] AC　　[难度] 中

[考点] 代理的法律效果、案外人异议、案外人异议之诉

[命题和解题思路] 本题属于民法和民诉融合命题，涉及民法上代理制度以及民诉法上案外人甲的救济方式选择。其中民法部分考查有权代理的法律效果。代理制度是法考客观题的重点和难点。命题人可能从无权代理的角度考查，也可能从有权代理的角度考查。本题属于后者。解题时考生需要抓住乙实施代理行为这一关键信息，判断乙的代理行为是有权代理还是无权代理。由于本题中存在甲的有效授权，乙的代理行为属于有权代理。对于有权代理，代理行为的法律效果由被代理人承受，买卖合同及其履行，相应的法律效果均由被代理人甲承受。其中民诉部分考查的案外人权利救济制度是法考命题的重点和难点，解题时应结合案情表述，首先判断案外人提出执行异议的性质（看属于执行行为异议还是执行标的异议），再根据作为执行标的的茶具与执行根据是否有关，在案外人异议之诉和案外人申请再审中作出正确选择。

[选项分析] 选项 A 与选项 B 均考查民法上的代理制度，具体涉及有权代理的法律效果。《民法典》第 162 条规定："代理人在代理权限内，以被代理人名义实施的民事法律行为，对被代理人发生效力。"据此，代理人的有权代理行为，其法律效果由被代理人承受。本题中，甲出资委托乙帮忙购买一套古董茶具，据此乙获得代理权。在此基础上，乙以甲的名义与丙签订了买卖合同，属于有权代理行为，该合同以及相应的履行，其法律效果应由被代理人甲承受。据此丙向乙交付使得被代理人甲取得茶具的所有权。选项 A 正确，选项 B 错误。

《民事诉讼法》第234条规定，执行过程中，案外人对执行标的提出书面异议的，人民法院应当自收到书面异议之日起15日内审查，理由成立的，裁定中止对该标的的执行；理由不成立的，裁定驳回。案外人、当事人对裁定不服，认为原判决、裁定错误的，依照审判监督程序办理；与原判决、裁定无关的，可以自裁定送达之日起15日内向人民法院提起诉讼。据此，甲认为其对作为执行标的的古董茶具享有所有权足以排除强制执行，可以向执行法院提出书面异议，选项C正确。若甲的异议被法院裁定驳回，本案的执行标的是茶具，而执行根据是丁对乙的胜诉判决，属于与原判决无关，甲可以提起案外人异议之诉，而不能申请再审。选项D错误。

**3.** [答案] CD　　[难度] 中

[考点] 代理权的滥用；合同的效力

[命题和解题思路] 本题以实践中常见的吃回扣为主要案例事实考查代理权滥用，同时兼顾考查相应代理行为的效力，考查难度适中。商业实践中，吃回扣所实施的代理行为，很可能构成代理权滥用，并且这也是代理权滥用最为典型的情形，也在往年的客观题考试中多次出现。考生如果能熟悉这一点并能够准确判断，钟某实施的行为构成代理权滥用，那么本题即可迎刃而解。此外，考生还需要注意，代理权滥用并非无权代理。就恶意串通型的代理权滥用，代理行为的效力需要配合恶意串通规则进行判断。

[选项分析] 本题中，潘某将出卖红木的代理权授予钟某，双方有双层法律关系：（1）基础关系层，潘某与钟某之间有合法有效的委托合同，依据该合同，钟某有义务为潘某的利益而出卖红木；（2）授权关系层，钟某有以潘某的名义对外签订红木买卖合同的代理权。本题中，钟某以潘某的名义和辛某签订了红木买卖合同，属于有权代理。但是，钟某有意选择了出价更低的辛某，而未选择出价更高的刘某，并且与辛某约定了50万元的回扣，违反了和潘某的基础关系——委托合同，属于代理权滥用，也构成恶意串通。《民法典》第154条规定："行为人与相对人恶意串通，损害他人合法权益的民事法律行为无效。"《民法典》第164条第2款规定："代理人和相对人恶意串通，损害被代理人合法权益的，代理人和相对人应当承担连带责任。"据此结合本题，钟某签订的合同因违反恶意串通的规定而无效，对于潘某的损失，钟某与辛某应承担连带责任。选项C与选项D正确，选项A与选项B错误。

**4.** [答案] B　　[难度] 中

[考点] 表见代理；狭义的无权代理

[命题和解题思路] 本题围绕代理制度中的无权代理这一考点展开，考查难度适中。本题中，丙以甲公司名义与乙公司签订熊猫牌香烟买卖合同，四个选项都与该合同的效力相关，这一问题是解答本题的核心问题。对于该合同，判断属于代理行为并不困难，因为题目已经明确提及丙是以甲公司的名义签合同。在此基础上，考生首先需要明确丙是否有代理权，结合丙已被开除的事实，不难判断其并无代理权，其签约行为构成无权代理。但凡涉及无权代理之处，考生都应该习惯性地结合《民法典》第172条分析其是否构成表见代理，若构成，则代理行为有效；若不构成，则导向《民法典》第171条狭义的无权代理。事实上，不论题干如何变化，涉及代理行为效力的题目大多数可用这一思路去分析，以不变应万变。

[选项分析] 由于丙代理甲和乙签订熊猫牌香烟买卖合同时已经不是甲的职员，其并无代理权，构成无权代理。因此，解答本题的第一步在于分析丙代理甲和乙签订熊猫牌香烟买卖合同这一行为的性质，确认它是表见代理还是狭义的无权代理。在此基础上，需要结合《民法典》第172条关于表见代理的规定，看丙的代理行为是否符合表见代理的构成要件。

《民法典》第172条规定："行为人没有代理权、超越代理权或者代理权终止后，仍然实施代理行为，相对人有理由相信行为人有代理权的，代理行为有效。"据此，结合相关学理，表见代理的构成要件有：（1）代理人欠缺代理权；（2）存在代理权外观；（3）被代理人具有可归责性；（4）相对人善意。结合本题的题干，要件（1）（2）（4）均符合，丙欠缺代理权，通过伪造甲公司的公章保有一定的代理权外观，并且对于丙的无权代理，乙公司在签订合同时是不知情的。但是要件（3）并不满足，本题中，丙的代理权外观是通过自己伪造公章形成的，并非甲公司造成且甲公司也没有能力控制这一风险,因此,甲公司对此并无可归责性。由于要件(3)的欠缺,丙的无权代理行为不构成表见代理,而只是狭义的无权代理行为,其法律效果适用《民法典》第171条的规定。本题四个选项的判断,也应结合该条进行分析。

选项A涉及狭义无权代理中相对人的撤销权问题。《民法典》第171条第2款规定:"相对人可以催告被代理人自收到通知之日起三十日内予以追认。被代理人未作表示的,视为拒绝追认。行为人实施的行为被追认前,善意相对人有撤销的权利。撤销应当以通知的方式作出。"据此,对于狭义的无权代理行为,在被代理人追认之前,善意的相对人可以通过通知的方式行使撤销权。因此,5月1日至5月10日,乙公司有权通知甲公司撤销合同。选项A正确。

选项B考查的是狭义无权代理的追认问题。狭义的无权代理行为是效力待定的,其最终是否有效取决于被代理人是否追认。结合本题题干提供的事实,5月10日,甲公司通知乙公司,不接受丙订立的合同。由此可知,甲作为被代理人拒绝追认。《民法典》第171条第1款规定:"行为人没有代理权、超越代理权或者代理权终止后,仍然实施代理行为,未经被代理人追认的,对被代理人不发生效力。"因此,丙的无权代理行为自始无效,无法约束甲公司,乙公司不得基于该合同请求甲公司履行合同义务。选项B错误。

选项C与选项D考查的是狭义无权代理不被追认时善意相对人的选择权。《民法典》第171条第3款规定:"行为人实施的行为未被追认的,善意相对人有权请求行为人履行债务或者就其受到的损害请求行为人赔偿。但是,赔偿的范围不得超过被代理人追认时相对人所能获得的利益。"据此,在狭义无权代理行为不被追认时,善意相对人享有一个选择权,要求无权代理人履行债务或者赔偿损害,该损害赔偿的性质是违约损害赔偿,赔偿的范围是合同的履行利益,包括合同履行后可以获得的利益(《民法典》第584条)。结合本题事实,善意相对人乙公司可以选择要求甲履行熊猫牌香烟买卖合同的合同义务,也可以要求甲赔偿损失,赔偿的范围包括转卖香烟可能获得的利润损失。选项C与选项D正确。

**5.** [答案] D    [难度] 易

[考点] 代理权的滥用;合同的效力

[命题和解题思路] 本题以实践中常见的吃回扣为主要案例事实考查代理权滥用,同时兼顾考查相应代理行为的效力,考查难度适中。吃回扣型的代理行为是法考中常见的代理权滥用情形,并且吃回扣型的代理行为通常也构成恶意串通,所以相关的法律效果需要同时结合代理权滥用与恶意串通的规则进行分析。只要能明确这一点,本题约等于送分题。

[选项分析] 选项A考查的是原《民法通则》第58条第1款第6项与原《合同法》第52条第3项,其规定以合法形式掩盖非法目的的民事法律行为或者合同是无效的。不过,这一无效事由在《民法典》中没有被保留,因此,《民法典》时代,对民事法律行为效力的判断,不能再以这一项作为无效事由。选项A错误。值得注意的是,在《民法典》时代,命题人基本上不会再设置A这样的选项。

选项B与选项D考查的是无权代理和代理权滥用的区分。代理关系通常涉及三方主体:被代理人、代理人与相对人。其中,被代理人与代理人之间通常会有双重法律关系:基础法律关系与授权关系。一方面,被代理人与代理人之间会有委托合同、劳动合同等基础法律关系;另一方面,被代理人会通过单方的授权行为授予代理人以代理权。代理人是否有权代理,应以授权关系来判断。在授予的代理权之外为代理行为,构成无权代理。而在授予的代理权之内,违反基础法律关系的代理行为,则构成代理权滥用。本题中,由于甲公司授予唐某代理权时未限定其范围,因此唐某与乙公司以高价购入净化机,并未超出授予的代理权范围,但是该恶意串通并吃回扣的行为显然违反了唐某与甲公司之间的委托合同,构成代理权滥用。《民法典》第164条第2款规定:"代理人和相对人恶意串通,损害被代理人合法权益的,代理人和相对人应当承担连带责任。"据此,唐某的行为属于代理权滥用行为,唐某与乙公司应对甲公司承担连带责任。选项B错误;选项D正确。

选项C考查的是欺诈。在由代理人缔约的情形下,是否构成欺诈要以代理人为准。乙公司的行为并非对甲公司的欺诈,因为代理人唐某对相关事实是明知的，乙公司与唐某之间的恶意串通并不构成欺诈。选项 C 错误。

**6.** [答案] D  [难度] 难

[考点] 限制民事行为能力；代理权的授予

[命题和解题思路] 本题主要考查考生是否准确掌握代理关系中被代理人与代理人之间的双层法律关系——基础关系 + 授权关系，考生需要对这两层关系的效力作出准确判断。解题时，首先需要结合被代理人陈某的年龄明确其为限制民事行为能力人，在此基础上结合限制民事行为能力的相关规定判断基础关系——委托合同的效力。本题的一个判断难点在于对授权行为的效力判断，陈某在授权行为上是意思表示的受领人，按照目前的通说，代理权授予行为是中性行为，不需要被代理人具有完全民事行为能力，限制民事行为能力即足以受领该意思表示。

[选项分析] 甲公司和陈某之间有两层法律关系：其一，双方之间签订了委托合同，该合同属于《民法典》合同编第 23 章所规定的有名合同；其二，甲公司以单方的授权行为授予陈某代理权，形成授权关系。本题的四个选项实际上是在考查甲公司与陈某之间这两层法律关系的效力问题。分析的重点在于，陈某的限制民事行为能力（《民法典》第 19 条）对这两层行为的效力分别会产生什么影响。

首先分析委托关系。《民法典》第 145 条第 1 款规定，限制民事行为能力人实施的纯获利益的民事法律行为或者与其年龄、智力、精神健康状况相适应的民事法律行为有效；实施的其他民事法律行为经法定代理人同意或者追认后有效。据此，限制民事行为能力人能独立实施的民事法律行为有两类：（1）纯获利益的民事法律行为；（2）与其年龄、智力、精神健康状况相适应的民事法律行为。就本案的委托合同而言，一方面，基于该合同，陈某负有履行处理委托人事务的义务，即为甲公司购买软件。因此，该合同对陈某而言，并非纯获利益的民事法律行为。这里需要注意，是否纯获利益，不能采用经济标准，即最终在经济上是否获利，而要采用法律标准，即只要在法律上负有义务或负担，那就不是纯获利益的。另一方面，从委托合同的内容看，标的额不超过 50 万元，其数额已经大大超出了 15 周岁的

陈某的年龄、智力、精神健康状况。因此，该委托合同陈某不能独自有效签订，需经过其法定代理人追认才能有效。

然后分析授权行为。需要注意的是，与委托合同不同，授权行为是甲公司单方作出的意思表示，该行为并非陈某作出。作为甲公司作出的单方法律行为，授权行为无需陈某的法定代理人追认即可生效。因此，代理权授予行为是有效的。

综上，选项 A、B、C 均错误，选项 D 正确。

此外，值得注意的是，尽管现行法没有明确规定，但是目前通说认为代理人不需要具备完全的民事行为能力，因为被授予代理权后，代理人的代理行为直接约束被代理人和相对人，代理人本身并不承担法律责任，因此，代理人无需具备完全的民事行为能力，具有限制民事行为能力即可。因此，甲公司对陈某作出的授权行为是有效的。但如果陈某是无民事行为能力人，甲公司的授权行为就是无效的。

**7.** [答案] CD  [难度] 易

[考点] 表见代理

[命题和解题思路] 本题属于变着花样考查表见代理。涉及表见代理的问题不论命题人如何变化出题，解题的方法都是相同的，考生要依据《民法典》第 172 条，结合表见代理的构成要件进行一一分析，每个选项都要严格地用表见代理的构成要件进行分析。如果能坚持这一方法，本题并没有什么难度。

[选项分析] 《民法典》第 172 条规定："行为人没有代理权、超越代理权或者代理权终止后，仍然实施代理行为，相对人有理由相信行为人有代理权的，代理行为有效。"据此，表见代理的构成要件有：（1）代理人欠缺代理权；（2）存在代理权外观；（3）被代理人具有可归责性；（4）相对方善意。

选项 A 考查的是要件（2）。公司对外签订合同时通常需要盖章，不论是公司的公章还是合同专用章，对外都能代表公司的意思，没有区分的必要，二者在实践中常常不区分使用。因此，合同专用章和公司公章对外都是一种合法的代理权外观。选项 A 无助于甲公司否定吴某的行为构成表见代理，不当选。

选项 B 考查的是要件（4）。表见代理的构成

需要相对人善意，即对代理人无代理权不知且无过失，**且判断时点为合同签订时**。借款合同签订时，温某善意地相信吴某是甲公司的员工并享有借款的代理权，在此信赖之下签订了借款合同，已经构成了表见代理行为。履行过程中将借款交给吴某的行为并不会影响对要件（4）的判断。简单来说，合同签订时，表见代理已经构成，后续履行过程中即使温某知道了吴某是无权代理，也不影响表见代理的构成。选项 B 无助于甲公司否定吴某的行为构成表见代理，不当选。

选项 C 与选项 D 考查的都是要件（2）。关于选项 C，吴某出示的甲公司授权委托书载明甲公司仅授权吴某参加投标活动，表明该代理权外观并不包含签订借款合同，因此其无法作为签订借款合同的代理权外观，要件（2）不满足。关于选项 D，吴某出示的甲公司空白授权委托书已届期，意味着该授权委托书已经不能作为任何代理行为的代理权外观，因为依据空白授权委托书，代理权已经终止。因此，选项 CD 都不构成可以信赖的代理权外观。选项 C 与选项 D 均有助于甲公司否定吴某的行为构成表见代理，当选。

**8.** [答案] B　　[难度] 难

[考点] 表见代理；狭义的无权代理；欺诈

[命题和解题思路] 本题主要围绕代理制度中的无权代理这一考点展开考查，其中也融合了欺诈这一可撤销事由的考查，带有一定的综合性，考查难度较大。伪造公章是法考客观题里经常出现的事实情节，考生要习惯性地将其和被代理人不具有可归责性联系起来。因此，本题可以轻松判断食用油买卖合同并不构成表见代理，属于狭义的无权代理。现行法关于狭义无权代理的法律效果集中规定在《民法典》第 171 条，直接依据该条的内容作答即可。

[选项分析] 选项 D 考查的是表见代理。选项 A 与选项 C 考查的是狭义无权代理中善意相对人的撤销权，二者考查的都是代理的知识，可以一并分析。而选项 B 考查的则是基于欺诈的撤销权。

先分析选项 ACD。由于签合同时甲并没有代理权，因此比较容易判断甲的行为是无权代理行为。对于该行为的效力，需要看其是否符合表见代理。《民法典》第 172 条规定："行为人没有代理权、超越代理权或者代理权终止后，仍然实施代理行为，相对人有理由相信行为人有代理权的，代理行为有效。"据此，表见代理的构成要件有：（1）代理人欠缺代理权；（2）存在代理权外观；（3）被代理人具有可归责性；（4）相对方善意。

就要件（1）而言，签订合同时甲并无代理权，该要件满足；就要件（2）而言，甲伪造乙公司公章，该公章在对外交往的过程中可以充当代理权外观而被他人信赖，该要件满足；就要件（3）而言，由于公章是甲伪造的，并非乙公司形成或导致的，乙公司对该伪造公章的行为也难以控制风险，因此，乙公司对该代理权外观的形成，并无可归责性，该要件不满足；就要件（4）而言，相对人丙公司不知甲没有代理权并善意地相信，该要件满足。综上所述，由于不满足要件（3），甲代理乙公司与丙公司签订的食用油买卖合同并不构成表见代理，只是狭义无权代理行为。依据《民法典》第 171 条第 1 款，狭义无权代理行为效力待定，其有效与否取决于被代理人的追认。因此，只有乙公司追认，该食用油买卖合同才是有效的，丙公司才有权要求乙公司履行。选项 D 错误。

对于狭义无权代理中善意相对人的撤销权，《民法典》第 171 条第 2 款规定："相对人可以催告被代理人自收到通知之日起三十日内予以追认。被代理人未作表示的，视为拒绝追认。行为人实施的行为被追认前，善意相对人有撤销的权利。撤销应当以通知的方式作出。"据此，在乙公司追认前，善意的丙公司可以撤销该合同。选项 A 与选项 C 均错误。

再分析选项 B。甲的行为不仅是狭义的无权代理行为，也是一种欺诈行为，其通过伪造公章的方式使丙公司误信其有代理权，并在此错误认知的基础上与其签订食用油买卖合同，即使乙公司追认该合同，丙公司仍可以基于欺诈（《民法典》第 149 条）撤销合同。该撤销权属于形成诉权，须通过诉讼的方式行使（《民法典》第 149 条），因此，如乙公司追认，则丙公司有权请求法院撤销。选项 B 正确。

# 第六章 诉讼时效与期间

## 试 题

**1.** 甲向乙借款，约定借款期限为 3 年，双方未约定借款利息。借款期限届满后的第一年，乙并未催告甲还款。第二年过后的第一天，乙催告甲还款。对此，下列哪些说法是正确的？（2023 年回忆版）

　　A. 乙催告当天，借款债权的诉讼时效中止

　　B. 乙催告当天，借款债权的诉讼时效中断

　　C. 乙催告时，借款债权的诉讼时效已经届满

　　D. 乙催告时，借款债权的诉讼时效尚未届满

**2.** 甲与乙系邻居。某日，甲将用于工作的大型油罐车停在乙的院子里，并将院子里乙未上锁的自行车骑走，乙当晚即发现是甲所为。3 年后，甲对乙的下列哪些请求权可以主张诉讼时效抗辩？（2020 年回忆版）

　　A. 停止侵害

　　B. 损害赔偿

　　C. 消除危险

　　D. 返还财产

**3.** 甲向乙借款 900 万元，约定乙一次性支付借款，而甲分三次偿还，即 2015 年 12 月 1 日返还 300 万元；2016 年 6 月 1 日返还 300 万元；2016 年 12 月 1 日返还 300 万元。后借款到期，甲未履行还款义务，并且为逃避债务隐匿起来，乙于 2019 年 9 月 1 日经公告向甲要求返还借款。甲于 2020 年 5 月现身，主张债权均已过诉讼时效。对此，下列哪一说法是正确的？（2020 年回忆版）

　　A. 第一笔、第二笔借款诉讼时效已过，第三笔诉讼时效没过

　　B. 900 万元债权均已过诉讼时效

　　C. 因甲隐匿导致乙无法索债，相关诉讼时效发生中止

　　D. 900 万元债权因 2019 年 9 月 1 日公告发生诉讼时效中断

**4.** 在下列哪些情形下请求权不适用诉讼时效的规定？（2018 年回忆版）

　　A. 孟某与王某的房屋相邻，王某装修房屋将大量建筑垃圾堆放在门前妨碍孟某的通行，孟某有请求王某排除妨碍的权利

　　B. 孟某将自己的房屋出租给曹某居住，租期届满后，孟某基于所有权人的身份有请求曹某搬离房屋的权利

　　C. 孟某的宝马轿车被徐某强行开走，孟某基于所有权人的身份有请求徐某返还宝马轿车的权利

　　D. 孟某与妻子刘某离婚，法院判决婚生子小孟（6 岁）与刘某共同生活，孟某按月给付抚养费，小孟有请求孟某给付抚养费的权利

**5.** 甲公司向乙公司催讨一笔已过诉讼时效期限的 10 万元货款。乙公司书面答复称："该笔债务已过时效期限，本公司本无义务偿还，但鉴于双方的长期合作关系，可偿还 3 万元。"甲公司遂向法院起诉，要求偿还 10 万元。乙公司接到应诉通知后书面回函甲公司称："既然你公司起诉，则不再偿还任何货款。"下列哪一选项是正确的？（2014-3-5）

　　A. 乙公司的书面答复意味着乙公司需偿还甲公司 3 万元

　　B. 乙公司的书面答复构成要约

　　C. 乙公司的书面回函对甲公司有效

　　D. 乙公司的书面答复表明其丧失了 10 万元的时效利益

**6.** 下列哪些请求不适用诉讼时效？（2014-3-53）

　　A. 当事人请求撤销合同

　　B. 当事人请求确认合同无效

　　C. 业主大会请求业主缴付公共维修基金

　　D. 按份共有人请求分割共有物

**7.** 甲公司与乙银行签订借款合同，约定借款期限自 2010 年 3 月 25 日起至 2011 年 3 月 24 日止。乙银行未向甲公司主张过债权，直至 2013 年 4 月 15 日，乙银行将该笔债权转让给丙公司并通知了甲公司。2013 年 5 月 16 日，丁公司通过公开竞拍购买并接管了甲公司。下列哪一选项是正确的？（2013-3-5）

A. 因乙银行转让债权通知了甲公司，故甲公司不得对丙公司主张诉讼时效的抗辩

B. 甲公司债务的诉讼时效从 2013 年 4 月 15 日起中断

C. 丁公司债务的诉讼时效从 2013 年 5 月 16 日起中断

D. 丁公司有权向丙公司主张诉讼时效的抗辩

# 详　解

***1.*** ［答案］BD　　［难度］易

［考点］诉讼时效期间的中止、诉讼时效期间的中断、诉讼时效期间

［命题和解题思路］不难看出，本题是对诉讼时效制度的集中考查，不过仅涉及一笔借款债权，且题干事实十分简单，因此考查难度较低，考生只需要结合诉讼时效制度的相关知识，进行简单的分析，即可得出正确答案。

［选项分析］A 选项考查诉讼时效期间的中止。《民法典》第 194 条规定，在诉讼时效期间的最后 6 个月内，因下列障碍，不能行使请求权的，诉讼时效中止：（1）不可抗力；（2）无民事行为能力人或者限制民事行为能力人没有法定代理人，或者法定代理人死亡、丧失民事行为能力、丧失代理权；（3）继承开始后未确定继承人或者遗产管理人；（4）权利人被义务人或者其他人控制；（5）其他导致权利人不能行使请求权的障碍。自中止时效的原因消除之日起满 6 个月，诉讼时效期间届满。本题中并不存在导致无法行使借款债权的障碍，因此不能适用诉讼时效期间中止规则。A 选项错误。

B 选项考查诉讼时效期间的中断。《民法典》第 195 条规定，有下列情形之一的，诉讼时效中断，从中断、有关程序终结时起，诉讼时效期间重新计算：（1）权利人向义务人提出履行请求……据此，借款债权期限届满第二年过后的第一天，乙催告甲还款，这一事实构成该条第 1 项"权利人向义务人提出履行请求"，会导致诉讼时效期间的中断。B 选项正确。

C 选项与 D 选项均考查诉讼时效期间的起算与长度。《民法典》第 188 条规定，向人民法院请求保护民事权利的诉讼时效期间为 3 年。法律另有规定的，依照其规定。诉讼时效期间自权利人知道或者应当知道权利受到损害以及义务人之日

起计算。法律另有规定的，依照其规定。但是，自权利受到损害之日起超过 20 年的，人民法院不予保护，有特殊情况的，人民法院可以根据权利人的申请决定延长。据此，乙对甲的借款债权的诉讼时效自期限届满之日起算，时间长为 3 年，乙向甲催告还款时，诉讼时效期间尚未届满。C 选项错误，D 选项正确。

***2.*** ［答案］BD　　［难度］易

［考点］诉讼时效的适用范围

［命题和解题思路］本题是对《民法典》第 196 条的直接考查，实际上如果对该条熟悉的话，只要看看题干里涉及的是动产还是不动产，就能够准确地判断选项 A 与选项 C 一定是不适用诉讼时效规定的，而选项 B 与选项 D 是适用诉讼时效规定的。本题约等于送分题。不过，诉讼时效的适用范围这一知识点本身是法考客观题里的常客，考生需要重点关注并掌握不适用诉讼时效的请求权有哪些，现行法涉及这一问题的条文包括《民法典》第 196 条与第 995 条、《诉讼时效规定》第 1 条。对此需要考生系统复习掌握。

［选项分析］解答本题首先需要明确，乙针对甲享有哪些请求权。题干中，甲共有两个对乙合法权益的侵害行为：（1）将用于工作的大型油罐车停在乙的院子里；（2）将院子里乙未上锁的自行车骑走。需要对这两个行为分别进行分析。

就行为（1）而言，该行为已经构成对乙不动产所有权及使用权的妨害，同时，油罐车的危险性也使得乙的人身财产安全处于极大的危险之中，就该行为，依据《民法典》第 236 条，乙可以请求甲停止侵害、排除妨害与消除危险。如果甲的侵害行为造成乙损害的话，乙还可以依据《民法典》第 1165 条主张侵权损害赔偿。

就行为（2）而言，该行为是对乙对自行车占有的侵夺，依据《民法典》第 235 条，乙有权请求甲返还自行车，即主张返还财产。如果甲的侵夺行为造成乙损害的话，乙还可以依据《民法典》第 1165 条主张侵权损害赔偿。

综上，乙对甲享有停止侵害、排除妨害、消除危险、返还财产、损害赔偿的请求权。本题的四个选项涵盖了其中四种。

对于这四种请求权是否适用诉讼时效，需要结合《民法典》第 196 条进行分析判断。《民

典》第196条规定："下列请求权不适用诉讼时效的规定：（一）请求停止侵害、排除妨碍、消除危险；（二）不动产物权和登记的动产物权的权利人请求返还财产；（三）请求支付抚养费、赡养费或者扶养费；（四）依法不适用诉讼时效的其他请求权。"依据该条第1项，停止侵害、消除危险的请求权是不适用诉讼时效的，选项A与选项C均不当选。依据该条第2项，未登记的动产物权的返还财产请求权是适用诉讼时效的，本题中由于自行车的所有权未登记，因此其返还财产的请求权是适用诉讼时效的，选项D当选。损害赔偿请求权作为债权是诉讼时效最主要的适用对象，选项B当选。

**3.** ［答案］D　　［难度］难

［考点］普通诉讼时效期间；诉讼时效期间的起算；诉讼时效期间的中止；诉讼时效期间的中断

［命题和解题思路］不难发现，本题围绕诉讼时效制度展开考查，且涉及诉讼时效制度中的多个知识点，考查难度较大。诉讼时效的题目往往涉及多个时间点，甚至涉及一些数学运算，不仅考查考生对诉讼时效的专业知识，也考查考生的计算能力和做题细心程度。涉及诉讼时效的问题，不论题目如何变化，都有共同的解题思路可循：（1）确定题干中涉及几笔债务，原则上每笔债务的诉讼时效都单独分析；（2）明确每笔债务的性质，确认其诉讼时效期间以及起算点，在这一环节需要重点审查是否存在特殊的时效期间或者特殊的诉讼时效起算点；（3）结合题干中发生的事实，分析该笔债务的诉讼时效是否中止、中断、是否到期，这一环节要严格遵照诉讼时效中止与中断事由进行判断，同时还需要注意一些逻辑上的规律，例如一笔债务的诉讼时效如果已经到期，那就不可能再中断或者中止了；（4）如果诉讼时效已到期，还需要审查是否发生了一些事实导致当事人放弃了诉讼时效抗辩。有了这样的解题意识，不论命题如何增加难度，考生都可以从容应对。

［选项分析］选项A与选项B考查分期履行债务的诉讼时效期间和起算。借款债务的诉讼时效是否已过，需要在确定起算点与期间长度的基础上进行判断。关于分期履行债务的诉讼时效起

算点，《民法典》第189条规定："当事人约定同一债务分期履行的，诉讼时效期间自最后一期履行期限届满之日起计算。"据此，本题中借款债务诉讼时效的起算点是最后一期履行期限届满之日，即2016年12月1日。该债务诉讼时效的期间适用的是普通时效期间。《民法典》第188条第1款规定："向人民法院请求保护民事权利的诉讼时效期间为三年。法律另有规定的，依照其规定。"据此，如果没有法律的特别规定，诉讼时效期间为三年。现行法并未对分期履行债务设置特别的诉讼时效期间规则，因此分期履行债务的诉讼时效期间是3年。但是，乙于2019年9月1日经公告向甲要求返还借款，依据《民法典》第195条第1项，发生时效中断的法律效果，诉讼时效重新起算，至2020年5月尚未过诉讼时效。选项A与选项B均错误。

选项C考查诉讼时效期间的中止。《民法典》第194条第1款规定："在诉讼时效期间的最后六个月内，因下列障碍，不能行使请求权的，诉讼时效中止：（一）不可抗力；（二）无民事行为能力人或者限制民事行为能力人没有法定代理人，或者法定代理人死亡、丧失民事行为能力、丧失代理权；（三）继承开始后未确定继承人或者遗产管理人；（四）权利人被义务人或者其他人控制；（五）其他导致权利人不能行使请求权的障碍。"据此，债务人隐匿并非导致债权人无法行使请求权的障碍，不发生时效中止的法律效力。选项C错误。

选项D考查诉讼时效期间的中断。《民法典》第195条规定："有下列情形之一的，诉讼时效中断，从中断、有关程序终结时起，诉讼时效期间重新计算：（一）权利人向义务人提出履行请求；（二）义务人同意履行义务；（三）权利人提起诉讼或者申请仲裁；（四）与提起诉讼或者申请仲裁具有同等效力的其他情形。"依据该条第1项，乙以公告的方式向甲要求返还借款，构成诉讼时效中断事由。选项D正确。

**4.** ［答案］ABCD　　［难度］易

［考点］诉讼时效的适用范围

［命题与解题思路］本题是对《民法典》第196条的直接考查，只要能准确判断四个选项涉及的是何种请求权，本题即可迎刃而解。本题约等

于送分题。

[选项分析] 关于不适用诉讼时效的请求权，集中规定于《民法典》第 196 条。该条规定："下列请求权不适用诉讼时效的规定：（一）请求停止侵害、排除妨碍、消除危险；（二）不动产物权和登记的动产物权的权利人请求返还财产；（三）请求支付抚养费、赡养费或者扶养费；（四）依法不适用诉讼时效的其他请求权。"四个选项的分析与判断需结合这一条展开。

选项 A 考查妨害排除请求权是否适用诉讼时效。依据《民法典》第 196 条第 1 项，妨害排除请求权不适用诉讼时效的规定。选项 A 正确。

选项 B 考查不动产的返还原物请求权是否适用诉讼时效。租期届满后，曹某对租赁房屋的占有变为无权占有，房屋所有权人孟某有权依据《民法典》第 235 条要求其返还房屋。针对房屋的返还原物请求权，依据《民法典》第 196 条第 2 项，不适用诉讼时效的规定。选项 B 正确。

选项 C 考查动产的返还原物请求权是否适用诉讼时效。孟某的宝马轿车被徐某强行开走，徐某对该轿车是无权占有，轿车所有权人孟某可依据《民法典》第 235 条请求其返还轿车。该动产的返还原物请求权是否适用诉讼时效的规定，依据《民法典》第 196 条第 2 项，需要看该动产是否已经登记。轿车在现行法上属于特殊动产中的机动车，是有登记制度的（《民法典》第 225 条），因此，该轿车的返还请求权，属于已经登记的动产返还，依据《民法典》第 196 条第 2 项，不适用诉讼时效的规定。选项 C 正确。

选项 D 考查抚养费请求权是否适用诉讼时效的规定。依据《民法典》第 196 条第 3 项，请求支付抚养费的请求权不适用诉讼时效的规定。选项 D 正确。

**5.** [答案] A　　[难度] 中

[考点] 诉讼时效利益的放弃；要约

[命题和解题思路] 本题围绕诉讼时效制度展开，同时在一个选项中融合要约这一考点。尽管本题涉及诉讼时效制度中的多个知识点，但命题人并未设置过多的时间节点与法律事实，因此本题考查难度适中。诉讼时效期间届满后，债务人作出了同意履行义务的意思表示，考生需要对此种意思表示的法律效果有清晰的认识。对此，《民

法典》第 192 条有明确规定。不过需要注意的是，**本题中债务人只针对部分债务作出了同意履行义务的意思表示，其效力并不能及于所有债务。**

[选项分析] 选项 A、C、D 均考查诉讼时效利益放弃的效力。《诉讼时效规定》第 19 条规定："诉讼时效期间届满，当事人一方向对方当事人作出同意履行义务的意思表示或者自愿履行义务后，又以诉讼时效期间届满为由进行抗辩的，人民法院不予支持。"《民法典》第 192 条规定："诉讼时效期间届满的，义务人可以提出不履行义务的抗辩。诉讼时效期间届满后，义务人同意履行的，不得以诉讼时效期间届满为由抗辩；义务人已经自愿履行的，不得请求返还。"本题中，乙公司书面答复，鉴于双方的长期合作关系，可偿还 3 万元。这意味着乙公司表达了对该 3 万元债务时效利益的放弃，但不意味着对整个 10 万元债务时效利益的放弃。选项 D 错误，选项 A 正确。时效利益的放弃是单方民事法律行为，一经到达即发生效力，因此，乙公司接到应诉通知后书面回函不再偿还任何货款并不发生效力。选项 C 错误。

选项 B 考查要约的识别与判断。要约是希望和他人订立合同的意思表示（《民法典》第 472 条）。本题中，乙公司的书面答复仅仅是放弃部分诉讼时效利益，并无订立新合同的意思，不构成要约。选项 B 错误。

**6.** [答案] ABCD　　[难度] 难

[考点] 诉讼时效的适用范围；除斥期间

[命题和解题思路] 诉讼时效的适用范围是法考客观题中的常客，往年这一考点的多数题目都是送分题，本题则不然，命题人在本题的选项设置上增加了一些难度，四个选项是没有办法直接依据《民法典》第 196 条等条文判断的，其中选项 C 甚至参考了最高人民法院指导案例第 65 号"上海市虹口区久乐大厦小区业主大会诉上海环亚实业总公司业主共有权纠纷案"。分析选项 A、B、D 时，考生需要结合一些关于诉讼时效制度的理论知识，具体而言，**法律关系的确认、形成权都不是诉讼时效的适用对象，诉讼时效主要针对的是请求权**，基于这样的理论知识，可以确定选项 ABD 均不适用诉讼时效。考生需要注意，选项 D 涉及的其实是形成权。对于选项 C，需要从公共维修基金的功能与特殊性出发去分析其适用诉讼

时效可能会带来的负面影响，从而确认其不适用诉讼时效。

[选项分析] 合同撤销权属于形成权，受除斥期间限制，而不适用诉讼时效。选项 A 当选。

确认合同无效，属于确认之诉。作为向司法机关主张的权利，法理上也不应该有诉讼时效的限制。选项 B 当选。

依据《物业管理条例》第 7 条第 4 项，业主在物业管理活动中有义务按照国家有关规定交纳专项维修资金。据此，交纳专项维修资金是为特定范围的公共利益，即建筑物的全体业主的共同利益而特别确立的一项法定义务，这种义务的产生与存在仅仅取决于义务人是否属于区分所有建筑物范围内的住宅或非住宅所有权人。因此，交纳专项维修资金的义务是一种旨在维护共同或公共利益的法定义务，其只存在补交问题，不存在因时间经过而可以不交的问题。业主大会要求补交维修资金的权利，是业主大会代表全体业主行使维护小区共同或公共利益之职责的管理权。如果允许某些业主不交纳维修资金而可享有以其他业主的维修资金维护共有部分而带来的利益，其他业主就有可能在维护共有部分上支付超出自己份额的金钱，这违背了公平原则，并将对建筑物的长期安全使用，对全体业主的共有或公共利益造成损害。（参见最高人民法院指导案例第 65 号）因此，业主大会请求业主交纳公共维修基金的请求权不适用诉讼时效的规定。选项 C 当选。

《民法典》第 303 条规定："共有人约定不得分割共有的不动产或者动产，以维持共有关系的，应当按照约定，但共有人有重大理由需要分割的，可以请求分割；没有约定或者约定不明确的，按份共有人可以随时请求分割，共同共有人在共有的基础丧失或者有重大理由需要分割时可以请求分割。因分割对其他共有人造成损害的，应当给予赔偿。"按份共有人请求分割共有物的权利属于形成权，受除斥期间限制，不适用诉讼时效。选项 D 当选。

**7.** [答案] B　　[难度] 难

[考点] 诉讼时效期间的起算；诉讼时效期间的中断

[命题和解题思路] 本题围绕诉讼时效制度这一核心考点展开，具体涉及诉讼时效期间的起算

与中断，考查难度较大。选项 A 与选项 D 涉及对诉讼时效的计算，不仅需要考生熟悉诉讼时效期间与起算规则，而且需要考生细心不算错，与此同时，考生也需要注意债权转让对诉讼时效的影响。选项 B 与选项 C 则考查诉讼时效期间的中断，解题时，考生需要严格按照现行法诉讼时效中断事由的规定进行分析，符合法定的中断事由才中断。对于诉讼时效的中断事由，考生除了关注《民法典》第 195 条的一般性规定以外，还需要关注《诉讼时效规定》里针对连带之债、代位权诉讼以及债权转让等情形下的诉讼时效中断规定。

[选项分析] 选项 A 与选项 D 考查诉讼时效期间及其起算，同时也考查债权转让对诉讼时效的影响。本题中甲、乙之间的借款债权适用的是普通诉讼时效。《民法典》第 188 条规定："向人民法院请求保护民事权利的诉讼时效期间为三年。法律另有规定的，依照其规定。诉讼时效期间自权利人知道或者应当知道权利受到损害以及义务人之日起计算。法律另有规定的，依照其规定。但是，自权利受到损害之日起超过二十年的，人民法院不予保护，有特殊情况的，人民法院可以根据权利人的申请决定延长。"据此结合本题，甲、乙之间的借款债权的诉讼时效期间届满之日为 2014 年 3 月 25 日。2013 年 4 月 15 日，乙银行将该笔债权转让给丙公司并通知了甲公司，此时诉讼时效尚未届满，甲公司不得对丙公司主张诉讼时效的抗辩。但是其理由并非"因乙银行转让债权通知了甲公司"，而是因为诉讼时效期间未届满。选项 A 错误。同理，2013 年 5 月 16 日，丁公司通过公开竞拍购买并接管了甲公司，债权的诉讼时效也尚未届满，丁公司无权向丙公司主张诉讼时效的抗辩。选项 D 错误。

选项 B 与选项 C 考查诉讼时效期间的中断。《诉讼时效规定》第 17 条规定："债权转让的，应当认定诉讼时效从债权转让通知到达债务人之日起中断。债务承担情形下，构成原债务人对债务承认的，应当认定诉讼时效从债务承担意思表示到达债权人之日起中断。"据此结合本题，2013 年 4 月 15 日，乙银行将该笔债权转让给丙公司并通知了甲公司，此时应发生诉讼时效的中断。选项 B 正确。丁公司通过公开竞拍购买并接管了甲公司并非诉讼时效中断的法定事由。选项 C 错误。

# 第七章　物权一般原理

📶 **1.** 甲向乙房地产公司购买了一套商品房，双方在《商品房买卖合同》中约定：若房屋实际面积不足 140 平方米，甲可选择退款。甲办理交房与房屋所有权转移登记后发现，不动产登记机构颁发的不动产权属证书中记载的房屋面积为 130 平方米。后经法定的鉴定机构鉴定，确认该商品房的面积为 140 平方米。对此，下列哪一说法是正确的？（2023 年回忆版）

　　A. 甲有权单独申请更正登记

　　B. 甲和乙公司应共同申请更正登记

　　C. 甲有权不申请更正登记并请求乙公司退款

　　D. 甲有权申请更正登记并请求乙公司退款

📶 **2.** 甲将名下的 A 车卖给乙，价款为 10 万元，乙已付款，甲已交付 A 车，但未办理转移登记。同时，甲对丙的 9 万元借款本金及其利息已经到期，丙诉至法院，法院查封了 A 车。对此，下列哪一说法是正确的？（2023 年回忆版）

　　A. 乙的所有权可以对抗丙

　　B. 乙自始至终未取得所有权

　　C. 乙有权就 A 车优先受偿

　　D. 甲仍享有 A 车的所有权

📶 **3.** 甲将其名下的一辆货车租给乙使用 1 个月并完成交付，双方约定：租期届满后乙分 3 个月向甲支付租金合计 3000 元。租期届满后，在乙返还货车前，丙找到甲，提出购买货车，并按约定向甲支付了 20 万元购车款。甲将对乙的返还请求权转让给丙，并通知了乙。对此，下列说法错误的是：（2023 年回忆版）

　　A. 丙善意取得货车的所有权

　　B. 丙有权请求乙返还货车

　　C. 甲与丙之间的合同无效

　　D. 乙取得货车的所有权

📶 **4.** 2 月 1 日，甲与乙约定，将一台设备租给乙，租期半年。2 月 5 日，甲将该设备卖给丙，所有权直接转移，但约定由甲再继续租用该设备一个月。2 月 7 日，甲将该设备交付乙使用。3 月 10 日，关于设备的返还，各方产生争议。对此，下列哪一说法是正确的？（2022 年回忆版）

　　A. 2 月 7 日，丙为该设备的所有权人

　　B. 3 月 10 日，乙有权拒绝丙的设备返还请求

　　C. 3 月 10 日，乙无权拒绝甲的设备返还请求

　　D. 2 月 8 日，甲对设备的占有为自主的间接占有

📶 **5.** 甲将花瓶（彼时市价 100 万元）质押给乙，向乙借款 70 万元。届期甲无力偿还，而花瓶贬值成 50 万元。甲和乙商量后，将花瓶以 47 万元的价格卖给丙用于还款，丙付款后一周内，乙交付花瓶。丙按约付款后，甲后悔，觉得 47 万元的价格太低，要求乙还回花瓶。对此，下列哪些说法是错误的？（2022 年回忆版）

　　A. 花瓶为甲所有

　　B. 甲无权请求乙返还花瓶

　　C. 花瓶为丙所有

　　D. 丙有权请求甲交付花瓶

📶 **6.** 2020 年 1 月 12 日，甲因车祸意外去世，小甲是其唯一继承人。2 月 1 日，在整理母亲遗物时，小甲发现一对玉镯。小甲不想睹物思人，于是在 2 月 15 日将玉镯卖给乙，但毕竟是母亲的遗物，故小甲和乙约定再借用 4 天，乙表示同意。翌日，不知情的丙看见小甲在擦拭玉镯，十分喜欢，就和小甲协商，以市场价买下该玉镯，表示可立即付款，小甲同意。于是双方当场完成价款和手镯的交付。丙在回家路上不小心遗失手镯，被路过的丁拾得。2 月 20 日，丁找到不知情的戊，将该手镯以市价出卖给戊，并完成交付。乙得知真相后要求小甲交付手镯。对此，下列说法正确的是：（2022 年回忆版）

　　A. 2 月 1 日，小甲取得该玉镯的所有权

　　B. 丁将手镯出卖给戊并完成交付，戊善意取得该手镯的所有权

　　C. 小甲将玉镯出卖给丙的行为侵犯了乙的财产权利，乙可以对小甲主张侵权损害赔偿

　　D. 丙有权对戊主张返还原物请求权

📶 **7.** 老赵家在乡下的老房子年久失修，邻居老

李曾多次催促老赵加固，但老赵一直未采取措施。某日大雨，老赵的房墙垮塌，砸坏了老李停在院子里的车，还没倒的那部分墙也岌岌可危。老李找人清理了倒塌的废料，修理了车。对此，下列哪些说法是正确的？（2021年回忆版）

　　A. 老李有权请求老赵支付清理废料的费用
　　B. 老李有权请求老赵支付修车的费用
　　C. 老李有权请求老赵加固还没倒塌的墙
　　D. 老赵有权请求老李返还清理出来的废料

**8.** 甲市的王某要搬去乙市居住，遂将甲市的房产赠与好友张某，并去甲市不动产登记机构办理转移登记。对此，下列哪些说法是正确的？（2020年回忆版）

　　A. 应由两人共同申请转移登记
　　B. 赠与公证书是办理登记的必要材料
　　C. 登记完成时，甲市不动产登记机构应发放不动产权属证书
　　D. 办理登记前，不动产登记机构应当实地看房

**9.** 2018年3月2日，苏某为了庆祝自己的新书大卖，邀请朋友前往海河大饭店聚餐。苏某途中在海鲜市场张某处购买了一只大海螺，交给海河大饭店加工，厨师何某剥开后，发现海螺里有一颗橙色的椭圆形珍珠。珍珠应归下列哪一人所有？（2018年回忆版）

　　A. 苏某
　　B. 张某
　　C. 海河大饭店
　　D. 何某

**10.** 庞某有1辆名牌自行车，在借给黄某使用期间，达成转让协议，黄某以8000元的价格购买该自行车。次日，黄某又将该自行车以9000元的价格转卖给了洪某，但约定由黄某继续使用1个月。关于该自行车的归属，下列哪一选项是正确的？（2017-3-5）

　　A. 庞某未完成交付，该自行车仍归庞某所有
　　B. 黄某构成无权处分，洪某不能取得自行车所有权
　　C. 洪某在黄某继续使用1个月后，取得该自行车所有权
　　D. 庞某既不能向黄某，也不能向洪某主张原物返还请求权

**11.** 蔡永父母在共同遗嘱中表示，二人共有的某处房产由蔡永继承。蔡永父母去世前，该房由蔡永之姐蔡花借用，借用期未明确。2012年上半年，蔡永父母先后去世，蔡永一直未办理该房屋所有权变更登记，也未要求蔡花腾退。2015年下半年，蔡永因结婚要求蔡花腾退，蔡花拒绝搬出。对此，下列哪一选项是正确的？（2016-3-5）

　　A. 因未办理房屋所有权变更登记，蔡永无权要求蔡花搬出
　　B. 因诉讼时效期间届满，蔡永的房屋腾退请求不受法律保护
　　C. 蔡花系合法占有，蔡永无权要求其搬出
　　D. 蔡永对该房屋享有物权请求权

**12.** 刘某借用张某的名义购买房屋后，将房屋登记在张某名下。双方约定该房屋归刘某所有，房屋由刘某使用，产权证由刘某保存。后刘某、张某因房屋所有权归属发生争议。关于刘某的权利主张，下列哪些表述是正确的？（2014-3-55）

　　A. 可直接向登记机构申请更正登记
　　B. 可向登记机构申请异议登记
　　C. 可向法院请求确认其为所有权人
　　D. 可依据法院确认其为所有权人的判决请求登记机关变更登记

**13.** 甲有件玉器，欲转让，与乙签订合同，约好10日后交货付款；第二天，丙见该玉器，愿以更高的价格购买，甲遂与丙签订合同，丙当即支付了80%的价款，约好3天后交货；第三天，甲又与丁订立合同，将该玉器卖给丁，并当场交付，但丁仅支付了30%的价款。后乙、丙均要求甲履行合同，诉至法院。下列哪一表述是正确的？（2013-3-11）

　　A. 应认定丁取得了玉器的所有权
　　B. 应支持丙要求甲交付玉器的请求
　　C. 应支持乙要求甲交付玉器的请求
　　D. 第一份合同有效，第二、三份合同均无效

**14.** 叶某将自有房屋卖给沈某，在交房和过户之前，沈某擅自撬门装修，施工导致邻居赵某经常失眠。下列哪些表述是正确的？（2013-3-55）

　　A. 赵某有权要求叶某排除妨碍
　　B. 赵某有权要求沈某排除妨碍
　　C. 赵某请求排除妨碍不受诉讼时效的限制
　　D. 赵某可主张精神损害赔偿

# 详 解

**1.** [答案] A　　　[难度] 中

[考点] 登记及其法律效果、合同解除

[命题和解题思路] 本题的命题角度较为新颖，将物权中的更正登记与合同中的合同解除两个知识点融合在一起考查，尤其是对更正登记的考查十分细致，涉及登记申请时是否奉行双方申请原则。前两个选项涉及更正登记能否单方申请，考生需结合更正登记的基本原理以及《民法典》第220条第1款的规定展开分析。后两个选项则主要涉及合同解除中的基于约定解除权解除。考生在审题时需要准确判断"若房屋实际面积不足140平方米，甲可选择退款"这一约定的法律意义在于约定了《商品房买卖合同》的解除条件，即房屋实际面积不足140平方米。据此，甲是否有权请求退款，取决于房屋实际面积大小。

[选项分析] 选项A与选项B均考查不动产登记中的更正登记。《民法典》第220条第1款规定，权利人、利害关系人认为不动产登记簿记载的事项错误的，可以申请更正登记。不动产登记簿记载的权利人书面同意更正或者有证据证明登记确有错误的，登记机构应当予以更正。据此可知，更正登记的申请者为权利人或者利害关系人，二者在符合条件的基础上均可单独申请。选项A正确，选项B错误。

选项A与选项D均考查合同解除。《商品房买卖合同》中约定：若房屋实际面积不足140平方米，甲可选择退款。这一约定中，退款二字的含义是解除《商品房买卖合同》并退款退房。《民法典》第562条第2款规定，当事人可以约定一方解除合同的事由。解除合同的事由发生时，解除权人可以解除合同。据此，经法定的鉴定机构鉴定，确认该商品房的面积为140平方米，这表明房屋的实际面积已达到140平方米，约定解除权的事由并未发生，甲无权解除，无权请求退款。至于鉴定结论与不动产权属证书记载面积的不同，考生需要注意其表明不动产登记簿存在登记错误，甲无权直接根据不动产权属证书记载的面积信息主张退款。选项C与选项D均错误。

**2.** [答案] A　　　[难度] 中

[考点] 对财产的执行措施、交付及其法律效果

[命题和解题思路] 本题属于民法与民事诉讼法的融合题，命题人将机动车买卖交易与程序法上的查封措施相结合，一方面考查民法上特殊动产（机动车）买卖时的物权变动规则；另一方面考查民事诉讼法上查封措施的法律效力。民法层面，考生需要把握特殊动产买卖的物权变动规则，即"交付生效+登记对抗"；民事诉讼法层面，本题A选项涉及查封的效力，查封是一种对他人财产的临时执行措施，乙的所有权能否对抗丙，取决于A车是不是甲的责任财产，即A车是否属于甲所有。

[选项分析] 选项B、C、D均考查特殊动产的物权变动规则。《民法典》第225条规定，船舶、航空器和机动车等的物权的设立、变更、转让和消灭，未经登记，不得对抗善意第三人。按照目前的通行见解，机动车等特殊动产买卖时的物权变动规则奉行"交付生效+登记对抗"规则，据此，甲已经将A车交付乙，乙已经取得A车的所有权。选项B、D均错误。乙取得的是A车的所有权，而非担保物权。因此，乙有权就A车优先受偿这一表述也是错误的。选项C错误。

既然乙已经取得A车的所有权，那么A车就不再是甲的责任财产，即使法院查封了A车，也应根据《查封、扣押、冻结规定》第28条解除查封措施，换言之，乙的所有权可以对抗丙。选项A正确。

**3.** [答案] ACD　　　[难度] 中

[考点] 善意取得、交付及其法律效果、合同的效力

[命题和解题思路] 本题以货车的两笔交易——租赁与买卖为基础法律事实，较为综合地考查了善意取得、动产交付、合同的效力等多个考点，不过考查的难度不大。对于善意取得，考生在解题时需注意其以出让人无权处分为前提，因此考生需要分析甲是有权处分还是无权处分；对于乙和丙谁能取得货车的所有权，考生需要注意：货车属于机动车的一种，其买卖交易时所有权的转移时点为交付时，据此考生应重点分析甲与丙之间买卖合同的效力以及交付的类型。对于交付的类型，考生应结合指示交付的原理与题干部分的事实描述，锁定甲与丙之间的交付方式为指示交付，在此基础上结合指示交付规则分析丙

对乙的返还请求权；至于甲与丙之间的合同效力问题，考生需要从反面的角度，即效力瑕疵的角度考虑，如果没有确切的效力瑕疵事由，那么甲与丙之间的合同就是有效的。

[选项分析] A 选项考查善意取得。善意取得以出让人无权处分为前提，本题中，甲将货车卖给丙，其处分属于有权处分，并无善意取得制度适用的空间。A 选项错误。

B 选项与 D 选项均考查动产交付。由于乙只是货车的承租人，其与所有权人甲之间并无买卖合同，其并未取得货车的所有权。D 选项错误。至于 B 选项，题干明确提及，甲与丙达成货车买卖合同后，甲将对乙的返还请求权转让给丙，并通知乙，这是典型的指示交付（返还请求权让与）的交付类型。《民法典》第 227 条规定，动产物权设立和转让前，第三人占有该动产的，负有交付义务的人可以通过转让请求第三人返还原物的权利代替交付。据此，指示交付的本质在于出让人将自己的间接占有地位移转给了受让人，换言之，甲将自己基于租赁合同而享有的权利义务关系概括地转移给丙，且租赁期限已经届满，丙有权请求乙返还 A 货车。B 选项正确。

C 选项考查合同效力。由于本题中并无事实表明甲与丙之间的买卖合同存在效力瑕疵，因此甲与丙之间的合同是有效的。C 选项错误。

**4.** [答案] A　　[难度] 中

[考点] 交付及其法律效果、买卖不破租赁、返还原物、占有的种类

[命题和解题思路] 本题围绕一台设备，将设备的租赁与设备的买卖叠加在一起，考查了物权上的多个考点，具有一定的综合性，不过考查难度适中。本题的可能有二：其一，分析判断甲、丙之间的设备买卖合同是否已经交付以及构成何种交付；其二，承租人乙的租赁权是否能够对抗丙（即买卖不破租赁规则的适用前提）。解答本题时，考生应先确认设备的归属情况，2 月 5 日，甲、丙之间不仅订立了设备买卖合同，而且通过占有改定的方式交付了，丙据此成为设备的所有权人。在此基础上，考生需要注意到，2 月 5 日设备所有权移转时，甲、乙之间的租赁物尚未交付，乙作为承租人还不能获得买卖不破租赁规则的保护，换言之，他并不能对抗新的所有权人丙。此

外，对于选项 D 涉及的占有种类的分析，考生需要结合各占有分类的区分标准进行判断。

[选项分析] 选项 A 考查交付及其法律效果，具体涉及占有改定。《民法典》第 228 条规定："动产物权转让时，当事人又约定由出让人继续占有该动产的，物权自该约定生效时发生效力。"该条规定了占有改定。占有改定通常可以拆解为三个交易环节：买卖合同+所有权移转的合意+占有媒介关系（如借用、租赁等）。结合本题，2 月 5 日，甲与丙约定丙买下该设备，所有权直接移转，但由甲再继续租用该设备一个月，这一交易结构恰恰符合占有改定。因此，当日丙就通过占有改定的交付方式取得了设备的所有权。2 月 7 日，丙是设备的所有权人。选项 A 正确。

选项 B 考查买卖不破租赁。《民法典》第 725 条规定："租赁物在承租人按照租赁合同占有期限内发生所有权变动的，不影响租赁合同的效力。"该条规定了买卖不破租赁规则，据此，承租人想要对抗新的租赁物所有权人，需要满足两个条件：（1）存在有效的租赁合同且在租赁期限内；（2）承租人占有租赁物。本题中，设备的所有权于 2 月 5 日移转，当日甲乙间租赁物尚未交付，承租人乙尚未占有租赁物，因此乙不能基于买卖不破租赁规则对抗新所有权人丙。因此，3 月 10 日，甲的一个月租用期已经到期了，丙有权请求乙返还设备。选项 B 错误。

选项 C 考查返还原物。3 月 10 日，甲向乙主张设备返还的可能性有二：（1）基于所有权人的返还原物请求权；（2）基于租赁合同到期后的承租人返还租赁物义务。这两种情形都是不成立的：对于返还原物请求权，因为 2 月 5 日丙已经成为设备的所有权人，甲不再是设备的所有权人，因此甲不再享有设备的返还原物请求权；对于租赁合同到期后的承租人返还租赁物义务，因为甲乙之间的租赁合同尚未到期，甲还不能基于租赁合同请求乙返还设备。因此 3 月 10 日，甲无权请求乙返还设备，对于甲的返还设备请求，乙有权拒绝。选项 C 错误。

选项 D 考查占有的种类，具体涉及自主占有与他主占有、直接占有与间接占有这两种分类。先看自主占有与他主占有，二者区分的标准是占有人主观上的占有意思。2 月 5 日，设备的所有权就已经移转，甲不再是所有权人，此后甲的占有

意思从自主占有变为他主占有，因此 2 月 8 日，甲对设备的占有属于他主占有。再看直接占有与间接占有，二者区分的标准在于占有人是否直接对物有事实上的管领力。2 月 7 日，甲将该设备交付乙使用，乙成为设备的直接占有人，甲则通过租赁合同这一占有媒介关系间接地管领和控制该设备，属于间接占有人。因此，2 月 8 日，甲对设备的占有为他主的间接占有。选项 D 错误。

5. ［答案］BC ［难度］中

［考点］ 交付及其法律效果、返还原物、继续履行责任

［命题和解题思路］ 本题较为巧妙地将物权变动置于担保物权的实现程序中，并借此干扰考生，增加解题难度。解答本题时，考生需要抓住花瓶买卖与动产质权实现程序的关系。本题中，甲将花瓶卖给丙属于以变卖的方式实现动产质权，花瓶的所有权何时移转的问题，仍需要结合物权变动的相关规定进行分析。而对于甲是否有权请求乙返还花瓶，重点在于分析乙对花瓶的占有是否为有权占有。

［选项分析］ 选项 A 与选项 C 均考查动产买卖交易中的交付及其法律效果。结合《民法典》第 224 条，对于甲丙之间的花瓶买卖合同，花瓶的所有权自交付时移转给丙。本题中，虽然丙已经付款，但花瓶尚未交付，丙并未取得花瓶的所有权，甲仍是花瓶的所有权人。选项 A 正确；选项 C 错误。

选项 B 考查物权请求权中的返还原物请求权。《民法典》第 235 条规定："无权占有不动产或者动产的，权利人可以请求返还原物。"该条规定了返还原物请求权，其构成要件有二：（1）请求方为具有占有权能的物权人；（2）相对方为现时的无权占有人。本题需要分析的是第（2）个要件，因为甲是所有权人并无异议。乙作为花瓶的质权人，对于花瓶的占有本属于有权占有。但是丙已经付款，这意味着乙的动产质权随之消灭，乙对花瓶的占有不再是有权占有，甲作为所有权人有权主张返还原物请求权。选项 B 错误。

选项 D 考查继续履行责任。基于甲丙之间的花瓶买卖合同，甲有义务交付花瓶。甲单方反悔并不影响丙作为买受人请求继续履行的权利。选项 D 正确。

6. ［答案］CD ［难度］难

［考点］ 物权变动的原因、善意取得、交付及其法律效果、返还原物

［命题和解题思路］ 本题围绕一对手镯展开，命题人将继承、买卖、遗失物拾得等法律事实串联在一起，要求考生对物权上与动产相关的多个考点融会贯通。由于本题的题干较长，案情较为丰富且涉及的考点较多，解题时存在一定困难，需要考生厘清思路。解答本题的核心在于结合时间线索分析不同时点（1 月 12 日、2 月 1 日、2 月 15 日、2 月 16 日、2 月 20 日）下手镯的所有权归属。在具体分析的过程中可能会有几处易错点：其一，2 月 15 日，小甲与乙之间不仅订立了手镯买卖合同，而且通过占有改定的方式完成了交付，乙成为手镯的所有权人，此后小甲再出卖该手镯，属于无权处分；其二，丁将手镯卖给戊时，手镯属于遗失物，遗失物在适用善意取得时会受到限制，在《民法典》第 312 条规定的 2 年期限内是不发生善意取得的。

［选项分析］ 本题解题的关键在于结合各个法律事实发生的时间节点分析手镯的所有权归属。

2020 年 1 月 12 日，甲因车祸意外去世，甲生前的合法财产作为遗产会发生继承。《民法典》第 230 条规定："因继承取得物权的，自继承开始时发生效力。"据此可知，小甲作为甲的唯一继承人，于 2020 年 1 月 12 日成为甲遗产的所有权人。手镯是甲的遗产之一，因此小甲于 2020 年 1 月 12 日取得手镯的所有权。至于手镯哪天被发现，并不影响其所有权归属。选项 A 错误。

2 月 15 日，小甲将手镯卖给乙，并约定小甲再借用 4 天。小甲作为手镯的所有权人，将其卖给乙，属于有权处分。《民法典》第 228 条规定："动产物权转让时，当事人又约定由出让人继续占有该动产的，物权自该约定生效时发生效力。"该条规定了占有改定。占有改定通常可以拆解为三个交易环节：买卖合同+所有权移转的合意+占有媒介关系（如借用、租赁等）。本题中，小甲与乙约定小甲再借用 4 天，背后所包含的意思是所有权直接移转（否则没必要借用），双方的交易结构与占有改定相符。因此 2 月 15 日，小甲通过占有改定的方式将手镯所有权移转给乙。

2 月 16 日，小甲又将手镯以市价卖给不知情的丙，且双方当场完成价款和手镯的交付。当日

小甲已经不是手镯的所有权人，因此小甲的行为属于无权处分。结合《民法典》第311条第1款对善意取得的规定，丙是善意的，约定了合理的价格且已经完成了交付，符合善意取得的构成要件，因此丙通过善意取得的方式成为手镯所有权人。小甲将玉镯出卖给丙的行为，侵犯了乙的所有权，乙可以对小甲主张侵权损害赔偿。选项C正确。

当日丙取得手镯后回家的路上，不小心将手镯遗失，被路过的丁拾得，丁作为拾得人并不能取得手镯的所有权，丙仍然是手镯的所有权人。

2月20日，丁找到不知情的戊，将该手镯以市价出卖给戊，并完成交付。由于丁并非手镯的所有权人，丁将手镯卖给戊，属于无权处分，需要考虑戊是否构成善意取得。结合《民法典》第312条的规定，遗失物作为占有脱离物，在适用善意取得规则时需要受到限制，在《民法典》第312条规定的2年期间内，遗失物不发生善意取得。本题中，2年期间显然还未经过，因此戊不能善意取得该手镯，手镯的所有权人仍然是丙。选项B错误。既然手镯的所有权人仍然是丙，戊对手镯的占有属于无权占有，丙作为所有权人自然有权依据《民法典》第235条请求无权占有人戊返还手镯。选项D正确。

**7.** ［答案］ABCD　　　［难度］中

［考点］物权的保护方法；侵权责任的基本构成要件

［命题和解题思路］本题是对物权请求权制度的直接考查，同时兼顾考查侵权责任的基本构成要件，题干事实是教科书里经常出现的经典例子，基本上是送分题。只要能准确地区分返还原物请求权、排除妨害请求权、消除危险请求权，本题即可轻松应对。

［选项分析］《民法典》第235条规定："无权占有不动产或者动产的，权利人可以请求返还原物。"《民法典》第236条规定："妨害物权或者可能妨害物权的，权利人可以请求排除妨害或者消除危险。"这两条完整地规定了现行法上的物权请求权，分为返还原物请求权、排除妨害请求权与消除危险请求权。

选项A考查排除妨害请求权。本题中，老赵的房子墙塌了以后砸进了老李家，倒塌的废料对老李的房屋所有权以及土地使用权构成了妨害，

老李有权请求老赵排除妨害，并由老赵负担排除妨害的费用，即清理废料的费用。因此，老李有权请求老赵支付清理废料的费用。选项A正确。

选项C考查消除危险请求权。老赵家尚未倒塌的墙岌岌可危，仍有侵害老李房屋所有权的危险，老李有权依据消除危险请求权请求老赵加固还没倒塌的墙。选项C正确。

选项D考查返还原物请求权。老赵的房子墙塌了以后砸进了老李家，倒塌的废料从老赵的房子中分离，成为动产，老赵仍为其所有权人，老李对废料的占有属于无权占有，老赵有权依据返还原物请求权请求老李返还清理出来的废料。选项D正确。

选项B考查侵权责任的基本构成要件。老赵的房子墙塌了以后砸进了老李家，砸坏了老李的车，造成该车的损害，构成侵权。就性质而言，该侵权属于一般侵权。《民法典》第1165条第1款规定："行为人因过错侵害他人民事权益造成损害的，应当承担侵权责任。"该条款是一般侵权的规范依据。据此，老李曾多次催促老赵加固，但老赵一直未采取措施，这意味着对于老李的损失，老赵存在过错，老赵基于过错，房子倒塌损坏老李的车，符合一般侵权责任的构成。因此，老李有权请求老赵支付修车的费用。选项B正确。

**8.** ［答案］AC　　　［难度］难

［考点］不动产登记

［命题和解题思路］本题是典型的超纲题，考查了《不动产登记暂行条例》《不动产登记暂行条例实施细则》中的相关规定，考查的知识点非常冷僻，考查难度较大。抛开考查知识点的冷僻性，但就四个选项的设置来说，本题其实是对《不动产登记暂行条例》《不动产登记暂行条例实施细则》中一些具体条文的直接考查。本题也表明，法考客观题中偶尔会考查考试大纲以外的法条。

［选项分析］选项A考查不动产登记申请的共同申请原则。《不动产登记暂行条例》第14条第1款规定："因买卖、设定抵押权等申请不动产登记的，应当由当事人双方共同申请。"该条款确立了不动产登记申请的共同申请原则。据此，王某与张某之间的房屋赠与应由两人共同申请转移登记。选项A正确。

选项B考查申请不动产登记应提交的材料。

《不动产登记暂行条例实施细则》第38条第1款规定:"申请国有建设用地使用权及房屋所有权转移登记的,应当根据不同情况,提交下列材料:(一)不动产权属证书;(二)买卖、互换、赠与合同;(三)继承或者受遗赠的材料;(四)分割、合并协议;(五)人民法院或者仲裁委员会生效的法律文书;(六)有批准权的人民政府或者主管部门的批准文件;(七)相关税费缴纳凭证;(八)其他必要材料。"该条款规定的材料中并没有赠与公证书。选项B错误。

选项C考查不动产权属证书。《不动产登记暂行条例》第21条第2款规定:"不动产登记机构完成登记,应当依法向申请人核发不动产权属证书或者登记证明。"据此,登记完成时,甲市不动产登记机构应发放不动产权属证书。选项C正确。

选项D考查不动产登记机构的审查职责。《不动产登记暂行条例》第19条第1款规定:"属于下列情形之一的,不动产登记机构可以对申请登记的不动产进行实地查看:(一)房屋等建筑物、构筑物所有权首次登记;(二)在建建筑物抵押权登记;(三)因不动产灭失导致的注销登记;(四)不动产登记机构认为需要实地查看的其他情形。"该条款所使用的表述是"可以"而非"应当",据此,实地查看并非不动产登记机构的义务。选项D错误。

**9.** [答案] A    [难度] 易

[考点] 孳息所有权的归属

[命题和解题思路] 本题是对天然孳息所有权归属的简单考查,直接依据《民法典》第321条第1款规定分析即可,属于送分题。

[选项分析] 珍珠属于海螺的天然孳息。现行法涉及天然孳息归属的法律规定有二。《民法典》第321条第1款规定:"天然孳息,由所有权人取得;既有所有权人又有用益物权人的,由用益物权人取得。当事人另有约定的,按照其约定。"《民法典》第630条规定:"标的物在交付之前产生的孳息,归出卖人所有;交付之后产生的孳息,归买受人所有。但是,当事人另有约定的除外。"其中《民法典》第630条专门适用于买卖合同。由于本题中苏某与海河大饭店并非买卖合同关系而是承揽加工关系,《民法典》第630条并不适用,而应适用《民法典》第321条第1款。==依据==

==该条款规定,珍珠归属的判断顺序是当事人约定——用益物权人——所有权人。==由于本题中既不存在当事人约定,也不存在用益物权人,该珍珠应归属于所有权人苏某。选项A正确,选项B、C、D均错误。

**10.** [答案] D    [难度] 中

[考点] 交付及其法律效果

[命题和解题思路] 本题围绕动产交付展开考查。动产买卖或者出质是法考客观题中常见的案例事实,需要考生准确判断交付是否完成,动产交付中的难点在于观念交付里的指示交付与占有改定,本题就涉及占有改定。==占有改定的结构相对而言较为复杂,包括移转所有权的合意与出卖人继续占有标的物的占有媒介关系,后者通常表现为借用、租赁等。==

[选项分析] 初步分析四个选项,不难发现四个选项都与自行车的物权变动相关。本题中,自行车共发生了两次交易。先分析庞某与黄某之间的自行车买卖。在借给黄某使用期间,庞某与黄某达成自行车买卖合同。此种交易结构符合《民法典》第226条规定的简易交付。《民法典》第226条规定:"动产物权设立和转让前,权利人已经占有该动产的,物权自民事法律行为生效时发生效力。"据此结合本题,庞某与黄某之间达成自行车买卖合同时,自行车的所有权就移转给黄某。选项A错误。黄某取得自行车所有权后次日又将自行车卖给洪某,属于有权处分。选项B错误。

再分析黄某与洪某之间的自行车买卖。黄某将该自行车以9000元的价格转卖给了洪某,但约定由黄某继续使用1个月。此种交易结构符合《民法典》第228条规定的占有改定。《民法典》第228条规定:"动产物权转让时,当事人又约定由出让人继续占有该动产的,物权自该约定生效时发生效力。"据此结合本题,自行车的所有权自达成由黄某继续使用1个月的约定时移转给洪某。洪某成为该自行车的所有权人。选项C错误。既然洪某已经成为自行车的所有权人,那么庞某既不能向黄某,也不能向洪某主张原物返还请求权。选项D正确。

**11.** [答案] D    [难度] 难

[考点] 物权变动;遗嘱继承;物权的保护;诉讼时效的适用范围

[命题和解题思路]　本题属于民法总论、物权与继承的融合题，涉及多个当事人，而且当事人的姓名还较为接近，容易混淆，颇具难度。不过考生也不必担心，本题考查的核心问题是蔡永是否可以向蔡花主张返还原物请求权，针对这一核心问题，考生一方面需分析蔡永是不是房产的所有权人，另一方面需分析蔡花是否有权占有。关于房产的归属，考生应先确认当事人之间的亲属关系，最好是通过图表的方式呈现，在此基础上结合蔡永父母的遗嘱等信息，确定目前房产的归属。关于蔡花是否有权占有，涉及蔡永对借用合同的继受，同时考生也需要敏锐地观察到该借用属于不定期借用，当事人享有任意解除权。本题也提醒我们，越是复杂的、综合性的题目，越需要抓住解题的关键，越需要清晰的思路。

[选项分析]　本题涉及的核心问题是蔡永是否可以依据《民法典》第235条向蔡花主张返还原物请求权。这一问题的回答取决于：（1）蔡永是否为房产的所有权人；（2）蔡花是否为无权占有。

先分析蔡永是否为房产的所有权人。本题中，2012年上半年蔡永父母先后去世，由于二人留有共同遗嘱，本题所涉房产应按照遗嘱由蔡永继承，依据《民法典》第230条，继承开始时蔡永即取得房产的所有权。又依据《民法典》第232条，尽管蔡永一直未办理该房屋的所有权变更登记，但是其已经是房产的所有权人。只不过蔡永若一直不办理该房屋的所有权变更登记，其难以将房屋转让给他人。

再分析蔡花是否为无权占有。本题中，蔡永父母生前与蔡花之间订立了不定期的借用合同。蔡永父母死亡后，该借用合同当事人地位由蔡永概括继受。由于借用为不定期，类推适用《民法典》第730条的规定，当事人有权随时解除借用合同，但需要在合理期限之前通知对方。因此蔡永作为房产的所有权人有权解除该借用合同，使得蔡花对房产的占有变为无权占有。此时蔡永就可以依据《民法典》第235条向蔡花主张返还原物请求权，要求蔡花腾房。选项A与选项C均错误；选项D正确。

选项B考查诉讼时效的适用范围。《民法典》第196条规定："下列请求权不适用诉讼时效的规定：（一）请求停止侵害、排除妨碍、消除危险；（二）不动产物权和登记的动产物权的权利人请求返还财产；（三）请求支付抚养费、赡养费或者扶养费；（四）依法不适用诉讼时效的其他请求权。"据此结合本题，蔡永作为房产所有权人，其对房产的返还原物请求权不适用诉讼时效的规定。选项B错误。

**12.** [答案]　BCD　　[难度]　中

[考点]　更正登记；变更登记；异议登记；物权确认请求权

[命题和解题思路]　本题以借名买房为切入点考查了不动产登记制度中的几个知识点。本题的难点在于对借名买房交易的理解，四个选项本身并不难。对于借名买房，涉及借名买房协议的效力与房屋所有权的归属两个核心问题。对于借名买房协议的效力，目前争议不大，只要没有明确违反限购等强制性规定，借名买房协议就是有效的。而对于房屋所有权的归属问题，目前存在争议，形式说认为，名义人是真正的房屋所有权人，登记簿并无错误，其对外处分房屋属于有权处分；实质说认为，尽管名义人被登记为所有权人，但借名人才是真正的房屋所有权人，登记簿是错误的，借名人有权请求更正登记，名义人对外处分房屋的话属于无权处分。从本题的参考答案以及2015年卷三第5题的参考答案综合来看，命题人所采取的是实质说。

[选项分析]　选项A考查更正登记。《民法典》第220条第1款规定："权利人、利害关系人认为不动产登记簿记载的事项错误的，可以申请更正登记。不动产登记簿记载的权利人书面同意更正或者有证据证明登记确有错误的，登记机构应当予以更正。"据此，刘某作为利害关系人不能直接向登记机构申请更正登记，还需要满足不动产登记簿记载的权利人书面同意更正或者有证据证明登记确有错误。选项A错误。

选项B考查异议登记。《民法典》第220条第2款规定："不动产登记簿记载的权利人不同意更正的，利害关系人可以申请异议登记。登记机构予以异议登记，申请人自异议登记之日起十五日内不提起诉讼的，异议登记失效。异议登记不当，造成权利人损害的，权利人可以向申请人请求损害赔偿。"依据该条，利害关系人刘某可以申请异议登记，以防止张某将房屋处分，被第三人善意取得。选项B正确。

选项 C 考查物权确认请求权。《民法典》第 234 条规定："因物权的归属、内容发生争议的，利害关系人可以请求确认权利。"据此，刘某与张某对房屋所有权归属存在争议，刘某自然可以请求法院确认其为所有权人。选项 C 正确。

选项 D 考查变更登记。如果法院作出了确认刘某为所有权人的判决，该判决就是证明登记簿登记错误的证据。依据《民法典》第 220 条第 1 款，登记机构应该予以变更登记。选项 D 正确。

**13.** [答案] A　　　[难度] 易

[考点] 普通动产的多重买卖

[命题和解题思路] 本题是对普通动产多重买卖的直接考查，属于送分题，结合《买卖合同解释》第 6 条作答即可。需要稍作提示的是，数个买卖合同若无其他效力瑕疵，都是有效的。

[选项分析] 普通动产多重买卖涉及三个层面的问题：（1）数个买卖合同效力如何；（2）标的物的所有权归属于谁，即所有权归属的判断标准；（3）无法取得标的物所有权的买受人的救济。选项 D 考查的是问题（1），而选项 A、B、C 考查的是问题（2）。

关于问题（1），只要没有其他的效力瑕疵事由，就同一个普通动产订立多个买卖合同，各个买卖合同都是有效的。因此，本题中三份买卖合同都是有效的。选项 D 错误。

关于问题（2），《买卖合同解释》第 6 条规定："出卖人就同一普通动产订立多重买卖合同，在买卖合同均有效的情况下，买受人均要求实际履行合同的，应当按照以下情形分别处理：（一）先行受领交付的买受人请求确认所有权已经转移的，人民法院应予支持；（二）均未受领交付，先行支付价款的买受人请求出卖人履行交付标的物等合同义务的，人民法院应予支持；（三）均未受领交付，也未支付价款，依法成立在先合同的买受人请求出卖人履行交付标的物等合同义务的，人民法院应予支持。"据此，普通动产多重买卖标的物所有权归属的判断标准为：先交付的买受人——先支付价款的买受人——合同成立在先的买受人。结合本题，丁是先交付的买受人，该玉器的所有权应归属于丁。选项 A 正确，选项 BC 错误。

关于问题（3），本题未考查，但是也需要掌握了解。普通动产多重买卖中，最终仅有一个买受人能顺利取得标的物的所有权，其他买受人均难以取得标的物的所有权，出卖人对这些买受人陷入履行不能，处于违约状态，应向各个无法取得标的物所有权的买受人承担违约损害赔偿责任。

**14.** [答案] ABC　　　[难度] 中

[考点] 排除妨害；诉讼时效的适用范围；精神损害赔偿

[命题和解题思路] 本题重点考查考生对排除妨害请求权的理解，考查难度适中。不过本题也有一个小难点：考生需要准确区分行为妨害人与状态妨害人，针对一个妨害可能同时存在行为妨害人与状态妨害人，二者都可以是排除妨害请求权的相对人。此外，对于选项 D 需要注意，侵害人身权请求精神损害赔偿需要造成严重精神损害。

[选项分析] 选项 A 与选项 B 考查排除妨害请求权。赵某对其住房享有所有权，如果他人对其所有权造成侵害，为了维护该所有权的圆满状态，赵某得根据不同情况行使物权请求权。沈某的装修行为已经对赵某行使房屋所有权构成了妨害，赵某有权依据《民法典》第 236 条请求沈某排除妨害。选项 B 正确。排除妨害请求权中的妨害人除了行为妨害人以外，还包括状态妨害人。行为妨害人是指以自己的行为对他人物权造成妨害之人，如本题中的沈某；状态妨害人则是指持有或者经营某种妨害他人物权之物或设施的人，例如本题中的叶某。叶某构成状态妨害人，赵某也可以向他主张排除妨害请求权，选项 A 正确。

选项 C 考查诉讼时效的适用范围。《民法典》第 196 条规定："下列请求权不适用诉讼时效的规定：（一）请求停止侵害、排除妨碍、消除危险；（二）不动产物权和登记的动产物权的权利人请求返还财产；（三）请求支付抚养费、赡养费或者扶养费；（四）依法不适用诉讼时效的其他请求权。"据此，赵某的排除妨害请求权不受诉讼时效的限制。选项 C 正确。

选项 D 考查精神损害赔偿。由于赵某与沈某、叶某均无合同关系，那么赵某只有依据侵权责任主张精神损害赔偿。《民法典》第 1183 条规定："侵害自然人人身权益造成严重精神损害的，被侵权人有权请求精神损害赔偿。因故意或者重大过失侵害自然人具有人身意义的特定物造成严重精神损害的，被侵权人有权请求精神损害赔偿。"据此结合本题，"经常失眠"与严重精神损害并不等同，因此，赵某不能主张精神损害赔偿。选项 D 错误。

# 第八章　所有权

## 试　题

**1.** A 小区业主委员会决定即日起解除与 B 物业公司的物业服务合同，由业主委员会负责小区管理。后业主委员会发布公告，决定关闭小区南门。李某住在该小区 1 栋，南门关闭后出行十分不便，其不认可业主委员会的这一决定，欲寻求救济。对此，下列哪些说法是正确的？（2023 年回忆版）

A. 业主委员会的决定应由 3/4 以上业主表决通过

B. 李某有权请求法院撤销该决定

C. 业主委员会的决定对李某有拘束力

D. 业主委员会的决定要经过全体业主的同意

**2.** 甲婚后有藏私房钱的习惯，在他某次出差时，妻子乙把家里的屏风卖给丙。丙在屏风中找到了甲藏的 1000 元私房钱。甲回家后，乙提起卖屏风的事情，甲才想起这 1000 元私房钱。对此，下列哪一说法是正确的？（2022 年回忆版）

A. 丙善意取得 1000 元的所有权

B. 丙因先占而取得 1000 元的所有权

C. 丙未取得 1000 元的所有权

D. 该 1000 元在屏风交付前属于夫妻共同财产

**3.** 张某出国前把一幅画交李某保管。李某死亡后，其遗嘱中称其财产都由其儿子李某某继承。王某在李某某家看到该画为画家齐某真迹，欲出 10 万元购买，李某某以为是仿品，以 3000 元卖给王某并交付。2 年后张某从国外回来。对此，下列说法正确的是：（2021 年回忆版）

A. 王某可以善意取得

B. 李某某可以善意取得

C. 李某某可以以重大误解为由申请撤销合同

D. 张某可以李某某无权处分为由申请撤销合同

**4.** 柳某将自己的一块名表借给谷某，借期 3 个

月。在谷某使用过程中，该表被翁某看中，谷某将该表借给翁某，借期 1 周。在翁某使用过程中，该表又被汤某看中，汤某提出以 10 万元购买该表，翁某告知汤某该表为谷某所有。最终在翁某的撮合下，谷某决定以 10 万元将该表卖给汤某，约定汤某先支付 10 万元，等翁某使用结束后直接交付。对此，下列哪些说法是正确的？（2021 年回忆版）

A. 翁某构成无权处分

B. 谷某构成无权处分

C. 汤某构成善意占有

D. 汤某构成善意取得

**5.** 杨某遗失了一只手表，公开悬赏收集线索。马某拾得该表，且为维修手表支付了费用。对此，下列说法正确的是：（2021 年回忆版）

A. 马某构成善意取得

B. 杨某可以请求返还手表

C. 杨某应当支付修理费用

D. 马某可以请求杨某支付悬赏报酬

**6.** 甲在修建自家房屋时需要使用邻居乙的水泥砌墙，由于一时联系不上乙，于是甲先取用，等乙回来再付钱。乙回家后表示不同意，但发现水泥已经全部使用。对此，下列哪一说法是正确的？（2021 年回忆版）

A. 乙享有返还原物请求权

B. 乙对其水泥仍享有所有权

C. 甲构成无因管理

D. 甲构成不当得利

**7.** 古某周末带读小学的儿子古晓在公园游玩，偶遇一养鸽人徐某在广场上放养鸽子并招揽顾客，古晓见后甚是喜爱。古某为讨儿子开心，遂向徐某购买了一只鸽子，徐某收钱后将鸽子交给古某，古某示意其将鸽子直接交给儿子古晓。不料古晓接鸽子时突然害怕，手一缩，鸽子飞了。关于该只鸽子的所有权归属，下列哪一说法是正确的？（2020 年回忆版）

A. 鸽子飞了，属于无主物

B. 鸽子未交付，仍属于徐某

C. 鸽子完成交付，属于古某

D. 鸽子完成交付，属于古晓

8. 孙某系玉石爱好者，某日到李某家做客，看到李某的法兰石（价值 2 万元）和一块汉白玉（价值 1 万元），遂借回家欣赏。后孙某在家里装修时将法兰石放入墙内成为电视墙的一部分，又将汉白玉雕刻成柏拉图爱情图案（价值 3 万元）。对此，下列哪些说法是正确的？（2019 年回忆版）

A. 法兰石归孙某所有

B. 汉白玉归孙某所有

C. 法兰石成为电视墙的一部分，应给李某补偿

D. 汉白玉成为雕刻作品，应给李某补偿

9. 孟某系北京市海淀区幸福小区 2 号楼 2 单元 402 室的业主，购买商品房后欲在自家卧室对应的外墙上安装空调外机。隔壁 401 室业主老王认为 2 号楼外墙属于全楼业主共有，如孟某安装空调外机，应获得全楼三分之二以上业主同意并支付相应的使用费。孟某不同意，各方遂产生纠纷。对此，下列哪些说法是错误的？（2018 年回忆版）

A. 2 号楼外墙属于全楼业主共有

B. 孟某未经其他业主同意在外墙安装空调外机的行为构成侵权

C. 孟某安装空调外机需交纳合理费用

D. 孟某有权无偿利用与其专有部分相对应的外墙面

10. 甲遗失手链 1 条，被乙拾得。为找回手链，甲张贴了悬赏 500 元的寻物告示。后经人指证手链为乙拾得，甲要求乙返还，乙索要 500 元报酬，甲不同意，双方数次交涉无果。后乙在桥边玩耍时手链掉入河中被冲走。下列哪一选项是正确的？（2017-3-6）

A. 乙应承担赔偿责任，但有权要求甲支付 500 元

B. 乙应承担赔偿责任，无权要求甲支付 500 元

C. 乙不应承担赔偿责任，也无权要求甲支付 500 元

D. 乙不应承担赔偿责任，有权要求甲支付 500 元

11. 甲被法院宣告失踪，其妻乙被指定为甲的财产代管人。3 个月后，乙将登记在自己名下的夫妻共有房屋出售给丙，交付并办理了过户登记。在此过程中，乙向丙出示了甲被宣告失踪的判决书，并将房屋属于夫妻二人共有的事实告知丙。1 年后，甲重新出现，并经法院撤销了失踪宣告。现甲要求丙返还房屋。对此，下列哪一说法是正确的？（2016-3-6）

A. 丙善意取得房屋所有权，甲无权请求返还

B. 丙不能善意取得房屋所有权，甲有权请求返还

C. 乙出售夫妻共有房屋构成家事代理，丙继受取得房屋所有权

D. 乙出售夫妻共有房屋属于有权处分，丙继受取得房屋所有权

12. 甲将一套房屋转让给乙，乙再转让给丙，相继办理了房屋过户登记。丙翻建房屋时在地下挖出一瓷瓶，经查为甲的祖父埋藏，甲是其祖父唯一继承人。丙将该瓷瓶以市价卖给不知情的丁，双方钱物交割完毕。现甲、乙均向丙和丁主张权利。下列哪一选项是正确的？（2015-3-6）

A. 甲有权向丙请求损害赔偿

B. 乙有权向丙请求损害赔偿

C. 甲、乙有权主张丙、丁买卖无效

D. 丁善意取得瓷瓶的所有权

13. 甲遗失其为乙保管的迪亚手表，为偿还乙，甲窃取丙的美茄手表和 4000 元现金。甲将美茄手表交乙，因美茄手表比迪亚手表便宜 1000 元，甲又从 4000 元中补偿乙 1000 元。乙不知甲盗窃情节。乙将美茄手表赠与丁，又用该 1000 元的一半支付自来水公司水费，另一半购得某商场一件衬衣。下列哪些说法是正确的？（2015-3-61）

A. 丙可请求丁返还手表

B. 丙可请求甲返还 3000 元、请求自来水公司和商场各返还 500 元

C. 丙可请求乙返还 1000 元不当得利

D. 丙可请求甲返还 4000 元不当得利

14. 顺风电器租赁公司将一台电脑出租给张某，租期为 2 年。在租赁期间内，张某谎称电脑是自己的，分别以市价与甲、乙、丙签订了三份电脑买卖合同并收取了三份价款，但张某把电脑实际交付给了乙。后乙的这台电脑被李某拾得，

因暂时找不到失主，李某将电脑出租给王某获得很高收益。王某租用该电脑时出了故障，遂将电脑交给康成电脑维修公司维修。王某和李某就维修费的承担发生争执。康成公司因未收到修理费而将电脑留置，并告知王某如 7 天内不交费，将变卖电脑抵债。李某听闻后，于当日潜入康成公司偷回电脑。关于张某与甲、乙、丙的合同效力，下列选项正确的是：（2015-3-89）

A. 张某非电脑所有权人，其出卖为无权处分，与甲、乙、丙签订的合同无效

B. 张某是合法占有人，其与甲、乙、丙签订的合同有效

C. 乙接受了张某的交付，取得电脑所有权

D. 张某不能履行对甲、丙的合同义务，应分别承担违约责任

## 详 解

**1.** [答案] BC　　[难度] 中

[考点] 业主的管理权

[命题和解题思路] 本题涉及的考点明显且集中，即业主委员会的决定。解答本题需要考生对业主委员会的法律地位、决定机制等知识点有较为准确的把握。本题本身并不难，基本上是对法条原文的考查。本题的难点在于业主委员会的决定这一知识点本身较为冷僻，部分考生可能未进行针对性的复习。解答本题时，考生需要注意，现行法仅针对业主大会的决定要求作出了明确规定，对于业主委员会决定的作出方式，并无明确的规定。

[选项分析] A 选项与 D 选项均考查业主委员会的决定机制。对此现行法并无明确的规定，因此，不论是应由 3/4 以上业主表决通过，还是要经过全体业主的同意，都是错误的表述。A、D 选项均错误。

B 选项考查业主委员会决定的效力瑕疵规则。《民法典》第 280 条第 2 款规定，业主大会或者业主委员会作出的决定侵害业主合法权益的，受侵害的业主可以请求人民法院予以撤销。据此，李某有权请求人民法院撤销该决定。B 选项正确。

C 选项考查业主委员会决定的拘束力。《民法典》第 280 条第 1 款规定，业主大会或者业主委员会的决定，对业主具有法律约束力。据此，业主大会或者业主委员会的决定对李某有拘束力。对此考生需要

注意：在业主委员会决定被撤销之前，该决定在法律上是有效的，对业主是有拘束力的，只有被法院撤销后才是自始没有法律拘束力的。C 选项正确。

**2.** [答案] D　　[难度] 中

[考点] 添附、善意取得、先占、夫妻共同财产

[命题和解题思路] 本题围绕甲的 1000 元私房钱而展开，核心问题是该 1000 元的归属，命题人借此将多个考点串联起来，颇为巧妙。解答本题的难点在于丙能不能取得该 1000 元的所有权以及如何取得。考生需要注意的是，本题所涉及的1000 元是现金，现金是一般等价物，是十分特殊的动产，不论谁占有该现金，该现金都会与占有人的其他现金发生混合，进而变得难以识别。因此，通常谁占有现金，谁就是现金的所有权人，学理上不少学者归纳为"金钱占有即所有"。此外，在屏风交付前，该 1000 元尽管是甲的私房钱，但是在法律上属于夫妻共同财产。

[选项分析] 选项 ABC 均涉及丙能否取得该1000 元的所有权以及如何取得。选项 A 考查善意取得，善意取得以无权处分为前提，本题中乙并无处分该 1000 元给丙的意思，并无善意取得适用的空间。选项 A 错误。

选项 B 考查先占。先占的成立要求标的物为无主动产，本题中该 1000 元显然是有主的，不适用先占规则。选项 B 错误。

事实上，该 1000 元现金属于特殊的动产，作为一般等价物，很容易与占有人的其他现金混合而难以识别区分，因此学理上有所谓的"金钱占有即所有"的归纳，其背后的原理在于添附制度中的混合。因此，丙取得 1000 元的占有后，该1000 元与丙的其他现金发生混合而难以区分，此时基于添附规则，丙取得混合物的所有权，即该1000 元的所有权被丙取得。选项 C 错误。

选项 D 考查夫妻共同财产。原则上夫妻一方在婚后取得的财产都属于夫妻共同财产，当然也存在一些例外。本题中，屏风交付前该 1000 元虽然是甲的私房钱，但在法律上应属于夫妻共同财产。选项 D 正确。

**3.** [答案] A　　[难度] 难

[考点] 善意取得；可撤销的民事法律行为

[命题和解题思路] 本题考查善意取得与可撤销的民事法律行为，有一定考查难度。解答本题时，考生可以分两个方面进行思考分析：（1）结合善意取得的规定分析王某是否构成善意取得；（2）结合民事法律行为的可撤销事由分析买卖合同能否撤销。这里需要特别注意，<mark>字画交易具有特殊性，其本身就是高风险交易，对于字画的真假，通常不得以重大误解为由主张撤销合同</mark>。另外，从答题技巧来说，需要注意选项 A 与选项 B 是互斥的，选项 D 将无权处分作为撤销合同的事由，必然是错误的，展开分析之前可以直接排除。

[选项分析] 选项 A 与选项 B 考查善意取得。首先排除李某某的善意取得，因为李某作为齐某真迹的保管人，其死后李某某作为其唯一的继承人，并不会通过继承获得该画的所有权，更不可能构成善意取得。选项 B 错误。

李某某将画卖给王某构成无权处分，需要结合善意取得的规定分析王某是否构成善意取得。《民法典》第 311 条规定："无处分权人将不动产或者动产转让给受让人的，所有权人有权追回；除法律另有规定外，符合下列情形的，受让人取得该不动产或者动产的所有权：（一）受让人受让该不动产或者动产时是善意；（二）以合理的价格转让；（三）转让的不动产或者动产依照法律规定应当登记的已经登记，不需要登记的已经交付给受让人。受让人依据前款规定取得不动产或者动产的所有权的，原所有权人有权向无处分权人请求损害赔偿。当事人善意取得其他物权的，参照适用前两款规定。"结合本题，李某某将该幅画无权处分给不知情的王某，双方约定了合理的价格且已经交付，王某符合善意取得的要件。关于合理的价格，字画的买卖本身是特殊的高风险性交易，不论是 10 万元还是 3000 元都属于合理价格。选项 A 正确。

选项 C 与选项 D 考查可撤销的民事法律行为。无权处分并非民事法律行为的撤销事由，选项 D 显然错误，不当选。关于重大误解，《民法典》第 147 条规定："基于重大误解实施的民事法律行为，行为人有权请求人民法院或者仲裁机构予以撤销。"本题中需要注意的是，字画的买卖本身就是具有特殊高风险性的交易，对于字画的真假，除非存在故意欺诈，否则双方均不得就此主张重

大误解而撤销合同。因此，本题中尽管李某某发生了认识错误，但是其不能依据重大误解请求撤销合同。选项 C 错误。

**4.** [答案] BD　　[难度] 中
[考点] 占有的分类；善意取得
[命题和解题思路] 本题涉及一块手表的多次借用与无权处分等法律事实，对考生的案情分析能力是不小的考验。所幸本题选项 A 与选项 B 互斥，选项 C 与选项 D 互斥，这在一定程度上降低了本题的难度。解答本题时，考生应该先按照时间线去分析各个时点下手表的所有权归属，在涉及无权处分时需要准确判断谁是无权处分人，本题中翁某并未以出卖人的身份出现，其并非无权处分人，需要对此作出准确判断。在此基础上，对于汤某能不能善意取得，则根据其是否善意、手表是否交付等要件进行分析。此外还需要注意的是，本题涉及善意占有与恶意占有的判断，如果分析出汤某可以善意取得，那么选项 C 一定是错误的，因为如果汤某构成善意取得，一定是有权占有，有权占有是不区分善恶意的，只有无权占有才分为善意占有与恶意占有。

[选项分析] 选项 A、B、D 均考查善意取得。本题中，柳某的表在被借用期间被无权处分给汤某。一方面需要确认无权处分人，另一方面需要结合善意取得的构成要件判断汤某是否构成善意取得。本题中，无权处分人是谷某，而翁某起到的仅是撮合的作用，翁某并非无权处分人。选项 A 错误，选项 B 正确。

《民法典》第 311 条规定："无处分权人将不动产或者动产转让给受让人的，所有权人有权追回；除法律另有规定外，符合下列情形的，受让人取得该不动产或者动产的所有权：（一）受让人受让该不动产或者动产时是善意；（二）以合理的价格转让；（三）转让的不动产或者动产依照法律规定应当登记的已经登记，不需要登记的已经交付给受让人。受让人依据前款规定取得不动产或者动产的所有权的，原所有权人有权向无处分权人请求损害赔偿。当事人善意取得其他物权的，参照适用前两款规定。"据此结合本题，汤某善意地相信谷某是手表的所有权人，约定了合理的价格，并且已经通过指示交付的方式完成了交付，符合善意取得的构成要件，汤某可以善意取得该

手表。关于指示交付的判断,《民法典》第227条规定:"动产物权设立和转让前,第三人占有该动产的,负有交付义务的人可以通过转让请求第三人返还原物的权利代替交付。"本题中,谷某将其对翁某的返还请求权让与汤某,构成指示交付。选项D正确。

选项C考查占有的分类。无权占有可以进一步分为善意占有和恶意占有。而本题中,汤某已经通过善意取得获得手表的所有权,其对手表属于有权占有,并非善意占有。选项C错误。

**5.** [答案] BCD　　　[难度] 中

[考点] 善意取得;返还原物请求权;拾得遗失物

[命题和解题思路] 本题考查拾得遗失物的相关问题,且四个选项都是对现行法的直接考查,考查难度适中。解答本题时考生需要熟悉拾得遗失物相关的规则和原理。

[选项分析] 选项A考查善意取得。马某拾得杨某的手表,构成拾得遗失物。拾得遗失物本身不会导致物权的变动,杨某仍为该表的所有权人。马某不构成善意取得。选项A错误。

选项B考查返还原物请求权。《民法典》第312条规定,所有权人或者其他权利人有权追回遗失物。《民法典》第235条规定:"无权占有不动产或者动产的,权利人可以请求返还原物。"据此结合本题,马某作为手表的拾得人对手表是无权占有,杨某作为手表的所有权人有权请求返还。选项B正确。

选项C与选项D考查拾得遗失物。《民法典》第317条规定:"权利人领取遗失物时,应当向拾得人或者有关部门支付保管遗失物等支出的必要费用。权利人悬赏寻找遗失物的,领取遗失物时应当按照承诺履行义务。拾得人侵占遗失物的,无权请求保管遗失物等支出的费用,也无权请求权利人按照承诺履行义务。"据此结合本题,杨某公开悬赏收集线索,马某拾得该表后,有权请求杨某支付悬赏报酬。马某所支付的维修费属于必要费用,可以向杨某求偿。选项C与选项D均正确。

**6.** [答案] D　　　[难度] 中

[考点] 添附

[命题和解题思路] 本题的考查意图比较明确,是对添附制度的考查,具体涉及的是动产与不动产的附合,本题并没有什么陷阱,因此解题的难度不大。解答本题时,考生需要注意水泥被使用后,会与甲的房屋形成一个整体,成为其重要成分,构成附合,乙会丧失水泥的所有权。如果熟悉添附的相关理论知识,本题基本上算是送分题。

[选项分析] 甲将乙的水泥用于自家房屋,使用后水泥会与甲的房屋融为一体,成为甲的房屋的重要部分,形成附合。对于动产与不动产的附合,其法律效果有:(1)动产的所有权消灭,由不动产所有权人取得附合后物的所有权;(2)动产上原有的权利负担消灭(这一效果本题并未涉及);(3)对于所有权丧失者损害的填补,可以主张侵权损害赔偿请求权或者不当得利返还请求权。结合本题,乙的水泥被使用后就构成附合,由甲取得附合后房屋的所有权,乙丧失水泥的所有权,对于乙的损失,可向甲主张不当得利返还请求权。既然水泥所有权已经消灭,那么乙也无法请求甲返还水泥。选项A与选项B均错误,选项D正确。值得注意的是,尽管《民法典》第322条规定了添附规则,但是并未提供明确的指引,需要结合相关学理知识进行作答。

选项C考查无因管理。《民法典》第979条规定:"管理人没有法定的或者约定的义务,为避免他人利益受损失而管理他人事务的,可以请求受益人偿还因管理事务而支出的必要费用;管理人因管理事务受到损失的,可以请求受益人给予适当补偿。管理事务不符合受益人真实意思的,管理人不享有前款规定的权利;但是,受益人的真实意思违反法律或者违背公序良俗的除外。"据此,无因管理的构成要求管理人有管理他人事务的意思。但是在本题中,甲并无管理乙事务的意思,其只有管理自己事务的意思,不符合无因管理的构成要件。选项C错误。

**7.** [答案] C　　　[难度] 难

[考点] 交付及其法律效果

[命题和解题思路] 本题是法考客观题中颇具争议的一道题,学理上也并没有共识,因此答案在一定程度上是开放的,只能说从本题的命题意图看,选项C可能更为稳妥。本题也提醒我们,法考客观题有时也会出现有争议的题目。

[选项分析] 解答本题需要回答两个问题：（1）鸽子买卖合同是古某作为买受人还是古晓作为买受人（由法定代理人古某代理）？（2）徐某完成了交付行为了吗？

关于问题（1），从本题题干交代的事实看，是古某作为买受人还是古晓作为买受人（由法定代理人古某代理）均有道理。不过，从事实情节的描述看，应该是古某想购买一只鸽子再赠送给古晓，本题似乎更倾向于古某作为买受人。

关于问题（2），徐某是否完成了交付，理论上并无共识。按照本题提供的事实情节——"古晓接鸽子时突然害怕，手一缩，鸽子飞了"——来看，本题似乎在暗示古晓一方自己存在过错导致交付没有顺利完成，此种风险应由其自行承担，从徐某的角度看，其按照正常的交付方式作出了交付行为，应该视为交付已经完成。因此，认定已经完成了交付可能更加符合本题的出题意图。

综上，选项 C 可能是较符合命题意图的选项，当选。

**8.** [答案] ABCD　　[难度] 易
[考点] 添附
[命题和解题思路] 本题考查考生对附合与加工的理解，属于直接考查，约等于送分题。不过，本题涉及两个添附的情形，需要考生答题时对法兰石与汉白玉分别加以分析。此外需要注意的是，《民法典》第 322 条虽然集中规定了添附规则，但是该条十分抽象，没有提供明确指引，涉及添附的问题时，还需要结合相关学理知识进行作答。

[选项分析]《民法典》第 322 条规定："因加工、附合、混合而产生的物的归属，有约定的，按照约定；没有约定或者约定不明确的，依照法律规定；法律没有规定的，按照充分发挥物的效用以及保护无过错当事人的原则确定。因一方当事人的过错或者确定物的归属造成另一方当事人损害的，应当给予赔偿或者补偿。"据此，结合添附的相关学理知识，动产与不动产附合后，新物所有权应当归属于不动产所有人，并由不动产所有人对动产所有人进行补偿。本题中，孙某将李某的法兰石嵌入自家房屋墙内做成电视墙，是典型的动产与不动产之附合，应当由孙某取得法兰石所有权并对李某进行合理补偿。选项 A 与选项 C 正确。

选项 B 与选项 D 考查添附制度中的加工。加工是自己之劳动成果与他人之动产结合的情形，加工物所有权原则上归原材料所有人，但加工行为对加工物的价值提升部分高于原材料价值时，其所有权归加工人享有。本题中，汉白玉价值 1 万元，加工后价值 3 万元，故应当由加工人孙某取得艺术品的所有权并给予原材料所有人李某适当补偿。选项 B 与选项 D 正确。

**9.** [答案] BC　　[难度] 中
[考点] 共有部分的共有权
[命题与解题思路] 本题围绕建筑物区分所有权制度展开，具体涉及共有部分的范围以及共有部分的利用，这一考点在法考客观题中并不常见。本题是对现行法上相关法条的直接考查，考查难度适中。本题的核心问题在于共有部分与专有部分的边界，以及判断业主是否有权对共有部分实施合理的利用行为，相关利用行为是否需要给付对价。对于这些问题，考生需要熟悉建筑物区分所有制度中的基本原理，并且在复习时适当关注《建筑物区分所有权解释》中的相关条文。

[选项分析] 选项 A 考查建筑物区分所有权中共有部分的范围。对于共有部分的范围，《民法典》并无明确规定，这一问题集中规定在《建筑物区分所有权解释》中。《建筑物区分所有权解释》第 3 条规定："除法律、行政法规规定的共有部分外，建筑区划内的以下部分，也应当认定为民法典第二编第六章所称的共有部分：（一）建筑物的基础、承重结构、外墙、屋顶等基本结构部分，通道、楼梯、大堂等公共通行部分，消防、公共照明等附属设施、设备，避难层、设备层或者设备间等结构部分；（二）其他不属于业主专有部分，也不属于市政公用部分或者其他权利人所有的场所及设施等。建筑区划内的土地，依法由业主共同享有建设用地使用权，但属于业主专有的整栋建筑物的规划占地或者城镇公共道路、绿地占地除外。"据此可知，建筑物的外墙属于业主共有部分。选项 A 正确。

选项 B、C、D 均考查共有部分的利用。这一问题同样集中规定于《建筑物区分所有权解释》中。《建筑物区分所有权解释》第 4 条规定："业主基于对住宅、经营性用房等专有部分特定使用功能的合理需要，无偿利用屋顶以及与其专有部分相对应的外墙面等共有部分的，不应认定为侵权。但违反法律、法规、管理规约，损害他人合法权益的除外。"据此结合本题，孟某为了安装空调外机的合理需要，可以无偿地利用专有部分对应的外墙，该行为不构成侵权。选项 B 与选项 C 均错误；选项 D 正确。

**10.** ［答案］B　　［难度］难

［考点］拾得遗失物；悬赏广告；占有人与返还请求权人的关系

［命题和解题思路］本题四个选项具有很高的关联性，解题的关键在于对四个选项进行拆分，提炼出核心问题。本题中四个选项主要涉及两个问题：乙的赔偿责任是否成立以及是否有权要求甲支付 500 元。考生需要结合背景事实确认这两个问题的本质是什么。乙的赔偿责任是否成立涉及的其实是无权占有人是否应承担标的物毁损灭失的损害赔偿责任，这是侵权责任是否成立的问题，需要结合侵权责任的构成要件来分析。而是否有权要求甲支付 500 元涉及的是遗失物支出费用求偿问题，考查的是对《民法典》第 317 条的理解。

［选项分析］本题的四个选项涉及两个层次的问题：（1）乙是否应当承担赔偿责任；（2）拾得人是否有权要求支付悬赏报酬 500 元。

问题（1）涉及无权占有人是否应承担标的物毁损灭失的损害赔偿责任，属于占有人与返还请求权人关系中的内容。《民法典》第 461 条规定："占有的不动产或者动产毁损、灭失，该不动产或者动产的权利人请求赔偿的，占有人应当将因毁损、灭失取得的保险金、赔偿金或者补偿金等返还给权利人；权利人的损害未得到足够弥补的，恶意占有人还应当赔偿损失。"据此，无权占有人的损害赔偿责任需要区分善意占有人与恶意占有人。本题中，乙明知自己对手链是无权占有，属于恶意占有人，其对手链的损害有过错，因而需要对手链损害的全部承担赔偿责任。据此，选项 C 与选项 D 的前半句表述错误，不当选。

问题（2）涉及对《民法典》第 317 条的理解与适用。《民法典》第 317 条第 3 款规定："拾得人侵占遗失物的，无权请求保管遗失物等支出的费用，也无权请求权利人按照承诺履行义务。"本题中，甲、乙双方数次交涉后，乙仍不返还手

链，已经构成侵占，依据《民法典》第 317 条第 3 款，乙无权请求保管遗失物等支出的费用以及悬赏报酬，因此，乙无权要求甲支付 500 元。选项 A 与选项 D 的后半句表述错误，不当选，选项 B 正确。

**11.** ［答案］B　　［难度］难

［考点］宣告失踪；善意取得；日常家事代理权

［命题和解题思路］本题将宣告失踪制度与善意取得、日常家事代理权等考点结合在一起考查，角度新颖，颇具考查难度。解答本题时，考生首先要明确宣告失踪的主要法律效果是为失踪人选任财产代管人，宣告失踪本身不变动物权，在此基础上确认乙对夫妻共有房屋的处分属于无权处分。至于丙能否善意取得，需要结合《民法典》第 311 条进行分析。另外，需要注意的是，对外处分夫妻共有房屋通常超出了日常家事代理权的范围，并非行使日常家事代理权。

［选项分析］宣告失踪的主要法律效果是为失踪人选任财产代管人（《民法典》第 42 条），通过财产代管人履行职责（《民法典》第 43 条）来维护失踪人的利益。对此需要注意的是，宣告失踪本身并不会导致物权变动。本题中，甲被宣告失踪后，乙将登记在自己名下的夫妻共有房屋出售给丙，属于无权处分（《民法典》第 301 条）。选项 D 错误。丙能否善意取得房屋所有权，需要结合《民法典》第 311 条第 1 款的相关构成要件来判断。结合题干给定的事实，在此过程中，乙向丙出示了甲被宣告失踪的判决书，并将房屋属于夫妻二人共有的事实告知丙。这意味着丙明知该房屋的登记是错误的，其并非善意。因此，丙不能善意取得房屋所有权。既然丙不能善意取得房屋所有权，那么房屋所有权人仍是甲乙二人。甲重新出现后当然可以基于所有权人的身份，基于《民法典》第 235 条要求丙返还房屋。选项 A 错误，选项 B 正确。

选项 C 考查日常家事代理权。家事代理权是《民法典》的新增规则。《民法典》第 1060 条第 1 款规定："夫妻一方因家庭日常生活需要而实施的民事法律行为，对夫妻双方发生效力，但是夫妻一方与相对人另有约定的除外。"据此，日常家事代理权的适用有明确的边界，即"因家庭日常生

活需要"。本题中，对外处分夫妻共有房屋显然大大超出了日常家事代理权的范围。因此，乙出售夫妻共有房屋不构成日常家事代理，丙也不能据此继受取得房屋所有权。选项 C 错误。

***12.*** [答案] A　　　[难度] 难

[考点] 埋藏物；合同的效力

[命题和解题思路] 埋藏物的考查在法考中较少出现，属于冷僻考点，本题围绕埋藏物的相关问题展开考查。不过，如果考生知晓埋藏物直接参照适用遗失物的规则，本题便不难解答。因此，本题考生只需要参照适用拾得遗失物的相关规则进行分析即可。

[选项分析] 选项 A 与选项 B 看似考查侵权损害赔偿请求权的主体，实则考查埋藏物所有权的归属。本题中，涉案瓷瓶为甲的祖父埋藏，其所有权人为甲的祖父，而甲又是其唯一继承人。根据《民法典》第 230 条，在甲的祖父去世后，由甲继承取得瓷瓶的所有权。根据《民法典》第 319 条规定："拾得漂流物、发现埋藏物或者隐藏物的，参照适用拾得遗失物的有关规定。法律另有规定的，依照其规定。"据此，埋藏物的相关问题应参照适用拾得遗失物的有关规定。《民法典》第 312 条规定："所有权人或者其他权利人有权追回遗失物。该遗失物通过转让被他人占有的，权利人有权向无处分权人请求损害赔偿，或者自知道或者应当知道受让人之日起二年内向受让人请求返还原物；但是，受让人通过拍卖或者向具有经营资格的经营者购得该遗失物的，权利人请求返还原物时应当支付受让人所付的费用。权利人向受让人支付所付费用后，有权向无处分权人追偿。"据此结合本题，丙无权处分埋藏物瓷瓶，丁取得瓷瓶的占有，甲作为所有权人有权向丙主张损害赔偿。选项 A 正确。乙并不是埋藏物的所有权人，也不是瓷瓶的其他权利人，并无利益损失，无权向丙请求损害赔偿。选项 B 错误。

选项 C 考查无权处分的合同效力问题。丙是埋藏物发现人，不是所有权人，丙与丁的瓷瓶买卖合同为无权处分合同。《民法典》第 597 条第 1 款规定："因出卖人未取得处分权致使标的物所有权不能转移的，买受人可以解除合同并请求出卖人承担违约责任。"据此，欠缺处分权的买卖

合同如果没有其他效力瑕疵，是有效的。选项 C 错误。

选项 D 考查善意取得。根据《民法典》第 319 条，埋藏物的善意取得也需要参照遗失物的规则。参照《民法典》第 312 条，埋藏物自权利人知道或者应当知道受让人之日起 2 年内不发生善意取得，因此，丁不能善意取得该瓷瓶的所有权。选项 D 错误。

***13.*** [答案] AD　　　[难度] 难

[考点] 物权的保护；善意取得；物权变动；不当得利

[命题和解题思路] 本题涉及多个主体、多个法律事实，同时涉及动产与金钱的物权变动，颇具考查难度。对于手表，需要考生按照时间线逐步分析其物权归属，特别是涉及无权处分时需要结合拾得遗失物的相关规则对其是否能善意取得进行分析。从法考客观题的命题规律看，涉及遗失物或盗赃物的，在《民法典》第 312 条规定的 2 年期间内不发生善意取得。从往年的真题来看，基本上该 2 年期间都未经过，因此遗失物或盗赃物在法考客观题中，绝大多数情形下是不能善意取得的。对于金钱的物权变动，需要结合金钱的特殊性进行分析。

[选项分析] 选项 A 考查物权的保护与善意取得。《民法典》第 312 条规定："所有权人或者其他权利人有权追回遗失物。该遗失物通过转让被他人占有的，权利人有权向无处分权人请求损害赔偿，或者自知道或者应当知道受让人之日起二年内向受让人请求返还原物；但是，受让人通过拍卖或者向具有经营资格的经营者购得该遗失物的，权利人请求返还原物时应当支付受让人所付的费用。权利人向受让人支付所付费用后，有权向无处分权人追偿。"该条对遗失物的善意取得进行了一定的限制。依据该条，遗失物的权利人可以自知道或者应当知道受让人之日起 2 年内向受让人请求返还原物，这一期间不发生善意取得。对于盗赃物能否善意取得虽无明文规定，但举轻以明重，盗赃物的善意取得也至少受到同等的限制。甲窃取丙的美茄手表，后交给乙以抵偿对乙的债务。乙虽为善意（不知手表为盗赃物），但不能取得美茄手表的所有权。后乙将美茄表转赠给丁，丁也不能善意取得该手表所有权。因

此，丙仍为手表所有权人，可基于《民法典》第235条返还原物请求权请求丁返还手表。选项A正确。

选项B考查货币的物权变动。货币作为一般等价物，在占有移转时通常会发生混合，新占有人的其他货币混合在一起变得难以识别，因此占有的转移通常也会导致货币所有权的转移（有人将其归纳为占有即所有）。本题中，甲盗窃丙的4000元现金构成侵权，丙请求甲返还3000元，具有合理的法律依据。而自来水公司或商场各取得500元，是通过正常的经营活动收取价款，对丙而言，既不构成侵权，也不构成不当得利，丙向二者请求返还，缺乏法律依据。选项B错误。

选项C与选项D考查不当得利。《民法典》第122条规定："因他人没有法律根据，取得不当利益，受损失的人有权请求其返还不当利益。"据此，不当得利的构成要件包括：（1）一方取得利益；（2）他方受有损失；（3）取得利益与所受损失具有因果关系；（4）财产利益的取得没有法律上的根据。甲给乙的1000元是对遗失乙的迪亚手表的损失进行补偿，且该转让行为系有权处分，乙取得这1000元具有法律上的根据，不构成不当得利。选项C错误。

《民法典》第987条规定："得利人知道或者应当知道取得的利益没有法律根据的，受损失的人可以请求得利人返还其取得的利益并依法赔偿损失。"据此，甲通过盗窃行为取得4000元所有权的财产利益，导致丙遭受4000元财产利益的损失，二者显然存在因果关系，且甲的财产获益无法律上的根据，构成不当得利，且甲明知该利益没有法律依据，因此，返还范围不限于现存利益。丙可请求甲返还4000元不当得利。选项D正确。

**14.** ［答案］BCD　　［难度］难
［考点］善意取得；违约责任的构成要件；普通动产的多重买卖
［命题和解题思路］本题将物权与债法上的多个考点融合在一起考查，题干事实丰富曲折，这给考生带来了很大的迷惑性，需要考生具备一定的综合分析能力，加上本题属于多选题，颇具考查难度。应对复杂背景事实的最好办法就是按照

时间线索逐步分析各个法律事实发生后物权的变动情况以及当事人对电脑的占有情况，在此基础上分析四个选项。当然，在分析背景事实时也需要注意到本题发生了无权处分的情节以及动产多重买卖的情节。

［选项分析］选项A与选项B是相对立的两个选项，考查无权处分时的合同效力。《民法典》第597条第1款规定："因出卖人未取得处分权致使标的物所有权不能转移的，买受人可以解除合同并请求出卖人承担违约责任。"依据该条款，无权处分不影响买卖合同的效力。在本题中，电脑的所有权人顺风公司与张某成立电脑租赁关系，张某在租赁期间基于有效租赁合同，对电脑的占有是合法占有。张某以自己的名义擅自把电脑出卖给了甲、乙、丙，虽属于无权处分，但不因此导致其与甲、乙、丙签订的买卖合同无效。该三份合同不存在其他效力瑕疵事由，均为有效。选项A错误，选项B正确。

选项C考查善意取得。《民法典》第311条第1款规定："无处分权人将不动产或者动产转让给受让人的，所有权人有权追回；除法律另有规定外，符合下列情形的，受让人取得该不动产或者动产的所有权：（一）受让人受让该不动产或者动产时是善意；（二）以合理的价格转让；（三）转让的不动产或者动产依照法律规定应当登记的已经登记，不需要登记的已经交付给受让人。"据此，动产所有权善意取得的构成要件包括：（1）出卖人欠缺处分权；（2）买受人受让动产时是善意的；（3）双方以合理价格转让；（4）动产已经交付给买受人。结合本题，电脑承租人张某谎称电脑是自己的，通过有效合同将电脑卖给了不知情的乙并向乙完成交付，满足前述（1）（2）（3）（4）要件，乙通过善意取得的方式取得该电脑的所有权。选项C正确。

选项D考查普通动产多重买卖中的违约责任问题。本题中，张某分别与甲、丙签订的买卖合同都是有效合同，张某应依约履行交付并转移电脑所有权的合同义务，但由于张某已经把电脑交付给了乙，乙也已经善意取得电脑的所有权，则张某对甲、丙二人陷入履行不能，甲和丙可依法分别追究张某的违约责任。选项D正确。

# 第九章　共　有

## 试　题

**1.** 甲、乙、丙三人按照 7∶2∶1 比例合资购买哈士奇一只，约定轮流饲养。甲在养狗期间，将该狗以 1 万元的价格转让给丁。对此，下列说法正确的是：（2021 年回忆版）

　　A. 丁构成善意取得

　　B. 乙有优先购买权

　　C. 甲转让的是共有份额

　　D. 甲与丁之间的买卖合同有效

**2.** 甲、乙、丙、丁按份共有某商铺，各自份额均为 25%。因经营理念发生分歧，甲与丙商定将其份额以 100 万元转让给丙，通知了乙、丁；乙与第三人戊约定将其份额以 120 万元转让给戊，未通知甲、丙、丁。下列哪些选项是正确的？（2017-3-54）

　　A. 乙、丁对甲的份额享有优先购买权

　　B. 甲、丙、丁对乙的份额享有优先购买权

　　C. 如甲、丙均对乙的份额主张优先购买权，双方可协商确定各自购买的份额

　　D. 丙、丁可仅请求认定乙与戊之间的份额转让合同无效

**3.** 甲、乙、丙、丁按份共有一艘货船，份额分别为 10%、20%、30%、40%。甲欲将其共有份额转让，戊愿意以 50 万元的价格购买，价款一次付清。关于甲的共有份额转让，下列哪些选项是错误的？（2016-3-53）

　　A. 甲向戊转让其共有份额，须经乙、丙、丁同意

　　B. 如乙、丙、丁均以同等条件主张优先购买权，则丁的主张应得到支持

　　C. 如丙在法定期限内以 50 万元分期付款的方式要求购买该共有份额，应予支持

　　D. 如甲改由向乙转让其共有份额，丙、丁在同等条件下享有优先购买权

**4.** 张某与李某共有一台机器，各占 50% 份额。双方共同将机器转卖获得 10 万元，约定张某和李某分别享有 6 万元和 4 万元。同时约定该 10 万元

暂存李某账户，由其在 3 个月后返还给张某 6 万元。后该账户全部款项均被李某债权人王某申请法院查封并执行，致李某不能按期返还张某款项。下列哪一表述是正确的？（2014-3-6）

　　A. 李某构成违约，张某可请求李某返还 5 万元

　　B. 李某构成违约，张某可请求李某返还 6 万元

　　C. 李某构成侵权，张某可请求李某返还 5 万元

　　D. 李某构成侵权，张某可请求李某返还 6 万元

**5.** 甲、乙和丙于 2012 年 3 月签订了散伙协议，约定登记在丙名下的合伙房屋归甲、乙共有。后丙未履行协议。同年 8 月，法院判决丙办理该房屋过户手续，丙仍未办理。9 月，丙死亡，丁为其唯一继承人。12 月，丁将房屋赠给女友戊，并对赠与合同作了公证。下列哪一表述是正确的？（2013-3-6）

　　A. 2012 年 3 月，甲、乙按份共有房屋

　　B. 2012 年 8 月，甲、乙按份共有房屋

　　C. 2012 年 9 月，丁为房屋所有人

　　D. 2012 年 12 月，戊为房屋所有人

## 详　解

**1.** ［答案］D　　［难度］中

［考点］按份共有

［命题和解题思路］ 本题是对共有制度的简单考查，约等于送分题。解答本题需要考生准确区分共有份额的处分与共有物的处分，本题中甲将该狗以 1 万元的价格转让给丁属于共有物的处分（而非共有份额的处分），在此基础上考生需要结合共有物处分规则判断甲的处分行为属于有权处分还是无权处分。

［选项分析］ 本题中，甲、乙、丙三人按照 7∶2∶1 比例合资购买哈士奇一只形成按份共有。在甲养狗期间，甲将该狗以 1 万元的价格转让给丁，该行为是对共有物整体的处分，并非甲对自

已共有份额的处分。选项 C 错误。

《民法典》第 305 条规定："按份共有人可以转让其享有的共有的不动产或者动产份额。其他共有人在同等条件下享有优先购买的权利。"据此，按份共有人对外转让份额时其他按份共有人才有优先购买权。共有物处分时，其他按份共有人并不享有优先购买权。选项 B 错误。

对于共有物的处分，《民法典》第 301 条规定："处分共有的不动产或者动产以及对共有的不动产或者动产作重大修缮、变更性质或者用途的，应当经占份额三分之二以上的按份共有人或者全体共同共有人同意，但是共有人之间另有约定的除外。"据此，按份共有的共有物转让，需要经占份额 2/3 以上的按份共有人同意。本题中，甲所占的份额比例为 70%，已经超过 2/3，因此，该哈士奇的转让，甲一人即可有权处分，进而也无需讨论丁是否能善意取得了，因为善意取得以无权处分为前提。选项 A 错误。不管是不是有权处分，都不影响甲、丁之间买卖合同的效力（《民法典》第 597 条第 1 款）。选项 D 正确。

**2.** ［答案］BC ［难度］易
［考点］按份共有

［命题和解题思路］按份共有人对外转让其份额时，其他按份共有人享有优先购买权，命题人借助本题考查考生对按份共有人优先购买权的理解，是对现行法规定的直接考查，熟悉相关法条即可正确判断，基本上属于送分题。

［选项分析］选项 A 与选项 B 考查优先购买权的行使条件。《民法典》第 305 条规定："按份共有人可以转让其享有的共有的不动产或者动产份额。其他共有人在同等条件下享有优先购买的权利。"《民法典物权编解释一》第 13 条规定："按份共有人之间转让共有份额，其他按份共有人主张依据民法典第三百零五条规定优先购买的，不予支持，但按份共有人之间另有约定的除外。"据此，优先购买权仅适用于外部转让，内部转让时其他按份共有人不享有优先购买权。结合本题，乙、丁对甲的份额不享有优先购买权，而甲、丙、丁对乙的份额享有优先购买权。选项 A 错误，选项 B 正确。

选项 C 考查多个按份共有人行使优先购买权时的冲突问题。《民法典》第 306 条第 2 款规定：

"两个以上其他共有人主张行使优先购买权的，协商确定各自的购买比例；协商不成的，按照转让时各自的共有份额比例行使优先购买权。"结合本题，如甲、丙均对乙的份额主张优先购买权，则双方应协商确定各自的购买比例，如果协商不成，按照转让时各自的共有份额比例行使优先购买权。选项 C 正确。

选项 D 考查优先购买权的法律效力。《民法典物权编解释一》第 12 条规定："按份共有人向共有人之外的人转让其份额，其他按份共有人根据法律、司法解释规定，请求按照同等条件优先购买该共有份额的，应予支持。其他按份共有人的请求具有下列情形之一的，不予支持：（一）未在本解释第十一条规定的期间内主张优先购买，或者虽主张优先购买，但提出减少转让价款、增加转让人负担等实质性变更要求；（二）以其优先购买权受到侵害为由，仅请求撤销共有份额转让合同或者认定该合同无效。"依据该条第 2 项，丙、丁不能仅请求认定乙与戊之间的份额转让合同无效。选项 D 错误。

**3.** ［答案］ABCD ［难度］中
［考点］按份共有

［命题和解题思路］本题聚焦于按份共有人的优先购买权，考查难度适中。需要提醒注意的是，对于按份共有人的优先购买权，现行法的规定分布在《民法典》与《民法典物权编解释一》中，考生复习时应适当关注《民法典物权编解释一》中的相关规定（第 9—13 条）。

［选项分析］选项 A 考查按份共有中共有份额的处分。在按份共有中，各共有人的份额是独立的财产，奉行处分自由原则，共有人可以决定进行转让、抵押等处分，无需经其他按份共有人同意。选项 A 错误。

选项 B 考查多个按份共有人行使优先购买权时的冲突问题。《民法典》第 306 条第 2 款规定："两个以上其他共有人主张行使优先购买权的，协商确定各自的购买比例；协商不成的，按照转让时各自的共有份额比例行使优先购买权。"据此，如果乙、丙、丁均以同等条件主张优先购买权，则应先协商确定各自的购买比例，协商不成的，按照转让时各自的共有份额比例行使优先购买权。选项 B 错误。

选项 C 考查优先购买权行使的条件，具体涉及对"同等条件"的理解。《民法典》第 305 条规定："按份共有人可以转让其享有的共有的不动产或者动产份额。其他共有人在同等条件下享有优先购买的权利。"《民法典物权编解释一》第 10 条规定："民法典第三百零五条所称的'同等条件'，应当综合共有份额的转让价格、价款履行方式及期限等因素确定。"据此，优先购买权的行使以"同等条件"为前提。结合本题，丙提出的价款相同，但是分期付款和一次付清有重大差别，不构成同等条件。选项 C 错误。

选项 D 考查的也是优先购买权的行使条件。《民法典物权编解释一》第 13 条规定："按份共有人之间转让共有份额，其他按份共有人主张依据民法典第三百零五条规定优先购买的，不予支持，但按份共有人之间另有约定的除外。"据此，优先购买权仅适用于共有份额的外部转让，内部转让时其他按份共有人不享有优先购买权。结合本题，如甲改由向乙转让其共有份额，则变为内部转让，其他按份共有人不享有优先购买权。选项 D 错误。

**4.** ［答案］B ［难度］难

［考点］按份共有；违约责任；一般侵权责任

［命题和解题思路］从本题的四个选项来看，命题人主要考查的是李某的责任性质，考生只需要分别从违约与侵权两个角度进行分析即可。就本题需要注意的是，张某与李某之间关于 10 万元金钱的分配，存在合同关系，李某只有违约行为，并无其他侵害李某固有利益的行为，并不构成侵权。

［选项分析］本题四个选项较为对称，涉及两个问题：（1）李某的责任性质，是违约还是侵权；（2）李某应当向张某返还的金钱数额。

关于问题（1），张某与李某共有的机器卖了 10 万元，均存在李某的账户，双方约定张某和李某分别享有 6 万元和 4 万元，由此，张某对李某享有 6 万元的债权，履行期限为 3 个月后。而该账户全部款项均被李某的债权人王某申请法院查封并执行，致使李某不能按期返还张某款项，李某对张某陷入履行迟延。《民法典》第 577 条规定："当事人一方不履行合同义务或者履行合同义务不符合约定的，应当承担继续履行、采取补救

措施或者赔偿损失等违约责任。"据此结合本题，李某须向张某承担履行迟延的违约责任。张某与李某之间关于 10 万元金钱的分配，存在合同关系，李某只有违约行为，并无其他侵害李某固有利益的行为，并不构成侵权。选项 C 与选项 D 均错误。

关于问题（2），李某对张某的 6 万元金钱债权陷入迟延履行。《民法典》第 579 条规定："当事人一方未支付价款、报酬、租金、或者不履行其他金钱债务的，对方可以请求其支付。"据此，金钱债务原则上不存在履行不能的情形，因此，张某有权请求李某返还 6 万元。选项 A 错误，选项 B 正确。

**5.** ［答案］C ［难度］难

［考点］共有物的分割；物权变动的原因；法定继承；赠与合同

［命题和解题思路］本题主要考查房屋的物权变动，同时兼顾共有物的分割、法定继承、赠与合同等考点，具有综合性，需要考生有综合分析能力，颇具考查难度。解答本题时考生需要按照时间线分析关于房屋发生的各个法律事实的法律意义，判断不同时点下房屋的归属。此外需要注意：（1）共有物分割协议本身是一个负担行为，不直接发生物权变动的效果；（2）能直接导致物权变动的法律文书指的是人民法院、仲裁机构作出的形成性裁判文书。

［选项分析］选项 A 考查共有物分割协议对物权变动的影响。2012 年 3 月，甲乙丙三人签订散伙协议，合伙关系消灭，并约定登记在丙名下的合伙房屋归甲、乙共有。该散伙协议的内容具有共有物分割协议的性质。共有物分割协议在理论上属于负担行为，其本身并不会直接导致物权变动，必须履行并公示（交付或登记）了以后，才会发生物权变动的法律效果。房屋仍为丙所有。选项 A 错误。

选项 B 考查基于法律文书的物权变动。《民法典》第 229 条规定："因人民法院、仲裁机构的法律文书或者人民政府的征收决定等，导致物权设立、变更、转让或者消灭的，自法律文书或者征收决定等生效时发生效力。"对于哪些法律文书能直接导致物权变动，《民法典物权编解释一》第 7 条规定："人民法院、仲裁机构在分割共有不动产

或者动产等案件中作出并依法生效的改变原有物权关系的判决书、裁决书、调解书，以及人民法院在执行程序中作出的拍卖成交裁定书、变卖成交裁定书、以物抵债裁定书，应当认定为民法典第二百二十九条所称导致物权设立、变更、转让或者消灭的人民法院、仲裁机构的法律文书。"该条列举了分割共有物所作出的裁判文书，属于共有人行使共有物分割请求权这一形成诉权时作出的形成性裁判。而本题中，2012 年 8 月，法院判决丙办理该房屋过户手续，该判决是针对 2012 年 3 月签订的散伙协议的履行而作出，并非行使共有物分割请求权的结果，属于给付性判决，其本身不能导致物权变动，由于丙并未履行该判决，房屋所有权仍未变动。2012 年 8 月，房屋的所有权人仍是丙。选项 B 错误。

选项 C 考查基于继承的物权变动。《民法典》第 230 条规定："因继承取得物权的，自继承开始时发生效力。"据此结合本题，2012 年 9 月，丁通过法定继承的方式成为房屋的所有权人。选项 C 正确。

选项 D 考查赠与合同及其公证对物权变动的影响。丁通过继承取得房屋所有权后将其赠与女友戊，属于有权处分。《民法典》第 209 条第 1 款规定："不动产物权的设立、变更、转让和消灭，经依法登记，发生效力；未经登记，不发生效力，但是法律另有规定的除外。"据此结合本题，戊要经过登记手续才能取得房屋所有权，赠与合同也好，公证也好，都不发生物权变动的法律效果。因此，2012 年 12 月，丁仍是房屋的所有权人。选项 D 错误。

# 第十章　用益物权

## 试 题

**1.** 2023 年 1 月 1 日，甲和乙签订《房屋买卖合同》，甲将自有的一套商品房转让给乙，约定乙应于合同签订后 1 个月内付清全部购房款，之后便可随时向甲要求办理不动产过户登记。2 日，为保证乙的物权实现，甲和乙在登记机关办理了预告登记。15 日，甲在该商品房上为其母亲设立了居住权，但未办理登记。16 日，乙付清全部购房款。5 月 5 日，甲又在该商品房上为其父亲设立了居住权，并办理登记。而乙直至当年年底，也未要求甲办理不动产过户登记。对此，下列哪些说法是错误的？（2023 年回忆版）

A. 甲的父亲未取得居住权

B. 5 月 5 日，预告登记已失效

C. 甲的母亲取得了居住权

D. 乙已经取得了房屋所有权

**2.** 村民胡某承包了一块农民集体所有的耕地，订立了土地承包经营权合同，未办理确权登记。胡某因常年在外，便与同村村民周某订立土地承包经营权转让合同，将地交周某耕种，未办理变更登记。关于该土地承包经营权，下列哪一说法是正确的？（2017-3-7）

A. 未经登记不得处分

B. 自土地承包经营权合同生效时设立

C. 其转让合同自完成变更登记时起生效

D. 其转让未经登记不发生效力

**3.** 河西村在第二轮承包过程中将本村耕地全部发包，但仍留有部分荒山，此时本村集体经济组织以外的 Z 企业欲承包该荒山。对此，下列哪些说法是正确的？（2017-3-54）

A. 集体土地只能以家庭承包的方式进行承包

B. 河西村集体之外的人只能通过招标、拍卖、公开协商等方式承包

C. 河西村将荒山发包给 Z 企业，经 2/3 以上村民代表同意即可

D. 如河西村村民黄某也要承包该荒山，则黄某享有优先承包权

**4.** 季大与季小兄弟二人，成年后各自立户，季大一直未婚。季大从所在村集体经济组织承包耕地若干。关于季大的土地承包经营权，下列哪些表述是正确的？（2014-3-56）

A. 自土地承包经营权合同生效时设立

B. 如季大转让其土地承包经营权，则未经变更登记不发生转让的效力

C. 如季大死亡，则季小可以继承该土地承包

经营权

D. 如季大死亡，则季小可以继承该耕地上未收割的农作物

5. 2013 年 2 月，A 地块使用权人甲公司与 B 地块使用权人乙公司约定，由甲公司在 B 地块上修路。同年 4 月，甲公司将 A 地块过户给丙公司，6 月，乙公司将 B 地块过户给不知上述情形的丁公司。下列哪些表述是正确的？（2013-3-56）

A. 2013 年 2 月，甲公司对乙公司的 B 地块享有地役权

B. 2013 年 4 月，丙公司对乙公司的 B 地块享有地役权

C. 2013 年 6 月，甲公司对丁公司的 B 地块享有地役权

D. 2013 年 6 月，丙公司对丁公司的 B 地块享有地役权

## 详 解

**1.** ［答案］ACD 　　［难度］中

［考点］居住权、预告登记

［命题和解题思路］本题将居住权与预告登记结合进行考查，颇具新颖性。在审题环节，考生需要注意题干中提及的几个时间点以及对应的法律事实。对于以合同方式设立居住权的情形，《民法典》明确采取了登记生效主义，据此考生可以判断甲的父母是否取得居住权。对于预告登记，考生需要注意其失效事由，即"自能够进行不动产登记之日起九十日内未申请登记"，本题考查了这一失效事由。

［选项分析］A 选项与 C 选项均考查居住权，具体涉及居住权的设立。《民法典》第 368 条规定，居住权无偿设立，但是当事人另有约定的除外。设立居住权的，应当向登记机构申请居住权登记。居住权自登记时设立。据此，甲母的居住权因未登记而未能成立，而甲父的居住权已经登记，且登记时预告登记已经失效，甲父已经取得居住权。A、C 选项均错误。

B 选项考查预告登记，具体涉及预告登记的失效事由。《民法典》第 221 条规定，当事人签订买卖房屋的协议或者签订其他物权的协议，为保障将来实现物权，按照约定可以向登记机构申请预告登记。预告登记后，未经预告登记的权

利人同意，处分该不动产的，不发生物权效力。预告登记后，债权消灭或者自能够进行不动产登记之日起九十日内未申请登记的，预告登记失效。该条中的"能够进行不动产登记之日"是指可以办理登记的条件成就或者始期届至，且权利人对此明知或应知。本题中，根据《房屋买卖合同》的约定，1 月 16 日，乙付清全部购房款时，就可以申请办理房屋过户登记了，但是 90 日内当事人并未申请登记，预告登记失效。5 月 5 日时，90 日的期间已经经过，预告登记已经失效。B 选项正确。

D 选项考查房屋所有权的取得。本题中由于自始至终甲都没有为乙办理过户登记，因此乙尚未取得房屋所有权。D 选项错误。

**2.** ［答案］B 　　［难度］易

［考点］土地承包经营权

［命题和解题思路］土地承包经营权这一考点在法考客观题中并不常见，属于较为冷僻的考点，这在一定程度上增加了本题的难度。不过从四个选项来看，本题属于对土地承包经营权相关法条的直接考查，如果考生熟悉相关法条，本题基本上属于送分题。

［选项分析］四个选项涉及的都是土地承包经营权的设立与转让规则。

选项 A 与选项 B 均考查土地承包经营权的设立。《民法典》第 333 条第 1 款规定："土地承包经营权自土地承包经营权合同生效时设立。"据此，土地承包经营权自土地承包经营权合同生效时设立。本题中，胡某与村集体签订的土地承包经营权合同生效时就设立，胡某已享有土地承包经营权，其可以处分土地承包经营权。选项 A 错误，选项 B 正确。

选项 C 与选项 D 均考查土地承包经营权的转让。《民法典》第 215 条规定："当事人之间订立有关设立、变更、转让和消灭不动产物权的合同，除法律另有规定或者当事人另有约定外，自合同成立时生效；未办理物权登记的，不影响合同效力。"据此，胡某与周某之间的土地承包经营权转让合同自签订时就生效，其效力与登记与否无关。选项 C 错误。《民法典》第 335 条规定："土地承包经营权互换、转让的，当事人可以向登记机构申请登记；未经登记，不得对抗善意第三人。"据

此结合本题，胡某的土地承包经营权自土地承包经营权转让合同生效时移转，未经登记，不得对抗善意第三人。选项 D 错误。

**3.** [答案] BD　　[难度] 中

[考点] 土地承包经营权

[命题和解题思路] 本题涉及四荒土地（荒山、荒沟、荒丘、荒滩）的承包，考点较为冷僻，部分选项还涉及对《农村土地承包法》相关规定的考查。不过属于对法条的直接考查，难点主要在于对相关法条内容是否熟悉，总体而言，本题考查难度适中。

[选项分析] 选项 A 与选项 B 考查四荒土地的承包方式。《农村土地承包法》第 3 条规定："国家实行农村土地承包经营制度。农村土地承包采取农村集体经济组织内部的家庭承包方式，不宜采取家庭承包方式的荒山、荒沟、荒丘、荒滩等农村土地，可以采取招标、拍卖、公开协商等方式承包。"据此，荒山作为四荒土地的一种，可以采取招标、拍卖、公开协商等方式承包，承包人不限于本集体经济组织成员。选项 A 错误，选项 B 正确。

选项 C 考查四荒土地承包的程序。《农村土地承包法》第 52 条规定："发包方将农村土地发包给本集体经济组织以外的单位或者个人承包，应当事先经本集体经济组织成员的村民会议三分之二以上成员或者三分之二以上村民代表的同意，并报乡（镇）人民政府批准。"据此结合本题，河西村将荒山发包给 Z 企业，需要满足两个前提条件：（1）事先经本集体经济组织成员的村民会议三分之二以上成员或者三分之二以上村民代表的同意；（2）经乡（镇）人民政府批准。选项 C 仅提及前提条件（1），并不准确，不当选。

选项 D 考查四荒土地承包时本集体经济组织成员的优先承包权。尽管四荒土地的承包采取市场机制，不对承包人的身份资格作限制，但是本集体经济组织成员享有优先承包权。《农村土地承包法》第 51 条规定："以其他方式承包农村土地，在同等条件下，本集体经济组织成员有权优先承包。"据此结合本题，如果黄某也想承包该荒山，则在同等条件下，黄某享有优先承包权。选项 D 正确。

**4.** [答案] AD　　[难度] 易

[考点] 土地承包经营权

[命题和解题思路] 法考客观题涉及土地承包经营权这一考点时，通常都是对现行法的直接考查，如果熟悉法条，基本上属于送分题。本题也不例外，考生结合相关法条直接作答即可。

[选项分析] 选项 A 考查土地承包经营权的设立。《民法典》第 333 条第 1 款规定："土地承包经营权自土地承包经营权合同生效时设立。"据此，选项 A 正确。

选项 B 考查土地承包经营权的转让。《民法典》第 335 条规定："土地承包经营权互换、转让的，当事人可以向登记机构申请登记；未经登记，不得对抗善意第三人。"据此，如季大转让其土地承包经营权，转让合同生效时即发生物权变动，只是未登记的话，不能对抗善意第三人。选项 B 错误。

选项 C 与选项 D 考查土地承包经营权的继承。家庭承包的土地承包经营权是带有身份性的，不能直接适用一般的继承规则继承，但是承包人应得的个人收益，属于遗产范围。《农村土地承包法》第 32 条第 1 款规定："承包人应得的承包收益，依照继承法的规定继承。"据此，如果季大死亡，季小可以继承该耕地上未收割的农作物，但不能继承土地承包经营权本身。选项 C 错误，选项 D 正确。

**5.** [答案] AB　　[难度] 难

[考点] 地役权

[命题和解题思路] 本题涉及地役权的法律特征及其设立与转让，有一定考查难度。解答本题时，考生需要注意地役权的从属性以及地役权的设立转让规则。

[选项分析] 选项 A 考查地役权的设立，有一定的干扰性。《民法典》第 374 条规定："地役权自地役权合同生效时设立。当事人要求登记的，可以向登记机构申请地役权登记；未经登记，不得对抗善意第三人。"据此结合本题，2013 年 2 月，甲乙订立地役权合同，甲的 A 地块是需役地，乙的 B 地块是供役地。地役权合同签订生效后，甲就取得了地役权。选项 A 表述正确。

选项 B 考查地役权的从属性，是重点干扰项。《民法典》第 380 条规定："地役权不得单独转让。土地承包经营权、建设用地使用权等转让的，地役权一并转让，但是合同另有约定的除外。"据此结合本题，2013 年 4 月，甲将设有地役权的需役地转让并过户给丙公司，该地役权一并随同转让，即丙取得对 B 地块的地役权。选项 B 正确。

选项 C 考查地役权的转让。地役权是附着在需役地上的，甲已经将需役地 A 地块转让给丙了，其上所设的地役权也一并发生转让，甲不再享有该地役权。选项 C 错误。

选项 D 考查地役权负担的转移限制。《民法典》第 374 条规定："地役权自地役权合同生效时设立。当事人要求登记的，可以向登记机构申请地役权登记；未经登记，不得对抗善意第三人。"据此结合本题，2013 年 6 月，乙公司将 B 地块过户给不知上述情形的丁公司，丙公司对乙公司享有的地役权不能对抗善意的丁公司，丙公司对丁公司的 B 地块并不享有地役权。选项 D 错误。

# 第十一章　抵押权

## 试　题

**1.** 甲开发商对 A 小区的物业管理处享有独立产权，并在其附近建造了一个新的会所，但该会所未获得规划许可。会所建造完毕后，甲开发商以物业管理处作抵押，从乙银行获得 200 万元贷款，双方签订抵押合同后办理了抵押登记。对此，下列哪些说法是错误的？（2022 年回忆版）

A. 甲开发商与乙银行之间的抵押合同有效

B. 甲开发商与乙银行之间的抵押合同无效

C. 抵押财产包括新建的会所

D. 抵押财产包括物业管理处占用范围内的建设用地使用权

**2.** 甲向乙借款，以自己房屋提供抵押担保，已办理抵押登记；后又向丙借款，以该套房屋再次提供抵押（乙不知情），也办理了抵押登记。其后在房屋的抵押期间，甲将该房屋出卖给丙。对此，下列哪一说法是正确的？（2019 年回忆版）

A. 乙的抵押权消灭

B. 丙的抵押权消灭

C. 乙、丙的抵押权均不消灭

D. 房屋买卖合同无效

**3.** 甲向乙借款 100 万元，借期 2 年，甲以自己的 A 房作担保，双方于 2018 年 6 月 1 日签订了 A 房抵押合同，乙一直催促甲办理 A 房抵押登记，但甲因故未办理。1 个月后，乙要求甲以自己的 B 车提供担保，双方于 2018 年 7 月 1 日签订了 B 车担保合同，但甲一直未将汽车交付于乙。现因甲不能清偿到期借款，乙要求实现担保物权。对此，下列哪一选项是错误的？（2018 年回忆版）

A. 甲乙之间的 A 房抵押合同由于一直没有办

理抵押登记而无效

B. 甲乙之间的 A 房抵押合同于 2018 年 6 月 1 日成立并生效，但 A 房抵押权未设立

C. 由于没有交付，乙对 B 车不享有质权

D. 乙有权请求将 B 车拍卖，并就所得价款优先清偿其借款

**4.** 甲以某商铺作抵押向乙银行借款，抵押权已登记，借款到期后甲未偿还。甲提前得知乙银行将起诉自己，在乙银行起诉前将该商铺出租给不知情的丙，预收了 1 年租金。半年后经乙银行请求，该商铺被法院委托拍卖，由丁竞买取得。下列哪一选项是正确的？（2017-3-8）

A. 甲与丙之间的租赁合同无效

B. 丁有权请求丙腾退商铺，丙有权要求丁退还剩余租金

C. 丁有权请求丙腾退商铺，丙无权要求丁退还剩余租金

D. 丙有权要求丁继续履行租赁合同

**5.** 甲服装公司与乙银行订立合同，约定甲公司向乙银行借款 300 万元，用于购买进口面料。同时，双方订立抵押合同，约定甲公司以其现有的以及将有的生产设备、原材料、产品为前述借款设立抵押。借款合同和抵押合同订立后，乙银行向甲公司发放了贷款，但未办理抵押登记。之后，根据乙银行要求，丙为此项贷款提供连带责任保证，丁以一台大型挖掘机作质押并交付。关于甲公司的抵押，下列选项正确的是：（2017-3-89）

A. 该抵押合同为最高额抵押合同

B. 乙银行自抵押合同生效时取得抵押权

C. 乙银行自抵押登记完成时取得抵押权

D. 乙银行的抵押权不得对抗在正常经营活动中已支付合理价款并取得抵押财产的买受人

**6.** 甲、乙二人按照 3∶7 的份额共有一辆货车，为担保丙的债务，甲、乙将货车抵押给债权人丁，但未办理抵押登记。后该货车在运输过程中将戊撞伤。对此，下列哪一选项是正确的？（2016-3-8）

A. 如戊免除了甲的损害赔偿责任，则应由乙承担损害赔偿责任

B. 因抵押权未登记，戊应优先于丁受偿

C. 如丁对丙的债权超过诉讼时效，仍可在 2 年内要求甲、乙承担担保责任

D. 如甲对丁承担了全部担保责任，则有权向乙追偿

**7.** 甲、乙为夫妻，共有一套房屋登记在甲名下。乙瞒着甲向丙借款 100 万元供个人使用，并将房屋抵押给丙。在签订抵押合同和办理抵押登记时乙冒用甲的名字签字。现甲主张借款和抵押均无效。下列哪一表述是正确的？（2015-3-7）

A. 抵押合同无效

B. 借款合同无效

C. 甲对 100 万元借款应负连带还款义务

D. 甲可请求撤销丙的抵押权

**8.** 甲向某银行贷款，甲、乙和银行三方签订抵押协议，由乙提供房产抵押担保。乙把房本交给银行，因登记部门原因导致银行无法办理抵押物登记。乙向登记部门申请挂失房本后换得新房本，将房屋卖给知情的丙并办理了过户手续。甲届期未还款，关于贷款、房屋抵押和买卖，下列哪些说法是正确的？（2015-3-53）

A. 乙应向银行承担违约责任

B. 丙应代为向银行还款

C. 如丙代为向银行还款，可向甲主张相应款项

D. 因登记部门原因未办理抵押登记，但银行占有房本，故取得抵押权

**9.** 2014 年 7 月 1 日，甲公司、乙公司和张某签订了《个人最高额抵押协议》，张某将其房屋抵押给乙公司，担保甲公司在一周前所欠乙公司货款 300 万元，最高债权额 400 万元，并办理了最高额抵押登记，债权确定期间为 2014 年 7 月 2 日到 2015 年 7 月 1 日。债权确定期间内，甲公司因从乙公司分批次进货，又欠乙公司 100 万元。甲公司未还款。关于有抵押担保的债权额和抵押权期间，下列哪些选项是正确的？（2015-3-54）

A. 债权额为 100 万元

B. 债权额为 400 万元

C. 抵押权期间为 1 年

D. 抵押权期间为主债权诉讼时效期间

**10.** 2013 年 2 月 1 日，王某以一套房屋为张某设定了抵押，办理了抵押登记。同年 3 月 1 日，王某将该房屋无偿租给李某 1 年，以此抵王某欠李某的借款。房屋交付后，李某向王某出具了借款还清的收据。同年 4 月 1 日，李某得知房屋上设有抵押后，与王某修订租赁合同，把起租日改为 2013 年 1 月 1 日。张某实现抵押权时，要求李某搬离房屋。下列哪些表述是正确的？（2014-3-57）

A. 王某、李某的借款之债消灭

B. 李某的租赁权可对抗张某的抵押权

C. 王某、李某修订租赁合同行为无效

D. 李某可向王某主张违约责任

**11.** 甲向乙借款，丙与乙约定以自有房屋担保该笔借款。丙仅将房本交给乙，未按约定办理抵押登记。借款到期后甲无力清偿，丙的房屋被法院另行查封。下列哪些表述是正确的？（2013-3-57）

A. 乙有权要求丙继续履行担保合同，办理房屋抵押登记

B. 乙有权要求丙以自身全部财产承担担保义务

C. 乙有权要求丙以房屋价值为限承担担保义务

D. 乙有权要求丙承担损害赔偿责任

## 详　解

**1.** ［答案］BC　　［难度］中

［考点］抵押合同、房地一并抵押

［命题和解题思路］从四个选项表述来看，本题是对抵押权制度的集中考查，考查难度适中。本题设置的题干在现实中比较少见，因为通常小区中的物业服务用房属于业主共有，但本题中甲开发商却对 A 小区的物业管理处享有独立产权。这样的题干设置可能也会增加解题的难度。考生

需要紧扣题干信息分析作答。解答本题时，一方面，考生应采取反向思维，寻找抵押合同的效力瑕疵事由；另一方面，考生应结合房地一并抵押的相关规则分析乙银行的抵押权，其抵押财产范围是否包括新建的会所与物业管理处占用范围内的建设用地使用权。需要注意的是，在房地一体抵押规则中，存在"房随地走"与"地随房走"，并不存在所谓的"房随房走"，即以建筑物抵押时，其他建筑物不论是现有的还是新增的，都不是抵押财产。

[选项分析] 选项 A 与选项 B 均考查抵押合同。本题中，甲开发商对 A 小区的物业管理处享有独立产权，这意味着甲开发商是物业管理处的所有权人，基于所有权人的地位，甲开发商自然有权将物业管理处抵押融资，并且本题中也不存在其他关于抵押合同的效力瑕疵点，因此甲开发商与乙银行之间的抵押合同有效。选项 A 正确；选项 B 错误。

选项 C 与选项 D 均考查房地一体抵押。《民法典》第 397 条规定："以建筑物抵押的，该建筑物占用范围内的建设用地使用权一并抵押。以建设用地使用权抵押的，该土地上的建筑物一并抵押。抵押人未依据前款规定一并抵押的，未抵押的财产视为一并抵押。"据此结合本题，物业管理处抵押时，物业管理处占用范围内的建设用地使用权一并抵押，这体现的正是"地随房走"规则。选项 D 正确。在房地一并抵押规则中，并不存在所谓的"房随房走"，因此新建的会所属于新增建筑物，无法纳入抵押财产。而且本题中，该新建会所未取得规划许可，属于违法建筑，依据《民法典担保制度解释》第 49 条，其上不能设立有效的抵押权。选项 C 错误。

**2.** [答案] B　　[难度] 易
[考点] 抵押财产的转让；物权的消灭原因
[命题和解题思路] 本题考查抵押财产转让和混同，且属于对相关知识点的直接考查，基本上属于送分题。对于抵押财产的转让，结合《民法典》第 406 条新规分析即可。当抵押权与所有权同属于一人时，原则上构成混同，抵押权消灭。

[选项分析] 抵押财产的转让问题是抵押权制度中的重要问题，《民法典》对此作出了细致的规定。抵押财产的转让规则，需要区分动产抵押与不动产抵押，抵押权已登记与未登记适用不同的规则。不动产抵押时抵押财产的转让适用《民法典》第 406 条。《民法典》第 406 条第 1 款规定："抵押期间，抵押人可以转让抵押财产。当事人另有约定的，按照其约定。抵押财产转让的，抵押权不受影响。"据此结合本题，在房屋的抵押期间，甲可以自由地将抵押财产转让，房屋买卖合同是有效的，选项 D 错误。甲将该房屋出卖给丙，乙、丙的抵押权均继续存在。由此，丙对房屋同时享有所有权与抵押权，构成混同，这两个法律地位没有并存的必要，丙的抵押权会因混同而消灭。选项 A 与选项 C 均错误，选项 B 正确。

**3.** [答案] A　　[难度] 难
[考点] 不动产抵押权；动产抵押权；动产质权
[命题和解题思路] 本题涉及多个担保的事实，综合性地考查了担保物权领域的多个考点，颇具考查难度。从四个选项来看，本题主要涉及的知识点是担保物权的设立和区分原则。解题时，考生需要按照时间线分析存在几个担保，各个担保的性质是什么，相关担保合同的效力如何，担保物权是否设立。

[选项分析] 选项 A 考查区分原则。设立物权的合同效力与物权变动之间需要严格区分。《民法典》第 215 条规定："当事人之间订立有关设立、变更、转让和消灭不动产物权的合同，除法律另有规定或者当事人另有约定外，自合同成立时生效；未办理物权登记的，不影响合同效力。"结合本题，房屋抵押合同的效力与抵押权登记无关。选项 A 错误。

选项 B 考查不动产抵押合同的生效时点以及不动产抵押权的设立。不动产抵押合同不以登记为生效前提（《民法典》第 215 条），原则上自成立时生效（《民法典》第 136 条第 1 款）。结合本题，甲乙之间的 A 房抵押合同于 2018 年 6 月 1 日成立并生效。《民法典》第 402 条规定："以本法第三百九十五条第一款第一项至第三项规定的财产或者第五项规定的正在建造的建筑物抵押的，应当办理抵押登记。抵押权自登记时设立。"据此，房屋抵押权自登记时设立。结合本题，由于 A 房抵押权一直未登记，该抵押权并未设立。选项 B 正确。

选项 C 考查动产质权的设立。甲乙双方于 2018 年 7 月 1 日签订了 B 车担保合同，由于题目未交代该担保合同是抵押合同还是质押合同，二者均有可能。如果将 B 车担保合同解释为质押合同，质权自交付时设立（《民法典》第 429 条）。结合本题，由于没有交付，乙对 B 车不享有质权。选项 C 正确。

选项 D 考查动产抵押权的设立。如果将 B 车担保合同解释为抵押合同，则涉及动产抵押权何时设立的问题。《民法典》第 403 条规定："以动产抵押的，抵押权自抵押合同生效时设立；未经登记，不得对抗善意第三人。"结合本题，甲乙签订 B 车的担保合同时抵押权就已经设立，乙自然有权请求将 B 车拍卖，并就所得价款优先清偿其借款（《民法典》第 410 条）。选项 D 正确。

**4.** ［答案］C ［难度］中

［考点］抵押权与承租权的冲突

［命题和解题思路］本题考查的是先抵押后租赁时二者之间的冲突问题，考查难度适中。抵押权和租赁权的冲突问题是法考客观题中常考的考点，考生在复习时需要重点关注。就本题而言，命题人其实已经手下留情了，因为本题涉及的是不动产的先抵押后租赁的冲突问题，直接适用"抵押破租赁规则"即可。

［选项分析］抵押权与租赁权冲突问题是实践中常出现的问题，也是法考客观题中的重要考点之一，具体可以分为两种基本类型：先抵后租与先租后抵。本题仅涉及先抵后租的问题。

选项 A 考查的是先抵后租时租赁合同的效力问题。抵押权存续期间，抵押人作为抵押财产的所有权人，享有广泛的处分自由，可以转让抵押财产（《民法典》第 406 条），举重以明轻，抵押人也可以出租抵押财产。结合本题，甲与丙之间的租赁合同是有效的，抵押权的存在不会影响租赁合同的效力。选项 A 错误。

选项 B 与选项 C 考查先抵后租时租赁权是否消灭的问题。对于先抵后租，《民法典》并未设置专门的规定，而是只针对先租后抵设置了特别规定（《民法典》第 405 条）。之所以立法者没有对先抵后租设置特别规则，是因为基于物权的公示效力就可以推导出。结合本题，商铺抵押权已经

登记设立，其公示足以对抗在后设立的租赁权人，换言之，租赁权人丙不论是否知晓在先的抵押权，均须尊重之。《城镇房屋租赁合同解释》第 14 条规定："租赁房屋在承租人按照租赁合同占有期限内发生所有权变动，承租人请求房屋受让人继续履行原租赁合同的，人民法院应予支持。但租赁房屋具有下列情形或者当事人另有约定的除外：（一）房屋在出租前已设立抵押权，因抵押权人实现抵押权发生所有权变动的；（二）房屋在出租前已被人民法院依法查封的。"依据该条第 1 项，抵押权实现时，租赁权不再拘束抵押财产的买受人，即不适用"买卖不破租赁"规则。相应地，抵押权实现后，承租人丙就变为无权占有人，因此，丁作为新的商铺所有权人有权基于《民法典》第 235 条要求其腾退商铺。承租人丙因为抵押权人行使抵押权而遭受的损失（不能继续租赁商铺、剩余租金损失等），应该由原出租人甲通过违约责任而予以赔偿，无权要求买受人丁赔偿。选项 B 与选项 D 均错误，选项 C 正确。

**5.** ［答案］BD ［难度］难

［考点］动产浮动抵押

［命题和解题思路］命题人在题干中提及多种担保形态——动产浮动抵押、连带保证、动产质押，但四个选项主要围绕动产浮动抵押展开。解答本题需要抓住动产浮动抵押的识别核心特征——浮动，即抵押权存续期间，抵押财产是变动不居的。需要注意的是，《民法典》已经整合了动产抵押与动产浮动抵押，二者基本上适用同一套法律规则，《民法典》里关于动产抵押的规定也同时适用于动产浮动抵押。

［选项分析］选项 A 考查动产浮动抵押的识别。最高额抵押与动产浮动抵押之间有明显的差别，不难区分。最高额抵押的法律特征有：（1）担保的是将来的连续发生的不特定的债权；（2）存在期限与最高债权额度。而动产浮动抵押的法律特征在于抵押财产的浮动性。结合本题，甲乙双方订立抵押合同，约定甲公司以其现有的以及将有的生产设备、原材料、产品为前述借款设立抵押。据此内容，双方签订的抵押合同显然是动产浮动抵押合同，并非最高额抵押合同。选项 A 错误。

选项 B 与选项 C 考查动产浮动抵押权的设立。

《民法典》已经整合了动产抵押与动产浮动抵押，二者基本上适用同一套法律规则，《民法典》里关于动产抵押的规定也同时适用于动产浮动抵押。《民法典》第403条规定："以动产抵押的，抵押权自抵押合同生效时设立；未经登记，不得对抗善意第三人。"据此，动产浮动抵押权自抵押合同生效时设立。选项B正确，选项C错误。

选项D考查《民法典》第404条正常经营买受人规则。该条规定："以动产抵押的，不得对抗正常经营活动中已经支付合理价款并取得抵押财产的买受人。"结合本题，乙银行的抵押权不得对抗在正常经营活动中已支付合理价款并取得抵押财产的买受人。选项D正确。

**6.** [答案] D　　[难度] 难

[考点] 连带之债；动产抵押权；抵押权的存续期限；按份共有人的内部关系

[命题和解题思路] 本题将侵权问题和担保问题相结合，命题角度比较新颖，乍看之下容易思绪混乱，无从下手，颇具考查难度。解答本题时，考生需要将担保物权部分的事实与侵权部分的事实分开，拆分后各自分析。本题可能的易错点是选项A，考生需要结合按份共有的事实判断对戊的侵权责任属于共有物的对外负债。

[选项分析] 选项A为重点干扰项，考查连带之债的效力。货车出现交通事故致人损害，车主承担责任；甲乙为共同车主，共同承担连带赔偿责任（《民法典》第307条）。如戊免除了甲的损害赔偿责任，涉及债权人免除个别连带债务人债务的效力。《民法典》第520条第2款规定："部分连带债务人的债务被债权人免除的，在该连带债务人应当承担的份额范围内，其他债务人对债权人的债务消灭。"据此结合本题，如戊免除了甲的损害赔偿责任，则在甲应承担的份额范围内，乙的损害赔偿责任也消灭。选项A错误。

选项B考查未登记的动产抵押权效力。《民法典》第403条规定："以动产抵押的，抵押权自抵押合同生效时设立；未经登记，不得对抗善意第三人。"对于该条中的"善意第三人"的范围，《民法典担保制度解释》第54条规定："动产抵押合同订立后未办理抵押登记，动产抵押权的效力按照下列情形分别处理：（一）抵押人转让抵押财产，受让人占有抵押财产后，抵押权人向受让人

请求行使抵押权的，人民法院不予支持，但是抵押权人能够举证证明受让人知道或者应当知道已经订立抵押合同的除外；（二）抵押人将抵押财产出租给他人并移转占有，抵押权人行使抵押权的，租赁关系不受影响，但是抵押权人能够举证证明承租人知道或者应当知道已经订立抵押合同的除外；（三）抵押人的其他债权人向人民法院申请保全或者执行抵押财产，人民法院已经作出财产保全裁定或者采取执行措施，抵押权人主张对抵押财产优先受偿的，人民法院不予支持；（四）抵押人破产，抵押权人主张对抵押财产优先受偿的，人民法院不予支持。"依据其中第3项，尽管未登记的动产抵押权不能对抗已经申请保全或者执行抵押财产的债权人，但仍可以对抗一般债权人。本题中，戊是侵权损害赔偿的债权人，其债权是一般债权，未登记的抵押权仍可对抗它。选项B错误。

选项C考查抵押权的存续期限。《民法典》第419条规定："抵押权人应当在主债权诉讼时效期间行使抵押权；未行使的，人民法院不予保护。"结合本题，债权人丁应在债权的诉讼时效期间内行使抵押权，如果未行使的，人民法院将不予保护。选项C错误。

选项D考查的是按份共有人的内部关系。《民法典》第307条规定："因共有的不动产或者动产产生的债权债务，在对外关系上，共有人享有连带债权、承担连带债务，但是法律另有规定或者第三人知道共有人不具有连带债权债务关系的除外；在共有人内部关系上，除共有人另有约定外，按份共有人按照份额享有债权、承担债务，共同共有人共同享有债权、承担债务。偿还债务超过自己应当承担份额的按份共有人，有权向其他共有人追偿。"结合本题，按份共有人甲对丁承担了全部担保责任后，有权向另一按份共有人乙追偿。选项D正确。

**7.** [答案] D　　[难度] 难

[考点] 夫妻共同债务；合同的效力

[命题和解题思路] 本题涉及的考点横跨总论、婚姻家庭法、物权与债法，具有综合性，且涉及对冒名行为的分析，颇具考查难度。对于冒名行为的法律效力，现行法并无明确规定，学理上颇有争议。对于夫妻共同债务，考生需要熟悉

《民法典》第 1064 条列举的几种构成夫妻共同债务的情形。

[选项分析] 选项 A 与选项 D 考查冒名行为的效力问题。抵押合同的签订是行为人乙冒用甲的姓名和身份签订的，属于冒名行为。对于冒名行为，现行法并无明确规定。学理上，一种观点主张类推适用无权代理的规定，一种观点主张类推适用无权处分的规定。若类推适用无权代理的规定，抵押合同是效力待定的；若类推适用无权处分的规定，则抵押合同作为负担行为无需处分权，若无其他效力瑕疵，是有效的。但是不论如何，抵押合同都不能直接被评价为无效。选项 A 错误。抵押登记行为同样是冒名行为，不论是类推无权代理还是无权处分，都是效力待定，甲不追认则自始无效，抵押权登记是无效的，抵押权不设立，甲自然可以主张撤销丙的抵押权。选项 D 正确。

选项 B 考查夫妻一方对外举债时借款合同的效力。夫妻一方即使隐瞒另一方对外举债，这一事实本身也不会影响借款合同的效力。借款合同的效力判断还是依据民事法律行为效力瑕疵制度来判断，本题并未显示该借款合同存在效力瑕疵，因此借款合同是有效的。选项 B 错误。

选项 C 考查夫妻共同债务。《民法典》对夫妻共同债务有较为系统和完整的规定，结合《民法典》第 1064 条，夫妻共同债务可以分为三类：（1）夫妻双方共同签名或者夫妻一方事后追认等共同意思表示所负的债务（《民法典》第 1064 条第 1 款）；（2）夫妻一方行使家事代理权形成的债务（《民法典》第 1064 条第 1 款）；（3）夫妻一方在婚姻关系存续期间以个人名义超出家庭日常生活需要所负的，且债权人能够证明该债务用于夫妻共同生活、共同生产经营或者基于夫妻双方共同意思表示的债务（《民法典》第 1064 条第 2 款）。本题中，乙瞒着甲向丙借款 100 万元供个人使用。乙瞒着甲借款，意味着不属于第（1）类。从借款的数额看，已经大大超出"家庭日常生活需要"这一范围，不属于第（2）类。从借款的实际用途看，也不属于第（3）类。因此，该借款属于乙的个人债务，甲无需承担连带责任。选项 C 错误。

**8.** [答案] AC　　[难度] 难
[考点] 不动产抵押权；违约责任；第三人代为履行

[命题和解题思路] 本题以不动产抵押担保为切入点，融入了交付房本这样的干扰因素，颇具考查难度。解答本题时，考生需要注意：（1）不动产抵押合同在性质上属于负担行为，对其违约可能会触发违约责任；（2）交付房本对房屋的所有权变动以及抵押权的设立都没有什么意义，它只是履行房屋买卖合同的从给付义务而已。

[选项分析] 选项 A 考查不动产抵押合同的违约责任。甲、乙和银行三方签订抵押合同。根据《民法典》第 215 条关于区分原则的规定，银行对乙房屋的抵押权虽并未设立，但不影响抵押合同的效力，本题也并未交代抵押合同有其他效力瑕疵，因此，房屋抵押合同是有效的。房屋抵押合同在性质上属于负担行为，在抵押人和债权人之间创设债权债务，其本身不会导致物权变动。本题中，最终抵押权无法通过登记而设立是因为抵押人乙将抵押财产转让给丙。《民法典担保制度解释》第 46 条第 3 款规定："因抵押人转让抵押财产或者其他可归责于抵押人自身的原因导致不能办理抵押登记，债权人请求抵押人在约定的担保范围内承担责任的，人民法院依法予以支持，但是不得超过抵押权能够设立时抵押人应当承担的责任范围。"据此，乙对该房屋抵押合同须承担违约责任。选项 A 正确。

选项 B 考查合同效力的相对性。《民法典》第 465 条第 2 款规定："依法成立的合同，仅对当事人具有法律约束力，但是法律另有规定的除外。"根据合同的相对性原则，银行贷款偿还义务应该由借款人甲承担。丙已经依法取得涉案抵押房屋的所有权，其与甲的借款之间没有法律关联。选项 B 错误。

选项 C 考查第三人代为履行。《民法典》第 524 条规定："债务人不履行债务，第三人对履行该债务具有合法利益的，第三人有权向债权人代为履行；但是，根据债务性质、按照当事人约定或者依照法律规定只能由债务人履行的除外。债权人接受第三人履行后，其对债务人的债权转让给第三人，但是债务人和第三人另有约定的除外。"据此，如果丙代为向银行还款，可向甲主张相应款项。选项 C 正确。

选项 D 考查不动产抵押权的设立。《民法典》第 402 条规定："以本法第三百九十五条第一款第一项至第三项规定的财产或者第五项规定的正在建造的建筑物作抵押的，应当办理抵押登记。抵押权自登记时设立。"结合《民法典》第395条，以建筑物和其他土地附着物、建设用地使用权、海域使用权或正在建造的建筑物作抵押的，抵押权自登记时设立。结合本题，房屋抵押权自登记时设立。交付房本的事实具有干扰性。房本虽是房屋所有权的权利凭证，但是在房屋抵押时，房本的交付并无法律意义，交付房本不会使得抵押权设立。选项D错误。

**9.** ［答案］BD    ［难度］易

［考点］最高额抵押权；抵押权的存续期限

［命题和解题思路］本题是对最高额抵押的简单考查，只要熟悉相关规定，本题基本上属于送分题。

［选项分析］选项A与选项B均考查最高额抵押权担保范围。《民法典》第420条第2款规定："最高额抵押权设立前已经存在的债权，经当事人同意，可以转入最高额抵押担保的债权范围。"结合本题，最高额抵押权担保的债权额为之前欠的300万元货款加上当期欠付的100万元货款，共400万元。选项A错误，选项B正确。

选项C与选项D考查抵押权的存续期限。《民法典》第419条规定："抵押权人应当在主债权诉讼时效期间行使抵押权；未行使的，人民法院不予保护。"据此，抵押权的存续期限为主债权诉讼时效期间。选项C错误，选项D正确。

**10.** ［答案］ACD    ［难度］难

［考点］以物抵债；抵押权与租赁权的冲突；合同的效力；违约责任

［命题和解题思路］本题属于物权与债法的融合题，案情较为复杂，需要考生根据时间线对各法律事实的法律意义进行分析，颇具考查难度。解题时，考生需要注意：（1）对于债务期满后的以物抵债协议，如果已经履行并且出具借款还清的收据，那么债务就消灭了；（2）**不动产先抵押后租赁的，抵押破租赁**；（3）李某与王某之间存在恶意串通的行为，在判断其租赁合同的效力时要联想到恶意串通规则。

［选项分析］选项A考查以物抵债协议。以物抵债协议是当事人双方达成的以他种给付替代原定给付的合同。本题中王某与李某的协议属于履行期届满后的以物抵债协议。对此，《民法典合同编通则解释》第27条第2款规定："债务人或者第三人履行以物抵债协议后，人民法院应当认定相应的原债务同时消灭；债务人或者第三人未按照约定履行以物抵债协议，经催告后在合理期限内仍不履行，债权人选择请求履行原债务或者以物抵债协议的，人民法院应予支持，但是法律另有规定或者当事人另有约定的除外。"据此结合本题，王某与李某协议将房屋出租给李某1年以代替还款之金钱债务，并已经交付房屋，李某也向王某出具了借款还清的收据，其借款之债消灭。选项A正确。

选项B考查先抵押后租赁的冲突问题。抵押权和租赁权可以并存，二者的实现可能会产生冲突，具体可分为两种类型：先抵押后租赁与先租赁后抵押。本题涉及的是先抵押后租赁。《民法典》仅对先租赁后抵押的情形作出了规定（第405条），而并未规定先抵押后租赁的情形。立法者之所以不专门规定先抵押后租赁的冲突规则，是因为在先抵押后租赁的情形下，依据物权公示的效力即可推导出。结合本题，2013年2月1日抵押权登记设立，可以对抗他人，包括在后设立的租赁权人。因此，租赁权的设立不能侵害抵押权人的利益。抵押权实现时，为了防止侵害抵押权人的利益，不适用买卖不破租赁规则。《城镇房屋租赁合同解释》第14条对此有明确规定："租赁房屋在承租人按照租赁合同占有期限内发生所有权变动，承租人请求房屋受让人继续履行原租赁合同的，人民法院应予支持。但租赁房屋具有下列情形或者当事人另有约定的除外：（一）房屋在出租前已设立抵押权，因抵押权人实现抵押权发生所有权变动的；（二）房屋在出租前已被人民法院依法查封的。"据此，选项B错误。

选项C考查恶意串通。《民法典》第154条规定："行为人与相对人恶意串通，损害他人合法利益的民事法律行为无效。"据此结合本题，李某得知房屋上设有抵押后，与王某修订租赁合同，把起租日改为2013年1月1日，属于恶意串通，目的在于损害张某的抵押权。依据《民法典》第154条，王某与李某修订租赁合同的行为无效。选项C正确。

选项D考查违约责任。《民法典》第577条规定："当事人一方不履行合同义务或者履行合同义务不符合约定的，应当承担继续履行、采取补救措施或者赔偿损失等违约责任。"本题中，租赁合同成立时，李某并不知道房屋已经设立抵押权，张某实现抵押权时，要求李某搬离房屋，导致代物清偿协议无法实现，李某可以向王某主张违约责任。选项 D 正确。

***11.*** [答案] CD　　[难度] 中

[考点] 不动产抵押；抵押财产

[命题和解题思路] 本题围绕不动产抵押合同展开考查，总体上是对《民法典担保制度解释》第 46 条的直接考查，考查难度适中。不动产抵押合同是担保物权制度里的重要考点之一，考生需要对其负担行为性质及其可能引发的债权债务、违反后的违约责任有清晰的认识。解答本题时考生还需要注意，已经查封的财产是禁止抵押的。

[选项分析] 选项 A 考查不动产抵押合同的法律性质。不动产抵押合同是负担行为，仅在抵押人与债权人之间创设债权债务关系，不会直接导致抵押权的设立。基于该合同，债权人有权请求抵押人办理抵押登记手续（《民法典担保制度解释》第 46 条第 1 款）。但是，本题中抵押财产是已经查封的房屋。《民法典》第 399 条第 5 项禁止已经查封的财产作为抵押财产，因此，乙无权要求丙继续履行担保合同，办理房屋抵押登记。选项 A 错误。

选项 B、C、D 均考查的是不动产抵押合同的违约责任。《民法典担保制度解释》第 46 条第 2 款与第 3 款规定："抵押财产因不可归责于抵押人自身的原因灭失或者被征收等导致不能办理抵押登记，债权人请求抵押人在约定的担保范围内承担责任的，人民法院不予支持；但是抵押人已经获得保险金、赔偿金或者补偿金等，债权人请求抵押人在其所获金额范围内承担赔偿责任的，人民法院依法予以支持。因抵押人转让抵押财产或者其他可归责于抵押人自身的原因导致不能办理抵押登记，债权人请求抵押人在约定的担保范围内承担责任的，人民法院依法予以支持，但是不得超过抵押权能够设立时抵押人应当承担的责任范围。"据此结合本题，抵押权未设立的原因是抵押人丙未按照约定办理抵押权登记，其具有可归责性，因此，丙须向债权人乙承担违约责任，即乙可以要求丙在约定的担保范围内承担责任，但是不能超过抵押权能够设立时丙应当承担的责任范围。选项 B 错误，选项 C 与选项 D 正确。

# 第十二章　质　权

## 试　题

📶 ***1.*** 2016 年 3 月 3 日，甲向乙借款 10 万元，约定还款日期为 2017 年 3 月 3 日。借款当日，甲将自己饲养的市值 5 万元的名贵宠物鹦鹉质押交付给乙，作为债务到期不履行的担保；另外，第三人丙提供了连带责任保证。关于乙的质权，下列哪些说法是正确的？（2017-3-56）

A. 2016 年 5 月 5 日，鹦鹉产蛋一枚，市值 2000 元，应交由甲处置

B. 因乙照管不善，2016 年 10 月 1 日鹦鹉死亡，乙需承担赔偿责任

C. 2017 年 4 月 4 日，甲未偿还借款，乙未实现质权，则甲可请求乙及时行使质权

D. 乙可放弃该质权，丙可在乙丧失质权的范围内免除相应的保证责任

📶 ***2.*** 乙欠甲货款，二人商定由乙将一块红木出质并签订质权合同。甲与丙签订委托合同授权丙代自己占有红木。乙将红木交付与丙。下列哪一说法是正确的？（2015-3-8）

A. 甲乙之间的担保合同无效

B. 红木已交付，丙取得质权

C. 丙经甲的授权而占有，甲取得质权

D. 丙不能代理甲占有红木，因而甲未取得质权

📶 ***3.*** 甲公司通知乙公司将其对乙公司的 10 万元债权出质给了丙银行，担保其 9 万元贷款。出质前，乙公司对甲公司享有 2 万元到期债权。如乙公司提出抗辩，关于丙银行可向乙公司行使质权的最大数额，下列哪一选项是正确的？（2014-3-7）

A. 10 万元　　　　　　B. 9 万元

C. 8 万元　　　　　　D. 7 万元

# 详 解

**1.** [答案] BCD    [难度] 中

[考点] 动产质权

[命题和解题思路] 本题围绕动产质权这一考点展开，考查难度适中。解答本题的难点在于，本题涉及动产质权这一考点中的一些细节性知识。因此，本题的解答也要求考生在复习动产质权这一考点时应注意相关的知识细节。

[选项分析] 选项 A 考查质押财产的孳息收取。甲与乙订立借款合同，后又签订了质押合同，并且已经完成了交付，质押权成立（《民法典》第 429 条）。鹦鹉蛋属于鹦鹉的天然孳息。关于质权存续期间质押财产的孳息收取，《民法典》第 430 条规定："质权人有权收取质押财产的孳息，但是合同另有约定的除外。前款规定的孳息应当先充抵收取孳息的费用。"据此，质权人乙有权收取该孳息。选项 A 错误。

选项 B 考查质权人对质押物的保管义务以及违反时的赔偿责任。《民法典》第 432 条第 1 款规定："质权人负有妥善保管质押财产的义务；因保管不善致使质押财产毁损、灭失的，应当承担赔偿责任。"结合本题，因乙照管不善，2016 年 10 月 1 日鹦鹉死亡，乙须对甲承担赔偿责任。选项 B 正确。

选项 C 考查质权的实现程序。与抵押权的实现程序不同，质权人负有及时行使质权的义务。《民法典》第 437 条规定："出质人可以请求质权人在债务履行期限届满后及时行使质权；质权人不行使的，出质人可以请求人民法院拍卖、变卖质押财产。出质人请求质权人及时行使质权，因质权人怠于行使权利造成出质人损害的，由质权人承担赔偿责任。"据此结合本题，2017 年 4 月 4 日，甲未偿还借款，乙未实现质权，则甲可以依据《民法典》第 437 条请求乙及时行使质权。选项 C 正确。

选项 D 考查质权人放弃质权的法律效果。质权作为一种担保物权，当然是可以放弃的。但是质权人放弃质权不能对同一债权的其他担保人产生不利。因此，《民法典》第 435 条规定："质权人可以放弃质权。债务人以自己的财产出质，质权人放弃该质权的，其他担保人在质权人丧失优先受偿权益的范围内免除担保责任，但是其他担

保人承诺仍然提供担保的除外。"据此结合本题，乙可放弃该质权，丙作为连带保证人可在乙丧失质权的范围内免除相应的保证责任。选项 D 正确。

**2.** [答案] C    [难度] 中

[考点] 动产质权

[命题和解题思路] 本题围绕动产质权这一考点展开，考查难度适中。就具体的知识点而言，本题涉及质押合同的效力以及质权的设立。本题中可能对考生造成困扰的是对是否完成交付的判断，对此考生需要注意，出质人乙将红木交给质权人甲委托的第三人丙，属于现实交付。

[选项分析] 选项 A 考查设立物权的合同效力与公示相区分原则。《民法典》第 215 条规定："当事人之间订立有关设立、变更、转让和消灭不动产物权的合同，除法律另有规定或者当事人另有约定外，自合同成立时生效；未办理物权登记的，不影响合同效力。"据此，设立物权的合同效力与物权公示无关。本题中，甲乙签订的担保合同并无其他效力瑕疵事由，自成立时即生效。选项 A 错误。

选项 B、C、D 均考查的是动产质权的设立。《民法典》第 429 条规定："质权自出质人交付质押财产时设立。"据此，动产质权的具体设立方式，取决于对该条中交付的理解。依据现行法和学理通说，动产质权设立的具体方式有以下几种：

（1）通过现实交付而设立，这一类又可作进一步细分：①出质人现实交付给质权人；②出质人通过第三人现实交付给质权人；③出质人现实交付给质权人指示的第三人；④出质人通过第三人现实交付给质权人指示的第三人。

（2）通过指示交付而设立。

（3）通过质权人和出质人对质押财产形成共同占有的方式设立。这是目前实践中动态的存货质押主要采取的设立方式。例如，A 将其仓库中的一批存货出质给 B，由 B 派人或委托第三人对 A 仓库中的存货进行监管。《民法典担保制度解释》第 55 条还专门针对涉及第三人监管的存货质押作出了明确规定。

需要注意的是，目前通说不认可占有改定可以作为动产质权的设立方式。

本题中，出质人乙将红木交给质权人甲委托的第三人丙，属于前述（1）中的③，可以有效设

立质权，质权人是甲，通过和丙的媒介关系（委托合同）取得红木的间接占有。选项 B 与选项 D 均错误，选项 C 正确。

**3.** ［答案］C　　　［难度］中

［考点］权利质权；债权转让；法定抵销

［命题和解题思路］本题以债权质押为基础法律事实，围绕债务人抵销权展开考查，考查难度适中。解题时，考生需要注意债权质押与债权转让之间具有同质性，债权质押时，债务人也应可以主张《民法典》第 549 条意义上的抗辩。

［选项分析］《民法典》第 549 条规定："有下列情形之一的，债务人可以向受让人主张抵销：（一）债务人接到债权转让通知时，债务人对让与人享有债权，且债务人的债权先于转让的债权到期或者同时到期；（二）债务人的债权与转让的债权是基于同一合同产生。"学理上，债权质押与债权让与具有同质性，质权实现条件成就后，质权人类似于继受了出质人的债权人地位，债务人在债权质押时也可以援用《民法典》第 549 条意义上的抗辩。本题中，债务人乙公司对出质人甲公司享有 2 万元到期债权，符合法定的抵销权行使条件，可以向质权人丙银行主张抵销 2 万元债权。抵销之后，甲公司对乙公司的债权余额才是最终的质权标的额，即 8 万元，而丙银行享有的债权数额是 9 万元，因此，丙银行可以行使质权的最大数额是 8 万元。选项 A、B、D 均错误，选项 C 正确。

# 第十三章　留置权

## 试　题

🔊 **1.** 肖某驾车发生意外死亡，其唯一的继承人侯某将车送至高某的修理店维修。修好后，侯某因手头拮据而无力支付维修款，高某留置该车。留置期间，高某将车随意停在维修店外的公路旁，且未锁车。某日夜里，该车被陆某盗去。对此，下列哪些说法是正确的？（2022 年回忆版）

　A. 高某的留置权消灭

　B. 高某未尽到妥善保管义务

　C. 侯某丧失了该车的所有权

　D. 高某丧失了对该车的占有

🔊 **2.** 徐某系甲公司总经理，甲公司为其配备了一辆轿车供上下班使用。后徐某辞职，甲公司尚欠其 10 万元工资。徐某为追讨欠薪，多次与甲公司交涉无果，欲对前述轿车行使留置权。对此，下列哪一说法是正确的？（2018 年回忆版）

　A. 徐某可以行使留置权

　B. 徐某不可以行使留置权

　C. 徐某向甲公司主张 10 万元工资的请求权不受诉讼时效限制

　D. 徐某向甲公司主张 10 万元工资的请求权受 2 年诉讼时效期间的限制

🔊 **3.** 甲借用乙的山地自行车，刚出门就因莽撞骑行造成自行车链条断裂，甲将自行车交给丙修理，约定修理费 100 元。乙得知后立刻通知甲解除借用关系并告知丙，同时要求丙不得将自行车交给甲。丙向甲核实，甲承认。自行车修好后，甲、乙均请求丙返还。对此，下列哪一选项是正确的？（2016-3-7）

　A. 甲有权请求丙返还自行车

　B. 丙如将自行车返还给乙，必须经过甲当场同意

　C. 乙有权要求丙返还自行车，但在修理费未支付前，丙就自行车享有留置权

　D. 如乙要求丙返还自行车，即使修理费未付，丙也不得对乙主张留置权

🔊 **4.** 顺风电器租赁公司将一台电脑出租给张某，租期为 2 年。在租赁期间内，张某谎称电脑是自己的，分别以市价与甲、乙、丙签订了三份电脑买卖合同并收取了三份价款，但张某把电脑实际交付给了乙。后乙的这台电脑被李某拾得，因暂时找不到失主，李某将电脑出租给王某获得很高收益。王某租用该电脑时出了故障，遂将电脑交给康成电脑维修公司维修。王某和李某就维修费的承担发生争执。康成公司因未收到修理费而电脑留置，并告知王某如 7 天内不交费，将变卖电脑抵债。李某听闻后，于当日潜入康成公司偷回电脑。关于康成公司的民事权利，下列说法正确的是：（2015-3-91）

A. 王某在 7 日内未交费，康成公司可变卖电脑并自己买下电脑

B. 康成公司曾享有留置权，但当电脑被偷走后，丧失留置权

C. 康成公司可请求李某返还电脑

D. 康成公司可请求李某支付电脑维修费

📶 **5.** 方某将一行李遗忘在出租车上，立即发布寻物启事，言明愿以 2000 元现金酬谢返还行李者。出租车司机李某发现该行李及获悉寻物启事后即与方某联系。现方某拒绝支付 2000 元给李某。下列哪一表述是正确的？（2013-3-13）

A. 方某享有所有物返还请求权，李某有义务返还该行李，故方某可不支付 2000 元酬金

B. 如果方某不支付 2000 元酬金，李某可行使留置权拒绝返还该行李

C. 如果方某未曾发布寻物启事，则其可不支付任何报酬或费用

D. 既然方某发布了寻物启事，则其必须支付酬金

## 详 解

**1.** ［答案］BD ［难度］中

［考点］留置权、物权的消灭原因、占有的消灭

［命题和解题思路］本题围绕一辆机动车设置了多个法律事实，对物权上的多个知识点进行考查。解答本题时，考生一方面需要分析各个时间点下该机动车的所有权归属，另一方面需要结合留置权的相关规则对高某的留置权作出准确判断。本题解答的难点在于，考生需要准确判断机动车被盗是否会导致侯某所有权的消灭以及高某留置权的消灭。特别是对于留置权是否消灭的问题，考生需要注意，非基于留置权人的意思而丧失占有时，留置权并不消灭，留置权人仍有权依据返还原物请求权恢复对留置财产的占有。

［选项分析］选项 A 与选项 B 均考查留置权。肖某死亡时，侯某作为肖某唯一的继承人，取得机动车的所有权。结合《民法典》第 447 条、第 448 条等规定，侯某不支付维修费，高某享有该车的留置权。《民法典》第 451 条规定："留置权人负有妥善保管留置财产的义务；因保管不善致使留置财产毁损、灭失的，应当承担赔偿责任。"据

此可知，留置权人高某负有妥善保管义务。本题中，高某随意将车停在维修店外面的公路旁，且未锁车，进而导致陆某盗去该车，高某显然未尽到妥善保管义务。选项 B 正确。

对于该车被盗后高某留置权是否消灭，《民法典》第 457 条规定："留置权人对留置财产丧失占有或者留置权人接受债务人另行提供担保的，留置权消灭。"该条中的"丧失占有"主要指基于留置权人的意思而丧失占有，如果留置权人丧失占有并非基于其意思，那么留置权人仍有权基于《民法典》第 235 条规定的返还原物请求权主张留置财产的返还。本题中，该车被陆某盗去，高某的留置权并不消灭，其仍有权基于返还原物请求权主张机动车的返还。选项 A 错误。

选项 C 考查物权的消灭原因。高某留置机动车期间，机动车的所有权人为侯某。陆某盗去该车，并未改变该车的所有权归属，因此该车仍属于侯某所有，侯某并未丧失该车的所有权。选项 C 错误。

选项 D 考查占有的消灭。陆某盗去该车后，成为该车的占有人，而高某作为留置权人对该车的占有因陆某的盗窃行为而丧失。选项 D 正确。

**2.** ［答案］B ［难度］中

［考点］留置权的取得；诉讼时效的适用范围

［命题和解题思路］本题改编自长三角商品交易所有限公司诉卢海云返还原物纠纷案（《中华人民共和国最高人民法院公报》2017 年第 1 期），命题人将留置权与诉讼时效的适用范围结合起来考查，角度较为新颖，考查难度适中。解答本题时，考生需要注意：（1）对于留置权是否成立的问题，需要对民事留置与商事留置分别分析，对于民事留置，抓住债权人留置的动产与债权属于同一法律关系这一核心要件；（2）考生需要掌握现行法上不适用诉讼时效规定的情形，相关条文分布较为分散，考生在复习时需要总结归纳。

［选项分析］选项 A 与选项 B 均考查留置权的取得。由于当事人是徐某与甲公司，因此属于民事留置的范畴。《民法典》第 448 条规定："债权人留置的动产，应当与债权属于同一法律关系，但是企业之间留置的除外。"据此，民事留置权成立的核心要件之一就是"债权人留置的动产应当与债权属于同一法律关系"。本题中，徐某的 10

万元工资债权产生于劳动合同，但是其对轿车的占有却并非源于劳动合同，而是来自公司的单方意志，徐某只是该车的占有辅助人。因此，徐某的留置权并不成立。选项A错误，选项B正确。

选项C与选项D均考查诉讼时效的适用范围。可以肯定的是，徐某向甲公司主张10万元工资的请求权属于债权。债权原则上都是适用诉讼时效规定的，只有少数例外，包括：（1）请求支付抚养费、赡养费或者扶养费的请求权（《民法典》第196条）；（2）支付存款本金及利息请求权（《诉讼时效规定》第1条）；（3）兑付国债、金融债券以及向不特定对象发行的企业债券本息请求权（《诉讼时效规定》第1条）；（4）基于投资关系产生的缴付出资请求权（《诉讼时效规定》第1条）。工资请求权并不在其中，因此，徐某的工资支付请求权适用诉讼时效，具体而言适用《民法典》第188条规定的3年普通诉讼时效期间。选项C与选项D均错误。

**3.** ［答案］C　　［难度］难

［考点］占有的分类；占有保护请求权；留置权的取得

［命题和解题思路］占有的分类一向是法考客观题中的重要考点之一，而且没有具体的法条支撑，需要结合学理掌握。命题人将占有返还请求权与民事留置权的善意取得结合起来考查，角度新颖，理论性强，颇具考查难度。本题主要涉及两个方面的问题：（1）自行车的返还问题；（2）丙是否享有留置权的问题。就自行车的返还问题，需要首先明确甲和乙分别对自行车享有什么权利，是有权占有还是无权占有，并在此基础上寻找具体的返还依据。就丙是否享有留置权的问题，考生首先应判断是民事留置权还是商事留置权，在此基础上根据其成立的构成要件进行分析。

［选项分析］选项A考查无权占有人的占有返还请求权。要判断甲是否有权请求丙返还自行车，首先要判断甲与自行车之间的关系。甲通过借用关系占有乙的自行车，是基于债权的有权占有，后甲乙解除借用关系，其占有变为无权占有。无权占有人自然不能依据《民法典》第235条主张物权请求权中的原物返还请求权。甲只能依据《民法典》第462条中的占有返还请求权请求返还，但是《民法典》第462条中的占有返还请求

权要求存在占有的侵夺行为。本题中，甲是基于维修合同自愿将自行车交付给丙，不存在占有的侵夺行为。因此，甲不能依据《民法典》第462条请求丙返还。选项A错误。

选项B考查返还原物请求权。丙已知晓乙是自行车的所有人且借用关系已解除，丙如将自行车返还给乙，是乙行使返还原物请求权的结果，该请求权的行使无需甲的同意。选项B错误。

选项C与选项D均考查留置权的取得。现行法上的留置权分为民事留置权与商事留置权，二者设立的条件有所不同。依据《民法典》第448条，企业之间留置的属于商事留置权。本题中，留置关系发生在自然人之间，属于典型的民事留置权。依据现行法的规定，民事留置权的成立有以下几个条件：（1）债权人合法占有债务人交付的动产，该动产无需为债务人所有（《民法典担保制度解释》第62条第1款）；（2）债权人留置的动产与债权属于同一法律关系；（3）债务的履行期届满。本题中，丙通过维修合同取得自行车的占有，维修费债权与自行车属于同一法律关系——维修合同，债务履行期也已经届满。如果修理费未得到清偿，丙可以就自行车行使留置权。选项C正确，选项D错误。

**4.** ［答案］BC　　［难度］难

［考点］留置权；占有的保护；合同的相对性

［命题和解题思路］本题围绕一台电脑设置了多重法律事实：租赁、多重买卖、拾得遗失物、维修、留置等，在此基础上考查了物权与债法上的多个考点，具有综合性，颇具考查难度。尽管法律事实复杂，但从本题的四个选项看，主要围绕留置权来考查。解答本题时，考生需要先对本题涉及的留置权的类型（民事留置权还是商事留置权）作出准确判断，并在此基础上结合现行法和理论知识进行作答。

［选项分析］选项A考查留置权实现时的宽限期规则。作为一种法定担保物权，留置权的实现规则与抵押权、质权有所不同。《民法典》第453条第1款规定了宽限期规则："留置权人与债务人应当约定留置财产后的债务履行期限；没有约定或者约定不明确的，留置权人应当给债务人六十日以上履行债务的期限，但是鲜活易腐等不易保管的动产除外。债务人逾期未履行的，留置权人可以与

债务人协议以留置财产折价，也可以就拍卖、变卖留置财产所得的价款优先受偿。"据此，宽限期有两种确认方式：（1）当事人约定的宽限期；（2）没有约定或者约定不明确的，留置权人应当给债务人 60 日以上履行债务的期限，但是鲜活易腐等不易保管的动产除外。结合本题，王某与康成公司之间就宽限期并未达成约定，那么康成公司应当给债务人王某 60 日以上履行债务的期限。选项 A 错误。

选项 B 考查民事留置权的设立与消灭。康成公司与王某之间的留置关系，属于民事留置权。依据现行法，民事留置权的设立条件有：（1）债权人合法占有债务人交付的动产，该动产无需为债务人所有（《民法典担保制度解释》第 62 条第 1 款）；（2）债权人留置的动产与债权属于同一法律关系；（3）债务的履行期届满。结合本题，康成公司基于维修合同取得王某交付的电脑，该电脑与维修费之间是同一法律关系，且维修费已经履行期届满，康成公司可以取得电脑的留置权。不过，《民法典》第 457 条规定："留置权人对留置财产丧失占有或者留置权人接受债务人另行提供担保的，留置权消灭。"据此，如果留置权人丧失留置财产的占有，留置权会随之丧失。选项 B 正确。

选项 C 考查占有的保护。康成公司基于留置权对电脑的占有是有权的合法的占有，李某的偷盗行为是对占有的侵夺行为。《民法典》第 462 条规定："占有的不动产或者动产被侵占的，占有人有权请求返还原物；对妨害占有的行为，占有人有权请求排除妨害或者消除危险；因侵占或者妨害造成损害的，占有人有权依法请求损害赔偿。占有人返还原物的请求权，自侵占发生之日起一年内未行使的，该请求权消灭。"据此，康成公司有权要求李某返还电脑。选项 C 正确。

选项 D 考查合同的相对性。本题中，与康成公司订立电脑维修合同的是王某，而非李某，依据合同的相对性原理，康成公司只能要求王某支付电脑的维修费，而不得要求合同以外的第三人李某支付电脑维修费。选项 D 错误。

**5.** ［答案］D ［难度］中
［考点］悬赏广告；拾得遗失物；留置权的取得

［命题和解题思路］本题从遗失物悬赏启事出发，引入遗失物拾得人的权利和义务，又兼顾了留置权的考查，考查难度适中。解答本题时，考生需要熟悉拾得遗失物的相关规则，并厘清拾得遗失物与悬赏广告之间的关系。就留置权的成立而言，需要结合相关构成要件进行分析。

［选项分析］选项 A、C、D 均考查拾得遗失物与悬赏广告。《民法典》第 317 条规定："权利人领取遗失物时，应当向拾得人或者有关部门保管遗失物等支出的必要费用。权利人悬赏寻找遗失物的，领取遗失物时应当按照承诺履行义务。拾得人侵占遗失物的，无权请求保管遗失物等支出的费用，也无权请求权利人按照承诺履行义务。"本题中，失主方某发布了悬赏广告，领取遗失物时应按承诺履行义务，选项 A 错误。如果方某未曾发布寻物启事，其仍需支付拾得人或者有关部门保管遗失物等支出的必要费用。选项 C 错误，选项 D 正确。

选项 B 考查留置权的取得。本题留置关系发生于自然人之间，是典型的民事留置。依据现行法，民事留置权的设立条件有：（1）债权人合法占有债务人交付的动产，该动产无需为债务人所有（《民法典担保制度解释》第 62 条第 1 款）；（2）债权人留置的动产与债权属于同一法律关系；（3）债务的履行期届满。结合本题，方某与李某之间的债权是基于悬赏广告，而李某占有动产则是基于遗失物的行为，两者并非属于同一法律关系，李某不得行使留置权。故选项 B 错误。

# 第十四章　担保的竞合、共同担保与非典型担保

## 试　题

🔖 **1.** 王某将自己的名牌包卖给石某并交付，双方约定石某支付王某 10 万元，3 个月后王某返还本金 10 万元及利息，否则该名牌包归石某所有。王某到期未偿还本息，石某称该名牌包归自己所有。关于石某，下列哪一说法是正确的？（2023 年回忆版）

A. 对名牌包享有质权

B. 取得名牌包所有权

C. 有权就该名牌包优先受偿

D. 对名牌包享有抵押权

📶 **2.** 5月7日，甲向乙借款100万元，以一台设备抵押，但未办理抵押登记。6月7日，甲向丙借款60万元，以同一台设备作抵押，双方办理了抵押登记，但丙对乙享有抵押权的事实知情。7月7日，甲向丁借款40万元，亦以同一台设备作抵押，双方办理了抵押登记，丁对乙享有抵押权的事实不知情。对此，下列说法错误的是：（2022年回忆版）

A. 乙的抵押权优先于丙

B. 丁的抵押权优先于乙

C. 丙的抵押权优先于丁

D. 丁的抵押权自登记时设立

📶 **3.** 2021年5月30日，甲造船厂向乙农商银行借款500万元，以该厂现有及将有的生产设备、原材料、半成品等为债务提供浮动抵押担保，并办理了抵押登记。同年6月6日，洪某与甲造船厂约定，洪某以80万元购买造船厂生产的一艘渔船，同时以该渔船作为应该支付的渔船价款的抵押，洪某先支付了购船款20万元。6月15日，甲造船厂向洪某交付了渔船。6月20日，甲造船厂为该渔船办理了抵押登记。后洪某一直未支付剩余款项。对此，下列哪些说法是正确的？（2021年回忆版）

A. 乙银行抵押权优于甲造船厂抵押权

B. 甲造船厂抵押权优于乙银行的抵押权

C. 乙银行的抵押权可以对抗洪某

D. 洪某取得渔船的所有权

📶 **4.** 甲服装公司与乙银行订立合同，约定甲公司向乙银行借款300万元，用于购买进口面料。同时，双方订立抵押合同，约定甲公司以其现有的以及将有的生产设备、原材料、产品为前述借款设立抵押。借款合同和抵押合同订立后，乙银行向甲公司发放了贷款，但未办理抵押登记。之后，根据乙银行要求，丙为此项贷款提供连带责任保证，丁以一台大型挖掘机作质押并交付。如甲公司未按期还款，乙银行欲行使担保权利，当事人未约定行使担保权利顺序，下列选项正确的是：（2017-3-91）

A. 乙银行应先就甲公司的抵押实现债权

B. 乙银行应先就丁的质押实现债权

C. 乙银行可选择就甲公司的抵押或丙的保证实现债权

D. 乙银行可选择就甲公司的抵押或丁的质押实现债权

📶 **5.** 甲公司欠乙公司货款100万元，先由甲公司提供机器设备设定抵押权、丙公司担任保证人，后由丁公司提供房屋设定抵押权并办理了抵押登记。甲公司届期不支付货款，下列哪一表述是正确的？（2014-3-8）

A. 乙公司应先行使机器设备抵押权

B. 乙公司应先行使房屋抵押权

C. 乙公司应先行请求丙公司承担保证责任

D. 丙公司和丁公司可相互追偿

📶 **6.** 甲公司以其机器设备为乙公司设立了质权。10日后，丙公司向银行贷款100万元，甲公司将机器设备又抵押给银行，担保其中40万元贷款，但未办理抵押登记。同时，丙公司将自有房产抵押给银行，担保其余60万元贷款，办理了抵押登记。20日后，甲将机器设备再抵押给丁公司，办理了抵押登记。丙公司届期不能清偿银行贷款。下列哪一表述是正确的？（2013-3-8）

A. 如银行主张全部债权，应先拍卖房产实现抵押权

B. 如银行主张全部债权，可选择拍卖房产或者机器设备实现抵押权

C. 乙公司的质权优先于银行对机器设备的抵押权

D. 丁公司对机器设备的抵押权优先于乙公司的质权

**详　解**

*1.* ［答案］C　　［难度］中

［考点］动产质权、抵押权、非典型担保

［命题和解题思路］本题以名牌包的买卖+回购交易为基础法律事实，对担保物权制度进行集中考查，核心问题在于判断石某对该名牌包享有何种担保。解答本题时，考生需要结合题干事实，识别王某与石某之间的交易类型。尽管双方有名牌包的买卖，但是该买卖是为了借款本息的担保，具体的担保结构是先以买卖的方式转让所有权，然后债务人以清偿本息的方式回购，这是典型的

甲造船厂所设, 而渔船抵押权是洪某所设, 并非同一债务人所设, 不符合价款担保权超级优先规则的保护目的, 因此甲造船厂的渔船抵押权不能取得超级优先地位, 其与乙农商银行的抵押权的顺位仍应适用一般的意定担保物权竞合的顺位规则, 即《民法典》第414条。该条规定: "同一财产向两个以上债权人抵押的, 拍卖、变卖抵押财产所得的价款依照下列规定清偿: (一) 抵押权已经登记的, 按照登记的时间先后确定清偿顺序; (二) 抵押权已经登记的先于未登记的受偿; (三) 抵押权未登记的, 按照债权比例清偿。其他可以登记的担保物权, 清偿顺序参照适用前款规定。"依据该条第1款第1项, 乙农商银行的抵押权优先于甲造船厂的抵押权。选项B错误, 选项A正确。

**4.** [答案] A      [难度] 中

[考点] 共同担保

[命题和解题思路] 该条担保是法考客观题的重要考点之一, 本题围绕这一考点展开, 具体涉及债权人担保权的实现顺位, 由于考查的知识点较为集中与单一, 考查难度适中。解答本题时, 考生首先需要厘清在甲公司的债务之上存在几个担保, 分别是什么性质。在此基础上, 结合现行法关于共同担保的规定进行分析。对于共同担保中债权人担保权的实现顺位, 不论第三人提供何种担保, 都有债务人物保优先规则的适用。

[选项分析] 本题中为了担保甲公司的债务, 先后设立了多个担保: (1) 甲公司自己提供的动产浮动抵押; (2) 第三人丙提供的连带保证; (3) 第三人丁提供的动产质押。对于共同担保中债权人对担保权的实现顺位, 《民法典》第392条规定: "被担保的债权既有物的担保又有人的担保的, 债务人不履行到期债务或者发生当事人约定的实现担保物权的情形, 债权人应当按照约定实现债权; 没有约定或者约定不明确, 债务人自己提供物的担保的, 债权人应当先就该物的担保实现债权; 第三人提供物的担保的, 债权人可以就物的担保实现债权, 也可以请求保证人承担保证责任。提供担保的第三人承担担保责任后, 有权向债务人追偿。"据此, 共同担保中债权人实现担保权的顺位, 先看约定, 如果没有约定或约定不明, 有债务人提供的物保, 则先实现债务人提供

的物保, 若全部担保都由第三人提供, 则债权人有权自由选择。本题中, 当事人并不存在担保权实现顺序的约定, 但债务人甲公司提供了物保, 因此应先实现, 即乙银行应先就甲公司的抵押实现债权。选项B、C、D均错误, 选项A正确。

**5.** [答案] A      [难度] 中

[考点] 共同担保

[命题和解题思路] 本题以共同担保为切入点, 考查意图十分明确, 选项A、B、C均考查担保权的实现顺序, 选项D则考查担保人之间的内部追偿权问题。解答本题时, 考生首先需要厘清在甲公司的债务之上存在几个担保, 分别是什么性质。在此基础上, 结合现行法关于共同担保的规定进行分析。

[选项分析] 选项A、B、C考查的都是担保权的实现顺序。共同担保是对一个债权设立两个以上担保方式。共同担保又包括共同物保、共同人保、混合共同担保 (物保和人保并存)。对于共同担保中债权人对担保权的实现顺位, 《民法典》第392条规定: "被担保的债权既有物的担保又有人的担保的, 债务人不履行到期债务或者发生当事人约定的实现担保物权的情形, 债权人应当按照约定实现债权; 没有约定或者约定不明确, 债务人自己提供物的担保的, 债权人应当先就该物的担保实现债权; 第三人提供物的担保的, 债权人可以就物的担保实现债权, 也可以请求保证人承担保证责任。提供担保的第三人承担担保责任后, 有权向债务人追偿。"据此, 共同担保中债权人实现担保权的顺位, 先看约定, 如果没有约定或约定不明, 有债务人提供的物保, 则先实现债务人提供的物保, 若全部担保都由第三人提供, 则债权人有权自由选择。本题中, 债务人甲公司自己提供机器设定了抵押担保, 第三人丙公司提供了保证担保, 丁公司提供房屋设定了抵押担保, 据此, 债权人乙应先行使机器设备抵押权。选项B与选项C均错误, 选项A正确。就解题技巧而言, 谨记 "债务人提供的物保先实现" 即可准确判断。

选项D考查第三人承担担保责任之后, 对其他共同担保人的追偿问题。《民法典》第392条仅规定承担担保责任的担保人可以向债务人追偿, 但是并未规定其能否向其他担保人追偿。《民法典

担保制度解释》第13条对此作出了规定："同一债务有两个以上第三人提供担保，担保人之间约定相互追偿及分担份额，承担了担保责任的担保人请求其他担保人按照约定分担份额的，人民法院应予支持；担保人之间约定承担连带共同担保，或者约定相互追偿但是未约定分担份额的，各担保人按照比例分担向债务人不能追偿的部分。同一债务有两个以上第三人提供担保，担保人之间未对相互追偿作出约定且未约定承担连带共同担保，但是各担保人在同一份合同书上签字、盖章或者按指印，承担了担保责任的担保人请求其他担保人按照比例分担向债务人不能追偿部分的，人民法院应予支持。除前两款规定的情形外，承担了担保责任的担保人请求其他担保人分担向债务人不能追偿部分的，人民法院不予支持。"原则上担保人之间没有追偿权，除非存在几种法定情形：(1)担保人之间约定可以互相追偿；(2)担保人之间约定成立连带共同担保；(3)各担保人在同一份合同书上签字、盖章或者按指印。本题中，并未交代丙和丁之间有相互追偿的约定或者在同一份合同书上签字、盖章或按指印，因此，丙和丁之间不能相互追偿。选项D错误。

**6.** [答案]C [难度]难
[考点]共同担保；担保物权竞合
[命题和解题思路]本题涉及两个核心考点——共同担保与担保物权竞合。这两个考点都是法考客观题的常客，考生在复习时需要系统全

面掌握。选项A与选项B考查共同担保中的约定优先规则。如果当事人对追偿和分担份额有约定，则约定优先；选项C与选项D考查的是担保物权竞合时的顺位规则，考生需要系统掌握现行法上的担保物权竞合时的顺位规则。

[选项分析]选项A与选项B考查共同担保中的约定优先规则。本题中，银行的100万元债权上有两个抵押权，形成共同担保。关于共同担保，首先要看当事人是否有对追偿和分担份额的约定，奉行约定优先原则(《民法典》第392条)。本题已经明确交代甲提供的物保和丙提供的物保所担保的债权份额，而且二者担保的债权份额互不重叠。据此，银行针对甲提供的设备抵押只能就40万元债权主张优先受偿，针对丙的房屋抵押只能就60万元债权主张优先受偿。选项AB均错误。

选项C与选项D考查担保物权竞合时的顺位规则。《民法典》第414条与第415条确立了意定担保物权竞合时的一般顺位规则：(1)都公示的，先公示的优先于未公示的；(2)有的公示有的未公示，公示的优先于未公示的；(3)都未公示的，按照债权比例清偿。据此结合本题，先看选项C，乙的质权已经公示设立，而银行的抵押权未公示，乙的质权优先于银行的抵押权。选项C正确。再看选项D，乙的质权和丁的抵押权都公示了，但是乙公示在先，因此乙的质权优先于丁的抵押权。选项D错误。

# 第十五章 占 有

## 试 题

☑ **1.** 张三在路边捡到一块玉，准备交到失物招领处，途中遇见李四，向其炫耀一番，并说该玉为自己所有，由于李四想把玩几天，遂暂借给李四。次日，玉被王二盗走，王二准备在二手市场交易，被失主赵五恰巧碰到。对此，下列说法正确的是：(2020年回忆版)

A. 张三是无权占有
B. 李四可请求王二返还原物
C. 李四是恶意占有

D. 赵五可请求王二返还原物

☑ **2.** 甲、乙就乙手中的一枚宝石戒指的归属发生争议。甲称该戒指是其在2015年10月1日外出旅游时让乙保管，属甲所有，现要求乙返还。乙称该戒指为自己所有，拒绝返还。甲无法证明对该戒指拥有所有权，但能够证明在2015年10月1日前一直合法占有该戒指，乙则拒绝提供自2015年10月1日后从甲处合法取得戒指的任何证据。对此，下列哪一说法是正确的？(2016-3-9)

A. 应推定乙对戒指享有合法权利，因占有具有权利公示性

B. 应当认定甲对戒指享有合法权利，因其证明了自己的先前占有

C. 应当由甲、乙证明自己拥有所有权，否则应判决归国家所有

D. 应当认定由甲、乙共同共有

📶 **3.** 张某拾得王某的一只小羊拒不归还，李某将小羊从张某羊圈中抱走交给王某。下列哪一表述是正确的？（2014-3-9）

A. 张某拾得小羊后因占有而取得所有权

B. 张某有权要求王某返还占有

C. 张某有权要求李某返还占有

D. 李某侵犯了张某的占有

📶 **4.** 某小区徐某未获得规划许可证和施工许可证便在自住房前扩建一个门面房，挤占小区人行通道。小区其他业主多次要求徐某拆除未果后，将该门面房强行拆除，毁坏了徐某自住房屋的墙砖。关于拆除行为，下列哪些表述是正确的？（2014-3-58）

A. 侵犯了徐某门面房的所有权

B. 侵犯了徐某的占有

C. 其他业主应恢复原状

D. 其他业主应赔偿徐某自住房屋墙砖毁坏的损失

## 详 解

**1.** [答案] ABD　　[难度] 中

[考点] 占有的种类；占有保护请求权；返还原物请求权

[命题和解题思路] 本题围绕占有制度展开，考查难度适中。解题时，考生需要紧密结合各种占有分类的标准去判断张三和李四的占有类型。对此考生需要注意，善意占有与恶意占有是对无权占有的进一步区分。

[选项分析] 选项 A 考查有权占有和无权占有的区分。有权占有和无权占有的区分标准为占有是否有本权，有本权的占有是有权占有，无本权的占有是无权占有。占有的本权包括：所有权、有占有权能的他物权（如建设用地使用权、土地承包经营权、宅基地使用权、居住权、海域使用权、质权、留置权等）、有占有内容的债权（如租赁合同、承揽合同、保管合同等）等。结合本题，张三拾得一块玉，拾得遗失物的行为不会导致物权变动，因

此，玉的所有权人仍然是失主赵五，拾得人张三对玉的占有并无本权，因此属于无权占有。选项 A 正确。

选项 B 考查占有保护请求权。李四在占有玉期间被王二盗走，该行为构成对占有的侵夺。但是由于李四并非玉的所有权人，李四不能主张物权请求权，而只能主张占有保护请求权。具体而言，李四可以依据《民法典》第 462 条主张占有保护请求权中的占有物返还请求权。占有物返还请求权的构成条件有：（1）占有侵夺；（2）请求权人为占有人；（3）相对人为占有侵夺人（瑕疵占有人）。结合本题，李四作为占有人可以向占有侵夺人王二返还该玉。选项 B 正确。

选项 C 考查善意占有与恶意占有的区分。善意占有与恶意占有是针对无权占有的进一步区分，区分的标准是无权占有人是否知道或应当知道其无权占有。善意占有是指无权占有人不知道且不应当知道自己无权占有，恶意占有是指占有人明知或应知其无权占有。结合本题，李四并不知道也不应知道张三不是玉的所有权人，李四是善意占有。选项 C 错误。

选项 D 考查返还原物请求权。赵五作为失主仍是玉的所有权人，其可以向无权占有人王二主张《民法典》第 235 条中的返还原物请求权。选项 D 正确。

**2.** [答案] B　　[难度] 难

[考点] 占有的推定

[命题和解题思路] 本题考查占有的权利推定效力，该考点较为冷僻，且现行法上并无明确规定，需要结合相关学理进行分析作答，有一定考查难度。解答本题需要考生对占有的权利推定效力及其原理有较为全面的认识。

[选项分析] 占有在我国法上属于法律上的事实，其效力之一就是权利推定效力。占有的权利推定效力是指如占有人在占有物上行使权利，则推定其合法地享有此项权利，其法律目的是减轻占有人对权利证明的困难，维护社会秩序。占有的权利推定效力存在一些特别规则，本题涉及的就是存在前占有人时占有的权利推定效力。学理上认为，当存在前占有人时，为了他的利益，推定其在占有的存续期间曾经是物的所有权人。据此，因为乙作为现占有人拒绝提供自 2015 年 10 月

1日后从甲处合法取得戒指的任何证据，因此，应该推定甲对该戒指享有所有权。选项A、C、D均错误，选项B正确。

**3.** ［答案］D　［难度］易

［考点］拾得遗失物；占有的保护

［命题和解题思路］本题考查拾得遗失物的法律效果和占有返还请求权的构成条件等考点，基本上等于送分题。解答本题只需要结合相关现行法规定以及学理知识分析作答即可。

［选项分析］选项A考查拾得遗失物对物权变动的影响。《民法典》第314条规定："拾得遗失物，应当返还权利人。拾得人应当及时通知权利人领取，或者送交公安等有关部门。"据此可知，拾得遗失物本身不会导致物权变动，因此张某拾得王某的一只小羊后，张某并不能取得小羊的所有权，该小羊的所有权人仍是王某。选项A错误。

选项B、C、D均考查占有的保护。张某作为拾得人对羊的占有属于无权占有，只能主张基于占有的保护。《民法典》第462条规定，占有被侵占的，占有人可对侵占人行使占有回复请求权。但对该请求权的构成与行使未作明确规范。作为占有保护的一种方式，占有返还请求权的行使需具备一定的条件：（1）占有的侵夺；（2）请求权人为占有人；（3）相对人为瑕疵占有人。本题中，失主王某已经恢复了对羊的占有，该占有是无瑕疵的占有。张某无权请求王某返还。而李某已经不是羊的占有人，张某也不得向其主张返还。李某将小羊从张某羊圈中抱走，属于对张某占有的侵夺。选项B与选项C均错误，选项D正确。

**4.** ［答案］BD　［难度］中

［考点］物权的取得原因；占有的保护；一般侵权责任

［命题和解题思路］本题涉及两个建筑——违章建筑与徐某的自住房屋，考生需要将二者区分。解题时，考生需要明确违章建筑的建造在现行法上并不能取得所有权，这也是官方参考答案所持的立场，因此徐某对违章建筑是没有所有权的。当然，徐某对于自住的房屋是享有合法的所有权的。

［选项分析］选项A与选项B考查违法建造

建筑物能否取得所有权。《民法典》第231条规定："因合法建造、拆除房屋等事实行为设立或者消灭物权的，自事实行为成就时发生效力。"据此，合法建造建筑物时，建造行为完成时取得所有权。从该条强调合法二字看，似乎非法建造则不能取得所有权。在这一判断之下，徐某对门面房没有所有权，只是单纯的占有，那么其他小区业主侵犯的只是徐某的占有，而非所有权。选项A错误，选项B正确。

选项C考查侵害占有的损害赔偿。由于徐某对门面房没有所有权，只是占有，而恢复原状是一种损害赔偿的方法，因此问题就转变为，侵害单纯的占有要不要承担损害赔偿责任？《民法典》第462条规定："占有的不动产或者动产被侵占的，占有人有权请求返还原物；对妨害占有的行为，占有人有权请求排除妨害或者消除危险；因侵占或者妨害造成损害的，占有人有权依法请求损害赔偿。"其中，"依法"二字意味着该条不能单独作为侵害占有损害赔偿的法律依据，而要根据侵权责任编的相关规定主张侵害占有的损害赔偿。《民法典》第1165条第1款是侵权损害赔偿的一般条款，其规定："行为人因过错侵害他人民事权益造成损害的，应当承担侵权责任。"其中的民事权益并不包括单纯的占有，因为单纯的占有里并没有归属于占有人的财产性利益。因此，在现行法之下，单纯的占有侵害导致的损害不受侵权法保护。因此，其他业主虽然侵害了徐某的占有，但是无需承担损害赔偿责任，也就无需恢复原状。选项C错误。

选项D考查侵害所有权的损害赔偿。业主的拆除行为毁坏了徐某自住房屋的墙砖，侵害了徐某的合法房屋的所有权，需要依据《民法典》第1165条第1款承担赔偿责任。需要注意的是，尽管《民法典》第237条、第238条都规定了侵害物权的损害赔偿问题，但是这两个条文都不是单独的损害赔偿的法律依据（或者说请求权基础），因为这两个条文里都包含"依法"二字，立法者在这两个条文里增加"依法"二字的目的是表明侵害物权的损害赔偿问题是侵权责任编的任务，不是物权编的任务，应该依据侵权责任编的规定处理侵害物权的损害赔偿问题。选项D正确。

# 第十六章　债的概述

## 试　题

1. 甲与乙银行签订了《银行保险柜协议》，期限为 10 年，保险柜的钥匙由甲保管。合同签订后，甲在该保险柜中放入若干金条。关于《银行保险柜协议》的合同性质，下列哪一说法是正确的？（2023 年回忆版）

　　A. 租赁合同　　　　B. 保管合同

　　C. 仓储合同　　　　D. 委托合同

2. 甲、乙与丙就交通事故在交管部门的主持下达成《调解协议书》，由甲、乙分别赔偿丙 5 万元，甲当即履行。乙赔了 1 万元，余下 4 万元给丙打了欠条。乙到期后未履行，丙多次催讨未果，遂持《调解协议书》与欠条向法院起诉。下列哪一表述是正确的？（2013-3-12）

　　A. 本案属侵权之债

　　B. 本案属合同之债

　　C. 如丙获得工伤补偿，乙可主张相应免责

　　D. 丙可要求甲继续赔偿 4 万元

## 详　解

1. [答案] B　　　　[难度] 中

[考点] 租赁合同、保管合同、仓储合同、委托合同

[命题和解题思路] 本题考查的知识点十分明确，就是判断甲与乙银行之间《银行保险柜协议》的合同性质。四个选项涉及《民法典》合同编中的四种典型合同，解题的核心问题就是结合四种典型合同的主给付义务，分析《银行保险柜协议》与其中何者契合。考生首先需要厘清《银行保险柜协议》中甲与乙银行各自的主给付义务，并据此与四种典型合同的主给付义务比对。

[选项分析]《民法典》第 703 条规定，租赁合同是出租人将租赁物交付承租人使用、收益，承租人支付租金的合同。《民法典》第 888 条第 1 款规定，保管合同是保管人保管寄存人交付的保管物，并返还该物的合同。《民法典》第 904 条规定，仓储合同是保管人储存存货人交付的仓储物，

存货人支付仓储费的合同。《民法典》第 919 条规定，委托合同是委托人和受托人约定，由受托人处理委托人事务的合同。上述四个条文分别对租赁合同、保管合同、仓储合同以及委托合同作出了界定。据此，在《银行保险柜协议》中，甲的主给付义务是支付费用，乙银行的主给付义务是保护甲存放于保险柜的物品的安全，并容忍甲随时用其钥匙取用，这一权利义务关系表明，《银行保险柜协议》在性质上应纳入保管合同。A 选项与 C 选项均错误。

仓储合同是特殊的保管合同，《银行保险柜协议》不构成仓储合同的原因在于：一方面，仓储合同中保管人通常以仓储为业，且现行法对仓储合同中的保管人也提出了一些资质要求；另一方面，存货人交付仓储物的，保管人应当出具仓单、入库单等凭证（《民法典》第 908 条）。D 选项错误，B 选项正确。

2. [答案] B　　　　[难度] 易

[考点] 债的发生原因；合同效力

[命题和解题思路] 本题以交通事故这一侵权行为为基础事实，考查考生对债的性质的判定。只要考生熟悉合同之债与侵权之债的基本原理，并能清晰区分二者，本题即不难回答。

[选项分析] 选项 A 与选项 B 均考查债的发生原因。本题中，甲、乙与丙之间发生交通事故，此为侵权之债，但三者达成《调解协议书》是三方真实的意思表示一致的产物，是对相关侵权赔偿责任的约定，此为合同之债。选项 A 错误，选项 B 正确。

选项 C 考查工伤补偿与侵权责任的关系。因工伤事故遭受人身损害，劳动者或者其近亲属向人民法院起诉请求用人单位承担民事赔偿责任的，告知其按《工伤保险条例》的规定处理。因用人单位以外的第三人侵权造成劳动者人身损害，赔偿权利人可请求第三人承担民事赔偿责任（《人身损害赔偿解释》第 3 条）。因此，工伤保险金不能免除侵害方的赔偿责任。选项 C 错误。

选项 D 考查的是按份责任，较为简单。根据

题干表述，《调解协议书》约定了两个责任主体各自的承担份额，甲已经履行全部的合同义务，双方之间的债务消灭，丙无权要求甲继续赔偿 4 万元。选项 D 错误。

# 第十七章　债的履行

## 试　题

📶 **1.** 甲公司因经营不善而歇业，欠司机潘某 3 万元工资尚未支付。潘某讨要未果，私自将甲公司名下的一辆面包车开走。甲公司的母公司乙公司知道后，替甲公司偿还了 2 万元给潘某。对此，下列哪些说法是正确的？（2023 年回忆版）

　　A. 甲公司还欠潘某 3 万元

　　B. 甲公司还欠潘某 1 万元

　　C. 乙公司构成无因管理

　　D. 潘某属于自助行为

📶 **2.** 甲置业公司（发包方）与乙建筑公司（总包方）签订工程承包合同，双方按照固定单价约定了工程款，且未约定任何其他价格调整条款。施工期间，受疫情影响，原材料价格暴涨 150%，如果工程价款不进行调整，乙公司将面临巨额亏损。乙公司请求甲公司调整工程价款，遭到甲公司的拒绝。乙公司诉至法院。关于两公司签订的工程承包合同，下列哪一说法是正确的？（2021 年回忆版）

　　A. 违背自愿原则

　　B. 违背公序良俗原则

　　C. 适用情势变更原则

　　D. 属于正常的商业风险

📶 **3.** 李某用 100 元从甲商场购买一只电热壶，使用时因漏电致李某手臂灼伤，花去医药费 500 元。经查该电热壶是乙厂生产的。下列哪一表述是正确的？（2013-3-15）

　　A. 李某可直接起诉乙厂要求其赔偿 500 元损失

　　B. 根据合同相对性原理，李某只能要求甲商场赔偿 500 元损失

　　C. 如李某起诉甲商场，则甲商场的赔偿范围以 100 元为限

　　D. 李某只能要求甲商场更换电热壶，500 元损失则只能要求乙厂承担

## 详　解

**1.** ［答案］BC　　　［难度］难

［考点］第三人代为履行、无因管理、自助行为

［命题和解题思路］本题以公司员工讨薪为基础法律事实，对债法上的多个知识点展开考查，且以多选题的方式呈现，有一定难度。解答本题的难点有二：其一，潘某讨要未果后私自将甲公司名下的一辆面包车开走，这一行为是否构成自助行为，对此考生需要紧扣自助行为的概念与构成要件进行分析，切勿仅凭借直觉判断；其二，乙公司替甲公司偿还 2 万元的行为应作何评价，尤其是该行为是否构成无因管理。对此考生也需要结合无因管理的构成要件进行分析，秉持构成要件思维。

［选项分析］A 选项与 B 选项均考查第三人代为履行。《民法典》第 524 条规定，债务人不履行债务，第三人对履行该债务具有合法利益的，第三人有权向债权人代为履行；但是，根据债务性质、按照当事人约定或者依照法律规定只能由债务人履行的除外。债权人接受第三人履行后，其对债务人的债权转让给第三人，但是债务人和第三人另有约定的除外。本题中，乙公司是债务人甲公司的母公司，对甲公司债务的履行具有合法利益，有权代甲公司履行其债务。因此，乙公司替甲公司偿还 2 万元的行为构成第三人代为履行，甲公司还欠潘某 1 万元。A 选项错误，B 选项正确。需要补充的是，《民法典》第 524 条中对履行该债务具有合法利益的第三人具体包括以下类型：（1）担保人；（2）担保财产的受让人、用益物权人、合法占有人；（3）担保财产上的后顺位担保权人；（4）对债务人的财产享有合法权益且该权益将因财产被强制执行而丧失的第三人；（5）债务人的出资人或设立人；（6）债务人的近亲属。

C 选项考查无因管理。《民法典》第 979 条第 1 款规定，管理人没有法定的或者约定的义务，为

避免他人利益受损失而管理他人事务的，可以请求受益人偿还因管理事务而支出的必要费用；管理人因管理事务受到损失的，可以请求受益人给予适当补偿。该条款规定了无因管理的构成要件，据此，乙公司并无法定或约定的义务，为甲公司的利益而管理其事务，即替甲公司向潘某支付工资，符合无因管理的要件，因此乙公司的行为构成无因管理。C 选项正确。

D 选项考查自助行为。《民法典》第 1177 条规定，合法权益受到侵害，情况紧迫且不能及时获得国家机关保护，不立即采取措施将使其合法权益受到难以弥补的损害的，受害人可以在保护自己合法权益的必要范围内采取扣留侵权人的财物等合理措施；但是，应当立即请求有关国家机关处理。受害人采取的措施不当造成他人损害的，应当承担侵权责任。该条规定了自助行为，其主要的构成要件之一就是"情况紧迫且不能及时获得国家机关保护"，这也是 D 选项分析时的关键。本题中，尽管甲公司欠潘某 3 万元工资，但并不存在情况紧迫且不能及时获得国家机关保护的情形，因此自助行为的前提条件并不满足，潘某私自将甲公司名下的一辆面包车开走，这一行为属于不法侵夺行为，不是自助行为。D 选项错误。

**2.** ［答案］C　　　［难度］中

［考点］民法的基本原则；情势变更

［命题和解题思路］本题将建设工程合同与疫情因素相结合，考查民法的基本原则以及情势变更，考查难度适中。解答本题的关键在于对疫情这一事实因素的分析和判断。对此考生需要注意不可抗力与情势变更的区分。本题中，疫情导致合同继续履行对一方显失公平，并未导致其履行不能，因此构成情势变更。

［选项分析］选项 A 考查自愿原则。依据《民法典》第 5 条，自愿原则是指民事主体有权根据自己的意愿，自愿从事民事活动，按照自己的意思形成民事法律关系。本题中，甲乙双方按照固定单价约定了工程款，且未约定任何其他价格调整条款。这一约定是建设工程合同常见的工程款计算方式之一，从中无法推断违反了自愿原则。选项 A 错误。

选项 B 考查公序良俗原则。依据《民法典》第 8 条，公序良俗原则指的是民事主体从事民事活动不得违背公共秩序与善良风俗。本题中，甲乙双方的建设工程合同并无违反公序良俗原则的内容。选项 B 错误。

选项 C 与选项 D 考查情势变更。《民法典》第 533 条规定："合同成立后，合同的基础条件发生了当事人在订立合同时无法预见的、不属于商业风险的重大变化，继续履行合同对于当事人一方明显不公平的，受不利影响的当事人可以与对方重新协商；在合理期限内协商不成的，当事人可以请求人民法院或者仲裁机构变更或者解除合同。人民法院或者仲裁机构应当结合案件的实际情况，根据公平原则变更或者解除合同。"据此结合本题，在甲乙双方的合同履行过程中发生了疫情，该事实因素并非正常的商业风险，该事实因素也是双方当事人在合同订立时难以预见的，如果按照原有合同内容履行，会导致乙方巨额亏损，对乙方而言是显失公平的。因此，乙方可依据情势变更的规定主张救济。选项 C 正确，选项 D 错误。

**3.** ［答案］A　　　［难度］易

［考点］产品责任；违约责任；民事责任竞合

［命题和解题思路］本题以产品缺陷致人损害为基础事实，考查违约责任与产品侵权责任的竞合，难度不大。结合产品缺陷考查违约与侵权的竞合，是法考客观题中常见的命题套路。解答本题时，考生分别从违约与侵权角度展开分析即可。

［选项分析］本题是典型的违约责任与侵权责任竞合的情形。从违约的角度看，甲商场作为卖方交付了有质量瑕疵的电热壶，使用时因漏电致李某手臂灼伤，花去医药费 500 元。不论是电热壶本身的 100 元，还是医药费 500 元，李某均有权主张赔偿。从侵权的角度看，《民法典》第 1203 条第 1 款规定："因产品存在缺陷造成他人损害的，被侵权人可以向产品的生产者请求赔偿，也可以向产品的销售者请求赔偿。"据此结合本题，对于 500 元医药费，李某可以请求销售者甲商场赔偿，也可以请求生产者乙厂赔偿。选项 B、C、D 均错误，选项 A 正确。

# 第十八章　债的保全

## 试　题

**1.** 甲公司欠乙公司 1 亿元货款即将到期，由于担心公司的重要财产被执行，遂和丙公司合谋，将价值 9000 万元的公司资产以 4000 万元的价格转让给丙公司。关于乙公司的救济，下列说法正确的是：（2023 年回忆版）

A. 乙公司有权请求法院撤销甲公司与丙公司之间的合同

B. 乙公司有权请求确认甲公司与丙公司之间的合同无效

C. 如果乙公司起诉撤销，应当自撤销事由发生之日起的 1 年内起诉

D. 如果乙公司请求确认合同无效，则不受 3 年诉讼时效的限制

**2.** 甲对乙的 60 万元债权期限已经届满，乙对丙的 100 万元债权期限也已届满。甲向法院提出代位之诉获得胜诉判决，但丙没有财产可供执行。后丙因某事取得 100 万元，甲、乙知晓后均向丙索要。对此，下列哪些说法是正确的？（2022 年回忆版）

A. 甲有权向乙索要 60 万元

B. 甲有权向丙索要 60 万元

C. 乙有权向丙索要 40 万元

D. 乙有权向丙索要 100 万元

**3.** 甲的轿车停在路边，乙骑车不慎撞到该车造成剐蹭。甲将轿车送去丙修理厂，修理费合计 5000 元。甲仅支付了 2000 元，丙修理厂留置该车。后甲起诉乙请求清偿甲已支付的 2000 元修理费。丙修理厂则针对剩余的 3000 元修理费提起代位诉讼，法院判决甲与丙修理厂胜诉，但乙无财产可供执行，法院裁定终结本次执行。后丙修理厂又向法院起诉甲，请求支付 3000 元修理费。对此，下列哪些说法是正确的？（2022 年回忆版）

A. 丙修理厂起诉甲构成重复起诉，法院应裁定驳回起诉

B. 若乙支付给丙修理厂 3000 元，则两者之间的债务消灭

C. 甲有权请求丙修理厂返还轿车

D. 丙修理厂提起代位诉讼，法院可通知甲参加诉讼

**4.** 甲欠乙、丙共 100 万元贷款，尚未到还款期。现甲的财产只剩一套房子和一辆轿车。丙与甲的私交更好，就对甲说：反正你也只有这点财产了，你就全部抵押给我，省得被乙拿走了。甲同意，并与丙分别订立了房屋和轿车的书面抵押合同，但均未办理抵押登记。对此，下列哪些说法是错误的？（2019 年回忆版）

A. 乙可以通过债的保全请求撤销抵押合同

B. 乙可以恶意串通为由主张抵押合同无效

C. 因未办理抵押登记，抵押合同不生效

D. 因未办理抵押登记，丙未取得抵押权

**5.** 乙向甲借款 20 万元，借款到期后，乙的下列哪些行为导致无力偿还甲的借款时，甲可申请法院予以撤销？（2016-3-58）

A. 乙将自己所有的财产用于偿还对他人的未到期债务

B. 乙与其债务人约定放弃对债务人财产的抵押权

C. 乙在离婚协议中放弃对家庭共有财产的分割

D. 乙父去世，乙放弃对父亲遗产的继承权

## 详　解

**1.** ［答案］ABD　　［难度］中

［考点］债权人撤销权、恶意串通行为、诉讼时效的适用范围

［命题和解题思路］由题干事实与四个选项表述不难看出，本题是对债权人撤销权的集中考查，在此基础上，兼顾考查恶意串通行为与诉讼时效的适用范围，难度不大。解答本题时，考生应先结合债权人撤销权的构成要件分析乙公司的债权人撤销权是否成立，在此基础上进一步分析甲公司的债权诈害行为是否同时构成恶意串通行为；对于债权人撤销权行使的除斥期间，考生需要注意其起算点是主观起算点而非客观起算点，选项 C 有一定的干扰性；对于选项 D，考生需要注意，

请求确认合同无效的权利不受诉讼时效制度的限制。

[选项分析] 选项 A 与选项 C 均考查债权人撤销权，其中选项 A 涉及债权人撤销权的成立；选项 C 考查其除斥期间。《民法典》第 539 条规定，债务人以明显不合理的低价转让财产、以明显不合理的高价受让他人财产或者为他人的债务提供担保，影响债权人的债权实现，债务人的相对人知道或者应当知道该情形的，债权人可以请求人民法院撤销债务人的行为。该条规定了有偿债权诈害行为时债权人撤销权的构成要件，据此不难推知，甲公司与丙公司合谋，将价值 9000 万元的公司资产以 4000 万元的价格转让给丙公司，这一事实符合该条规定的构成要件，乙公司有权请求人民法院撤销甲公司与丙公司之间的合同。选项 A 正确。《民法典》第 541 条规定，撤销权自债权人知道或者应当知道撤销事由之日起 1 年内行使。自债务人的行为发生之日起 5 年内没有行使撤销权的，该撤销权消灭。据此，如果乙公司起诉撤销，应当自知道或者应当知道撤销事由之日起 1 年内行使。C 选项错误。

B 选项考查恶意串通行为。《民法典》第 154 条规定，行为人与相对人恶意串通，损害他人合法权益的民事法律行为无效。据此，甲公司与丙公司合谋，将价值 9000 万元的公司资产以 4000 万元的价格转让给丙公司，这一行为除了符合债权人撤销权的构成要件外，也构成恶意串通行为，乙公司有权请求确认甲公司与丙公司之间的合同无效。B 选项正确。

D 选项考查诉讼时效的适用范围。尽管《民法典》第 188 条规定诉讼时效制度的适用对象是"民事权利"，但是只有其中的请求权才适用诉讼时效，请求确认合同无效的权利并非行使请求权，其不受诉讼时效的限制。D 选项正确。

**2.** [答案] ABC    [难度] 难

[考点] 债权人代位权

[命题和解题思路] 债权人代位权在法考客观题中并不算常见，本题较为深入地考查了债权人代位权行使的法律效果，作为多选题，本题有一定难度。解答本题需要考生对债权人代位权行使后所形成的法律效果有较为全面的认识。其中尤其需要提醒考生注意的是，对于债权人代位权的

行使效果，《民法典》并未采取入库说，而是采取了直接清偿说，即债务人的相对人直接向债权人履行义务，进而达到双重清偿效果。

[选项分析] 本题中需要重点分析的是，债权人代位权行使后，对两个债权（债权人与债务人之间、债务人与其相对方之间）有何影响。《民法典》第 537 条规定："人民法院认定代位权成立的，由债务人的相对人向债权人履行义务，债权人接受履行后，债权人与债务人、债务人与相对人之间相应的权利义务终止。债务人对相对人的债权或者与该债权有关的从权利被采取保全、执行措施，或者债务人破产的，依照相关法律的规定处理。"该条采取了所谓的直接清偿规则，即债务人的相对人直接向债权人履行义务，进而达到双重清偿效果。需要注意的是，债权人行使代位权后，在代位权行使的范围内，债务人的相对方不能再向债务人履行。据此，甲作为债权人有权向丙索要 60 万元，该数额也等于甲可以行使代位权的范围。而乙只能向丙索要 40 万元（100 万元减去 60 万元）。当然，甲可以放弃代位权行使的效果，而直接按照原债权关系向乙索要 60 万元。选项 A、B、C 正确，选项 D 错误。

**3.** [答案] BD    [难度] 难

[考点] 债权人代位权、返还原物、留置权、起诉与立案登记（重复起诉的识别标准）、无独立请求权第三人

[命题和解题思路] 本题是民法与民事诉讼法的融合题，较为巧妙地将民法上的债权人代位权、返还原物请求权以及留置权等知识点和民诉法上的重复起诉认定、无独立请求权第三人等考点结合在一起进行考查，颇具考查难度。对于选项 BC 涉及的民法问题，考生在解题时一方面要结合留置权的相关规定，分析丙修理厂是否享有合法的留置权，在此基础上判断其占有是否为有权占有，进而判断甲是否有权请求返还轿车；另一方面，考生则需要对代位权行使的法律效果有清晰的认识。对于债权人行使代位权之后的法律效果，《民法典》采取的是直接清偿说，即由债务人的相对方直接向债权人履行，进而产生"双重清偿"的效果。选项 A 涉及最高人民法院第 167 号指导案例的裁判要旨，若不了解，根据《民诉解释》第 247 条规定的重复起诉认定标准亦可作出判断。选

项 D 相对简单，掌握代位权诉讼的当事人确定规则不难准确作答。

[选项分析] 选项 A 考查重复起诉的识别。根据最高人民法院第 167 号指导性案例的裁判要旨，代位权诉讼执行中，因相对人无可供执行的财产而被终结本次执行程序，债权人就未实际获得清偿的债权另行向债务人主张权利的，人民法院应予支持。据此，丙起诉乙未获得清偿，再起诉甲不构成重复起诉，选项 A 错误。若不了解指导性案例，本题可根据司法解释规定作答。《民诉解释》第 247 条第 1 款规定，当事人就已经提起诉讼的事项在诉讼过程中或者裁判生效后再次起诉，同时符合下列条件的，构成重复起诉：（1）后诉与前诉的当事人相同；（2）后诉与前诉的诉讼标的相同；（3）后诉与前诉的诉讼请求相同，或者后诉的诉讼请求实质上否定前诉裁判结果。据此，前诉是丙起诉乙，后诉是丙起诉甲，两案当事人不同；从诉讼标的的角度看，前诉代位权诉讼针对的是债务人与次债务人之间的债权债务关系，而后诉针对的是债权人与债务人之间的债权债务关系，两者在标的范围、法律关系等方面亦不相同。因此丙起诉甲不构成重复起诉。

选项 B 考查债权人代位权，具体涉及债权人代位权行使的法律效果。《民法典》第 537 条规定："人民法院认定代位权成立的，由债务人的相对人向债权人履行义务，债权人接受履行后，债权人与债务人、债务人与相对人之间相应的权利义务终止。债务人对相对人的债权或者与该债权有关的从权利被采取保全、执行措施，或者债务人破产的，依照相关法律的规定处理。"据此可知，对于债权人代位权行使的法律效果，《民法典》采取了所谓的直接清偿说，即直接由债务人的相对人向债权人履行义务，进而产生双重清偿的效果，即债权人与债务人、债务人与相对人之间相应的权利义务终止。本题中，丙的代位权之诉获得了胜诉判决，如果乙支付给丙 3000 元，则相应的甲丙之间、甲乙之间的债务都得到了清偿，甲丙之间的债务消灭。选项 B 正确。

选项 C 考查返还原物请求权与留置权。甲作为轿车的所有权人，其返还轿车的主张依据在于返还原物请求权（《民法典》第 235 条），该条要求相对方必须是现时的无权占有人。因此选项 C 所涉及的核心问题是丙是否为轿车的有权占有人。

结合《民法典》第 447 条以下关于留置权的相关规定，丙修理厂有权对该轿车主张留置权。基于留置权，丙修理厂对轿车的占有属于有权占有，甲即使是轿车的所有权人，也不得请求返还。选项 C 错误。

选项 D 考查无独立请求权第三人的认定。《民法典合同编通则解释》第 37 条第 1 款规定，债权人以债务人的相对人为被告向人民法院提起代位权诉讼，未将债务人列为第三人的，人民法院应当追加债务人为第三人。据此，丙对乙提起代位权诉讼，对此甲虽无独立请求权，但案件的处理结果与其有法律上的利害关系。因此在代位权诉讼中，债务人甲应当被列为无独立请求权第三人。选项 D 项正确。

**4.** [答案] CD　　　　[难度] 难

[考点] 债权人撤销权；抵押权的设定

[命题和解题思路] 本题围绕债权人撤销权这一考点展开，顺带考查设立物权的合同效力与公示相区分原则以及不动产抵押权的设立。与此同时，命题人还用恶意串通规则作为干扰项，在一定程度上增加了解题难度。解答本题的关键是掌握债权人撤销权的构成要件，并厘清它和恶意串通规则之间的区别。

[选项分析]《民法典》第 539 条规定："债务人以明显不合理的低价转让财产、以明显不合理的高价受让他人财产或者为他人的债务提供担保，影响债权人的债权实现，债务人的相对人知道或者应当知道该情形的，债权人可以请求人民法院撤销债务人的行为。"据此结合本题，甲欠乙、丙共 100 万元金钱债务有效存在，甲处分其财产（房屋与轿车），将其抵押给丙，危及乙的债权的实现，对此丙是明知的。乙可以主张债权人撤销权，撤销甲与丙之间的抵押合同。选项 A 正确。

选项 B 考查债权人撤销权与恶意串通的关系。《民法典》第 154 条规定："行为人与相对人恶意串通，损害他人合法权益的民事法律行为无效。"债权人撤销权的行使，并不要求债务人与相对人之间恶意串通，仅在债务人有偿处分的时候，要求相对人知道或应当知道，比较后不难发现，撤销权的构成要件不如恶意串通严格。结合本题，丙对甲处分财产的行为是明知的，且与甲相互串通，有侵害债权人乙的意思联络。这也构成了《民法典》第 154 条意义上的恶意串通。因此，乙可以恶意串通为由主张抵押合同无效。选项 B 正确。

选项 C 考查设立物权的合同效力与公示相区分原则。《民法典》第 215 条规定："当事人之间订立有关设立、变更、转让和消灭不动产物权的合同，除法律另有规定或者当事人另有约定外，自合同成立时生效；未办理物权登记的，不影响合同效力。"据此，登记与否不会影响乙丙之间抵押合同的效力。选项 C 错误。

选项 D 考查抵押权的设立。本题不仅涉及不动产抵押，也涉及动产抵押。对于不动产抵押权的设立，《民法典》第 402 条规定："以本法第三百九十五条第一款第一项至第三项规定的财产或者第五项规定的正在建造的建筑物抵押的，应当办理抵押登记。抵押权自登记时设立。"据此，不动产抵押权原则上自登记时设立。对于动产抵押权的设立，《民法典》第 403 条规定："以动产抵押的，抵押权自抵押合同生效时设立；未经登记，不得对抗善意第三人。"据此，动产抵押权自抵押合同生效时设立，未登记不影响抵押权的设立，只是不能对抗善意第三人。选项 D 错误。

5. [答案] ABC　　[难度] 中
[考点] 债权人撤销权

[命题和解题思路] 本题围绕债权人撤销权展开，考查难度适中。解答本题时，考生要熟悉《民法典》第 538 条与第 539 条。在解题思路上要注意两点：其一，要区分债务人处分财产行为的有偿和无偿来确定应适用哪一条，二者在构成要件上有所不同；其二，要熟记常见的几种能行使债权人撤销权的债务人行为，特别是《民法典》第 538 条与第 539 条明确列举的情形，如放弃债权、放弃债权担保、无偿转让财产、恶意延长其到期债权的履行期限、以明显不合理的低价转让财产、以明显不合理的高价受让他人财产、为他人的债务提供担保等。

[选项分析]《民法典》第 538 条规定："债务人以放弃其债权、放弃债权担保、无偿转让财产等方式无偿处分财产权益，或者恶意延长其到期债权的履行期限，影响债权人的债权实现的，债权人可以请求人民法院撤销债务人的行为。"第 539 条规定："债务人以明显不合理的低价转让财产、以明显不合理的高价受让他人财产或者为他人的债务提供担保，影响债权人的债权实现，债务人的相对人知道或者应当知道该情形的，债权人可以请求人民法院撤销债务人的行为。"由此可知，债权人撤销权的构成要件有：（1）债权人的债权合法有效存在；（2）债务人实施了使其责任财产减少的行为；（3）影响了债权人的债权实现；（4）债务人处分其责任财产时如系有偿处分，须相对人主观上知道或应当知道。

选项 A 中，债务人提前清偿他人债务是其放弃期限利益的具体表现，在结果上导致债务人的责任财产不当减少，直接影响了期限在前的债权实现，因此甲可以申请撤销。选项 B 中，债务人放弃债权担保损害了债权人的利益，甲可以申请撤销。选项 C 中，乙的夫妻共同财产中包含了乙的个人一般责任财产，其在分割共同财产时的放弃行为属于一般责任财产不当减少的情形，甲可以申请撤销。选项 A、B、C 正确。选项 D 中，乙放弃对其父亲遗产的继承权，并未不当地减少其责任财产，且该财产也不属于乙原本的责任财产。因此，乙放弃继承其父亲遗产的权利并未侵害甲的债权，甲不能向法院申请撤销。选项 D 错误。

# 第十九章　保证担保与定金担保

## 试　题

1. 李某以 1 万元的价格向刘某购买清代鼻烟壶一个，约定三日后交付，并支付了定金 5000 元。合同签订后，李某得知胡某正在以 10 万元的价格收购清代鼻烟壶，遂与胡某以该价格签订了买卖合同，约定 3 日后交付，胡某支付了定金 1 万元。两日后，刘某不慎将鼻烟壶摔碎。对此，下列哪一说法是正确的？（2022 年回忆版）

A. 李某有权请求刘某支付双倍定金 1 万元

B. 胡某有权请求李某支付双倍定金 2 万元

C. 胡某有权请求刘某赔偿损失

D. 胡某请求李某双倍返还定金时，李某有权请求减少定金

**2.** 方某、李某、刘某和张某签订借款合同，约定："方某向李某借款 100 万元，刘某提供房屋抵押，张某提供保证。"除李某外其他人都签了字。刘某先把房本交给了李某，承诺过几天再作抵押登记。李某交付 100 万元后，方某到期未还款。下列哪一选项是正确的？（2015-3-13）

A. 借款合同不成立

B. 方某应返还不当得利

C. 张某应承担保证责任

D. 刘某无义务办理房屋抵押登记

**3.** 张某从甲银行分支机构乙支行借款 20 万元，李某提供保证担保。李某和甲银行又特别约定，如保证人不履行保证责任，债权人有权直接从保证人在甲银行及其支行处开立的任何账户内扣收。届期，张某、李某均未还款，甲银行直接从李某在甲银行下属的丙支行账户内扣划了 18 万元存款用于偿还张某的借款。下列哪一表述是正确的？（2014-3-15）

A. 李某与甲银行关于直接在账户内扣划款项的约定无效

B. 李某无须承担保证责任

C. 乙支行收回 20 万元全部借款本金和利息之前，李某不得向张某追偿

D. 乙支行应以自己的名义向张某行使追索权

## 详 解

**1.** [答案] B　　[难度] 中

[考点] 定金责任、债的特征

[命题和解题思路] 从题干以及四个选项的具体表述来看，本题考查的知识点十分集中，即定金责任，考查难度适中。本题中，李某与刘某的合同、李某与胡某的合同都约定了定金，考生在解题时需明确区分开，各自分析。本题的解答要求考生熟悉《民法典》中关于定金的规则，包括定金的法定上限、定金的罚则等。本题的易错点有三：其一，有的考生可能会忽略对定金上限的计算和分析，李某与刘某之间约定的 5000 元定金超出了法定的主合同标的 20% 的上限；其

二，对于选项 C，有的考生可能忽略合同的相对性原理，胡某与刘某之间并无合同关系，胡某的损失应由李某承担违约责任；其三，有的同学可能会误以为定金责任也可以像违约金那样申请酌减，但现行法针对定金责任并未设置司法调整的规则。

[选项分析] 选项 A、B、D 考查定金责任。本题中，刘某不慎将鼻烟壶摔碎将使得李某与刘某的合同、李某与胡某的合同均陷入履行不能这一违约状态，两个合同都会触发各自的定金罚则。《民法典》第 586 条对定金设置了法定的上限，即主合同标的额的 20%，超过部分不发生定金效力。结合两个合同的标的额，李某与刘某的合同中能发生定金效力的是 2000 元（1 万元×20% = 2000元），因此李某无权请求刘某支付双倍定金 1 万元，而只能请求刘某支付 7000 元，其中 5000 元为定金本金，2000 元为惩罚金额。选项 A 错误。而李某与胡某的合同约定的 1 万元定金并未超过主合同标的额的 20%，均能发生定金效力，因此胡某有权请求李某支付双倍定金 2 万元。选项 B 正确。此外，《民法典》第 585 条仅针对违约金规定了司法调整规则，但并未针对定金设置司法调整规则，因此定金不能像违约金那样申请减少或申请增加，选项 D 错误。

选项 C 考查债的相对性原理。本题中，刘某不慎将鼻烟壶摔碎，李某对胡某的合同义务陷入履行不能，胡某的损失应向李某主张违约责任。胡某与刘某之间并无合同关系，胡某无权请求刘某赔偿损失。这也是合同相对性的题中应有之义。选项 C 错误。

**2.** [答案] C　　[难度] 中

[考点] 借款合同；不当得利；保证合同；不动产抵押合同

[命题和解题思路] 本题聚焦于自然人之间的借款合同，考查难度适中。解答本题时，考生需要注意：（1）自然人之间的借款合同具有实践性，自贷款人提供借款时成立；（2）不动产抵押合同本身是一个负担行为。

[选项分析] 选项 A 考查借款合同的成立与生效。《民法典》第 679 条规定："自然人之间的借款合同，自贷款人提供借款时成立。"据此可知，自然人之间的借款合同属于实践合同。本题

中，尽管贷款人李某未在合同上签字，但李某已经交付了 100 万元，所以借款合同成立并生效。选项 A 错误。

选项 B 考查不当得利的构成要件。《民法典》第 122 条规定："因他人没有法律根据，取得不当利益，受损失的人有权请求其返还不当利益。"本题中，方某与李某之间存在有效的借款合同，所以方某基于借款合同取得借款，具有法律根据，不构成不当得利。方某返还借款，是履行合同义务，拒绝还款将承担违约责任。选项 B 错误。

选项 C 考查保证合同。本题中，"除李某外其他人都签了字"，由此可知保证人张某已在借款合同上签字，并且以保证人的身份签了字，保证担保关系成立。至于保证的类型，依据《民法典》第 686 条第 2 款，推定为一般保证。选项 C 正确。

选项 D 考查不动产抵押合同的效力。不动产抵押合同是负担行为，抵押人有义务依据抵押合同为抵押权人办理抵押权登记。《民法典担保制度解释》第 46 条第 1 款规定："不动产抵押合同生效后未办理抵押登记手续，债权人请求抵押人办理抵押登记手续的，人民法院应予支持。"据此结合本题，刘某作为抵押人有义务按照抵押合同办理房屋抵押登记。选项 D 错误。

**3.** ［答案］D    ［难度］中

［考点］保证合同；法人的分支机构

［命题和解题思路］本题题干部分属于经典的借款＋担保的事实结构，围绕保证合同这一考点展开考查，兼顾法人的分支机构这一知识点，考查难度适中。解题时，考生需要注意：（1）对于李

某与甲银行关于直接在账户内扣划款项的约定，判断其是否无效要严格按照现行法规定的无效事由进行判断，切勿根据直觉判断；（2）法人分支机构是能够以自己的名义从事民事活动的。

［选项分析］选项 A 与选项 B 考查保证合同的效力。保证合同当事人对保证责任承担的具体承担方式作出了特别约定，该约定是当事人真实的意思表示，并不违反法律、行政法规的强制性规定，应当有效。选项 A 错误。由于张某、李某到期均未还款，李某应当按照有效的合同约定承担保证责任。选项 B 错误。

选项 C 考查保证人的追偿权。《民法典》第 700 条规定："保证人承担保证责任后，除当事人另有约定外，有权在其承担保证责任的范围内向债务人追偿，享有债权人对债务人的权利，但是不得损害债权人的利益。"保证人对债务人的追偿权不以债权人的债权全部受偿为条件。选项 C 错误。

选项 D 考查法人分支机构的法律地位。《民法典》第 74 条规定："法人可以依法设立分支机构。法律、行政法规规定分支机构应当登记的，依照其规定。分支机构以自己的名义从事民事活动，产生的民事责任由法人承担；也可以先以该分支机构管理的财产承担，不足以承担的，由法人承担。"据此，法人依法设立并领取营业执照的分支机构，虽不具有法人资格，但具有一定民事权利能力，能够以自己的名义从事民事活动。本题中，张某从乙支行借款，乙支行可以以自己的名义请求张某还本付息。选项 D 正确。

# 第二十章　债的移转

## 试　题

📶 *1.* 甲精通某网络平台开发的网络游戏，并获得该款游戏装备"开天辟地斧"（市场价值 1 万元）。另一玩家乙欲花 1.2 万元购买该装备，约定先付款后交货。不料付款后尚未交付，甲突发脑出血死亡，甲只有近亲属小甲。对此，下列哪一说法是正确的？（2020 年回忆版）

A. 如账号无法登录，网络平台无义务协助

B. 小甲继承 1.2 万元财产，无需履行给付装备义务

C. 甲死亡，甲乙约定无效

D. 1.2 万元为网络虚拟财产，小甲有权继承

📶 *2.* 甲经乙公司股东丙介绍购买乙公司矿粉，甲依约预付了 100 万元货款，乙公司仅交付部分矿粉，经结算欠甲 50 万元货款。乙公司与丙商议，由乙公司和丙以欠款人的身份向甲出具欠条。其后，乙公司未按期支付。关于丙在欠条上签名

的行为，下列哪一选项是正确的？（2017-3-9）

    A. 构成第三人代为清偿

    B. 构成免责的债务承担

    C. 构成并存的债务承担

    D. 构成无因管理

**3.** 债的法定移转指依法使债权债务由原债权债务人转移给新的债权债务人。下列哪些选项属于债的法定移转的情形？（2013-3-59）

    A. 保险人对第三人的代位求偿权

    B. 企业发生合并或者分立时对原债权债务的承担

    C. 继承人在继承遗产范围内对被继承人生前债务的清偿

    D. 根据买卖不破租赁规则，租赁物的受让人对原租赁合同的承受

## 详 解

**1.** ［答案］D    ［难度］中

［考点］网络虚拟财产；法定继承；合同的效力

［命题和解题思路］网络虚拟财产作为新的财产形态越来越具有重要地位，本题围绕这一财产类型展开考查，考查难度适中。解答本题时，考生需要注意，网络虚拟财产作为财产权利，也属于自然人合法的遗产范畴，允许继承。

［选项分析］选项 A 考查网络平台的协助义务。网络游戏装备一般通过游戏平台与网络用户达成的游戏服务合同产生，当然也是用户投入智慧劳动的结果。游戏平台应当履行必要的协助义务。网络用户因账号无法登录使得用户不能实现利用网络虚拟财产的目的时，游戏平台有保障用户正常使用网络虚拟财产的义务。选项 A 错误。

选项 B 考查被继承人债务的承担问题。《民法典》第 1161 条规定："继承人以所得遗产实际价值为限清偿被继承人依法应当缴纳的税款和债务。超过遗产实际价值部分，继承人自愿偿还的不在此限。"本题中，小甲作为甲的唯一法定继承人，在继承甲的财产后，还应当负担合同的履行义务，即在继承的财产价值范围内承担交付游戏装备的义务。选项 B 错误。

选项 C 考查合同的效力。合同当事人死亡并非合同无效的事由。因此，本题中甲死亡不影响甲乙之间约定的效力。选项 C 错误。

选项 D 考查网络虚拟财产的继承。《民法典》第 127 条规定："法律对数据、网络虚拟财产的保护有规定的，依照其规定。"《民法典》第 124 条规定："自然人依法享有继承权，自然人合法的私有财产，可以依法继承。"网络虚拟财产受到我国法律的明确保护。合法取得的网络虚拟财产可以作为个人遗产进行继承。选项 D 正确。

**2.** ［答案］C    ［难度］易

［考点］第三人代为履行；债务承担；无因管理

［命题和解题思路］本题考查的是考生对四个概念的理解，没什么难度。第三人代为履行须有第三人的履行行为，免责的债务承担与并存的债务承担都涉及债的移转，并无具体的履行行为，而无因管理需要管理人没有法定的或者约定的义务，抓住这几点，本题即可轻松应对。

［选项分析］选项 A 考查第三人代为履行。《民法典》第 524 条规定："债务人不履行债务，第三人对履行该债务具有合法利益的，第三人有权向债权人代为履行；但是，根据债务性质、按照当事人约定或者依照法律规定只能由债务人履行的除外。债权人接受第三人履行后，其对债务人的债权转让给第三人，但是债务人和第三人另有约定的除外。"第三人代为清偿的主要法律效果就是债务消灭。本题中，乙公司和丙以欠款人的身份向甲出具欠条，乙公司仍然对甲负担债务，该债务并未消灭，因此，丙在欠条上签名的行为并不构成第三人代为清偿。选项 A 错误。

选项 B 与选项 C 均考查债务承担。债务承担指的是债务人将其债务全部或部分转让给第三人承担，可以细分为并存的债务承担与免责的债务承担。其中免责的债务承担是指由第三人代替债务人承担原债务。并存的债务承担，又称债务加入，指原债务人并不免除债务，第三人加入债的关系，是与原债务人一起对债权人承担连带清偿责任。本题中，乙公司和丙以欠款人的身份向甲出具欠条，这表明丙加入乙公司与甲之间的债的关系，与原债务人乙公司一起对甲承担清偿责任，因此，丙在欠条上签名的行为构成并存的债务承担，而非免责的债务承担。选项 B 错误，选项 C 正确。

选项 D 考查无因管理。《民法典》第 979 条第 1 款规定："管理人没有法定的或者约定的义务，为避免他人利益受损失而管理他人事务的，可以请求受益人偿还因管理事务而支出的必要费用；管理人因管理事务受到损失的，可以请求受益人给予适当补偿。"据此，无因管理的构成要求管理人没有法定的或者约定的义务，但是本题中丙在欠条上签名是与乙公司商议之后基于双方合意的结果，不成立无因管理。选项 D 错误。

**3.** [答案] ABCD　　[难度] 中
[考点] 债的法定移转
[命题和解题思路] 本题通过四个相互独立的小案例考查债的法定移转，考查难度适中。解答本题时，考生需要熟悉债的法定移转的几种主要情形。事实上，本题的四个选项都是债的法定移转的典型例证。
[选项分析] 债的法定移转是指债权债务直接依据法律规定而移转，并非依据当事人的债权移转合意而移转。本题的四个选项都是债的法定移转的具体类型。
《保险法》第 60 条规定："因第三者对保险标的的损害而造成保险事故的，保险人自向被保险人赔偿保险金之日起，在赔偿金额范围内代位行使被保险人对第三者请求赔偿的权利。"依据目前的通说，保险人的代位求偿权是债的法定移转。被保险人依法享有的求偿权转移给保险人，保险人享有的其实是理赔后的追偿权。选项 A 正确。

《民法典》第 67 条规定："法人合并的，其权利和义务由合并后的法人享有和承担。法人分立的，其权利和义务由分立后的法人享有连带债权，承担连带债务，但是债权人和债务人另有约定的除外。"据此，法人合并与分立都会发生债的法定移转。选项 B 正确。

《民法典》第 1161 条规定："继承人以所得遗产实际价值为限清偿被继承人依法应当缴纳的税款和债务。超过遗产实际价值部分，继承人自愿偿还的不在此限。继承人放弃继承的，对被继承人依法应当缴纳的税款和债务可以不负清偿责任。"据此，被继承人死亡时，其债权债务会直接移转给其继承人，只不过继承人以所得遗产实际价值为限清偿被继承人依法应当缴纳的税款和债务。这也是债的法定移转情形。选项 C 正确。

《民法典》第 725 条规定："租赁物在承租人按照租赁合同占有期限内发生所有权变动的，不影响租赁合同的效力。"买卖不破租赁规则的法律效果，使得租赁物受让人依法承受原出卖人的出租人地位而承受原租赁合同，属于债的法定转移。选项 D 正确。

# 第二十一章　债的消灭

## 试　题

**1.** 甲公司将某商品房项目发包给乙公司，工程款已经到期但尚未支付，遂与乙公司签订《抵债协议》，约定甲公司将 A 房卖给乙公司，以购房款折抵工程款。此前甲公司已将 A 房出租给丙公司并交付，租期为 10 年。甲公司与乙公司办理 A 房所有权转移登记后，丙公司拒不支付租金。据查，甲公司并未告知乙公司 A 房的租赁情况。对此，下列说法正确的是：（2023 年回忆版）

A.《抵债协议》于办理 A 房所有权转移登记时生效

B. 甲公司应向乙公司承担违约责任

C. 丙公司应向甲公司支付剩余租金

D. 甲公司应对乙公司无法收取的租金承担连带保证责任

**2.** 甲、乙、丙三人是好友，乙欠甲 5 万元债务。某日，甲与丙交谈，得知乙祖母生病，且家庭条件不好，甲便对丙说："我不要那 5 万元欠款了"。关于甲所作债务抛弃的效力，下列哪些说法是正确的？（2020 年回忆版）

A. 甲的债权抛弃需要乙受领

B. 债权抛弃自甲对丙作出时生效

C. 甲的债权抛弃不发生效力

D. 乙的债务因抛弃而消灭

**3.** 王某向丁某借款 100 万元，后无力清偿，遂提出以自己所有的一幅古画抵债，双方约定第二天交付。对此，下列哪些说法是正确的？（2016-3-56）

A. 双方约定以古画抵债，等同于签订了另一份买卖合同，原借款合同失效，王某只能以交付古画履行债务

B. 双方交付古画的行为属于履行借款合同义务

C. 王某有权在交付古画前反悔，提出继续以现金偿付借款本息方式履行债务

D. 古画交付后，如果被鉴定为赝品，则王某应承担瑕疵担保责任

**4.** 胡某于 2006 年 3 月 10 日向李某借款 100 万元，期限 3 年。2009 年 3 月 30 日，双方商议再借 100 万元，期限 3 年。两笔借款均先后由王某保证，未约定保证方式和保证期间。李某未向胡某和王某催讨。胡某仅于 2010 年 2 月归还借款 100 万元。关于胡某归还的 100 万元，下列哪一表述是正确的？（2014-3-13）

A. 因 2006 年的借款已到期，故归还的是该笔借款

B. 因 2006 年的借款无担保，故归还的是该笔借款

C. 因 2006 年和 2009 年的借款数额相同，故按比例归还该两笔借款

D. 因 2006 年和 2009 年的借款均有担保，故按比例归还该两笔借款

**5.** 2012 年 2 月，甲公司与其全资子公司乙公司签订了《协议一》，约定甲公司将其建设用地使用权用于抵偿其欠乙公司的 2000 万元债务，并约定了仲裁条款。但甲公司未依约将该用地使用权过户到乙公司名下，而是将之抵押给不知情的银行以获贷款，办理了抵押登记。关于甲公司、乙公司与银行的法律关系，下列表述正确的是：（2013-3-86）

A. 甲公司欠乙公司 2000 万元债务没有消灭

B. 甲公司抵押建设用地使用权的行为属于无权处分

C. 银行因善意取得而享有抵押权

D. 甲公司用建设用地使用权抵偿债务的行为属于代为清偿

---

## 详　解

**1.** ［答案］B　　［难度］难

［考点］以物抵债、租赁合同、违约责任、保证合同

［命题和解题思路］本题由"唐学富、庞华与合肥建鑫房地产开发有限公司给付瑕疵担保责任纠纷案"（《中华人民共和国最高人民法院公报》2020 年第 2 期）改编而来，将债法上的多个考点综合在一起考查，颇具难度。解答本题时，考生需要准确把握本题中的几个合同关系：（1）甲公司与乙公司之间的《抵债协议》，对于其生效时间点，考生需要注意《民法典合同编通则解释》中的规定，尤其是履行期届满后的以物抵债协议，属于诺成性合同（并非实践性合同），于成立时生效。此外，以物抵债也是一种财产的有偿转让，应参照适用买卖合同的规则，据此可以判断甲公司是否需要向乙公司承担违约责任；（2）甲公司与丙公司之间的租赁合同，对此考生需要准确理解买卖不破租赁规则，据此理顺乙与丙之间的关系。

［选项分析］选项 A 与选项 B 均与甲公司、乙公司之间的《抵债协议》紧密相关，选项 A 考查其效力，选项 B 考查违约责任。甲公司、乙公司之间的《抵债协议》属于典型的履行期届满后的以物抵债协议，《民法典合同编通则解释》第 27 条第 1、2 款规定："债务人或者第三人与债权人在债务履行期限届满后达成以物抵债协议，不存在影响合同效力情形的，人民法院应当认定该协议自当事人意思表示一致时生效。债务人或者第三人履行以物抵债协议后，人民法院应当认定相应的原债务同时消灭；债务人或者第三人未按照约定履行以物抵债协议，经催告后在合理期限内仍不履行，债权人选择请求履行原债务或者以物抵债协议的，人民法院应予支持，但是法律另有规定或者当事人另有约定的除外。"据此，履行期届满后的以物抵债协议属于诺成性合同，而非实践性合同。选项 A 错误。《民法典》第 646 条规定，法律对其他有偿合同有规定的，依照其规定；没有规定的，参照适用买卖合同的有关规定。据此，甲公司、乙公司之间的《抵债协议》也是典型的有偿交易，需要参照适用买卖合同的规定。本题中，甲公司应当转移没有权利负担的 A 房所有权给乙公司，但是甲公司移转的 A 房所有权上负有租赁权负担，参照《民法典》第 612 条，甲公司存在违约行为，根据《民法典》第 577 条，甲公司应向乙公司承担违约责任。选项 B 正确。

选项 C 与选项 D 均考查租赁合同中的买卖不破租赁这一规则。《民法典》第 725 条规定，租赁

物在承租人按照租赁合同占有期限内发生所有权变动的，不影响租赁合同的效力。该条规定了买卖不破租赁规则，其适用前提是：（1）存在有效的租赁合同；（2）承租人取得对租赁物的占有。本题中丙公司符合适用前提。买卖不破租赁的法律效果是：原租赁合同中出租人的权利义务关系概括地移转给受让人，在承租人与受让人之间，租赁合同继续有效。此外，受让人取得租赁物所有权后，承租人应向受让人支付租金。本题中，甲公司与乙公司办理 A 房所有权转移登记后，丙公司应向乙公司支付租金，而非甲公司。选项 C 错误。出租人无需对受让人无法收取的租金负担连带保证责任，因为租金能否收取取决于承租人的偿付能力，是受让人自己应承受的商业风险。选项 D 错误。

**2.** ［答案］AC　　　［难度］中
［考点］债务免除
［命题和解题思路］本题围绕债务免除而展开，考查考生对债务免除的背景知识是否熟悉，考查难度适中。解答本题时，考生需要明确债务免除在现行法上被构造为单方法律行为，通过债权人发出需受领的意思表示实现，其无需债务人的同意，但债务人有拒绝的权利。此外，债务免除的意思表示应向债务人作出。结合这些债务免除的基础知识，本题即可得解。

［选项分析］《民法典》第 575 条规定："债权人免除债务人部分或者全部债务的，债权债务部分或者全部终止，但是债务人在合理期限内拒绝的除外。"结合目前的学理通说，债权抛弃即债务免除，债务免除是无偿的、需受领的单方意思表示，虽无需债务人的同意，但债务人有权拒绝。债务免除的意思表示由债权人向债务人作出，适用意思表示的相关规则。债务免除是债务消灭的原因之一。结合本题，甲的债权抛弃是需要受领的意思表示，以债务人乙为相对人，需要乙受领，选项 A 正确。债务免除的意思表示应向债务人作出，向第三人作出原则上不发生债务免除的效果。选项 B 错误。因此，甲对丙发出债务免除的意思表示，债权的抛弃效果不发生。选项 C 正确，选项 D 错误。

**3.** ［答案］BD（当年官方答案为 BCD，结合《民法典合同编通则解释》的相关规定，本题的答

案修正为 BD）　　　［难度］中
［考点］以物抵债
［命题和解题思路］本题围绕以物抵债协议展开考查，考查难度适中。解答本题时，考生需要结合《民法典合同编通则解释》的相关规定。以物抵债协议在现行法上被分为两个类型：履行期届满前的以物抵债协议（担保型以物抵债协议）与履行期届满后的以物抵债协议（清偿型以物抵债协议）。在这一二分法的基础上，现行法为二者配置了不同的规则。考生在解题时应先锁定，本题中王某与丁某之间存在以物抵债协议，并判断属于哪种类型（担保型还是清偿型），在此基础上配合相关具体规定进行分析。

［选项分析］实践中以物抵债是对当事人以他种给付代替原给付现象的概括。《民法典合同编通则解释》区分了两种以物抵债协议的类型：履行期届满前的以物抵债协议与履行期届满后的以物抵债协议。本题显然属于后者。以物抵债协议不能完全取代原债权债务关系，选项 A 错误。对于履行期届满后的以物抵债协议，《民法典合同编通则解释》第 27 条第 1、2 款规定："债务人或者第三人与债权人在债务履行期限届满后达成以物抵债协议，不存在影响合同效力情形的，人民法院应当认定该协议自当事人意思表示一致时生效。债务人或者第三人履行以物抵债协议后，人民法院应当认定相应的原债务同时消灭；债务人或者第三人未按照约定履行，经催告后在合理期限内仍不履行，债权人选择请求履行原债务或者以物抵债协议的，人民法院应予支持，但是法律另有规定或者当事人另有约定的除外。"据此可知，履行期届满后的以物抵债协议属于诺成性合同，且债权人有权请求债务人履行以物抵债协议。本题中，双方交付古画的行为属于履行借款合同义务，即以他种给付代替原给付。选项 B 正确。对于履行期届满后的以物抵债协议，债务人有义务履行，其在履行前并无反悔权利，选项 C 错误。如果古画交付，该古画所有权转让的行为属于有偿的转让，与买卖相近。参照《民法典》第 617 条，王某应像出卖人那般承担瑕疵担保责任，选项 D 正确。

**4.** ［答案］A　　　［难度］易
［考点］清偿的抵充

[命题和解题思路] 本题围绕清偿的抵充这一考点展开，是对《民法典》第560条的简单考查，基本上属于送分题。解答本题时只需要结合《民法典》第560条展开分析即可。

[选项分析] 清偿抵充是指一个债务人对于同一个债权人负担数项同种债务，或负担同一项合同债务而约定数次给付的，若此次债务人的给付不足以清偿全部债务，决定以该给付抵充某项或某几项债务的制度。《民法典》第560条规定："债务人对同一债权人负担的数项债务种类相同，债务人的给付不足以清偿全部债务的，除当事人另有约定外，由债务人在清偿时指定其履行的债务。债务人未作指定的，应当优先履行已经到期的债务；数项债务均到期的，优先履行对债权人缺乏担保或者担保最少的债务；均无担保或者担保相等的，优先履行债务人负担较重的债务；负担相同的，按照债务到期的先后顺序履行；到期时间相同的，按照债务比例履行。"本题中，2012年2月，第一笔债务已经到期，第二笔债务尚未到期。因此，胡某2010年2月归还的100万元应当认定为归还2006年的借款。选项B、C、D均错误，选项A正确。

**5.** [答案] A　　　[难度] 难

[考点] 以物抵债；第三人代为履行；抵押权的设定

[命题和解题思路] 本题将以物抵债与抵押权等问题融合在一起考查，具有一定的综合性，颇具考查难度。解题时，考生需要结合时间线索分析各个法律事实的法律意义。此外，考生需要准确区分第三人代为履行与以物抵债，后者往往是债务人与债权人达成的，不一定会涉及第三人。

[选项分析]《民法典合同编通则解释》第27条第1、2款规定："债务人或者第三人与债权人在债务履行期限届满后达成以物抵债协议，不存在影响合同效力情形的，人民法院应当认定该协议自当事人意思表示一致时生效。债务人或者第三人履行以物抵债协议后，人民法院应当认定相应的原债务同时消灭；债务人或者第三人未按照约定履行以物抵债协议，经催告后在合理期限内仍不履行，债权人选择请求履行原债务或者以物抵债协议的，人民法院应予支持，但是法律另有规定或者当事人另有约定的除外。"据此可知，履行期届满后的以物抵债协议具有诺成性，其本身并不能变动物权，须履行后才能变动物权并消灭债务。本题中，甲、乙之间签订的《协议一》具有以物抵债协议的性质，具体属于履行期届满后的以物抵债协议。不过，甲未依约将该用地使用权过户到乙名下，该以物抵债协议尚未履行，原债务不消灭。该建设用地使用权仍归属于甲，甲公司抵押建设用地使用权的行为属于有权处分。既然甲公司属于有权处分，那么银行就是通过正常有效的合同与抵押权登记而取得抵押权，并非善意取得。选项B与选项C均错误，选项A正确。

选项D考查以物抵债与第三人代为履行之间的关系。代为清偿指的是第三人代为清偿，也称第三人代为履行，是指有合法利益的第三人在债务人不履行债务时代债务人向债权人履行。本题中，甲自己就是债务人，并非第三人，因此显然不构成第三人代为清偿。选项D错误。

# 第二十二章　无因管理

📶 **1.** 外卖小哥甲在送外卖路上看见乙跳河自杀，于是将自己的手机等财物交给路人丙保管，从十米高的桥上跳下去，导致背部受伤。救助过程中，乙因不断挣扎致手臂脱臼。路人丙不慎将甲的手机摔坏。对此，下列哪一说法是正确的？（2023年回忆版）

A. 甲有权请求丙赔偿手机的损失

B. 甲有权请求乙赔偿手机的损失

C. 甲可以请求乙适当补偿其人身损害

D. 甲应赔偿乙的人身损害

📶 **2.** 2017年3月2日，吕某前往超市购物，途中遇孟某牵一只泰迪狗迎面走来。泰迪狗突然上前追咬吕某。路人张某为救吕某，拿起旁边菜贩的伞与泰迪狗搏斗。结果吕某得救，张某被狗咬

伤，花去医药费 2000 元。对此，下列哪一说法是错误的？（2018 年回忆版）

　　A. 张某的行为构成无因管理

　　B. 张某的行为不构成无因管理

　　C. 张某可以请求吕某支付 2000 元医药费

　　D. 张某可以请求孟某支付 2000 元医药费

📶 **3.** 甲的房屋与乙的房屋相邻。乙把房屋出租给丙居住，并为该房屋在 A 公司买了火灾保险。某日甲见乙的房屋起火，唯恐大火蔓延自家受损，遂率家人救火，火势得到及时控制，但甲被烧伤住院治疗。下列哪一表述是正确的？（2014-3-20）

　　A. 甲主观上为避免自家房屋受损，不构成无因管理，应自行承担医疗费用

　　B. 甲依据无因管理只能向乙主张医疗费赔偿，因乙是房屋所有人

　　C. 甲依据无因管理只能向丙主张医疗费赔偿，因丙是房屋实际使用人

　　D. 甲依据无因管理不能向 A 公司主张医疗费赔偿，因甲欠缺为 A 公司的利益实施管理的主观意思

📶 **4.** 下列哪一情形会引起无因管理之债？（2013-3-21）

　　A. 甲向乙借款，丙在明知诉讼时效已过后擅自代甲向乙还本付息

　　B. 甲在自家门口扫雪，顺便将邻居乙的小轿车上的积雪清扫干净

　　C. 甲与乙结婚后，乙生育一子丙，甲抚养丙 5 年后才得知丙是乙和丁所生

　　D. 甲拾得乙遗失的牛，寻找失主未果后牵回暂养。因地震致屋塌牛死，甲出卖牛皮、牛肉获价款若干

## 详　解

**1.** [答案] C　　[难度] 中

[考点] 保管合同、无因管理

[命题和解题思路] 本题由 2023 年 6 月外卖小哥跳河救人这一热点事件改编而来，集中考查了见义勇为行为以及无因管理这两个考点，同时命题人还融入了保管合同的考查，有一定难度。对于手机的损害，考生需要明确甲与丙之间存在无偿保管合同，应在无偿保管合同的基础上展开分析，尤其需要注意基于无偿性，保管人的注意

义务有所降低，仅对故意或重大过失导致的损害承担赔偿责任。对于甲的人身损害以及乙的人身损害，考生需要综合见义勇为行为与无因管理的相关规则展开分析。在体系上考生需要注意，见义勇为行为属于特殊的无因管理。对于见义勇为者在见义勇为过程中所受损失的填补问题，应优先考虑适用《民法典》第 183 条。对于见义勇为中的紧急救助行为，受助人的损害赔偿问题，应优先考虑适用《民法典》第 184 条。

[选项分析] A 选项与 B 选项均与甲手机损害的赔偿问题相关，涉及的考点是保管合同。甲跳河救人之前将自己的手机等财物交给路人丙保管，由此甲与丙缔结了无偿的保管合同。《民法典》第 897 条规定，保管期内，因保管人保管不善造成保管物毁损、灭失的，保管人应当承担赔偿责任。但是，无偿保管人证明自己没有故意或者重大过失的，不承担赔偿责任。据此，丙作为无偿保管人仅在有故意或重大过失时承担赔偿责任，而本题中丙因紧张不慎掉落手机，可能存在过失但并不构成重大过失，因此对于甲的手机损失，丙无需赔偿。A 选项错误。甲的手机是因丙的行为而受损，与受助人乙无关，乙自然无需赔偿手机的损失。B 选项错误。

C 选项考查见义勇为行为中见义勇为人的损害填补问题。《民法典》第 183 规定，因保护他人民事权益使自己受到损害的，由侵权人承担民事责任，受益人可以给予适当补偿。没有侵权人、侵权人逃逸或者无力承担民事责任，受害人请求补偿的，受益人应当给予适当补偿。据此，甲的见义勇为行为构成无因管理，对于其背部受伤所产生的损害，有权请求受益人乙给予适当补偿。C 选项正确。

D 选项考查紧急救助行为中对受助人损害的赔偿问题。《民法典》第 184 条规定，因自愿实施紧急救助行为造成受助人损害的，救助人不承担民事责任。据此，救助过程中，因乙不断挣扎，其手臂脱臼，这一损害是因甲的紧急救助行为造成的，对此甲可以免责，无需赔偿乙的人身损害。D 选项错误。

**2.** [答案] B　　[难度] 中

[考点] 无因管理；饲养动物致害责任

[命题和解题思路] 本题将无因管理与饲养动

物致害责任结合考查，命题角度较为新颖，考查难度适中。对于无因管理，考生需要结合无因管理的构成要件判断张某的行为构成无因管理。对于饲养动物致害责任，考生需要重点关注其归责原则与责任减免事由。

[选项分析]《民法典》第121条规定："没有法定的或者约定的义务，为避免他人利益受损失而进行管理的人，有权请求受益人偿还由此支出的必要费用。"据此可知，无因管理有三个构成要件：（1）管理他人事务；（2）具有管理意思；（3）无法定或约定义务。本题中，路人张某为避免吕某受到伤害与狗进行扭打，使自己受到伤害，构成无因管理，张某的行为符合无因管理之债的构成。选项A正确；选项B错误。

选项C考查无因管理的法律后果。《民法典》第979条第1款规定："管理人没有法定的或者约定的义务，为避免他人利益受损失而管理他人事务的，可以请求受益人偿还因管理事务而支出的必要费用；管理人因管理事务受到损失的，可以请求受益人给予适当补偿。"本题中，张某为避免吕某被狗追咬导致自己被狗咬伤，吕某是受益人，因此，张某可以请求吕某支付2000元医药费。选项C正确。

选项D考查饲养动物致害责任。《民法典》第1245条规定："饲养的动物造成他人损害的，动物饲养人或者管理人应当承担侵权责任；但是，能够证明损害是因被侵权人故意或者重大过失造成的，可以不承担或者减轻责任。"本题中，张某为避免吕某受损害与孟某的狗扭打，并无故意或重大过失。张某被咬伤后有权请求动物的饲养人孟某承担无过错责任。选项D正确。

**3.** [答案] D　　　[难度] 中

[考点] 无因管理

[命题和解题思路] 本题主要考查无因管理之债的债务人，考查难度适中。解题时，考生需要明确本题中房屋所有人乙和房屋承租人丙都是救火行为的直接受益人，甲与乙、甲与丙可以分别成立无因管理之债。

[选项分析]《民法典》第979条第1款规定："管理人没有法定的或者约定的义务，为避免他人利益受损失而管理他人事务的，可以请求受益人偿还因管理事务而支出的必要费用；管理人因管理事务

受到损失的，可以请求受益人给予适当补偿。"据此可知，无因管理有三个构成要件：（1）管理他人事务；（2）具有管理意思；（3）无法定或约定义务。

选项A考查要件（2）。甲虽然主观上有为自己的利益，但是也有为他人的利益管理的意思，为他人利益之意思并不排除为自己利益意思的并存。选项A错误。

选项B、C、D考查无因管理之债的债务主体。《民法典》第979条第1款中的"他人"是指因管理行为而直接受益的人。本题中，房屋所有人乙和房屋承租人丙都是救火行为的直接受益人，甲与乙、甲与丙可以分别成立无因管理之债。因此，甲可以选择向乙或者丙主张医疗费赔偿。选项B与选项C错误。此外，人们通常不会认为甲有为保险公司管理的主观意思，故保险公司虽为受益人，但该主观意思并不存在，甲欠缺为A公司管理的主观意思，故甲和保险公司之间不成立无因管理之债。选项D正确。

**4.** [答案] D　　　[难度] 中

[考点] 无因管理；情谊行为

[命题和解题思路] 本题通过四个互相独立的小案例，考查了无因管理以及其与情谊行为的区别，考查难度适中。解题时，考生需要结合无因管理的构成要件分析。

[选项分析]《民法典》第979条第1款规定："管理人没有法定的或者约定的义务，为避免他人利益受损失而管理他人事务的，可以请求受益人偿还因管理事务而支出的必要费用；管理人因管理事务受到损失的，可以请求受益人给予适当补偿。"据此，无因管理有三个构成要件：（1）管理他人事务；（2）具有管理意思；（3）无法定或约定义务。

选项A中，该债务的诉讼时效已过，甲本可向乙主张诉讼时效的抗辩，但是丙在明知的情形下擅自代甲清偿债务，虽然使甲因债务清偿而受益，但同时也导致甲丧失了时效利益，这实际上违背了甲的合理主观愿望，不满足"为他人利益"的主观条件，因此不构成无因管理。选项A错误。

选项B考查情谊行为和无因管理的区别，有一定的干扰性。无因管理要构成债的关系，需要

成立某种债法上的请求权基础，因此，如果仅仅符合无因管理的构成要件，但并不产生任何债权请求权（必要管理费用、因管理自损、因管理不当损害被管理人利益等），则也不符合本题题干的要求"引起无因管理之债"。本选项仅构成情谊行为型的无因管理，顺便清理邻居乙的小轿车上的积雪，并不产生民法上的债权债务关系。选项 B 错误。

选项 C 中，甲抚养丙时并不知道其为他人孩子，其主观上还是主要为了自己，没有管理他人事务的意思，不符合无因管理的主观要件。不构成无因管理，也就不会产生无因管理之债。选项 C 错误。

选项 D 中，甲拾得遗失物之后主动寻找失主未果后牵回家暂养的行为具有主动管理他人之物的管理意思，并且客观上有利于他人，因地震致房屋坍塌之后出卖牛皮、牛肉的行为有利于他人，故该行为构成无因管理。选项 D 正确。

# 第二十三章　不当得利

## 试　题

**1.** 王某有王甲、王乙两个儿子，其立下遗嘱，声明全部财产归王乙所有。王某死后，王乙把一幅名画卖掉，所获得的 100 万元赠送给王甲。数日后，王某的朋友李某向王乙索要该画，称是自己的画在王某处保管。关于李某的权利，下列哪一说法是正确的？（2023 年回忆版）

　　A. 李某有权请求王甲返还 100 万元
　　B. 李某有权请求王乙返还 100 万元
　　C. 王乙可以善意取得字画的所有权
　　D. 李某有权请求王乙承担侵权损害赔偿

**2.** 某日深夜，乙擅自将自己的轿车停放在甲的停车位上。甲驾车回来，发现车位被占用，且无法联系乙，附近也没有可用车位，遂致电拖车公司将乙的轿车拖走，并支付拖车费 300 元。对此，下列哪些说法是正确的？（2020 年回忆版）

　　A. 乙侵害了甲对停车位的物权
　　B. 乙构成不当得利
　　C. 甲有权请求乙承担缔约过失责任
　　D. 甲有权请求乙返还其支付的拖车费

**3.** 下列哪一情形产生了不当得利之债？（2013-3-20）

　　A. 甲欠乙款超过诉讼时效后，甲向乙还款
　　B. 甲欠乙款，提前支付全部利息后又在借期届满前提前还款
　　C. 甲向乙支付因前晚打麻将输掉的 2000 元现金
　　D. 甲在乙银行的存款账户因银行电脑故障多

出 1 万元

## 详　解

**1.** [答案] B　　[难度] 易

[考点] 不当得利、善意取得、侵权责任的基本构成要件

[命题和解题思路] 本题的命题特色在于，尽管总体上的事实背景是继承，但是四个选项考查的知识点都属于物权或债法。在解题思路上，考生应先分析在各个时间节点下，名画的所有权归谁以及物权是如何变动的，在此基础上讨论 100 万元的返还以及侵权责任的成立问题。对于王甲是否需要返还 100 万元的问题，考生需要注意王乙与王甲之间存在有效的赠与合同，作为赠与财产的 100 万元并非不当得利。第三人善意取得名画后，王乙取得的 100 万元属于不当得利。对于王乙是否需要承担侵权责任，考生应先分析属于一般侵权还是特殊侵权，在此基础上结合侵权责任的构成要件展开分析，秉持构成要件思维，且需要特别注意其中的过错要件。

[选项分析] 选项 A 与选项 B 均考查不当得利返还请求权。根据《民法典》第 985 条的规定，得利人没有法律根据取得不当利益的，受损失的人可以请求得利人返还取得的利益。据此，不当得利返还请求权的构成要件有四：（1）一方受损；（2）他方受益；（3）受损与受益之间具有因果关系；（4）得利欠缺法律上的原因。结合本题，王甲取得 100 万元是基于王乙与王甲之间有效的赠与合同，并非不当得利。李某无权向王甲主张返还。至于李某是否有权请求王乙返还，王某死后，

王乙把名画卖掉之前，该画仍然属于李某，王乙构成无权处分。结合《民法典》第311条关于善意取得的规定可知，尽管王乙无权处分，但善意的买方信赖其所有权外观，约定了合理的价格，并且已经交付，买方可以善意取得该画。王乙获得了100万元价款，其保留这笔价款并无法律根据，李某的名画所有权消灭，存在损失，二者之间有因果关系，李某有权基于不当得利请求王乙将100万元返还。选项A错误，选项B正确。

选项C考查善意取得。本题中，王乙是通过遗嘱继承的方式获得王某生前的所有合法遗产，该名画是李某所有，并非王某的遗产，王乙无法通过遗嘱继承取得名画的所有权，此时并无适用善意取得制度的空间。选项C错误。

选项D考查侵权责任的构成要件。比较容易判断的是，王乙的行为可能构成一般侵权。《民法典》第1165条第1款规定，行为人因过错侵害他人民事权益造成损害的，应当承担侵权责任。据此，王某死后，王乙把一幅名画卖掉，从中无法推知王乙存在过错，从题干显示的情节来看，王乙对名画属于李某所有并不知情，处分该画时并不存在过错，因此王乙的侵权责任并不成立。选项D错误。

**2.** ［答案］ABD　　［难度］难

［考点］物权的保护；不当得利；缔约过失责任

［命题和解题思路］本题从擅自将自己的轿车停放在他人停车位上这一事实出发，考查了多个知识点，综合性较强，有一定考查难度。解题时，考生不妨先分析四个选项各自涉及的知识点，再具体结合相关知识作答，分析时需要秉持构成要件思维。

［选项分析］选项A与选项D考查物权的保护。停车位在现行法上如果被独立地登记，也是独立的不动产。甲购买该停车位就享有停车位的所有权。乙在未取得甲的同意时占用甲的停车位，构成对甲停车位所有权的侵害。《民法典》第235条规定："无权占有不动产或者动产的，权利人可以请求返还原物。"甲可以请求乙返还该停车位，返还的费用由乙承担。甲支出的300元费用实际上属于返还占有的费用，应由乙承担。选项A与选项D正确。

选项B考查不当得利。《民法典》第122条规定："因他人没有法律根据，取得不当利益，受损失的人有权请求其返还不当利益。"该条是关于不当得利的一般规定。本题中，乙恶意侵占获得车位的占有，并导致甲对停车位的占有丧失，属于典型的侵害型不当得利。选项B正确。

选项C考查缔约过失责任。《民法典》第500条规定："当事人在订立合同过程中有下列情形之一，造成对方损失的，应当承担赔偿责任：（一）假借订立合同，恶意进行磋商；（二）故意隐瞒与订立合同有关的重要事实或者提供虚假情况；（三）有其他违背诚信原则的行为。"据此，成立缔约过失责任的要件为：（1）一方违反先合同义务；（2）相对方受有损失；（3）先合同义务的违反与损失之间有因果关系；（4）违反先合同义务者有过错。本题中，甲、乙二人没有为了订立合同而接触或磋商，相互之间也不负先合同义务，因此不成立缔约过失责任。选项C错误。

**3.** ［答案］D　　［难度］中

［考点］不当得利

［命题和解题思路］本题通过四个互相独立的小案例对不当得利进行考查，考查难度适中。需要指出的是，本题各个选项均存在将不当得利考点与其他考点融合的情形，考生解题时需要将不当得利的知识与其他考点的知识有机地融合在一起。

［选项分析］选项A考查诉讼时效届满的法律效果。《民法典》第192条第2款规定："诉讼时效期间届满后，义务人同意履行的，不得以诉讼时效期间届满为由抗辩；义务人已经自愿履行的，不得请求返还。"据此，诉讼时间届满后的债权债务仍存在，只是债务人获得了抗辩权，如果债务人自愿履行，债权人的受领并非没有法律根据，不构成不当得利。选项A错误。

选项B考查提前履行。《民法典》第530条规定："债权人可以拒绝债务人提前履行债务，但是提前履行不损害债权人利益的除外。债务人提前履行债务给债权人增加的费用，由债务人负担。"借款人提前还款付息，是放弃期限利益的行为，债权人并不构成不当得利。选项B错误。

选项C考查赌债的法律性质。甲打麻将输掉后形成了赌债，该债务属于自然之债，其尽管不受法律的强制力保护，但债务人甲给付后也不得请求返还，且不构成不当得利。选项 C 错误。

选项 D 考查不当得利的构成要件。《民法典》第 122 条规定："因他人没有法律根据，取得不当利益，受损失的人有权请求其返还不当利益。"据此，现行法上不当得利返还请求权的构成需要满足以下要件：（1）一方取得利益；（2）他人受有损失；（3）取得利益没有法律根据；（4）存在因果关系。本题中，因为电脑发生故障，甲的账户多出 1 万元，甲受有利益，银行受有损失，两者之间存在因果关系，且该利益的获得没有法律上的根据，因此构成不当得利。选项 D 正确。

# 第二十四章　合同的订立

## 试　题

**1.** 甲与乙在餐厅就餐，甲提出想把自己的车以 8 万元的价格卖了换成新能源车。在附近就餐的丙听到后跟甲说：我愿以 8 万元的价格买你的车，甲说考虑考虑。后来丙让甲赶紧签合同，甲说不卖了。对此，下列哪一说法是正确的？（2023 年回忆版）

A. 甲作出了要约　　B. 甲作出了承诺

C. 丙作出了要约　　D. 丙作出了承诺

**2.** 甲公司一直在乙公司订餐，以往的方式都是通过电子邮件沟通，乙公司看到邮件无异议就开始准备，有意见时才会回复。某日，甲公司发送了订餐邮件，但用餐时间已过却迟迟未见送餐，不得已比平日多花了 2000 元向另一公司订餐。后询问得知，乙公司换了新员工负责与甲公司的对接，新员工看到邮件觉得价格不合适就没有回复。对此，下列哪些说法是正确的？（2022 年回忆版）

A. 乙公司应基于缔约过失责任赔偿甲公司 2000 元损失

B. 因乙公司未回复，合同未成立

C. 乙公司应基于违约责任赔偿甲公司 2000 元损失

D. 尽管乙公司未回复，但合同已经成立并生效

**3.** 德凯公司拟为新三板上市造势，在无真实交易意图的情况下，短期内以业务合作为由邀请多家公司来其主要办公地点洽谈。其中，真诚公司安排授权代表往返十余次，每次都准备了详尽可操作的合作方案，德凯公司佯装感兴趣并屡次表达将签署合同的意愿，但均在最后一刻推脱拒签。其间，德凯公司还将知悉的真诚公司的部分商业秘密不当泄露。对此，下列哪一说法是正确的？（2017-3-12）

A. 未缔结合同，则德凯公司就磋商事宜无需承担责任

B. 虽未缔结合同，但德凯公司构成恶意磋商，应赔偿损失

C. 未缔结合同，则商业秘密属于真诚公司自愿披露，不应禁止外泄

D. 德凯公司也付出了大量的工作成本，如被对方主张赔偿，则据此可主张抵销

**4.** 甲隐瞒了其所购别墅内曾发生恶性刑事案件的事实，以明显低于市场价的价格将其转卖给乙；乙在不知情的情况下，放弃他人以市场价出售的别墅，购买了甲的别墅。几个月后乙获悉实情，向法院申请撤销合同。关于本案，下列哪些说法是正确的？（2016-3-59）

A. 乙须在得知实情后一年内申请法院撤销合同

B. 如合同被撤销，甲须赔偿乙在订立及履行合同过程当中支付的各种必要费用

C. 如合同被撤销，乙有权要求甲赔偿主张撤销时别墅价格与此前订立合同时别墅价格的差价损失

D. 合同撤销后乙须向甲支付合同撤销前别墅的使用费

## 详　解

**1.** [答案] C　　[难度] 易

[考点] 要约、承诺

[命题和解题思路] 从四个选项的表述可知，本题考查的知识点十分明确，即合同订立过程中的要约与承诺，难度不大。解答本题时，考生需

要结合要约与承诺的概念及其构成要件，分析题干中甲与丙二人的行为是否构成要约或承诺。

[选项分析]《民法典》第472条规定，要约是希望与他人订立合同的意思表示，该意思表示应当符合下列条件：（1）内容具体确定；（2）表明经受要约人承诺，要约人即受该意思表示约束。《民法典》第479条规定，承诺是受要约人同意要约的意思表示。据此分析本题中甲与丙的各行为：（1）甲提出想把自己的车以8万元的价格卖了换新能源车，该表示并无明确的相对方，也并未表明受要约人承诺，要约人即受该意思表示约束。因此该行为不构成要约，也不构成承诺。（2）丙听到后跟甲说：我要以8万元的价格买你的车。丙的这一行为构成要约。（3）甲说考虑考虑，这一行为既不是要约，也不是承诺。（4）丙让甲赶紧签合同，这一行为既不是要约，也不是承诺；（5）甲说不卖了，这一行为构成对丙要约的拒绝，其既不是要约，也不是承诺。

综上，在题干中，甲既未作出要约，也未作出承诺；丙只作出了要约，并未作出承诺。A、B与D选项均错误，C选项正确。

**2.** [答案] CD　　[难度] 中

[考点] 合同的订立、缔约过失责任、违约责任

[命题和解题思路] 本题围绕两家公司之间的订餐法律事实而展开，考查了合同上的多个考点，考查难度适中。从四个选项的表述来看，本题解答的关键在于准确分析和判断甲公司与乙公司之间的订餐合同是否成立并生效，这也是本题解答的难点。解答本题时，考生需要抓住核心问题——乙公司的沉默（不回复邮件）是否构成承诺？沉默原则上不能作为意思表示，只有在有法律规定、当事人约定或者符合当事人之间的交易习惯时，才可以视为意思表示。考生需要结合题干事实分析出，甲、乙两家公司之间的订餐是以乙公司的沉默视为承诺的交易习惯。对此交易习惯，不因乙公司内部员工的更替而变化。在此基础上，可以判断出尽管乙公司未回复，但订餐的合同已经成立并生效，乙公司有义务按照甲公司邮件内容备餐并按时提供。由此，四个选项就能一一得到解答。此外，还需要提醒考生：其一，缔约过失责任与违约责任之间有性质差异，需要明确区

分，违约责任涉及的是违反合同义务，以存在有效的合同为前提，而缔约过失责任涉及的是违反先合同义务，无需存在一个有效合同；其二，选项A与选项C互相矛盾，选项B与选项D互相矛盾。本题为多选题，因此本题的答案大概率应是两项。

[选项分析] 本题的核心问题是甲、乙两公司之间的订餐合同是否已经成立并生效。甲公司发送了订餐邮件，在性质上属于要约（《民法典》第472条），比较有疑问的是乙公司未回复（沉默）是否构成承诺。《民法典》第140条第2款规定："沉默只有在有法律规定、当事人约定或者符合当事人之间的交易习惯时，才可以视为意思表示。"据此可知，沉默只有在例外情形下才能视为意思表示。本题中，甲公司一直在乙公司订餐，以往的方式都是电子邮件沟通，乙公司看到邮件无异议就开始准备，有意见时才会回复，这一事实表明，甲公司与乙公司之间关于订餐是存在明确的交易习惯的，即对于甲公司的订餐要约，乙公司的沉默就视为承诺。在这一交易习惯之下，乙公司的沉默应视为承诺，而且这一交易习惯不因乙公司内部员工的更替而改变。因此，尽管乙公司更换了新员工，但是其未回复邮件，仍应视为承诺，甲公司与乙公司之间订餐的合同已经成立并生效。在此基础上，乙公司未能按照合同内容备餐并交付提供给甲公司，陷入违约状态，应当基于违约责任赔偿甲公司2000元损失。由于乙公司违反的是合同义务而非先合同义务，乙公司所应承担的不是缔约过失责任，而是违约责任。选项A与选项B均错误，选项C与选项D正确。

**3.** [答案] B　　[难度] 中

[考点] 缔约过失责任；抵销

[命题和解题思路] 本题围绕缔约过失责任展开考查，同时兼顾抵销这一考点，考查难度适中。解题时，考生需要结合缔约过失责任的构成要件进行分析。现行法上，《民法典》第500条与第501条都是关于缔约过失责任的规定。对于法定抵销，考生需要注意，其构成以双方当事人互负债务为前提。

[选项分析] 选项A、B、C均考查缔约过失责任。《民法典》第500条规定："当事人在订立

合同过程中有下列情形之一，造成对方损失的，应当承担赔偿责任：（一）假借订立合同，恶意进行磋商；（二）故意隐瞒与订立合同有关的重要事实或者提供虚假情况；（三）有其他违背诚信原则的行为。"据此，**成立缔约过失责任的要件为：（1）一方违反先合同义务；（2）相对方受有损失；（3）先合同义务的违反与损失之间有因果关系；（4）违反先合同义务者有过错**。本题中，德凯公司在无真实交易意图的情况下，佯装感兴趣并屡次表达将与真诚公司签署合同的意愿，但均在最后一刻推脱拒签，这属于"假借订立合同，恶意进行磋商"的行为。真诚公司安排授权代表往返十余次，每次都准备了详尽可操作的合作方案，这一事实表明德凯公司的恶意磋商行为给真诚公司造成了信赖利益的损失，成立缔约过失责任。缔约过失责任并不以合同缔结为前提。选项A错误，选项B正确。

《民法典》第501条规定："当事人在订立合同过程中知悉的商业秘密或者其他应当保密的信息，无论合同是否成立，不得泄露或者不正当地使用；泄露、不正当地使用该商业秘密造成对方损失的，应当承担赔偿责任。"本题中，德凯公司将知悉的真诚公司的部分商业秘密泄露是为法律所禁止的。选项C错误。

选项D考查法定抵销。《民法典》第568条第1款规定："当事人互负债务，该债务的标的物种类、品质相同的，任何一方可以将自己的债务与对方的到期债务抵销；但是，根据债务性质、按照当事人约定或者依照法律规定不得抵销的除外。"据此，抵销要求双方当事人互负债务，本题中，德凯公司应承担缔约过失责任，而相对方真诚公司并不构成缔约过失责任。德凯公司本身付出大量的工作成本是其公司经营支出的必要费用。这不符合法定抵销要件。选项D错误。

**4.** ［答案］ABCD ［难度］难
［考点］欺诈；缔约过失责任；不当得利
［命题和解题思路］本题将欺诈与缔约过失责任、不当得利等考点融合在一起考查，具有一定的综合性，颇具考查难度。解题时考生需要注意，别墅内曾发生恶性刑事案件的事实对别墅交易而言具有交易重要性，因为该事实会大大影响别墅的市场价格。甲明知该事实，在交易磋商过程中有告知义

务，但其不履行告知义务，属于消极的欺诈。明确了这一点，剩下的问题就可从容应对了，不论是撤销权的除斥期间还是撤销以后的法律效果，都是对现行法的直接考查。需要注意的是，乙占有使用别墅期间获得了一定的利益，合同撤销后，该利益成为不当得利，需要返还。

［选项分析］选项A考查撤销权的除斥期间。《民法典》第148条的规定："一方以欺诈手段，使对方在违背真实意思的情况下实施的民事法律行为，受欺诈方有权请求人民法院或者仲裁机构予以撤销。"本题中，别墅内曾发生恶性刑事案件的事实对别墅交易而言具有交易重要性，因为该事实会大大影响别墅的市场价格。**甲明知该事实，在交易磋商过程中有告知义务，但其不履行告知义务，属于消极的欺诈**。买受人乙有权主张撤销合同。《民法典》第152条第1款规定："有下列情形之一的，撤销权消灭：（一）当事人自知道或者应当知道撤销事由之日起一年内、重大误解的当事人自知道或者应当知道撤销事由之日起九十日内没有行使撤销权；（二）当事人受胁迫，自胁迫行为终止之日起一年内没有行使撤销权；（三）当事人知道撤销事由后明确表示或者以自己的行为表明放弃撤销权。"据此，乙应当在自知道或者应当知道撤销事由之日起1年内撤销。选项A正确。

选项B与选项C考查合同撤销后的缔约过失责任。《民法典》第157条规定："民事法律行为无效、被撤销或者确定不发生效力后，行为人因该行为取得的财产，应当予以返还；不能返还或者没有必要返还的，应当折价补偿。有过错的一方应当赔偿对方由此所受到的损失；各方都有错的，应当各自承担相应的责任。法律另有规定的，依照其规定。"据此，**合同被撤销后，若一方有过错并造成对方损害，需要承担缔约过失责任，其赔偿的范围为信赖利益，包括为缔约而付出的成本以及本来可得之利益**。本题中，前者体现为乙在订立及履行合同过程当中支付的各种必要费用，后者则体现为缔约机会的损失，即合同撤销时的别墅价格与此前订立合同时的别墅价格的差价损失。这两部分的损失都可以依据缔约过失责任主张赔偿。选项B与选项C正确。

选项D考查不当得利。《民法典》第122条规定："因他人没有法律根据，取得不当利益，受损失的人有权请求其返还不当利益。"据此，**现行法**

上不当得利的构成需要满足：（1）一方取得利益；（2）他人受有损失；（3）一方取得利益没有法律根据；（4）存在因果关系。本题中，乙占有使用别墅期间获得了一定的利益，在这段时间，甲无法占有使用该别墅而受有损失，二者之间存在因果关系，且因为合同被撤销，该利益欠缺法律上的依据，构成不当得利。因此，乙须向甲支付合同撤销前别墅的使用费。选项 D 正确。

# 第二十五章　合同履行抗辩权

## 试　题

📶 **1.** 甲与乙公司签订的房屋买卖合同约定："乙公司收到首期房款后，向甲交付房屋和房屋使用说明书；收到二期房款后，将房屋过户给甲。"甲交纳首期房款后，乙公司交付房屋但未立即交付房屋使用说明书。甲以此为由行使先履行抗辩权而拒不支付二期房款。下列哪一表述是正确的？（2015-3-10）

A. 甲的做法正确，因乙公司未完全履行义务

B. 甲不应行使先履行抗辩权，而应行使不安抗辩权，因乙公司有不能交付房屋使用说明书的可能性

C. 甲可主张解除合同，因乙公司未履行义务

D. 甲不能行使先履行抗辩权，因甲的付款义务与乙公司交付房屋使用说明书不形成主给付义务对应关系

📶 **2.** 甲公司向乙公司购买小轿车，约定 7 月 1 日预付 10 万元，10 月 1 日预付 20 万元，12 月 1 日乙公司交车时付清尾款。甲公司按时预付第一笔款。乙公司于 9 月 30 日发函称因原材料价格上涨，需提高小轿车价格。甲公司于 10 月 1 日拒绝，等待乙公司答复未果后于 10 月 3 日向乙公司汇去 20 万元。乙公司当即拒收，并称甲公司迟延付款构成违约，要求解除合同，甲公司则要求乙公司继续履行。下列哪一表述是正确的？（2014-3-12）

A. 甲公司不构成违约

B. 乙公司有权解除合同

C. 乙公司可行使先履行抗辩权

D. 乙公司可要求提高合同价格

## 详　解

**1.** [答案] D　[难度] 难

[考点] 先履行抗辩权；不安抗辩权；合同解除

[命题和解题思路] 本题主要考查双务合同的履行抗辩权，同时兼顾对合同解除的考查，有一定考查难度。现行法规定了三种双务合同的履行抗辩权：同时履行抗辩权、先履行抗辩权与不安抗辩权。考生在解题时一方面需要明确这三种履行抗辩权各自适用的场景，另一方面也需要注意其构成要件。

[选项分析] 首先需要判断本题中合同的内容和相应抗辩权的类型。本题中，甲与乙公司之间的合同约定，甲向乙公司支付首期房款后，乙公司交付房屋和房屋使用说明书；甲支付二期房款后，乙公司将房屋过户给甲。该合同可分为三段先后履行顺序及三对权利义务关系：（1）甲支付首付款的对应义务是乙公司交房和交付说明书；（2）乙公司交房和交付房屋使用说明书对应的义务是甲支付二期房款；（3）甲支付二期房款对应的义务是乙公司完成过户。而纠纷焦点针对（2）阶段，即甲以乙公司未交付房屋说明书为抗辩理由拒绝支付二期房款。问题设置也是围绕甲的这一做法的性质、抗辩权类型以及行使条件。

选项 A 与选项 D 考查先履行抗辩权。《民法典》第 526 条规定："当事人互负债务，有先后履行顺序，应当先履行债务一方未履行的，后履行一方有权拒绝其履行请求。先履行一方履行债务不符合约定的，后履行一方有权拒绝其相应的履行请求。"从此规定可以看出：只有后履行一方才享有先履行抗辩权；而且双务合同履行抗辩权属于对待给付的抗辩。本题（2）阶段中，针对乙公司的房屋使用说明书交付义务，甲的二期付款义务在后履行，甲属于后履行一方，符合先履行抗辩权主体的条件，可以行使先履行抗辩权。但是，抗辩权的行使要求具有相应性。本案中乙公司交付房屋使用说明书属于从给付义务，原则上对从给付义务不得主张先履行抗辩权。因此，甲不能

因乙公司未履行交付房屋使用说明书的从给付义务而拒绝履行支付二期房款的主给付义务，故甲的先履行抗辩权行使不当。选项 A 错误，选项 D 正确。

选项 B 考查不安抗辩权。《民法典》第 527 条规定："应当先履行债务的当事人，有确切证据证明对方有下列情形之一的，可以中止履行：（一）经营状况严重恶化；（二）转移财产、抽逃资金，以逃避债务；（三）丧失商业信誉；（四）有丧失或者可能丧失履行债务能力的其他情形。当事人没有确切证据中止履行的，应当承担违约责任。"在（2）阶段中，甲属于后履行一方，不符合不安抗辩权的主体条件，所以甲不能行使不安抗辩权。选项 B 错误。

选项 C 考查合同解除。《民法典》第 563 条第 1 款规定："有下列情形之一的，当事人可以解除合同：（一）因不可抗力致使不能实现合同目的；（二）在履行期限届满前，当事人一方明确表示或者以自己的行为表明不履行主要债务；（三）当事人一方迟延履行主要债务，经催告后在合理期限内仍未履行；（四）当事人一方迟延履行债务或者有其他违约行为致使不能实现合同目的；（五）法律规定的其他情形。"本题中，乙公司交付了房屋，已经履行了主要债务，所以甲不享有《民法典》第 563 条第 1 款规定的合同解除权。同时，乙公司未交付房屋使用说明书，属于迟延履行从给付义务，该违约行为并不会导致房屋买卖合同的目的无法实现，所以甲不享有《民法典》第 563 条第 1 款规定的合同解除权。选项 C 错误。

**2.** ［答案］A　　　［难度］中

［考点］先履行抗辩权；合同解除；违约责任

［命题和解题思路］本题考查了多个考点，涉及先履行抗辩权、合同解除、违约责任与情势变更，虽有综合性，但整体上考查难度适中。解答本题时，考生首先要按照时间线梳理当事人之间的法律关系，在此基础上结合相关考点所涉及的现行法条文内容进行分析作答。需要提醒注意的是，合同的变更原则上需要双方的一致同意，原材料价格的上涨原则上属于正常的商业风险。

［选项分析］选项 A 考查违约责任。本题中，对于乙公司单方提出的提价要求，甲公司并未同意。《民法典》第 543 条规定："当事人协商一致，可以变更合同。"据此，双方的合同并未发生变更，甲公司按约预付第一笔款，并未违反双方的约定，不构成违约。选项 A 正确。

选项 B 考查合同解除。《民法典》第 563 条第 1 款规定："有下列情形之一的，当事人可以解除合同：（一）因不可抗力致使不能实现合同目的；（二）在履行期限届满前，当事人一方明确表示或者以自己的行为表明不履行主要债务；（三）当事人一方迟延履行主要债务，经催告后在合理期限内仍未履行；（四）当事人一方迟延履行债务或者有其他违约行为致使不能实现合同目的；（五）法律规定的其他情形。"本题中，甲并不存在违约情形，也不存在法定解除事由。选项 B 错误。

选项 C 考查先履行抗辩权。《民法典》第 526 条规定："当事人互负债务，有先后履行顺序，应当先履行债务一方未履行的，后履行一方有权拒绝其履行请求。先履行一方履行债务不符合约定的，后履行一方有权拒绝其相应的履行请求。"本题中，先履行一方甲按照约定履行第一、二笔债务，乙公司不得行使先履行抗辩权。选项 C 错误。

选项 D 考查情势变更。《民法典》第 533 条第 1 款规定："合同成立后，合同的基础条件发生了当事人在订立合同时无法预见的、不属于商业风险的重大变化，继续履行合同对于当事人一方明显不公平的，受不利影响的当事人可以与对方重新协商；在合理期限内协商不成的，当事人可以请求人民法院或者仲裁机构变更或者解除合同。"据此，正常的商业风险并不构成情势变更，而在本题中，在没有其他额外事实的条件下，原材料价格上涨属于正常的商业风险，不属于情势变更，因此，乙公司无权要求提高合同价格。选项 D 错误。

# 第二十六章　合同的解除

某律师事务所指派吴律师担任某案件的一、二审委托代理人。第一次开庭后，吴律师感觉案件复杂，本人和该事务所均难以胜任，建议不再继续代理。但该事务所坚持代理。一审判决委托人败诉。下列哪些表述是正确的？（2013-3-60）

A. 律师事务所有权单方解除委托合同，但须承担赔偿责任

B. 律师事务所在委托人一审败诉后不能单方解除合同

C. 即使一审胜诉，委托人也可解除委托合同，但须承担赔偿责任

D. 只有存在故意或者重大过失时，该律师事务所才对败诉承担赔偿责任

## 详　解

[答案] AC　　　[难度] 中

[考点] 委托合同；合同解除

[命题和解题思路] 本题考查的知识点较为单一，即委托合同中的任意解除权，考查难度适中。考生只需结合《民法典》关于委托合同任意解除权的规定作答即可。

[选项分析] 选项 A、B、C 考查委托合同的任意解除权。《民法典》第 933 条规定："委托人或者受托人可以随时解除委托合同。因解除合同造成对方损失的，除不可归责于该当事人的事由外，无偿委托合同的解除方应当赔偿因解除时间不当造成的直接损失，有偿委托合同的解除方应当赔偿对方的直接损失和合同履行后可以获得的利益。"据此结合本题，委托合同双方拥有任意解除权，律师事务所有权单方解除委托合同，但应赔偿合同解除给对方造成的直接损失和合同履行后可以获得的利益。选项 B 错误，选项 A 与选项 C 正确。

选项 D 涉及委托合同中受托人的违约责任。《民法典》第 929 条第 1 款规定："有偿的委托合同，因受托人的过错造成委托人损失的，委托人可以请求赔偿损失。无偿的委托合同，因受托人的故意或者重大过失造成委托人损失的，委托人可以请求赔偿损失。"本题并未说明该委托合同系有偿还是无偿，但律师事务所属于专业服务机构，其行为一般是经营行为。所以不能直接认为：只有存在故意或者重大过失情况下，该律师事务所才能对败诉承担赔偿责任。故 D 选项错误。

# 第二十七章　违约责任

**1.** 甲在乙商家预订了一个洗漱台，丙公司的安装工赵某来甲家安装，说要先卸旧台子，费用50 元。甲问乙商家，乙商家回复称：安装外包给了第三方丙公司，不包括拆卸费。赵某在拆卸过程中损坏了墙壁，造成 40 元损失，在安装新洗漱台时碰坏了杯子，造成 60 元损失。对此，下列哪一说法是正确的？（2023 年回忆版）

A. 甲有权请求乙商家承担 50 元的违约责任

B. 甲有权请求丙公司承担 40 元的违约责任

C. 甲有权请求丙公司承担 100 元的违约责任

D. 甲有权请求乙商家承担 150 元的违约责任

**2.** 甲因参加某自行车比赛，在乙处购买自行车，约定由乙运输。乙在运输途中遭遇山洪暴发，道路完全阻断，遂选择备用道路进行运输。乙运输到目的地时，自行车比赛已经结束。对此，下列哪一说法是正确的？（2023 年回忆版）

A. 甲有权以合同目的无法实现为由解除合同

B. 乙应承担迟延履行的违约责任

C. 不可抗力是乙应承担的商业风险

D. 乙无权因不可抗力主张免除违约责任

**3.** 牛奶厂和塑料厂签订了一份吸管买卖合同，又和食品厂签订了一份牛奶买卖合同。塑料厂遵照牛奶厂的指示，将吸管直接交付给食品厂，牛

奶厂也已经按约定交付牛奶。后食品厂和牛奶厂均未按时付款。关于塑料厂的下列哪些说法是正确的？（2023年回忆版）

    A. 无权请求食品厂返还不当得利

    B. 有权请求牛奶厂返还不当得利

    C. 有权请求食品厂承担违约责任

    D. 有权请求牛奶厂承担违约责任

**4.** 甲旅行社与陈某签订旅游合同后，擅自将该旅游业务转给乙旅行社。乙旅行社派导游秦某开车带陈某旅行，半路因秦某超速导致车祸，陈某在车祸中受伤。关于陈某的人身损害赔偿责任，下列哪些说法是正确的？（2022年回忆版）

    A. 甲旅行社承担违约责任

    B. 秦某承担侵权责任

    C. 乙旅行社承担违约责任

    D. 乙旅行社承担侵权责任

**5.** 甲在某著名手机品牌的官网上购买了一个手机，使用1个月后，感觉手机有问题，遂到维修店进行检修，检修结果显示该手机为二手手机。对此，甲能够主张下列哪些请求？（2021年回忆版）

    A. 以存在欺诈为由，撤销买卖合同

    B. 要求退还旧手机，换一台新手机

    C. 主张三倍的惩罚性赔偿

    D. 保留该手机并主张补偿差价

**6.** 张某为唐山大地震孤儿，仅有一张与父母的合影。张某为留作纪念，将照片交给某照相馆修复，不料照相馆晚上意外发生火灾，遭受重大财产损失，张某照片也被损毁。对此，下列哪一说法是正确的？（2020年回忆版）

    A. 照相馆侵犯了张某的肖像权

    B. 张某可要求精神损害赔偿

    C. 照相馆侵犯了张某的隐私权

    D. 照相馆不承担侵权责任

**7.** 甲、乙两公司约定：甲公司向乙公司支付5万元研发费用，乙公司完成某专用设备的研发生产后双方订立买卖合同，将该设备出售给甲公司，价格暂定为100万元，具体条款另行商定。乙公司完成研发生产后，却将该设备以120万元卖给丙公司，甲公司得知后提出异议。下列哪一选项是正确的？（2017-3-13）

    A. 甲、乙两公司之间的协议系承揽合同

    B. 甲、乙两公司之间的协议系附条件的买卖合同

    C. 乙、丙两公司之间的买卖合同无效

    D. 甲公司可请求乙公司承担违约责任

**8.** 方某为送汤某生日礼物，特向余某定做一件玉器。订货单上，方某指示余某将玉器交给汤某，并将订货情况告知汤某。玉器制好后，余某委托朱某将玉器交给汤某，朱某不慎将玉器碰坏。下列哪一表述是正确的？（2014-3-11）

    A. 汤某有权要求余某承担违约责任

    B. 汤某有权要求朱某承担侵权责任

    C. 方某有权要求朱某承担侵权责任

    D. 方某有权要求余某承担违约责任

### 详　解

**1.** [答案] B　　[难度] 中

[考点] 债的相对性、违约责任

[命题和解题思路] 本题以洗漱台买卖及其履行为基础法律事实，集中考查了违约责任这一考点，并且命题人将债的相对性原理融入违约责任中进行考查。尽管题干事实属于典型的违约与侵权竞合情形，但四个选项明确将范围限定于违约，因此考生侧重于从合同以及违约的角度展开分析即可。解答本题的关键在于厘清本题中甲缔结了几个合同，对此考生需要细致地区分洗漱台的买卖以及旧台子的拆卸，前者对应甲与乙商家之间的买卖合同，后者对应甲与丙公司之间的承揽合同。在区分这两个合同的基础上，相关的损害赔偿问题也能够准确作答。

[选项分析] 本题四个选项涉及甲所遭受的两笔损失（墙壁损失与杯子损失）的赔偿问题，而这一问题的解答又与甲、乙商家、丙公司三方的合同关系相关，尤其是需要分析甲缔结了哪些合同关系。题干中提及，甲问乙商家，乙商家回复称：安装外包给了第三方丙公司，不包括拆卸费。这一事实表明，甲与乙商家之间的洗漱台买卖合同并不包括对旧台子的拆卸。因此对于旧台子的拆卸，甲与丙公司之间单独缔结了一个承揽合同，与洗漱台买卖合同相互独立。进而本题中存在两个合同：甲与乙商家之间的洗漱台买卖合同、甲与丙公司之间的承揽合同。

在此基础上展开对损害赔偿问题的分析。赵某拆卸过程中，损坏了墙壁，造成40元损失。这一损失对应的是甲与丙公司之间承揽合同的违约行为，结合《民法典》第577条，甲有权请求丙公司赔偿40元。选项C错误，选项B正确。

赵某安装新洗漱台时碰坏了杯子，造成60元损失。这一损失对应的是甲与乙商家之间的洗漱台买卖合同的违约行为，尽管安装行为是乙商家以外的第三人丙公司实施的，但是《民法典》第593条规定，当事人一方因第三人的原因造成违约的，应当依法向对方承担违约责任。当事人一方和第三人之间的纠纷，依照法律规定或者按照约定处理。据此，甲有权请求乙赔偿该60元损失，选项A与选项D均错误。

**2.** ［答案］A ［难度］中

［考点］合同解除、不可抗力、违约责任的免责事由

［命题和解题思路］本题以自行车买卖合同及其履行作为主要法律事实，对合同解除以及违约责任这两个民法客观题考试中的核心考点展开考查。本题题干部分较为简单，审题难度不大，在解题时考生应先明确四个选项具体涉及的考点，选项A涉及合同解除问题，考生分析的重点应在于甲是否享有法定解除权。选项C涉及不可抗力与商业风险之间的区别，考生需要注意：不可抗力与商业风险存在本质区别，本题中山洪暴发这一不可抗力并不是商业风险。选项B与选项D涉及的问题相同，即乙的违约责任是否可以基于不可抗力免除，考生只需抓住不可抗力是违约责任的免责事由这一基本原理即可准确作答。

［选项分析］选项A考查合同解除。《民法典》第563条第1款规定，有下列情形之一的，当事人可以解除合同：**(1) 因不可抗力致使不能实现合同目的；**(2) 在履行期限届满前，当事人一方明确表示或者以自己的行为表明不履行主要债务；(3) 当事人一方迟延履行主要债务，经催告后在合理期限内仍未履行；(4) 当事人一方迟延履行债务或者有其他违约行为致使不能实现合同目的；(5) 法律规定的其他情形。根据《民法典》第180条，不可抗力是指不能预见、不能避免且不能克服的客观情况。据此，乙在运输途中遭遇山洪暴发，道路完全阻断，这一客观情况属

于典型的不可抗力。结合甲购买自行车是为了参加自行车比赛这一事实可知，本题中自行车买卖合同的履行时间对合同目的的实现至关重要，最终运输到目的地时自行车比赛已经结束，自行车买卖合同的目的无法实现，甲有权根据《民法典》第563条第1款，以合同目的无法实现为由解除合同。选项A正确。

选项B与选项D均考查违约责任的免责事由，具体涉及不可抗力这一免责事由。《民法典》第590条第1款规定，当事人一方因不可抗力不能履行合同的，根据不可抗力的影响，部分或者全部免除责任，但是法律另有规定的除外。因不可抗力不能履行合同的，应当及时通知对方，以减轻可能给对方造成的损失，并应当在合理期限内提供证明。据此，乙的迟延履行是山洪暴发这一不可抗力所致，因此乙无需向甲承担迟延履行的违约责任。选项B、D均错误。

选项C考查不可抗力与商业风险的关系。现行法明确将不可抗力作为违约责任的免责事由之一，这表明不可抗力与商业风险存在本质区别，本题中山洪暴发这一不可抗力并非乙应承担的商业风险。C选项错误。

**3.** ［答案］AD ［难度］中

［考点］不当得利、违约责任

［命题和解题思路］结合题干事实部分与四个选项的表述不难看出，本题结合两个合同对不当得利与违约责任这两个债法上的考点展开考查。解题时考生分别分析这两个层面的问题即可。不当得利层面，本题涉及的核心问题是不当得利返还请求权的成立问题，考生需要秉持构成要件思维，结合不当得利的构成要件进行分析，并且在分析时注意塑料厂和牛奶厂之间存在有效的吸管买卖合同，有效的合同在法律上是得利的合法根据；违约责任层面，考生需要谨记合同的相对性原理，违约责任只能向合同的相对方主张，而不能向合同以外的第三人主张。

［选项分析］选项A与选项B均考查不当得利，具体涉及不当得利返还请求权的成立问题。根据《民法典》第985条的规定，得利人没有法律根据取得不当利益的，受损失的人可以请求得利人返还取得的利益。本题中，塑料厂和牛奶厂之间存在一份有效的吸管买卖合同，塑料厂遵照

牛奶厂的指示，将吸管直接交付给食品厂，这一行为是对吸管买卖合同的履行行为，牛奶厂应支付对应的价款，但其未按时支付，可能会成立违约责任。但塑料厂无权主张不当得利的返还，因为吸管买卖合同是有效的，在法律上可以作为得利的法律根据，不论是牛奶厂还是食品厂，都不构成不当得利。因此，塑料厂无权请求食品厂返还不当得利，也无权请求牛奶厂返还不当得利。选项 B 错误，选项 A 正确。

选项 C 与选项 D 均考查违约责任，具体涉及违约责任的成立问题。结合题干部分的表述可知，本题中食品厂和牛奶厂都存在迟延履行的违约行为，都需要向其合同相对方承担违约责任。由此问题的关键在于，二者各自的合同相对方是谁。本题一共提及两份合同：吸管买卖合同和牛奶买卖合同。吸管买卖合同的当事人是塑料厂和牛奶厂，牛奶买卖合同的当事人是牛奶厂和食品厂。据此，食品厂应向牛奶厂承担违约责任，牛奶厂应向塑料厂承担违约责任。选项 C 错误，选项 D 正确。

**4.** [答案] AD　　[难度] 中
[考点] 用人者责任、违约责任
[命题和解题思路] 从题干的相关法律事实以及四个选项的具体表述来看，本题的核心问题在于各个主体违约责任与侵权责任是否构成，因此解答本题时，考生需要区分两种不同的思路，对于陈某的人身损害，分别从违约和侵权两个角度分析。其中，在分析违约的时候，要紧扣谁与陈某存在有效的旅游合同，秉持合同的相对性原理；在分析侵权的时候考生需要明确，工作人员在执行工作任务时造成他人损害，用人单位需要承担无过错的侵权责任，且该工作人员对外无须对受害人负责。只有工作人员存在故意或者重大过失时，承担侵权责任的用人单位才可以向其追偿。

[选项分析] 选项 A 与选项 C 考查违约责任。《民法典》第 577 条规定："当事人一方不履行合同义务或者履行合同义务不符合约定的，应当承担继续履行、采取补救措施或者赔偿损失等违约责任。"该条是关于违约责任的一般性规定。本题中，甲旅行社与陈某之间存在有效的旅游合同，甲旅行社擅自将该旅游业务转给乙旅行社，违反了旅游合同，最终导致陈某在事故中受伤，需要

承担违约责任。选项 A 正确。乙旅行社与陈某之间并无有效的旅游合同，因此陈某无权请求乙旅行社承担违约责任。选项 C 错误。

选项 B 与选项 D 考查用人者责任。从侵权的角度看，本题中秦某超速导致车祸，陈某在车祸中受伤。秦某存在过错，且导致了陈某人身损害，不难判断其侵权责任成立。不过需要分析该侵权责任是秦某自行承担还是其所在的乙旅行社承担。《民法典》第 1191 条第 1 款规定："用人单位的工作人员因执行工作任务造成他人损害的，由用人单位承担侵权责任。用人单位承担侵权责任后，可以向有故意或者重大过失的工作人员追偿。"据此结合本题，秦某作为乙旅行社的导游，在执行工作任务时造成陈某人身损害，对于该侵权责任，乙旅行社需要负担无过错的替代责任。既然乙旅行社的用人者责任成立，则受害人陈某就不能请求秦某承担侵权责任了，其只能请求乙旅行社承担侵权责任。只有秦某存在故意或者重大过失时，承担侵权责任的乙旅行社才可以向其追偿。选项 B 错误，选项 D 正确。

**5.** [答案] ABCD　　[难度] 难
[考点] 可撤销的民事法律行为；违约责任；惩罚性赔偿

[命题和解题思路] 本题以一个瑕疵给付的买卖合同将多个知识点串联起来考查，要求考生灵活运用合同撤销、违约责任以及惩罚性赔偿等制度，考查难度较大。对于此类知识点高度融合型题目，考生容易陷入迷惑。解题时考生需要注意：对于同一合同障碍，可能存在多种救济途径，答题时考生需要按顺序分别结合欺诈、违约责任以及惩罚性赔偿各自的构成要件进行分析。

[选项分析] 选项 A 考查可撤销的民事法律行为，具体涉及欺诈。《民法典》第 148 条规定："一方以欺诈手段，使对方在违背真实意思的情况下实施的民事法律行为，受欺诈方有权请求人民法院或者仲裁机构予以撤销。"本题中，手机卖方在明知手机为二手手机的前提下欺诈甲，使甲认为其购买的是新手机，甲有权基于欺诈撤销该合同。选项 A 正确。

选项 B 与选项 D 考查违约责任。《民法典》第 582 条规定："履行不符合约定的，应当按照当事人的约定承担违约责任。对违约责任没有约定

或者约定不明确，依据本法第五百一十条的规定仍不能确定的，受损害方根据标的的性质以及损失的大小，可以合理选择请求对方承担修理、重作、更换、退货、减少价款或者报酬等违约责任。"结合本题，甲购得的手机是二手手机，并不符合买卖合同的约定，甲既可以要求更换一部新手机，也可以保留该二手手机，请求补偿差价。选项BD均正确。

选项 C 考查惩罚性赔偿。《消费者权益保护法》第 55 条规定："经营者提供商品或者服务有欺诈行为的，应当按照消费者的要求增加赔偿其受到的损失，增加赔偿的金额为消费者购买商品的价款或者接受服务的费用的三倍；增加赔偿的金额不足五百元的，为五百元。法律另有规定的，依照其规定。经营者明知商品或者服务存在缺陷，仍然向消费者提供，造成消费者或者其他受害人死亡或者健康严重损害的，受害人有权要求经营者依照本法第四十九条、第五十一条等法律规定赔偿损失，并有权要求所受损失二倍以下的惩罚性赔偿。"本题中，手机出卖方明知手机并非新机而当作新机出卖，存在欺诈行为，甲作为消费者有权请求手机价款 3 倍的惩罚性赔偿。选项 C 正确。

**6.** [答案] D　　[难度] 难

[考点] 违约责任；肖像权；隐私权；一般侵权责任的构成

[命题和解题思路] 本题综合考查了违约责任、侵权责任、肖像权与隐私权侵权，有一定难度。解答本题时需要结合违约责任的构成要件分析违约责任是否构成。对于违约责任，还需要考虑是否构成不可抗力等免责事由。对肖像权与隐私权侵权的判断，需要结合《民法典》的相关规定进行分析。

[选项分析] 选项 A 考查肖像权侵权。《民法典》第 1019 条规定："任何组织或者个人不得以丑化、污损，或者利用信息技术手段伪造等方式侵害他人的肖像权。未经肖像权人同意，不得制作、使用、公开肖像权人的肖像，但是法律另有规定的除外。未经肖像权人同意，肖像作品权利人不得以发表、复制、发行、出租、展览等方式使用或者公开肖像权人的肖像。"本题中，照相馆并不存在以上行为，没有侵犯肖像权。选项 A 错误。

选项 B 考查精神损害赔偿。《民法典》第 1183 条规定："侵害自然人人身权益造成严重精神损害的，被侵权人有权请求精神损害赔偿。因故意或者重大过失侵害自然人具有人身意义的特定物造成严重精神损害的，被侵权人有权请求精神损害赔偿。"据此，对于侵害财产权造成精神损害要求精神损害赔偿，以故意或者重大过失为构成前提。在本题中，照片因意外火灾而灭失，照相馆并无故意或重大过失，因此，张某不得主张精神损害赔偿。选项 B 错误。

选项 C 考查隐私权侵权。《民法典》第 1033 条规定，除法律另有规定或者权利人明确同意外，任何组织或者个人不得实施有关个人的私密空间、私密活动、私密部位、私密信息和生活安宁等侵害隐私权的行为。本题中，照相馆发生火灾使照片损毁不属于以上情形。选项 C 错误。

选项 D 考查一般侵权责任的构成。《民法典》第 1165 条第 1 款规定："行为人因过错侵害他人民事权益造成损害的，应当承担侵权责任。"本题中，张某照片的毁损是意外火灾导致，并非照相馆引起，照相馆的侵权责任不成立。选项 D 正确。

**7.** [答案] D　　[难度] 中

[考点] 技术开发合同；预约

[命题和解题思路] 本题以甲、乙之间的约定内容为基础事实，考查合同的类型判断、合同的效力以及违约责任，考查难度适中。本题解题的关键是对甲、乙之间约定的性质作出分析，从甲、乙之间的约定内容来看，兼有技术开发合同和预约的性质。

[选项分析] 选项 A 与选项 B 涉及甲、乙之间约定的合同类型。《民法典》第 851 条第 1 款规定："技术开发合同是当事人之间就新技术、新产品、新工艺、新品种或者新材料及其系统的研究开发所订立的合同。"《民法典》第 495 条第 1 款规定："当事人约定在将来一定期限内订立合同的认购书、订购书、预订书等，构成预约合同。"这两个条文对技术开发合同和预约合同作出了界定。本题中，甲、乙约定，甲公司向乙公司支付 5 万元研发费用，由乙公司完成某专用设备的研发生产，属于典型的技术开发合同的内容。而双方约定研发生产后，双方订立买卖合同，将该设备出售给甲公司，价格暂定为 100 万元，具体条款另

行商定，这部分约定的内容的核心目的是将来订立买卖合同本约，因此，甲、乙的该约定有预约的性质。《民法典》第 770 条第 1 款规定："承揽合同是承揽人按照定作人的要求完成工作，交付工作成果，定作人给付报酬的合同。"据此，承揽合同中定作人与承揽人互负对待给付义务，一方提供报酬，一方交付工作成果。本题中，甲公司虽然向乙公司支付 5 万元研发费用，但双方约定乙公司完成专用设备的研究生产后与甲订立买卖合同并不是负担交付工作成果这一对待给付义务的行为，因此，甲、乙两公司之间的协议不是承揽合同。选项 A 错误。

《民法典》第 158 条规定："民事法律行为可以附条件，但是根据其性质不得附条件的除外。附生效条件的民事法律行为，自条件成就时生效。附解除条件的民事法律行为，自条件成就时失效。"据此结合本题，甲、乙两公司约定："乙公司完成某专用设备的研发生产后双方订立买卖合同，将该设备出售给甲公司，价格暂定为 100 万元。"甲、乙之间的买卖合同尚且未订立，更谈不上其效力与乙公司完成专用设备的研发生产有何关系，因此甲公司与乙公司之间并未成立附条件的买卖合同。选项 B 错误。

选项 C 考查合同的效力。甲乙之间的约定兼有技术开发合同与预约的性质，乙按照约定研发生产出设备后，成为设备的所有权人，乙将设备卖给丙，属于有权处分，乙丙之间的买卖合同是有效的。退一步来讲，即使乙是无权处分，依据《民法典》第 597 条，处分权的缺失不影响买卖合同的效力，因此乙丙之间的买卖合同是有效的。

选项 C 错误。

选项 D 考查违约责任。《民法典》第 495 条第 2 款规定："当事人一方不履行预约合同约定的订立合同义务的，对方可以请求其承担预约合同的违约责任。"本题中，乙公司完成研发生产后，却将该设备以 120 万元卖给丙公司，违反了与甲之间的约定，甲有权请求乙承担违反预约合同的违约责任。选项 D 正确。

**8.** ［答案］D　　［难度］易

［考点］违约责任；一般侵权责任

［命题和解题思路］本题考查考生对违约责任与一般侵权责任的理解，考查难度不大。解答本题时，考生需要注意，违约责任的成立需要结合合同的相对性原理进行分析。一般侵权责任的构成则需要结合《民法典》第 1165 条第 1 款以及构成要件进行分析。

［选项分析］选项 A 与选项 D 考查违约责任。《民法典》第 522 条第 1 款规定："当事人约定由债务人向第三人履行债务，债务人未向第三人履行债务或者履行债务不符合约定的，应当向债权人承担违约责任。"本题中，方某与余某订立了向第三人履行的合同，因为合同具有相对性，汤某作为接受履行的第三人，无权向余某主张违约责任，应由方某向余某主张违约责任。选项 A 错误，选项 D 正确。

选项 B 与选项 C 考查侵权责任。本题中，朱某不慎将玉器碰坏时玉器尚未交付，其所有权人为余某，朱某并未侵害汤某或方某的物权，汤某与方某无权请求朱某承担侵权责任。选项 B 与选项 C 均错误。

# 第二十八章　买卖合同

## 试　题

**1.** 甲市的孟某向乙市的王某订购了 10 套名贵的红木家具，约定由王某负责运送至孟某在甲市的某仓库。王某委托丙物流公司负责运输，在运输途中突遇泥石流，10 套家具全部毁损。对此，下列说法正确的是：（2022 年回忆版）

A. 孟某有权要求丙公司承担违约责任

B. 孟某有权要求王某承担违约责任

C. 王某有权请求孟某支付价款

D. 王某无权请求孟某支付价款

**2.** 刘某从某商场购买一个新款炒菜机器人，约定了 15 天的试用期。对此，下列哪些说法是正确的？（2021 年回忆版）

A. 若刘某在试用期间支付了部分价款，则视为同意购买

第二十八章 买卖合同

B. 若炒菜机器人在试用期间遭意外火灾毁损，则刘某应当支付价款

C. 若刘某试用期间将炒菜机器人租给张某，则视为同意购买

D. 若刘某直到试用期满后第二天才想起来归还炒菜机器人，商场有权拒绝受领

**3.** 甲公立学校向乙公司购买一批教学设备，因资金短缺，于是双方约定分五期付款，价款完全支付之前，教学设备的所有权归乙。乙在下列哪些情形下可以取回教学设备？（2021年回忆版）

A. 甲擅自出卖教学设备

B. 甲使用教学设备致使设备严重损坏

C. 甲擅自出质教学设备

D. 甲擅自出租教学设备致使设备严重损坏

**4.** 甲、乙双方签订买卖合同，甲向乙出售机器设备一台，价格为300万元，合同约定：交付后3个月为质量检验期，乙先向甲支付100万元首款，余款200万元待验收后支付。甲交付后满3个月，乙主动支付合同价款。后该合同因甲的欺诈被依法撤销。据此，下列哪些说法是正确的？（2020年回忆版）

A. 乙可要求甲承担机器设备的质量瑕疵责任

B. 甲因缔约过失责任而负有赔偿义务

C. 合同撤销后双方的返还请求可适用同时履行抗辩权

D. 设备返还之前毁损、灭失的风险由乙承担

**5.** 甲公司建成了一批商品房待售。2015年5月10日，甲公司与方某签订A房买卖合同，约定："2016年5月10日办理房屋过户登记手续，房屋价款分2次付清"。同年6月10日，甲公司将A房屋再次以400万元出卖给韩某，双方约定2016年5月6日交房，交房后10天内办理房屋过户登记手续。2016年5月10日，甲公司未按约定与方某办理A房过户登记手续。方某得知甲公司已于2016年5月6日将A房交付韩某使用，遂产生纠纷。关于本案，下列哪一说法是错误的？（2018年回忆版）

A. 甲公司与方某签订的A房买卖合同系分期付款买卖合同

B. 如方某能够举证证明甲公司与韩某构成恶意串通，则可主张甲公司与韩某的购房合同无效

C. 2016年5月6日后，A房毁损、灭失的风

险由韩某承担

D. 方某可以催告甲公司在3个月内办理房屋过户登记手续，如逾期不履行，方某可以解除合同

**6.** 2016年8月8日，玄武公司向朱雀公司订购了一辆小型客用汽车。2016年8月28日，玄武公司按照当地政策取得本市小客车更新指标，有效期至2017年2月28日。2016年底，朱雀公司依约向玄武公司交付了该小客车，但未同时交付机动车销售统一发票、合格证等有关单证资料，致使玄武公司无法办理车辆所有权登记和牌照。关于上述购车行为，下列哪些说法是正确的？（2017-3-57）

A. 玄武公司已取得该小客车的所有权

B. 玄武公司有权要求朱雀公司交付有关单证资料

C. 如朱雀公司一直拒绝交付有关单证资料，玄武公司可主张购车合同解除

D. 朱雀公司未交付有关单证资料，属于从给付义务的违反，玄武公司可主张违约责任，但不得主张合同解除

**7.** 甲为出售一台挖掘机分别与乙、丙、丁、戊签订买卖合同，具体情形如下：2016年3月1日，甲胁迫乙订立合同，约定货到付款；4月1日，甲与丙签订合同，丙支付20%的货款；5月1日，甲与丁签订合同，丁支付全部货款；6月1日，甲与戊签订合同，甲将挖掘机交付给戊。上述买受人均要求实际履行合同，就履行顺序产生争议。关于履行顺序，下列哪一选项是正确的？（2016-3-12）

A. 戊、丙、丁、乙

B. 戊、丁、丙、乙

C. 乙、丁、丙、戊

D. 丁、戊、乙、丙

**8.** 甲公司借用乙公司的一套设备，在使用过程中不慎损坏一关键部件，于是甲公司提出买下该套设备，乙公司同意出售。双方还口头约定在甲公司支付价款前，乙公司保留该套设备的所有权。不料在支付价款前，甲公司生产车间失火，造成包括该套设备在内的车间所有财物被烧毁。对此，下列哪些选项是正确的？（2016-3-57）

A. 乙公司已经履行了交付义务，风险责任应

由甲公司负担

B. 在设备被烧毁时，所有权属于乙公司，风险责任应由乙公司承担

C. 设备虽然已经被烧毁，但甲公司仍然需要支付原定价款

D. 双方关于该套设备所有权保留的约定应采用书面形式

📶 **9.** 周某以 6000 元的价格向吴某出售一台电脑，双方约定五个月内付清货款，每月支付 1200 元，在全部价款付清前电脑所有权不转移。合同生效后，周某将电脑交给吴某使用。期间，电脑出现故障，吴某将电脑交周某修理，但周某修好后以 6200 元的价格将该电脑出售并交付给不知情的王某。对此，下列哪些说法是正确的？（2016-3-61）

A. 王某可以取得该电脑所有权

B. 在吴某无力支付最后一个月的价款时，周某可行使取回权

C. 如吴某未支付到期货款达 1800 元，周某可要求其一次性支付剩余货款

D. 如吴某未支付到期货款达 1800 元，周某可要求解除合同，并要求吴某支付一定的电脑使用费

📶 **10.** 甲乙约定卖方甲负责将所卖货物运送至买方乙指定的仓库。甲如约交货，乙验收收货，但甲未将产品合格证和原产地证明文件交给乙。乙已经支付 80% 的货款。交货当晚，因山洪暴发，乙仓库内的货物全部毁损。下列哪些表述是正确的？（2013-3-61）

A. 乙应当支付剩余 20% 的货款

B. 甲未交付产品合格证与原产地证明，构成违约，但货物损失由乙承担

C. 乙有权要求解除合同，并要求甲返还已支付的 80% 货款

D. 甲有权要求乙支付剩余的 20% 货款，但应补交已经毁损的货物

---

## 详 解

**1.** [答案] D    [难度] 中

[考点] 违约责任、标的物风险负担

[命题和解题思路] 结合题干与四个选项的表述来看，本题主要考查两个知识点：选项 A 与选项 B 涉及违约责任，而选项 C 与选项 D 涉及标的

物风险负担。对于买卖合同中的标的物风险负担，一种考查方式是直接使用"风险"二字，此时这一考点比较好识别；另一种考查方式是从买受人是否需要支付价款的角度考查，如果风险由出卖人承担，意味着买受人无须支付价款，而如果风险由买受人负担，则买受人仍有义务支付价款。对于违约责任的判断，一方面，考生需要注意合同的相对性原理，原则上只有合同的当事人之间才有请求违约责任的空间；另一方面，考生需要注意本题中出现了违约责任的免责事由——不可抗力。对于标的物风险负担问题，考生需要熟悉现行法规定的风险负担规则，特别是原则上以交付作为风险移转的时点，当事人约定了明确的交付地点时，在该地点交付时风险移转。

[选项分析] 选项 A 与选项 B 考查违约责任。孟某作为红木家具的买受人与丙物流公司之间并无合同关系，因此基于合同的相对性原则，孟某无权请求丙物流公司承担违约责任。选项 A 错误。至于王某是否需要承担违约责任，要结合不可抗力规则进行分析。《民法典》第 590 条第 1 款规定："当事人一方因不可抗力不能履行合同的，根据不可抗力的影响，部分或者全部免除责任，但是法律另有规定的除外。因不可抗力不能履行合同的，应当及时通知对方，以减轻可能给对方造成的损失，并应当在合理期限内提供证明。"据此，尽管最终王某在买卖合同中的义务变为履行不能，但是该履行障碍是泥石流这一不可抗力引起的，王某的违约责任应予以免除，因此孟某无权请求王某承担违约责任。选项 B 错误。

选项 C 与选项 D 考查标的物的风险负担。《民法典》第 604 条规定："标的物毁损、灭失的风险，在标的物交付之前由出卖人承担，交付之后由买受人承担，但是法律另有规定或者当事人另有约定的除外。"该条确立了买卖合同标的物风险负担的交付主义，即原则上标的物的风险自交付时移转。本题中，双方明确约定了交付地点，即由王某负责运送至孟某在甲市的某仓库，因此风险应自红木家具在甲市孟某仓库交付时移转，而最终红木家具毁损的时点是运送至甲市之前，此时风险尚未移转，标的物的风险仍由出卖人王某负担，这意味着标的物毁损、灭失后，买受人孟某无须支付价款。选项 C 错误，选项 D 正确。

**2.** ［答案］ACD ［难度］难

［考点］试用买卖

［命题和解题思路］买卖合同是法考客观题中的核心考点之一，几乎每年必考。不过相对而言，试用买卖不常出现，略微有些冷僻。本题中可能稍有难度的是对试用买卖中买受人认可拟制规定的适用。对此考生需要注意，买受人在试用期内表示沉默，或者作出一些行为表明其愿意购买，都发生买受人认可购买的效果。

［选项分析］选项A、C、D均涉及买受人认可的确定以及认可的拟制。本题属于试用买卖，这不难判断。试用买卖是以买受人的认可为生效条件的买卖合同，因此，买受人认可与否决定了该买卖合同最终的效力。《民法典》第638条规定："试用买卖的买受人在试用期内可以购买标的物，也可以拒绝购买。试用期限届满，买受人对是否购买标的物未作表示的，视为购买。试用买卖的买受人在试用期内已经支付部分价款或者对标的物实施出卖、出租、设立担保物权等行为的，视为同意购买。"据此，若刘某在试用期间支付了部分价款，或者将炒菜机器人租给张某，或者在试用期内不作任何表示，均产生认可的法律效果，相应地，买卖合同正式生效。选项AC正确。试用期满后的第二天，刘某已经成为该炒菜机器人的所有权人，其没有义务将炒菜机器人归还，若刘某归还，则商场有权拒绝受领。选项D正确。

选项B涉及试用期内的风险负担问题。《民法典》第640条规定："标的物在试用期内毁损、灭失的风险由出卖人承担。"据此，试用期内标的物毁损灭失的风险由出卖人——商场承担，因此若炒菜机器人在试用期间遭意外火灾毁损，刘某也无须支付价款。选项B错误。

**3.** ［答案］ABCD ［难度］中

［考点］所有权保留

［命题和解题思路］本题是针对所有权保留买卖中出卖人取回权的直接考查，对应的法律依据是《民法典》第642条第1款，其中选项A与选项C是该条里明确列举的情形，不难判断。选项B与选项D属于其他不当处分的情形，只要有可能危害到出卖人利益的不当行为，都可能触发取回权。

［选项分析］本题是对所有权保留买卖中出卖人取回权的直接考查。《民法典》第642条第1款

规定："当事人约定出卖人保留合同标的物的所有权，在标的物所有权转移前，买受人有下列情形之一，造成出卖人损害的，除当事人另有约定外，出卖人有权取回标的物：（一）未按照约定支付价款，经催告后在合理期限内仍未支付；（二）未按照约定完成特定条件；（三）将标的物出卖、出质或者作出其他不当处分。"据此，选项A与选项C直接符合该条款的规定，当选。至于选项B与选项D，尽管该条并未明确列举，但是只要是可能造成出卖人损害的其他不当处分行为，例如出租、标的物的使用，均可触发取回权。因此，选项B与选项D也属于其他不当处分，当选。

**4.** ［答案］BCD ［难度］难

［考点］可撤销的民事法律行为；买卖合同；缔约过失责任；同时履行抗辩权

［命题和解题思路］本题综合性地考查了多个考点，需要考生对相关知识点有体系性的理解，考查难度较大。解题时考生需要注意，买卖合同的瑕疵担保责任以有效的买卖合同为前提，本题中买卖合同因欺诈被撤销，买卖合同自始无效，瑕疵担保责任无从主张。考生还需要注意合同被撤销以后的法律效果，包括财产的返还、缔约过失责任等多重内容。

［选项分析］选项A考查买卖合同的瑕疵担保责任。买卖合同的瑕疵担保责任是一种特殊的违约责任，以有效的买卖合同为前提。本题中，买卖合同已经因欺诈被撤销，瑕疵担保责任无从主张。选项A错误。不过退一步而言，即使买卖合同没有被撤销，本题中乙也不可要求甲承担机器设备的质量瑕疵责任。《民法典》第621条第1款规定："当事人约定检验期限的，买受人应当在检验期限内将标的物的数量或者质量不符合约定的情形通知出卖人。买受人怠于通知的，视为标的物的数量或者质量符合约定。"《买卖合同解释》第14条第1款规定："民法典第六百二十一条规定的检验期限、合理期限、二年期限经过后，买受人主张标的物的数量或者质量不符合约定的，人民法院不予支持。"本题中，当事人约定3个月质量检验期，而买受人乙没有提出质量异议，而且依约付款，视为质量已经符合约定，买受人乙自然就不能要求甲承担机器设备的质量瑕疵责任。

选项B考查合同被撤销后的法律效果。《民法

典》第 157 条规定："民事法律行为无效、被撤销或者确定不发生效力后，行为人因该行为取得的财产，应当予以返还；不能返还或者没有必要返还的，应当折价补偿。有过错的一方应当赔偿对方由此所受到的损失；各方都有过错的，应当各自承担相应的责任。法律另有规定的，依照其规定。"合同被撤销以后，如果一方有过错，还需要向对方承担缔约过失责任。本题中，甲存在欺诈行为，主观上有过错，合同撤销后甲需要承担相应的缔约过失责任。选项 B 正确。

选项 C 考查同时履行抗辩权。《民法典》第 525 条规定："当事人互负债务，没有先后履行顺序的，应当同时履行。一方在对方履行之前有权拒绝其履行请求。一方在对方履行债务不符合约定时，有权拒绝其相应的履行请求。"结合《民法典》第 157 条，本题中合同被撤销以后，双方互负返还的义务，且没有先后履行顺序。《民法典合同编通则解释》第 25 条第 2 款规定："**双方互负返还义务，当事人主张同时履行的**，人民法院应予支持；占有标的物的一方对标的物存在使用或者依法可以使用的情形，对方请求将其应支付的资金占用费与应收取的标的物使用费相互抵销的，人民法院应予支持，但是法律另有规定的除外。"据此，合同被撤销时的互相返还义务，是可以适用同时履行抗辩权的。选项 C 正确。

选项 D 考查买卖合同的风险负担。《民法典》第 604 条规定："标的物毁损、灭失的风险，在标的物交付之前由出卖人承担，交付之后由买受人承担，但是法律另有规定或者当事人另有约定的除外。"在本题中，标的物已经通过买卖合同交付给乙占有，故风险转移给乙，在乙返还之前，乙承担设备的毁损风险。选项 D 正确。

**5.** [答案] A　　[难度] 中

[考点] 分期付款买卖；合同的效力；买卖合同；合同解除

[命题和解题思路] 本题较为综合地考查了债法上的多个考点，不过考查难度适中。解题时考生需要注意，本题涉及多个时点，考生应按照时间线索厘清当事人之间的法律关系，在此基础上明确四个选项各自考查的知识点，结合相关学理知识和现行法规定各个击破。

[选项分析] 选项 A 考查分期付款买卖。《买卖合同解释》第 27 条第 1 款规定："民法典第六百三十四条第一款规定的'分期付款'，系指买受人将应付的总价款在一定期限内**至少分三次**向出卖人支付。"本题中，甲公司与方某签订的 A 房买卖合同仅约定分两次付清，不符合现行法对分期付款买卖的界定。选项 A 错误。

选项 B 考查恶意串通。《商品房买卖合同解释》第 7 条规定："买受人以出卖人与第三人恶意串通，另行订立商品房买卖合同并将房屋交付使用，导致其无法取得房屋为由，请求确认出卖人与第三人订立的商品房买卖合同无效的，应予支持。"本题中，如方某举证证明甲公司与韩某构成恶意串通，则甲公司与韩某的购房合同无效。选项 B 正确。

选项 C 考查买卖合同的风险负担。《商品房买卖合同解释》第 8 条第 2 款规定："房屋毁损、灭失的风险，在交付使用前由出卖人承担，交付使用后由买受人承担；买受人接到出卖人的书面交房通知，无正当理由拒绝接收的，房屋毁损、灭失的风险自书面交房通知确定的交付使用之日起由买受人承担，但法律另有规定或者当事人另有约定的除外。"本题中，甲公司于 2016 年 5 月 6 日将 A 房交付韩某使用，2016 年 5 月 6 日后房屋毁损、灭失的风险由韩某承担。选项 C 正确。

选项 D 考查合同解除。《商品房买卖合同解释》第 11 条规定："根据民法典第五百六十三条的规定，出卖人迟延交付房屋或者买受人迟延支付购房款，经催告后在三个月的合理期限内仍未履行，解除权人请求解除合同的，应予支持，但当事人另有约定的除外。法律没有规定或者当事人没有约定，经对方当事人催告后，解除权行使的合理期限为三个月。对方当事人没有催告的，解除权人自知道或者应当知道解除事由之日起一年内行使。逾期不行使的，解除权消灭。"本题中，方某可以催告甲公司在 3 个月内办理房屋过户登记手续，逾期仍不履行的，方某可以解除合同。选项 D 正确。

**6.** [答案] ABC　　[难度] 难

[考点] 买卖合同；合同解除；物权的变动

[命题和解题思路] 本题综合地考查了物权与债法上的多个知识点，颇具考查难度。解题时，对于选项 A，考生需要注意现行法对特殊动产买卖采取的是"**交付生效+登记对抗**"的物权变动规

则。对于选项 B、C、D，考生需要注意，买卖合同中出卖人交付标的物有关单证资料的义务属于从给付义务，其违反若致使合同目的无法实现，买受人有权解除合同。

[选项分析] 选项 A 考查特殊动产买卖时的物权变动。《民法典》第 225 条规定："船舶、航空器和机动车等物权的设立、变更、转让和消灭，未经登记，不得对抗善意第三人。"据此，特殊动产买卖的物权变动采取的是"交付生效+登记对抗"。本题中，朱雀公司向玄武公司出售小客车并已交付，玄武公司取得了小客车的所有权。选项 A 正确。

选项 B、C、D 均考查买卖合同的从给付义务。《民法典》第 599 条规定："出卖人应当按照约定或者交易习惯向买受人交付提取标的物单证以外的有关单证和资料。"据此，出卖人交付有关单证和资料的义务是其从给付义务，如果出卖人不履行，买受人有权请求履行。选项 B 正确。本题中，朱雀公司不履行该从给付义务，导致玄武公司无法办理车辆所有权登记和牌照，合同的目的无法实现。《买卖合同解释》第 19 条规定："出卖人没有履行或者不当履行从给付义务，致使买受人不能实现合同目的，买受人主张解除合同的，人民法院应当根据民法典第五百六十三条第一款第四项的规定，予以支持。"玄武公司有权主张解除合同。选项 D 错误，选项 C 正确。

**7.** [答案] A　　　[难度] 易

[考点] 买卖合同

[命题和解题思路] 本题考查的知识点较为直接，即普通动产的多重买卖，考查难度不大。普通动产的多重买卖是买卖合同部分的一个重要知识点，涉及三个层次的问题：（1）各买卖合同效力如何；（2）哪个买受人能最终取得标的物的所有权，即履行的顺序问题；（3）未获得标的物所有权的买受人如何救济。解题时需要在审题的基础上明确题目考查的具体是哪个层次的问题，并在此基础上结合学理知识和相关现行法规定进行作答。

[选项分析] 从四个选项观察，本题考查的是普通动产多重买卖时合同履行的顺序问题。《买卖合同解释》第 6 条规定："出卖人就同一普通动产订立多重买卖合同，在买卖合同均有效的情况下，买受人均要求实际履行合同的，应当按照以下情形分别处理：（一）先行受领交付的买受人请求确认

所有权已经转移的，人民法院应予支持；（二）均未受领交付，先行支付价款的买受人请求出卖人履行交付标的物等合同义务的，人民法院应予支持；（三）均未受领交付，也未支付价款，依法成立在先合同的买受人请求出卖人履行交付标的物等合同义务的，人民法院应予支持。"据此，普通动产多重买卖的合同履行顺序为：先交付者——先支付价款者——合同成立在先者。本题中，戊通过交付已经占有了标的物，所以戊为第一顺位。丙于 4 月 1 日支付了部分价款，其顺位优先于丁。受胁迫订立的合同，如果被胁迫人不主张撤销，该合同有效。乙虽然最早签订了合同，但是没有支付价款，所以处于第四顺位。选项 B、C、D 均错误，选项 A 正确。

**8.** [答案] AC　　　[难度] 中

[考点] 标的物风险负担；所有权保留

[命题和解题思路] 本题考查了两个买卖合同中的知识点——标的物风险负担与所有权保留，考查难度适中。对于标的物风险负担问题，需要明确现行法确立了交付主义原则。对于所有权保留，现行法并未提出书面形式要求，奉行不要式原则。

[选项分析] 选项 A、B、C 均考查标的物的风险负担。《民法典》第 604 条规定："标的物毁损、灭失的风险，在标的物交付之前由出卖人承担，交付之后由买受人承担，但法律另有规定或者当事人另有约定的除外。"本题中，双方以简易交付的形式完成了标的物的交付，自乙公司同意甲公司买下该套设备之时起买卖合同的风险便由乙公司转移到甲公司。选项 B 错误，选项 A 正确。既然风险已经转移给了甲，那么在设备因不可归责于双方当事人的原因毁损、灭失时，虽然甲无权请求乙重新交付设备，但是甲仍然有向乙支付全部价款的义务。选项 C 正确。

选项 D 考查所有权保留。《民法典》关于所有权保留的规定中并没有要求当事人必须采取书面形式。选项 D 错误。

**9.** [答案] ACD　　　[难度] 中

[考点] 所有权保留；分期付款买卖；善意取得

[命题和解题思路] 本题同时考查了所有权保留与分期付款买卖。考生只需结合相关现行法规定展开分析即可。不过需要注意的是，所有权保留买卖中，尽管出卖人保留的是所有权，但该权利在功能上有担保的功能，如果因为一定原因出

卖人又取得了标的物的占有，并将标的物卖给他人，应属于无权处分。

[选项分析] 选项 A 考查善意取得。在本题的电脑买卖合同中，出卖人周某保留了所有权，在修好电脑后又将其卖给王某。需要注意的是，周某保留的所有权并非物权归属意义上的所有权，而是具有担保功能的所有权，其无权再将标的物卖给他人，周某将电脑卖给王某的行为属于无权处分，因此需要考虑王某是否构成善意取得。《民法典》第 311 条第 1 款规定："无处分权人将不动产或者动产转让给受让人的，所有权人有权追回；除法律另有规定外，符合下列情形的，受让人取得该不动产或者动产的所有权：（一）受让人受让该不动产或者动产时是善意；（二）以合理的价格转让；（三）转让的不动产或者动产依照法律规定应当登记的已经登记，不需要登记的已经交付给受让人。"本题中，善意的王某信赖周某是电脑所有权人，双方约定了合理的价格，并且已经交付，符合善意取得的构成要件，王某通过善意取得成为电脑所有权人。选项 A 正确。

选项 B 考查所有权保留中出卖人的取回权。《买卖合同解释》第 26 条第 1 款规定："买受人已经支付标的物总价款的百分之七十五以上，出卖人主张取回标的物的，人民法院不予支持。"本题中，吴某无力支付最后 1 个月的价款，但其已经支付标的物总价款的 80%，所以周某对吴某不可行使取回权。选项 B 错误。

选项 C 与选项 D 考查分期付款买卖。《民法典》第 634 条第 1 款规定："分期付款的买受人未支付到期价款的金额达到全部价款的五分之一的，经催告后在合理期限内仍未支付到期价款的，出卖人可以请求买受人支付全部价款或者解除合同。出卖人解除合同的，可以向买受人请求支付该标的物的使用费。"本题中，如果吴某未支付到期价款达 1800 元，该数额达到了全部价款的 30%，超过了法律规定的 1/5，出卖人周某可以选择请求吴某一次性支付剩余价款或者有权解除合同。因此，选项 CD 均正确。

**10.** [答案] AB　　[难度] 中

[考点] 买卖合同；合同解除

[命题和解题思路] 本题将买卖合同与合同解除这两个法考客观题中的核心考点融合在一起考

查，考查难度适中。解题时考生需要明确，《民法典》确立了风险负担的交付主义原则，风险负担并不与所有权的移转相挂钩。与此同时，本题考查了一些细节性知识，即有关标的物的单证和资料未交付，是否会影响风险移转，对此需要结合《民法典》第 609 条回答。

[选项分析] 选项 A 与选项 D 考查标的物的风险移转的时点和法律效果，属于对现行法的直接考查，较为简单。《民法典》第 604 条规定："标的物毁损、灭失的风险，在标的物交付之前由出卖人承担，交付之后由买受人承担，但法律另有规定或者当事人另有约定的除外。"该条对风险负担确立了交付主义原则。《民法典》第 609 条规定："出卖人按照约定未交付有关标的物的单证和资料的，不影响标的物毁损、灭失风险的转移。"本题中，甲与乙订立买卖合同，甲交货、乙收货已经完成标的物的交付，风险已经由甲转移给乙承担。尽管甲未将产品合格证和原产地证明文件交给乙，但这对风险的移转没有影响。因此，因山洪暴发，乙仓库内的货物全部毁损，乙仍应承担支付价款的义务。选项 A 正确。甲的主给付义务已经履行完毕，不应承担毁损、灭失货物的补交义务。选项 D 错误。

选项 B 考查买卖合同的从给付义务。《民法典》第 599 条规定："出卖人应当按照约定或者交易习惯向买受人交付提取标的物单证以外的有关单证和资料。"这一义务为从给付义务，甲未交付产品合格证与原产地证明，构成违约。但由于标的物的风险由乙承担，因此货物损失由乙承担。选项 B 正确。

选项 C 考查合同解除。《民法典》第 563 条第 1 款规定："有下列情形之一的，当事人可以解除合同：（一）因不可抗力致使不能实现合同目的；（二）在履行期限届满前，当事人一方明确表示或者以自己的行为表明不履行主要债务；（三）当事人一方迟延履行主要债务，经催告后在合理期限内仍未履行；（四）当事人一方迟延履行债务或者有其他违约行为致使不能实现合同目的；（五）法律规定的其他情形。"本题中，首先当事人之间不存在约定解除，也不符合法定解除的要件，甲违反的仅仅是从给付义务，承担违约责任即可，乙方不可基于此主张解除合同，当然也无权要求甲返还已经支付的价款。选项 C 错误。

# 第二十九章　赠与合同

📶 **1.** 60 岁的张某和 25 岁的余某经人介绍准备结婚，二人在婚前约定：结婚后将张某的一套房屋过户在余某名下；但在张某成为无民事行为能力人时，余某须承担扶养义务。婚后，张某按照约定将房屋过户登记在余某名下。但不久后，余某开始打骂张某甚至将其逐出家门。据此，张某提出的下列哪一主张能够得到法院的支持？（2019 年回忆版）

A. 撤销婚姻行为

B. 撤销婚前约定

C. 赠与协议无效

D. 婚姻行为无效

📶 **2.** 甲公司员工魏某在公司年会抽奖活动中中奖，依据活动规则，公司资助中奖员工子女次年的教育费用，如员工离职，则资助失效。下列哪些表述是正确的？（2014-3-61）

A. 甲公司与魏某成立附条件赠与

B. 甲公司与魏某成立附义务赠与

C. 如魏某次年离职，甲公司无给付义务

D. 如魏某次年未离职，甲公司在给付前可撤销资助

**1.** ［答案］ B　　　［难度］ 中

［考点］ 赠与合同；无效婚姻；可撤销婚姻

［命题和解题思路］ 本题巧妙地将赠与合同与婚姻关系结合起来考查，相关考点横跨合同与婚姻家庭法。解答本题时考生需要注意，婚姻行为的效力瑕疵制度带有封闭性，对婚姻行为效力的判断需要严格依据《民法典》婚姻家庭编关于无效婚姻与可撤销婚姻的规定分析。

［选项分析］ 选项 A 与选项 D 考查婚姻行为的效力。《民法典》婚姻家庭编规定了无效的婚姻与可撤销的婚姻。其中婚姻无效的事由有：（1）重婚；（2）有禁止结婚的亲属关系；（3）未到法定婚龄（《民法典》第 1051 条）。婚姻可撤销的事由

有：（1）胁迫（《民法典》第 1052 条）；（2）一方婚前隐瞒重大疾病（《民法典》第 1053 条）。本题中并无上述情形，选项 AD 错误。

选项 C 考查赠与合同。选项 C 考查赠与合同的效力，具体涉及民事法律行为的无效事由。现行法规定的民事法律行为无效事由有：（1）无民事行为能力；（2）通谋虚伪行为；（3）违反法律、行政法规的强制性规定；（4）违反公序良俗原则；（5）恶意串通。本题并无上述情形，因此张某不得主张赠与协议无效。选项 C 错误。

选项 B 考查赠与人的法定撤销权。《民法典》第 663 条第 1 款规定：“受赠人有下列情形之一的，赠与人可以撤销赠与：（一）严重侵害赠与人或者赠与人近亲属的合法权益；（二）对赠与人有扶养义务而不履行；（三）不履行赠与合同约定的义务。”本题中，张某与余某的婚前约定实为附义务的赠与合同，当张某将房屋过户给余某后，其并未履行应尽的扶养义务，故张某可以行使法定撤销权，撤销该赠与合同。选项 B 正确。

**2.** ［答案］ AC　　　［难度］ 中

［考点］ 赠与合同；附条件的民事法律行为

［命题和解题思路］ 本题重点考查附义务的赠与和附条件的赠与之间的区分，考查难度适中。解题时考生需要结合当事人约定的内容判断具体属于何种赠与。

［选项分析］ 本题的解题关键在于判断本题的赠与是属于附义务的赠与还是附条件的赠与。关于附义务的赠与，《民法典》第 661 条规定：“赠与可以附义务。赠与附义务的，受赠人应当按照约定履行义务。”关于附条件的赠与，《民法典》第 158 条规定：“民事法律行为可以附条件，但是根据其性质不得附条件的除外。附生效条件的民事法律行为，自条件成就时生效。附解除条件的民事法律行为，自条件成就时失效。”本题中，如果受赠员工离职，则资助失效，这一表述意味着该赠与附有一定的解除条件，即若员工离职则赠与失效。因此，本题中的赠与属于附解除条件的赠与。如魏某次年离职，则解除条件成就，赠与

失效，公司不再有给付义务。选项 B 错误，选项 A 与选项 C 正确。

选项 D 考查赠与合同中赠与人的任意撤销权。《民法典》第 658 条规定："赠与人在赠与财产的权利转移之前可以撤销赠与。经过公证的赠与合同或者依法不得撤销的具有救灾、扶贫、助残等公益、道德义务性质的赠与合同，不适用前款规定。"本题中，赠与合同内容为资助中奖员工子女次年的教育费用，具有公益性质，赠与人不能行使任意撤销权。选项 D 错误。

# 第三十章　借款合同

## 试　题

🔊 **1.** 甲向乙借款 50 万元准备购买假酒销售。乙知情，当即出借 20 万元，两天后再向甲转账 30 万元。丙为该笔借款提供连带保证。对此，下列哪些选项是正确的？（2022 年回忆版）

A. 借款合同有效

B. 借款合同无效

C. 保证合同有效

D. 保证合同无效

🔊 **2.** 甲服装公司与乙银行订立合同，约定甲公司向乙银行借款 300 万元，用于购买进口面料。同时，双方订立抵押合同，约定甲公司以其现有的以及将有的生产设备、原材料、产品为前述借款设立抵押。借款合同和抵押合同订立后，乙银行向甲公司发放了贷款，但未办理抵押登记。之后，根据乙银行要求，丙为此项贷款提供连带责任保证，丁以一台大型挖掘机作质押并交付。如甲公司违反合同约定将借款用于购买办公用房，则乙银行享有的权利有：（2017-3-90）

A. 提前收回借款

B. 解除借款合同

C. 请求甲公司按合同约定支付违约金

D. 对甲公司所购办公用房享有优先受偿权

## 详　解

**1.** ［答案］BD　　［难度］中

［考点］借款合同、保证合同

［命题和解题思路］从四个选项的表述不难看出，本题主要考查借款合同与保证合同的效力。对于合同效力判断这样的问题，考生不妨采取反向思维，即寻找合同的效力瑕疵事由。具体而言，考生应分别寻找借款合同与保证合同的效力瑕疵

事由。对于借款合同的效力瑕疵事由，考生需要分析，出借人知道借款人借款用于违法犯罪活动仍然提供借款，此时借款合同效力如何，这涉及考生对《民间借贷规定》第 13 条规定是否熟悉；对于保证合同的效力瑕疵事由，考生需要抓住保证合同与借款合同之间的主从关系，如果借款合同无效的话，作为从合同的保证合同也会随之无效。

［选项分析］选项 A 与选项 B 考查借款合同的效力。《民间借贷规定》第 13 条规定："具有下列情形之一的，人民法院应当认定民间借贷合同无效：（一）套取金融机构贷款转贷的；（二）以向其他营利法人借贷、向本单位职工集资，或者以向公众非法吸收存款等方式取得的资金转贷的；（三）未依法取得放贷资格的出借人，以营利为目的向社会不特定对象提供借款的；（四）**出借人事先知道或者应当知道借款人借款用于违法犯罪活动仍然提供借款的**；（五）违反法律、行政法规强制性规定的；（六）违背公序良俗的。"依据该条的第 4 项结合本题，甲向乙借款 50 万元准备购买假酒销售，假酒销售属于违法犯罪活动，对此甲如实告知，这意味着出借人乙是知道的，在此情形下借款合同是无效的。选项 A 错误，选项 B 正确。

选项 C 与选项 D 考查保证合同的效力。《民法典》第 682 条第 1 款规定："保证合同是**主债权债务合同的从合同**。**主债权债务合同无效的，保证合同无效**，但是法律另有规定的除外。"据此结合本题，乙、丙之间的保证合同属于甲、乙之间借款合同的从合同，而上文已经分析得出甲、乙之间借款合同无效的结论，乙、丙之间的保证合同作为从合同也随之无效。选项 C 错误，选项 D 正确。

**2.** [答案] ABC    [难度] 中

[考点] 借款合同；抵押权

[命题和解题思路] 本题围绕借款合同而展开，同时兼顾对抵押权的考查，考查难度适中。借款合同在法考客观题中通常作为担保等问题的铺垫，直接以借款合同为考点的客观题并不多见。解答本题时，考生需要对借款合同中当事人的权利义务有较为全面的把握。对于抵押权的实现，考生需要注意，债务人违约通常不是抵押权实现的条件。

[选项分析] 选项 AB 均考查未按约定用途使用借款的法律后果。《民法典》第 673 条规定："借款人未按照约定的借款用途使用借款的，贷款人可以停止发放借款、提前收回借款或者解除合同。"本题中，甲公司、乙银行已明确约定借款用于购买进口原料，之后甲公司未按照约定用途使用借款，作为贷款人的乙银行可以停止发放借款、提前收回借款或者解除合同。选项 AB 正确。

选项 C 考查违约金责任。双方既然已经约定了违约金，那么当甲公司存在违约行为时，乙银行当然有权请求甲公司按合同约定支付违约金。选项 C 正确。

选项 D 考查抵押权的行使条件。乙银行对该借款债务享有浮动抵押权，但该办公用房属于不动产，不在抵押财产的范围内，而且债务人只是违约，债权履行期尚未届满，不满足实现抵押权的条件，所以乙银行不能对该办公用房行使抵押权。本案也不存在其他的法定优先受偿权情形。乙银行可基于借款合同主张救济，但无权对甲公司已取得所有权的房屋主张优先受偿权。选项 D 错误。

# 第三十一章 租赁合同

## 试 题

**1.** 甲乙婚后签了一份协议，内容是：甲死亡后甲个人所有的 A 房归甲的儿子丙，乙可以对 A 房享有居住权以养老，但乙不得出租该房。后甲死亡，乙将其中一个房间出租。丙表示反对并起诉。据查，乙的居住权并未办理登记手续。对此，下列哪一说法是正确的？（2022 年回忆版）

A. 居住权已设立，租赁合同无效

B. 居住权未设立，租赁合同有效

C. 居住权已设立，租赁合同有效

D. 居住权未设立，租赁合同无效

**2.** 甲将同一套房屋先后出租给四个人，均未交付，且均收取了第一个月的租金。对此，该房应交付给下列哪一人？（2021 年回忆版）

A. 租金最高者

B. 合同签订最早者

C. 先完成备案登记者

D. 租金最早支付者

**3.** 柳某有一套房，2016 年 6 月租给郭某，签订 A 合同；2016 年 9 月又租给韩某，签订 B 合同。郭某办理了登记备案，但韩某率先住了进去。现郭某和韩某均主张履行租赁合同。对此，下列哪些说法是正确的？（2019 年回忆版）

A. B 合同虽未办理登记备案，但与 A 合同同样有效

B. A 合同因在先签订，应优先履行

C. 郭某办理了备案登记，应优先履行 A 合同

D. 韩某率先居住使用，应优先履行 B 合同

**4.** 居民甲经主管部门批准修建了一排临时门面房，核准使用期限为 2 年，甲将其中一间租给乙开餐馆，租期 2 年。期满后未办理延长使用期限手续，甲又将该房出租给了丙，并签订了 1 年的租赁合同。因租金问题，发生争议。下列哪些选项是正确的？（2017-3-60）

A. 甲与乙的租赁合同无效

B. 甲与丙的租赁合同无效

C. 甲无权将该房继续出租给丙

D. 甲无权向丙收取该年租金

**5.** 居民甲将房屋出租给乙，乙经甲同意对承租房进行了装修并转租给丙。丙擅自更改房屋承重结构，导致房屋受损。对此，下列哪些选项是正确的？（2016-3-60）

A. 无论有无约定，乙均有权于租赁期满时请求甲补偿装修费用

B. 甲可请求丙承担违约责任

C. 甲可请求丙承担侵权责任

D. 甲可请求乙承担违约责任

**6.** 甲将房屋租给乙，在租赁期内未通知乙就把房屋出卖并过户给不知情的丙。乙得知后劝丙退出该交易，丙拒绝。关于乙可以采取的民事救济措施，下列哪一选项是正确的？（2015-3-11）

A. 请求解除租赁合同，因甲出卖房屋未通知乙，构成重大违约

B. 请求法院确认买卖合同无效

C. 主张由丙承担侵权责任，因丙侵犯了乙的优先购买权

D. 主张由甲承担赔偿责任，因甲出卖房屋未通知乙而侵犯了乙的优先购买权

**7.** 甲将其临街房屋和院子出租给乙作为汽车修理场所。经甲同意，乙先后两次自费扩建多间房屋作为烤漆车间。乙在又一次扩建报批过程中发现，甲出租的全部房屋均未经过城市规划部门批准，属于违章建筑。下列哪些选项是正确的？（2015-3-59）

A. 租赁合同无效

B. 因甲、乙对于扩建房屋都有过错，应分担扩建房屋的费用

C. 因甲未告知乙租赁物为违章建筑，乙可解除租赁合同

D. 乙可继续履行合同，待违章建筑被有关部门确认并影响租赁物使用时，再向甲主张违约责任

**8.** 孙某与李某签订房屋租赁合同，李某承租后与陈某签订了转租合同，孙某表示同意。但是，孙某在与李某签订租赁合同之前，已经把该房租给了王某并已交付。李某、陈某、王某均要求继续租赁该房屋。下列哪一表述是正确的？（2014-3-14）

A. 李某有权要求王某搬离房屋

B. 陈某有权要求王某搬离房屋

C. 李某有权解除合同，要求孙某承担赔偿责任

D. 陈某有权解除合同，要求孙某承担赔偿责任

**9.** 刘某欠何某 100 万元货款届期未还且刘某不知所踪。刘某之子小刘为替父还债，与何某签订书面房屋租赁合同，未约定租期，仅约定："月租金 1 万元，用租金抵货款，如刘某出现并还清货款，本合同终止，双方再行结算。"下列哪些表述是错误的？（2014-3-59）

A. 小刘有权随时解除合同

B. 何某有权随时解除合同

C. 房屋租赁合同是附条件的合同

D. 房屋租赁合同是附期限的合同

**10.** 甲与乙订立房屋租赁合同，约定租期 5 年。半年后，甲将该出租房屋出售给丙，但未通知乙。不久，乙以其房屋优先购买权受侵害为由，请求法院判决甲丙之间的房屋买卖合同无效。下列哪一表述是正确的？（2013-3-10）

A. 甲出售房屋无须通知乙

B. 丙有权根据善意取得规则取得房屋所有权

C. 甲侵害了乙的优先购买权，但甲丙之间的合同有效

D. 甲出售房屋应当征得乙的同意

## 详 解

**1.** ［答案］B ［难度］中

［考点］居住权、租赁合同

［命题和解题思路］居住权是《民法典》新增的用益物权类型，本题将居住权的设立与租赁合同的效力问题相结合进行考查，且四个选项表述明显具有对称性，因此考生在解题时只需要分析两个问题：（1）居住权是否设立；（2）租赁合同效力如何。对于居住权是否设立的问题，不论是基于居住权合同还是基于遗嘱的方式设立居住权，居住权都是自登记时设立，把握这一点，就可以准确判断居住权是否设立；对于租赁合同的效力判断问题，考生应采取逆向思维，寻找可能的效力瑕疵点。本题涉及的效力瑕疵点在于乙尚未取得居住权，乙无权出租该房，但是这一瑕疵点并不会导致租赁合同无效，因为租赁合同属于负担行为，是否有处分权限不影响租赁合同的效力，即使是出租他人房屋，只要不存在其他效力瑕疵，租赁合同仍然是有效的。

［选项分析］本题主要涉及两个问题：（1）居住权是否设立；（2）租赁合同效力如何。

对于第（1）个问题，《民法典》第 368 条规定："居住权无偿设立，但是当事人另有约定的除外。设立居住权的，应当向登记机构申请居住权

登记。居住权自登记时设立。"据此可知，以居住权合同设立居住权时，居住权自登记时设立，本题中，甲乙之间虽然存在有效的居住权合同，但是居住权并未登记，乙不能取得居住权，居住权未设立。选项 A 与选项 C 均错误。

对于第（2）个问题，由于乙尚未取得 A 房的居住权，乙出租 A 房属于典型的无权处分，但是租赁合同作为负担行为，不以有处分权为前提，即使是无权处分，该租赁合同也是有效的。选项 D 错误，选项 B 正确。

**2.** ［答案］C　　　［难度］中

［考点］租赁合同

［命题和解题思路］本题要求考生熟悉一房多租时数个租赁合同的履行顺序，其实是对法条的直接考查。如果熟悉相关法条，本题其实是送分题。考生直接依据《城镇房屋租赁合同解释》第 5 条作答即可。

［选项分析］本题考查的是一房多租时的履行顺序问题。《城镇房屋租赁合同解释》第 5 条规定："出租人就同一房屋订立数份租赁合同，在合同均有效的情况下，承租人均主张履行合同的，人民法院按照下列顺序确定履行合同的承租人：（一）已经合法占有租赁房屋的；（二）已经办理登记备案手续的；（三）合同成立在先的。不能取得租赁房屋的承租人请求解除合同、赔偿损失的，依照民法典的有关规定处理。"

据此，对于一房多租的情形，各租赁合同如果没有其他效力瑕疵就都是有效的。承租人均主张履行合同的，以先取得占有——先完成登记备案手续——先成立合同这样的顺序确定。需要注意的是，是否支付租金，支付多少租金都不予考虑。结合本题，由于各承租人尚未取得租赁物的占有，那就先交付给最先完成备案登记手续的承租人。选项 A、B、D 均错误，选项 C 正确。

**3.** ［答案］AD　　　［难度］易

［考点］租赁合同

［命题和解题思路］本题考查了登记备案对租赁合同的效力影响以及一房多租问题，基本上属于送分题。考生只要结合现行法的相关规定展开分析判断即可。

［选项分析］选项 A 考查登记备案对租赁合同效力的影响。《民法典》第 706 条规定："当事

人未依照法律、行政法规规定办理租赁合同登记备案手续的，不影响合同的效力。"据此结合本题，B 合同虽未办理登记备案，但与 A 合同同样有效。选项 A 正确。

选项 B、C、D 均考查一房多租问题。《城镇房屋租赁合同解释》第 5 条第 1 款规定："出租人就同一房屋订立数份租赁合同，在合同均有效的情况下，承租人均主张履行合同的，人民法院按照下列顺序确定履行合同的承租人：（一）已经合法占有租赁房屋的；（二）已经办理登记备案手续的；（三）合同成立在先的。"据此结合本题，由于韩某已经合法占有租赁房屋，因此韩某的租赁合同（B 合同）应优先履行。选项 B 与选项 C 错误，选项 D 正确。

**4.** ［答案］BCD　　　［难度］中

［考点］租赁合同

［命题和解题思路］本题四个选项均针对《城镇房屋租赁合同解释》第 3 条，基本上属于送分题。考生解题时结合该司法解释规定展开分析即可。

［选项分析］《城镇房屋租赁合同解释》第 3 条第 1 款规定："出租人就未经批准或者未按照批准内容建设的临时建筑，与承租人订立的租赁合同无效。但在一审法庭辩论终结前经主管部门批准建设的，人民法院应当认定有效。"本题中，甲经主管部门批准修建临时门面房（即非违章房屋），其与乙签订的租赁合同也不存在其他无效情形，故为有效合同。选项 A 错误。

《城镇房屋租赁合同解释》第 3 条第 2 款规定："租赁期限超过临时建筑的使用期限，超过部分无效。但在一审法庭辩论终结前经主管部门批准延长使用期限的，人民法院应当认定延长使用期限内的租赁期间有效。"本题中，甲修建的临时门面房超过使用期限之后未办理延长手续，又将该房租给丙，因此租赁期限超过了临时建筑的使用期限，甲与丙的租赁合同无效。同时也表明，甲无权将违章建筑物继续出租。选项 B 与选项 C 正确。合同无效的，则合同不具有履行可能性，因此甲与丙之间的租赁合同既然无效，则甲无权向丙收取租金。选项 D 正确。

**5.** ［答案］CD　　　［难度］难

［考点］租赁合同；侵权责任的基本构成要件；违约责任

[命题和解题思路] 本题结合转租的法律事实，考查了合同与侵权上的多个考点，颇具考查难度。解答本题时，考生应先确定各选项所涉及的具体知识点，其中选项 B 与选项 D 结合转租这一事实因素考查违约责任，考生在分析时要注意结合合同的相对性原理。

[选项分析] 选项 A 考查租赁物装饰装修的法律后果。《城镇房屋租赁合同解释》第 8 条规定："承租人经出租人同意装饰装修，租赁期间届满或者合同解除时，除当事人另有约定外，未形成附合的装饰装修物，可由承租人拆除。因拆除造成房屋毁损的，承租人应当恢复原状。"《城镇房屋租赁合同解释》第 10 条规定："承租人经出租人同意装饰装修，租赁期间届满时，承租人请求出租人补偿附合装饰装修费用的，不予支持。但当事人另有约定的除外。"据此，选项 A 错误。

选项 B 与选项 D 结合转租考查违约责任。租赁合同中，承租人在承租期间有妥善保管租赁物的义务（《民法典》第 714 条）。对于第三人原因导致的租赁物的损坏，《民法典》第 716 条规定："承租人经出租人同意，可以将租赁物转租给第三人。承租人转租的，承租人与出租人之间的租赁合同继续有效，第三人对租赁物造成损失的，承租人应当赔偿损失。"据此，应由承租人向出租人承担违约责任。结合本题，与甲签订租赁合同的人是乙，因此甲有权请求乙承担违约责任，但甲不得向次承租人丙主张违约责任。选项 B 错误，选项 D 正确。

选项 C 考查一般侵权责任。丙擅自更改房屋结构造成损害，是对甲的房屋所有权的侵害，甲可以请求丙承担侵权责任（《民法典》第 1165 条第 1 款）。选项 C 正确。

**6.** [答案] D　　[难度] 中

[考点] 租赁合同；合同解除

[命题和解题思路] 不难发现，本题主要围绕租赁合同中承租人的优先购买权这一知识点展开，同时兼顾合同解除这一考点。本题的解题关键在于对承租人的优先购买权是否有全面的认识。对此《民法典》在租赁合同一章中对承租人的优先购买权作出了全面规定，考生只需结合相关法条分析即可。

[选项分析] 选项 A 考查合同解除。《民法典》第 726 条第 1 款规定："出租人出卖租赁房屋的，应当在出卖之前的合理期限内通知承租人，承租人享有以同等条件优先购买的权利；但是，房屋按份共有人行使优先购买权或者出租人将房屋出卖给近亲属的除外。"据此，甲将房屋出卖给丙，乙享有优先购买权。《民法典》第 563 条第 1 款规定："有下列情形之一的，当事人可以解除合同：（一）因不可抗力致使不能实现合同目的的；（二）在履行期限届满前，当事人一方明确表示或者以自己的行为表明不履行主要债务；（三）当事人一方迟延履行主要债务，经催告后在合理期限内仍未履行；（四）当事人一方迟延履行债务或者有其他违约行为致使不能实现合同目的的；（五）法律规定的其他情形。"出租人甲擅自转让房屋的所有权侵害了乙的优先购买权，但这并不构成根本违约，也未影响房屋租赁合同的合同目的。因此，乙无权解除合同。选项 A 错误。

选项 B、C、D 均考查承租人的优先购买权。《民法典》第 728 条规定："出租人未通知承租人或者有其他妨害承租人行使优先购买权情形的，承租人可以请求出租人承担赔偿责任。但是，出租人与第三人订立的房屋买卖合同的效力不受影响。"本题中，出租人甲出卖房屋未通知承租人乙，侵害了乙的优先购买权，但乙不能据此请求确认出租人甲与第三人丙签订的买卖合同无效。承租人的优先购买权只有相对效力。选项 B 错误。乙可以请求出租人甲承担赔偿责任。选项 D 正确。侵害承租人优先购买权的法律责任在性质上属于违约责任，由出租人承担，而不应由房屋买受人承担。选项 C 错误。

**7.** [答案] AB　　[难度] 中

[考点] 租赁合同；合同解除；违约责任

[命题和解题思路] 本题围绕房屋租赁合同展开，重点涉及租赁物为违章建筑时的相关问题，这一知识点较为冷僻，有一定难度。解答本题需要考生熟悉《民法典》以及《城镇房屋租赁合同解释》的相关规定。需要注意的是，对于租赁合同的效力判断，除了《民法典》中民事法律行为效力瑕疵制度以外，还需要考虑适用《城镇房屋租赁合同解释》里的特别规定。

[选项分析] 选项 A 考查租赁合同的效力。《城镇房屋租赁合同解释》第 2 条规定："出租人就

未取得建设工程规划许可证或者未按照建设工程规划许可证的规定建设的房屋，与承租人订立的租赁合同无效。但在一审法庭辩论终结前取得建设工程规划许可证或者经主管部门批准建设的，人民法院应当认定有效。"本题中，甲出租的房屋未经过城市规划部门批准，即未取得建设工程规划许可证，所以该租赁合同无效。选项 A 正确。

选项 B 考查租赁合同中扩建费用的承担。《城镇房屋租赁合同解释》第 12 条规定："承租人经出租人同意扩建，但双方对扩建费用的处理没有约定的，人民法院按照下列情形分别处理：（一）办理合法建设手续的，扩建造价费用由出租人负担；（二）未办理合法建设手续的，扩建造价费用由双方按照过错分担。"本题中，承租人乙经出租人甲同意扩建租赁房屋，但双方对扩建费用没有约定，该租赁房屋未办理合法建设手续，因此扩建造价费用由双方按照过错分担。选项 B 正确。

选项 C 考查合同解除。《民法典》第 155 条规定："无效的或者被撤销的民事法律行为自始没有法律约束力。"由于甲乙之间的租赁合同无效，自始没有法律约束力，而合同解除以合同有效为前提。对于无效合同不存在解除的问题。选项 C 错误。

选项 D 考查违约责任。违约责任是指当事人不履行合同义务或者履行合同义务不符合合同约定而依法应当承担的民事责任。据此违约责任的前提之一是合同有效。甲乙之间的租赁合同无效，自然不存在违约责任的问题。选项 D 错误。

**8.** [答案] C    [难度] 中

[考点] 租赁合同；合同解除；违约责任

[命题和解题思路] 本题围绕房屋租赁合同展开，考查了一房多租、合同解除与违约责任等知识点，虽具综合性，但考查难度适中。解答本题时，考生首先需要厘清一房多租时的合同履行顺序，在此基础上分析未获得租赁物的承租人如何救济，涉及解除与违约责任时，需要结合合同的相对性原理。

[选项分析] 选项 A 与选项 B 考查一房多租。《城镇房屋租赁合同解释》第 5 条规定："出租人就同一房屋订立数份租赁合同，在合同均有效的情况下，承租人均主张履行合同的，人民法院按照下列顺序确定履行合同的承租人：（一）已经合

法占有租赁房屋的；（二）已经办理登记备案手续的；（三）合同成立在先的。不能取得租赁房屋的承租人请求解除合同、赔偿损失的，依照民法典的有关规定处理。"据此，王某合法占有房屋，其租赁权优先，李某和陈某均无权要求王某搬离房屋。选项 AB 错误。

选项 C 与选项 D 考查合同解除与违约责任。《民法典》第 563 条第 1 款规定："有下列情形之一的，当事人可以解除合同：（一）因不可抗力致使不能实现合同目的；（二）在履行期限届满前，当事人一方明确表示或者以自己的行为表明不履行主要债务；（三）当事人一方迟延履行主要债务，经催告后在合理期限内仍未履行；（四）当事人一方迟延履行债务或者有其他违约行为致使不能实现合同目的；（五）法律规定的其他情形。"本题中，王某成为承租人，李某与孙某的合同无法履行，合同目的无法实现，李某可以解除合同并向孙某主张违约损害赔偿责任。选项 C 项正确。在李某和陈某的房屋转租合同中，陈某作为次承租人，其与李某签订转租合同，其应当向李某主张合同权利，陈某和孙某之间并无合同关系存在。选项 D 错误。

**9.** [答案] ABD    [难度] 中

[考点] 租赁合同；附条件的民事法律行为；附期限的民事法律行为

[命题和解题思路] 本题主要考查两个知识点：不定期租赁中当事人的任意解除权、附条件与附期限的民事法律行为如何区分。解答本题时，考生需要判断房屋租赁合同是定期租赁还是不定期租赁，本题中当事人虽未明确约定租期，但由于租金用于抵偿货款，因而该租赁合同必然是有期限的。

[选项分析] 选项 A 与选项 B 考查不定期租赁合同。《民法典》第 730 条规定："当事人对租赁期限没有约定或者约定不明确，依照本法第五百一十条的规定仍不能确定的，视为不定期租赁，当事人可以随时解除合同，但应当在合理期限之前通知对方。"本题中，租赁合同虽未约定租期，但该租赁合同为抵偿刘某所欠之货款，依合同之目的，应至租金等于货款金额时止，故应为定期租赁合同。而定期租赁合同，当事人并无任意解除权。选项 A 与选项 B 均错误。

选项 C 与选项 D 考查附条件与附期限民事法律行为之间的区分。本题中，当事人约定，如刘某出现并还清货款，本合同终止，双方再行结算。该约定之内容是否成就不确定，属于条件而非期限，因此，该租赁合同是附条件合同，而非附期限合同。选项 D 错误，选项 C 正确。

**10.** [答案] C　　　[难度] 易

[考点] 租赁合同；善意取得

[命题和解题思路] 本题围绕承租人的优先购买权展开，同时兼顾对善意取得制度的考查，考查难度不大。解答本题需要考生对承租人的优先购买权有较为全面的认识，特别是需要注意 <mark>承租人的优先购买权只有相对效力，其无法影响出租人与第三人之间的房屋买卖合同效力。</mark>另外需要注意，<mark>善意取得以无权处分为前提，若为有权处分则无需考虑善意取得。</mark>

[选项分析] 选项 A、C、D 考查承租人的优先购买权。《民法典》第 726 条规定："出租人出卖租赁房屋的，应当在出卖之前的合理期限内通

知承租人，承租人享有以同等条件优先购买的权利；但是，房屋按份共有人行使优先购买权或者出租人将房屋卖给近亲属的除外。出租人履行通知义务后，承租人在十五日内未明确表示购买的，视为承租人放弃优先购买权。"据此结合本题，甲出售房屋时，乙享有优先购买权，甲应履行通知义务，但甲出售房屋无需征得乙的同意。选项 AD 均错误。《民法典》第 728 条规定："出租人未通知承租人或者有其他妨害承租人行使优先购买权情形的，承租人可以请求出租人承担赔偿责任。但是，出租人与第三人订立的房屋买卖合同的效力不受影响。"据此，承租人的优先购买权只有相对效力，其不能影响出租人与第三人之间的房屋买卖合同的效力。本题中，甲侵害了乙的优先购买权，但甲丙之间的合同效力不受影响。选项 C 正确。

选项 B 考查善意取得。甲将房屋卖给丙，尽管侵害了乙的优先购买权，但属于有权处分，丙可以通过正常的有效交易取得房屋所有权，无需考虑其是否构成善意取得。选项 B 错误。

# 第三十二章　融资租赁合同

## 试　题

📶 **1.** 乙融资租赁公司依据当事三方的书面协议，根据甲公司的指定，以 100 万元的价格向生产商丙公司购买了一台大型医疗设备，并出租给甲公司使用，租期 2 年，每月租金 5 万元，租期届满后该设备归乙公司所有。后丙公司依据乙公司的指示直接将设备交付给甲公司。对此，下列哪一说法是正确的？（2018 年回忆版）

A. 如租期内医疗设备存在瑕疵，乙公司应减少租金

B. 如租期内医疗设备存在瑕疵，乙公司应承担维修义务

C. 租期内医疗设备毁损、灭失的风险应由乙公司承担

D. 租期内医疗设备毁损、灭失的风险应由甲公司承担

📶 **2.** 甲融资租赁公司与乙公司签订融资租赁合同，约定乙公司向甲公司转让一套生产设备，转让

价位评估机构评估的市场价 200 万元，再租给乙公司使用 2 年，乙公司向甲公司支付租金 300 万元。合同履行过程中，因乙公司拖欠租金，甲公司诉至法院。下列哪些选项是正确的？（2017-3-61）

A. 甲公司与乙公司之间为租金拆借关系

B. 甲公司与乙公司之间为融资租赁合同关系

C. 甲公司与乙公司约定的年利率超过 24% 的部分无效

D. 甲公司已取得生产设备的所有权

## 详　解

**1.** [答案] D　　　[难度] 难

[考点] 融资租赁合同

[命题和解题思路] 本题考查了融资租赁合同中的两个知识点——租赁物的瑕疵担保责任与租赁物的风险负担，有一定难度。解答本题时需要注意，就租赁物的瑕疵担保责任，融资租赁合同与买卖合同不同，<mark>出租人原则上不承担租赁物的瑕疵担保责任。</mark>同时，<mark>租赁物毁损、灭失的风险</mark>

原则上由承租人承担。

[选项分析] 选项 A 与选项 B 考查融资租赁合同中租赁物的瑕疵担保责任。《民法典》第 747 条规定："租赁物不符合约定或者不符合使用目的的，出租人不承担责任。但是，承租人依赖出租人的技能确定租赁物或者出租人干预选择租赁物的除外。"据此，出租人原则上不承担租赁物的瑕疵担保责任。选项 AB 均错误。

选项 C 与选项 D 考查融资租赁合同中租赁物的风险负担。《民法典》第 751 条规定："承租人占有租赁物期间，租赁物毁损、灭失的，出租人有权请求承租人继续支付租金，但是法律另有规定或者当事人另有约定的除外。"据此，租期内租赁物的毁损、灭失风险原则上由承租人承担，即由本题中的甲公司承担。选项 C 错误，选项 D 正确。

**2.** [答案] BD　　[难度] 难

[考点] 融资租赁合同

[命题和解题思路] 本题围绕融资租赁合同展开，考查融资租赁合同的认定（特别是如何与名为融资租赁实为借款的合同相区分）、融资租赁合同的利息控制以及租赁物所有权归属等问题，有一定难度。解答本题需要考生把握融资租赁合同的本质，即融资与融物。

[选项分析] 选项 A 考查融资租赁合同的认定。《民法典》第 735 条规定："融资租赁合同是出租人根据承租人对出卖人、租赁物的选择，向出卖人购买租赁物，提供给承租人使用，承租人支付租金的合同。"从该界定看，融资租赁合同的本质要素有二，即融资与融物，本题中，甲乙之间约定乙公司向甲公司转让一套生产设备，转让价位评估机构评估的市场价 200 万元，再租给乙公司使用 2 年，乙公司向甲公司支付租金 300 万元，这一约定内容既有乙公司向甲公司融资的内容，也有对生产设备的租赁的意图（融物），符合融资租赁合同的本质，因此，甲乙之间的约定属于融资租赁合同。选项 A 错误，选项 B 正确。

选项 C 考查融资租赁合同的利息管制。24% 是旧《民间借贷规定》对民间借贷合同的利息管制规定内容，新的《民间借贷规定》已经不适用旧的两线三区规定，且融资租赁合同并不适用民间借贷合同的利息管制规定。选项 C 错误。

选项 D 考查租赁物的所有权归属。本题是售后回租型融资租赁，甲乙双方通过占有改定的方式交付（《民法典》第 228 条），出租人甲公司已经取得生产设备的所有权。选项 D 正确。

# 第三十三章　承揽合同

## 试　题

1. 迟某得到了一匹稀有的布料，委托旗袍大师包某做成旗袍，计划送给女朋友吴某。在征得迟某同意后，包某以迟某名义花费 5000 元订购了一台专业切割该布料的机器。迟某与包某约定 15 天内交付旗袍，并预付了 2 万元定金（包括订购机器的费用）。第 13 天，迟某与吴某分手，不需要该旗袍了，但旗袍已经制作完成。对此，下列哪一说法是正确的？（2022 年回忆版）

A. 机器归包某所有

B. 迟某有权解除合同

C. 旗袍归迟某和包某共有

D. 迟某应当按照约定支付报酬

2. 甲的邻居丙出国数年，委托甲代为照管房屋。甲联系乙拆卸自家空调，拆完后甲看到丙家的空调也已十分老旧，就联系乙也把丙家的空调拆掉，并以旧空调折抵拆卸费。乙当时没有时间，遂向甲推荐了自己的老乡丁。丁在拆卸丙家空调时不慎从三楼摔下，致终身残疾。对此，下列说法错误的是：（2022 年回忆版）

A. 丙与丁之间成立承揽合同

B. 甲应完全承担丁的人身损害赔偿

C. 甲与丙之间成立无因管理之债

D. 甲与乙之间成立承揽合同

## 详　解

1. [答案] D　　[难度] 中

[考点] 承揽合同、有权代理

[命题和解题思路] 本题围绕承揽合同展开考

查，命题人将承揽合同与物的归属问题以及代理行为的效力判断问题结合起来，颇有新意。考生在解题时首先要明确迟某与包某之间的合同性质，对于制作旗袍的合同，在性质上属于承揽合同，因为以迟某提供的布料制作旗袍属于典型的加工行为，符合承揽合同的法律特征。不论是合同的解除、旗袍的最终归属，还是报酬的支付问题，都要结合承揽合同的相关规定进行分析。此外，对于机器的归属问题，考生需要结合题干事实明确其中存在包某的代理行为，且为有权代理行为，由此不难推知，机器的买方是迟某而非包某，交付机器后迟某取得所有权而非包某取得所有权。

[选项分析] 选项A考查有权代理。机器的归属问题涉及包某购买机器行为的法律性质。题干清晰表明，一方面，包某以迟某的名义订购机器，这是典型的代理行为；另一方面，包某订购机器征得了迟某的事先同意，因此包某购买机器的行为属于有权代理行为。被代理人迟某是该合同的买方，机器交付后，迟某取得机器所有权。选项A错误。

选项B、C、D均考查承揽合同。《民法典》第770条规定："承揽合同是承揽人按照定作人的要求完成工作，交付工作成果，定作人支付报酬的合同。承揽包括加工、定作、修理、复制、测试、检验等工作。"据此，从合同内容来看，迟某提供布料给包某，由包某制作旗袍，符合承揽合同的法律特征。因此迟某与包某之间的合同，在类型上属于承揽合同。由此，选项B、C、D即可在承揽合同的规范体系下得到解答。

选项B考查承揽合同中的任意解除权。《民法典》第787条规定："定作人在承揽人完成工作前可以随时解除合同，造成承揽人损失的，应当赔偿损失。"据此可知，定作人的任意解除权存在时间限制，即承揽人完成工作前。本题中，迟某与吴某分手时旗袍已经制作完毕，即承揽人已经完成工作，此时定作人迟某不再享有任意解除权，因此迟某不得解除合同。此外需要注意的是，尽管该旗袍的制作有特别目的，即赠与迟某的女友吴某，但该内容是迟某的交易动机，并非承揽合同的内容，其不得基于分手以及不再需要旗袍为由解除合同。选项B错误。

选项C考查承揽合同中工作成果的归属。本题中，承揽合同的原材料为布料，由迟某提供，

迟某为布料的所有权人。在承揽工作期间，布料在包某控制之下，但迟某仍为该布料的所有权人。旗袍完成后，旗袍作为工作成果，其所有权人也是迟某，包某负有交付该工作成果给迟某的义务。该旗袍并非包某与迟某共有。选项C错误。

选项D考查承揽合同的报酬支付义务。包某已经按照合同的要求完成旗袍制作。既然迟某无权解除该合同，那么他作为定作人就有义务向承揽人包某支付报酬。选项D正确。

**2.** [答案] ABC  [难度] 中
[考点] 承揽合同、无因管理、用人者责任
[命题和解题思路] 本题是对债法部分多个考点的综合考查，且结合得较为巧妙，作为不定项选择题，有一定难度。选项C涉及的无因管理问题较为简单，因为甲丙之间存在委托合同，因此甲实施拆卸丙空调的行为并非无因管理，而是有合同基础。选项A也较为简单，丙和丁之间并未订立合同，因此不管认为丙丁之间存在何种合同，都是错误的。本题的难点有二：其一是甲乙之间的合同性质如何判断，究竟是承揽合同还是委托合同（选项D）；其二是对于丁的人身损害，甲是否应承担责任（选项B）。对于难点一，考生需要厘清承揽合同与委托合同的本质区别：承揽合同属于结果之债，即承揽人需要交付符合合同要求的工作成果；委托合同属于手段之债，受托人有为委托人利益处理委托事务的义务，但并不担保委托事项一定能够完成，只要受托人尽到了合同要求的注意义务即可。对于丁的人身损害应由谁承担，考生需要结合《民法典》第1192条第1款分析。提供劳务一方因劳务受到损害时，根据双方各自的过错承担相应的责任。

[选项分析] 选项A看似考查承揽合同，但事实上考查的是合同的相对性原理。本题中，与丁缔约的是甲，而不是丙，因此丙和丁之间并无合同关系。选项A错误。

选项B考查用人者责任。《民法典》第1192条第1款规定："个人之间形成劳务关系，提供劳务一方因劳务造成他人损害的，由接受劳务一方承担侵权责任。接受劳务一方承担侵权责任后，可以向有故意或者重大过失的提供劳务一方追偿。提供劳务一方因劳务受到损害的，根据双方各自的过错承担相应的责任。"据此，丁在提

供劳务过程中不慎从三楼摔下致终身残疾，此时对于丁的损害，应根据甲与丁各自的过错承担责任，而丁从三楼摔下，自身是具有过错的，此时显然不能要求甲承担完全的赔偿责任。选项B错误。

选项C考查无因管理。《民法典》第979条第1款规定："管理人没有法定的或者约定的义务，为避免他人利益受损失而管理他人事务的，可以请求受益人偿还因管理事务而支出的必要费用；管理人因管理事务受到损失的，可以请求受益人给予适当补偿。"该条款规定了适法的无因管理，本题中，甲与丙之间存在有效的委托合同，甲拆卸丙的空调是在履行委托合同中的事务管理义务，并非无因管理，因此甲与丙之间不存在无因管理之债。选项C错误。

选项D考查承揽合同。《民法典》第770条规定："承揽合同是承揽人按照定作人的要求完成工作，交付工作成果，定作人支付报酬的合同。承揽包括加工、定作、修理、复制、测试、检验等工作。"《民法典》第919条规定："委托合同是委托人和受托人约定，由受托人处理委托人事务的合同。"甲乙之间的合同与承揽合同以及委托合同都有一定的相似性，到底如何判断？对此，考生应当明确，承揽合同与委托合同的本质区别在于：承揽合同属于结果之债，即承揽人需要交付符合合同要求的工作成果；委托合同属于手段之债，受托人有为委托人利益处理委托事务的义务，但并不担保委托事项一定能够完成，只要受托人尽到了合同要求的注意义务即可。结合本题，从甲乙之间的合同内容来看，乙不仅要按照甲的要求拆卸空调，而且要最终交付工作成果，双方的合同内容所着眼的是最终的结果而非乙的拆卸过程，因此甲乙之间的合同属于承揽合同。选项D正确。

# 第三十四章　建设工程合同

## 试　题

**1.** 甲公司将某工程以100万元的价格发包给乙公司，乙公司以80万元的价格转包给刘某，并预付给刘某20万元。刘某实际完成了工程施工且验收合格。后乙公司资不抵债，刘某起诉甲公司要求其支付工程款60万元，法院追加乙公司为第三人，刘某未变更诉讼请求。后法院查明，甲公司尚欠付乙公司50万元工程款。关于法院的判决，下列哪一选项是正确的？（2023年回忆版）

A. 判决甲公司支付刘某50万元

B. 判决甲公司支付刘某60万元

C. 判决甲公司支付刘某50万元，乙公司支付刘某10万元

D. 判决乙公司支付刘某60万元

**2.** 洪某借用浩天公司资质和名义投标成功，与发包人恒达公司订立建设工程合同。双方在中标合同备案后，又就同一项目另行订立一份工期要求、对价、施工方案、总价款等内容不同于中标合同的施工合同。随后，洪某以浩天公司项目部名义与具有劳务作业法定资质的银海公司订立劳务分包合

同。工程全部完成后，竣工验收不合格。对此，下列哪一说法是正确的？（2019年回忆版）

A. 工程价款应按照另行订立的施工合同的约定结算

B. 建设工程施工合同应认定为部分无效

C. 劳务分包合同应认定为有效

D. 恒达公司只能请求浩天公司承担工程不合格的赔偿责任

**3.** 甲房地产开发公司开发一个较大的花园公寓项目，作为发包人，甲公司将该项目的主体工程发包给了乙企业，签署了建设工程施工合同。乙企业一直未取得建筑施工企业资质。现该项目主体工程已封顶完工。就相关合同效力及工程价款，下列哪些说法是正确的？（2017-3-62）

A. 该建设工程施工合同无效

B. 因该项目主体工程已封顶完工，故该建设工程施工合同不应认定为无效

C. 该项目主体工程经竣工验收合格，则乙企业可参照合同约定请求甲公司支付工程价款

D. 该项目主体工程经竣工验收不合格，经修复后仍不合格的，乙企业不能主张工程价款

# 详　解

### 1. [答案] A　　[难度] 难

[考点] 建设工程合同

[命题和解题思路] 本题围绕建设工程合同这一典型合同展开，具体考查实际施工人的救济问题。解答本题时，考生在审题环节需要厘清本题中存在几个建设工程合同以及各自的效力如何。刘某实际完成了工程施工且验收合格，这一事实表明刘某是实际施工人，对于实际施工人能否直接向与其没有合同关系的发包人主张价款，考生需要注意，《建设工程施工合同解释一》在一定范围内允许实际施工人直接向发包人主张价款。

[选项分析] 本题存在两个建设工程施工合同：其一是甲公司与乙公司之间的建设工程施工合同，是有效的；其二是乙公司与刘某之间的建设工程施工合同，因构成转包行为，根据《建设工程施工合同解释一》第1条，是无效的。但是由于工程验收合格，可以参照合同关于工程价款的约定折价补偿实际施工人刘某（《民法典》第793条第1款），因此刘某仍有权请求乙公司支付80万元，扣除已经支付的20万元，剩余60万元。

对于乙公司欠付的60万元补偿款，刘某是否有权直接请求发包人甲公司支付，《建设工程施工合同解释一》第43条第2款规定，实际施工人以发包人为被告主张权利的，人民法院应当追加转包人或者违法分包人为本案第三人，在查明发包人欠付转包人或者违法分包人建设工程价款的数额后，判决发包人在欠付建设工程价款范围内对实际施工人承担责任。据此，甲公司尚欠付乙公司50万元工程款，在这一范围内，甲公司须对实际施工人刘某承担责任。换言之，刘某有权请求甲公司支付50万元。由于刘某的诉讼请求只有要求甲公司支付工程款60万元，并未对乙公司提出支付工程款的诉讼请求，因此法院在判决时不得判决乙公司向刘某支付工程款。

综上，B、C、D选项均错误，A选项正确。

### 2. [答案] C　　[难度] 难

[考点] 建设工程合同

[命题和解题思路] 建设工程合同是法考客观题中常见的典型合同之一，本题即围绕这一合同类型展开。解题时，考生首先需要明确本题中的

三个合同：浩天公司投标成功后与发包人恒达公司订立建设工程合同、浩天公司与恒达公司另行签订的施工合同以及浩天公司项目部与银海公司签订的劳务分包合同。在此基础上，结合《建设工程施工合同解释一》的相关规定对三份合同的效力作出准确判断。建设工程合同的效力是法考客观题中的重要知识点，考生要先审查是否能适用《建设工程施工合同解释一》，该司法解释没有适用空间时才适用一般的民事法律行为效力瑕疵制度。

[选项分析] 选项A考查阴阳合同。《建设工程施工合同解释一》第2条第1款规定："招标人和中标人另行签订的建设工程施工合同约定的工程范围、建设工期、工程质量、工程价款等实质性内容，与中标合同不一致，一方当事人请求按照中标合同确定权利义务的，人民法院应予支持。"据此，在存在阴阳合同时，应以阳合同为准确定权利义务。选项A错误。

选项B考查建设工程合同的效力，具体涉及浩天公司投标成功后与发包人恒达公司订立建设工程合同。《建设工程施工合同解释一》第1条规定："建设工程施工合同具有下列情形之一的，应当依据民法典第一百五十三条第一款的规定，认定无效：（一）承包人未取得建筑业企业资质或者超越资质等级的；（二）没有资质的实际施工人借用有资质的建筑施工企业名义的；（三）建设工程必须进行招标而未招标或者中标无效的。承包人因转包、违法分包建设工程与他人签订的建设工程施工合同，应当依据民法典第一百五十三条第一款及第七百九十一条第二款、第三款的规定，认定无效。"据此，浩天公司投标成功后与发包人恒达公司订立建筑工程合同因违反其中第2项而无效。该无效为全部无效而非部分无效。选项B错误。

选项C考查劳务分包合同的效力，具体涉及浩天公司项目部与银海公司签订的劳务分包合同。《建设工程施工合同解释一》第5条规定："具有劳务作业法定资质的承包人与总承包人、分包人签订的劳务分包合同，当事人请求确认无效的，人民法院依法不予支持。"本题中，洪某以浩天公司项目部名义与具有劳务作业法定资质的银海公司订立劳务分包合同，该劳务分包合同是有效的。选项C正确。

选项D考查借用资质情形下的连带责任。《建

设工程施工合同解释一》第7条规定："缺乏资质的单位或者个人借用有资质的建筑施工企业名义签订建设工程施工合同，发包人请求出借方与借用方对建设工程质量不合格等因出借资质造成的损失承担连带赔偿责任的，人民法院应予支持。"据此结合本题，洪某借用浩天公司资质投标成功，应就工程不合格的损失，与浩天公司承担连带赔偿责任。选项D错误。

**3.** [答案] ACD　　　[难度] 难

[考点] 建设工程合同

[命题和解题思路] 建设工程合同的效力判断是法考客观题中的重要知识点之一，并且《建设工程施工合同解释一》专门针对建设工程合同设置了一些无效事由。只要涉及建设工程合同的效力判断，考生都需要结合《建设工程施工合同解释一》里的规定进行分析，切勿直接去《民法典》总则编中的民事法律行为制度寻找依据。在复习时，考生不妨梳理总结建设工程合同的无效事由。

[选项分析] 选项A与选项B考查建设工程合同的效力问题。《建设工程施工合同解释一》第1条规定："建设工程施工合同具有下列情形之一的，应当依据民法典第一百五十三条第一款的规定，认定无效：（一）承包人未取得建筑业企业资质或者超越资质等级的；（二）没有资质的实际施工人借用有资质的建筑施工企业名义的；（三）建设工程必须进行招标而未招标或者中标无效的。承包人因转包、违法分包建设工程与他人签订的建设工程施工合同，应当依据民法典第一百五十三条第一款及第七百九十一条第二款、第三款的规定，认定无效。"本题中，承包人乙一直未取得建筑施工企业资质，其与甲签订的建设工程施工合同无效。选项A正确。项目主体工程封顶完工并不能补正该无效的瑕疵。选项B错误。

选项C与选项D考查建设工程合同无效时价款的结算标准问题。《民法典》第793条第1款与第2款规定："建设工程施工合同无效，但是建设工程经验收合格的，可以参照合同关于工程价款的约定折价补偿承包人。建设工程施工合同无效，且建设工程经验收不合格的，按照以下情形处理：（一）修复后的建设工程经验收合格的，发包人可以请求承包人承担修复费用；（二）修复后的建设工程经验收不合格的，承包人无权请求参照合同关于工程价款的约定折价补偿。"本题中，虽然建设工程施工合同无效，但该项目主体工程经竣工验收合格的，乙企业依照合同约定请求甲公司支付工程价款的，应予支持。选项C正确。若经修复仍不合格，则不能主张工程价款。选项D正确。

# 第三十五章　委托合同

## 试　题

📶 甲去购买彩票，其友乙给甲10元钱让其顺便代购彩票，同时告知购买号码，并一再嘱咐甲不要改变。甲预测乙提供的号码不能中奖，便擅自更换号码为乙购买了彩票并替乙保管。开奖时，甲为乙购买的彩票中了奖，二人为奖项归属发生纠纷。下列哪一分析是正确的？（2015-3-9）

A. 甲应获得该奖项，因按乙的号码无法中奖，甲、乙之间应类推适用借贷关系，由甲偿还乙10元

B. 甲、乙应平分该奖项，因乙出了钱，而甲更换了号码

C. 甲的贡献大，应获得该奖项之大部，同时按比例承担彩票购买款

D. 乙应获得该奖项，因乙是委托人

## 详　解

[答案] D　　　[难度] 中

[考点] 委托合同

[命题和解题思路] 本题以彩票代买的案例为基础，考查委托合同中的受托人义务。解答本题需要考生熟悉委托合同中受托人应承担的义务，特别是财产转交义务。

[选项分析] 选项A考查甲、乙之间法律关系的定性。《民法典》第919条规定："委托合同是委托人和受托人约定，由受托人处理委托人事务

的合同。"本题中，乙为委托人，甲为受托人，乙委托甲代购彩票，双方之间成立委托关系，并无借贷的意思，无需类推适用借贷关系。选项 A 错误。

选项 B、C、D 考查委托合同中委托财产的转交义务。《民法典》第 927 条规定："受托人处理委托事务取得的财产，应当转交给委托人。"本题中，尽管甲擅自更换了号码，甲也应当将代购彩票所获奖项转交给委托人乙。选项 B 与选项 C 均错误，选项 D 正确。

# 第三十六章　中介合同

## 试　题

📶 刘某与甲房屋中介公司签订合同，委托甲公司帮助出售房屋一套。关于甲公司的权利义务，下列哪一说法是错误的？（2015-3-15）

A. 如有顾客要求上门看房时，甲公司应及时通知刘某

B. 甲公司可代刘某签订房屋买卖合同

C. 如促成房屋买卖合同成立，甲公司可向刘某收取报酬

D. 如促成房屋买卖合同成立，甲公司自行承担中介活动费用

## 详　解

[答案] B　　[难度] 中
[考点] 中介合同
[命题和解题思路] 中介合同在法考客观题中并不常见，本题考查中介合同中当事人的权利义务，考查难度适中。《民法典》关于中介合同的规定较少，知识点比较集中。考生只要熟悉相关法条，便能轻松作答。此外，考生需要注意区分中介合同、委托合同与行纪合同。

[选项分析] 选项 A 考查中介合同中介人的报告义务。《民法典》第 962 条规定："中介人应当就有关订立合同的事项向委托人如实报告。中介人故意隐瞒与订立合同有关的重要事实或者提供虚假情况，损害委托人利益的，不得要求支付报酬并应当承担赔偿责任。"本题中，甲公司是中介人，刘某是委托人，顾客要求上门看房属于有关订立合同的事项，所以中介人甲公司应当如实报告，及时通知刘某。选项 A 正确。

选项 B 考查中介合同的内容。《民法典》第 961 条规定："中介合同是中介人向委托人报告订立合同的机会或者提供订立合同的媒介服务，委托人支付报酬的合同。"在中介合同中，中介人仅提供订立合同的机会，中介合同中也无明确代理权的授予内容，中介人不能代委托人与第三人签订合同。选项 B 错误。

选项 C 考查中介人的报酬请求权。《民法典》第 963 条第 1 款规定："中介人促成合同成立的，委托人应当按照约定支付报酬。对中介人的报酬没有约定或者约定不明确，依照本法第五百一十条的规定仍不能确定的，根据中介人的劳务合理确定。因中介人提供订立合同的媒介服务而促成合同成立的，由该合同的当事人平均负担中介人的报酬。"本题中，中介人甲公司若促成房屋买卖合同，享有报酬请求权，可以向委托人刘某收取报酬。选项 C 正确。

选项 D 考查中介活动的费用承担。《民法典》第 963 条第 2 款规定："中介人促成合同成立的，中介活动的费用，由中介人负担。"本题中，如果中介人甲公司促成房屋买卖合同，应当自行承担中介活动的费用。选项 D 正确。

# 第三十七章　技术合同

## 试　题

📶 甲公司向乙公司转让了一项技术秘密。技术转让合同履行完毕后，经查该技术秘密是甲公司通过不正当手段从丙公司获得的，但乙公司对此并不知情，且支付了合理对价。下列哪一表述是正

确的？（2013-3-16）

A. 技术转让合同有效，但甲公司应向丙公司承担侵权责任

B. 技术转让合同无效，甲公司和乙公司应向丙公司承担连带责任

C. 乙公司可在其取得时的范围内继续使用该技术秘密，但应向丙公司支付合理的使用费

D. 乙公司有权要求甲公司返还其支付的对价，但不能要求甲公司赔偿其因此受到的损失

## 详　解

[答案] C　　[难度] 中

[考点] 技术合同；违约责任

[命题和解题思路] 本题通过一则事实较为简单的小案例对技术合同无效事由、法律后果以及让与人的违约责任的承担方式进行考查，各知识点联结得恰到好处。解题时考生需注意，技术合同的特殊之处在于，即便合同存在侵权的情形下被认定为无效，善意的受让人仍可以在支付合理费用后继续使用但须承担保密义务。

[选项分析] 选项 A、B、C 考查技术合同的效力及其无效后的法律效果。《民法典》第 850 条规定："非法垄断技术或者侵害他人技术成果的技术合同无效。"本题中，甲公司通过不正当手段获得该技术秘密转让给乙公司，该技术转让合同因侵害他人技术成果而无效。选项 A 错误。《技术合同解释》第 12 条规定："根据民法典第八百五十条的规定，侵害他人技术秘密的技术合同被确认无效后，除法律、行政法规另有规定的以外，善意取得该技术秘密的一方当事人可以在其取得时的范围内继续使用该技术秘密，但应当向权利人支付合理的使用费并承担保密义务。当事人双方恶意串通或者一方知道或者应当知道另一方侵权仍与其订立或者履行合同的，属于共同侵权，人民法院应当判令侵权人承担连带赔偿责任和保密义务，因此取得技术秘密的当事人不得继续使用该技术秘密。"本题中，甲公司和乙公司之间的转让合同无效，乙公司为不知情的善意取得人，且未串通也不知道甲公司侵权，故不应由其承担侵权责任，但应当向权利人丙支付合理的使用费。选项 B 错误，选项 C 正确。

选项 D 考查让与人的违约责任。让与人未按照约定转让技术，应当返还部分或者全部使用费，并应当承担违约责任。题干中，甲公司无法按照约定转让技术，应当返还乙公司支付的对价并承担违约责任，赔偿乙公司的损失。选项 D 错误。

# 第三十八章　离　婚

## 试　题

🔊 1. 甲（男）与乙（女）系夫妻，二人于 2019 年签订《离婚协议》，并按照该协议分割了部分夫妻共同财产，但并未办理离婚登记。2021 年甲起诉离婚，并请求按照《离婚协议》分割剩余夫妻共同财产，乙不同意离婚，也不同意按照《离婚协议》分割。对此，下列哪一说法是正确的？（2023 年回忆版）

A. 剩余未分割的夫妻共同财产应按照《离婚协议》分割

B. 《离婚协议》尚未生效，法院判决离婚时应依法分割

C. 已经分割的部分自《离婚协议》签订时成为双方的个人财产

D. 因乙对财产分割有异议，法院应不准予

离婚

🔊 2. 李甲和宋某育有儿子李乙（10 岁）。二人离婚后，儿子李乙由李甲抚养。后李甲和赵某再婚，婚后半年，李甲去世，赵某以自己没有抚养能力为由不想抚养李乙。据查，离婚后宋某一直怠于行使其探望权。对此，下列哪些说法是正确的？（2023 年回忆版）

A. 宋某有义务支付李乙的扶养费

B. 李甲去世后应由宋某抚养李乙

C. 离婚后宋某失去对李乙的监护权

D. 赵某与李甲结婚后自动取得李乙的监护权

🔊 3. 甲乙二人相识一个月后闪婚。一年后双方感情不和，共同前往婚姻登记机关办理离婚登记手续。一周后，男方反悔。对此，下列哪一说法是正确的？（2022 年回忆版）

A. 离婚冷静期从双方签订书面协议开始

B. 离婚冷静期过后，一方不同意离婚的，视为同意离婚

C. 离婚冷静期内，男方可以单独提出撤回离婚登记

D. 女方可以在离婚冷静期后单独申请离婚证

**4.** 2017 年韩某与赵某结婚，婚后育有一女，2018 年赵某外出务工。2021 年 7 月，赵某同事刘某找到韩某讨要其丈夫所欠的巨额赌债。此时韩某才知赵某有赌博习性，后经多方打听，得知赵某婚前就沉迷赌博。韩某多次劝说赵某戒赌，但赵某依然参与赌博，韩某遂起诉申请离婚。对此，下列哪些说法是正确的？（2021 年回忆版）

A. 本案在审理中应当进行调解

B. 由于赵某婚前隐瞒赌博成瘾的事实，韩某有权主张撤销婚姻

C. 因为赵某有赌博习性，法院应将孩子的抚养权判给韩某

D. 对于赵某的赌债，韩某无需承担

**5.** 甲（男）与乙（女）离婚，双方约定儿子丙跟随乙生活，甲每月支付 2000 元抚养费。现丙因要上私立中学要求增加抚养费，甲则发现丙已经被改从母姓。对此，下列哪些说法是正确的？（2021 年回忆版）

A. 如丙的姓名不改回，则甲有权拒绝支付抚养费

B. 因丙被改从母姓，甲的监护义务终止

C. 丙有权起诉向甲请求增加抚养费

D. 乙应当为甲探望丙提供便利

**6.** 乙女与甲男婚后多年未生育，后甲男发现乙女因不愿生育曾数次擅自中止妊娠，为此甲男多次殴打了乙女。乙女在被打住院后诉至法院要求离婚并请求损害赔偿，甲男以生育权被侵害为由提起反诉，请求乙女赔偿其精神损害。法院经调解无效，拟判决双方离婚。下列哪些选项是正确的？（2017-3-65）

A. 法院应支持乙女的赔偿请求

B. 乙女侵害了甲男的生育权

C. 乙女侵害了甲男的人格尊严

D. 法院不应支持甲男的赔偿请求

**7.** 乙起诉离婚时，才得知丈夫甲此前已着手

隐匿并转移财产。关于甲、乙离婚的财产分割，下列哪一选项是错误的？（2016-3-18）

A. 甲隐匿转移财产，分割财产时可少分或不分

B. 就履行离婚财产分割协议事宜发生纠纷，乙可再起诉

C. 离婚后发现甲还隐匿其他共同财产，乙可另诉再次分割财产

D. 离婚后因发现甲还隐匿其他共同财产，乙再行起诉不受诉讼时效限制

**8.** 钟某性情暴躁，常殴打妻子柳某，柳某经常找同村未婚男青年杜某诉苦排遣，日久生情。现柳某起诉离婚，关于钟、柳二人的离婚财产处理事宜，下列哪一选项是正确的？（2016-3-19）

A. 针对钟某家庭暴力，柳某不能向其主张损害赔偿

B. 针对钟某家庭暴力，柳某不能向其主张精神损害赔偿

C. 如柳某婚内与杜某同居，则柳某不能向钟某主张损害赔偿

D. 如柳某婚内与杜某同居，则钟某可以向柳某主张损害赔偿

**9.** 董楠（男）和申蓓（女）是美术学院同学，共同创作一幅油画作品《爱你一千年》。毕业后二人结婚育有一女。董楠染上吸毒恶习，未经申蓓同意变卖了《爱你一千年》，所得款项用于吸毒。因董楠恶习不改，申蓓在女儿不满 1 周岁时提起离婚诉讼。下列哪些说法是正确的？（2015-3-65）

A. 申蓓虽在分娩后 1 年内提出离婚，法院应予受理

B. 如调解无效，应准予离婚

C. 董楠出售《爱你一千年》侵犯了申蓓的物权和著作权

D. 对董楠吸毒恶习，申蓓有权请求离婚损害赔偿

---

## 详　解

**1.** [答案] B　　[难度] 中

[考点] 协议离婚、诉讼离婚

[命题和解题思路] 本题的题干事实围绕甲与乙的离婚协议而展开，集中考查了协议离婚的相关知识点。解答本题时的核心问题在于《离婚协

议》的成立与生效，离婚协议是典型的附条件民事法律行为，虽然于签订时就成立，但以办理离婚登记为生效条件，如果能明确这一点，则本题涉及的其他问题就可以顺次得到解答。此外，本题兼顾了对诉讼离婚相关知识点的考查，考生需要紧扣应当准予离婚的法定事由进行分析。考生需要注意夫妻双方对离婚协议是否存在异议和法院是否准予离婚之间并无必然联系。

[选项分析] 选项 A、选项 B 与选项 C 均考查协议离婚，具体涉及离婚协议的成立与生效。《离婚协议》是甲、乙双方为协议离婚而实施的民事法律行为，具有一定的特殊性：《离婚协议》于双方签订时成立，但是以办理离婚登记为生效条件，由于本题中最终双方并未办理离婚登记，因此《离婚协议》尚未生效，双方不得根据《离婚协议》分割夫妻共同财产。即使分割了，分割行为也并不能发生物权变动的效力。换言之，已经分割的部分仍然属于夫妻共同财产。既然《离婚协议》尚未生效，就无法作为诉讼离婚中法院分割夫妻共同财产时的依据。因此如果法院判决离婚，则仍应按照法定的夫妻财产分割规则进行分割。选项 A 与选项 C 均错误，选项 B 正确。

在诉讼离婚中，《民法典》第 1079 条第 3 款明确规定了法院应准予离婚的法定情形，但夫妻双方对财产分割是否有异议与法院是否准予离婚之间并无必然联系，选项 D 错误。

**2.** [答案] AB　　[难度] 难

[考点] 离婚的法律后果、父母子女关系

[命题和解题思路] 本题以夫妻离婚与再婚为基础法律事实，考查了离婚后的子女抚养、继父母子女关系等知识点。本题的难点在于准确把握继父母子女关系的相关规则，具体涉及李甲去世以后李乙的抚养问题。对此需要注意的是，既然李甲作为李乙生父已经去世，且继母赵某不愿意继续抚养，此时应由其生母——宋某抚养。对此，命题人还设置了一个干扰因素，即离婚后宋某一直怠于行使其探望权，这一事实并不影响其作为生母对李乙的抚养义务。此外，对于离婚的法律后果，尤其是涉及子女时，考生需要区分监护与抚养，离婚后父母仍是子女的法定监护人，但通常子女由其中一方抚养，另一方需要支付抚养费。

[选项分析] 选项 A 与选项 C 均考查离婚的

法律后果，具体涉及子女抚养与监护关系。《民法典》第 1085 条第 1 款规定，离婚后，子女由一方直接抚养的，另一方应当负担部分或者全部抚养费。负担费用的多少和期限的长短，由双方协议；协议不成的，由人民法院判决。据此，李甲与宋某离婚后，李乙虽由李甲抚养，但宋某应负担抚养费的支付义务。选项 A 正确。需要注意的是，离婚本身并不影响父母与子女之间的监护关系。《民法典》第 1084 条第 1 款与第 2 款规定，父母与子女间的关系，不因父母离婚而消除。离婚后，子女无论由父或者母直接抚养，仍是父母双方的子女。离婚后，父母对于子女仍有抚养、教育、保护的权利和义务。据此可知，离婚并不影响父母与子女之间的监护关系。选项 C 错误。

选项 B 与选项 D 均考查继父母子女关系。选项 B 具体涉及继父母子女之间抚养关系的终止。《民法典婚姻家庭编解释一》第 54 条规定，生父与继母离婚或者生母与继父离婚时，对曾受其抚养教育的继子女，继父或者继母不同意继续抚养的，仍应由生父或者生母抚养。参照这一条文并结合本题，李甲去世后，赵某不愿意继续抚养李乙，此时应由李乙的生母宋某抚养。需要注意的是，离婚后宋某一直怠于行使其探望权，这一事实并不能免除宋某的抚养义务。选项 B 正确。选项 D 具体涉及继父母子女之间的监护关系。《民法典》第 1072 条第 2 款规定，继父或者继母和受其抚养教育的继子女间的权利义务关系，适用本法关于父母子女关系的规定。据此可知，继父母子女之间能直接适用父母子女关系的规定，以形成事实上的抚养教育关系为前提，而非再婚这一事实直接导致。据此，赵某与李甲结婚后并不能自动取得李乙的监护权。选项 D 错误。

**3.** [答案] C　　[难度] 易

[考点] 协议离婚

[命题和解题思路] 本题的题干部分十分简短，且四个选项表述直接而集中，都是围绕协议离婚中的离婚冷静期规则展开的。离婚冷静期是《民法典》针对协议离婚新增的一项规则，只要考生熟悉该规则，本题即可迎刃而解。在离婚冷静期规则下，男女双方要实现协议离婚，需要共同亲自前往婚姻登记机关两次（申请一次、离婚冷静期过后一次），离婚冷静期的期间为 30 日，自

婚姻登记机关收到离婚登记申请之日起算。

[选项分析] 本题考查的知识点十分集中，即《民法典》第 1077 条规定的离婚冷静期规则。该条规定："自婚姻登记机关收到离婚登记申请之日起三十日内，任何一方不愿意离婚的，可以向婚姻登记机关撤回离婚登记申请。前款规定期限届满后三十日内，双方应当亲自到婚姻登记机关申请发给离婚证；未申请的，视为撤回离婚登记申请。"据此，离婚冷静期规则有以下几个要点：(1) 完整的协议离婚要求男女双方共同亲自前往婚姻登记机关两次（申请一次、离婚冷静期过后一次）；(2) 离婚冷静期的期间为 30 日，自婚姻登记机关收到离婚登记申请之日起算；(3) 在离婚冷静期内，任何一方不愿意离婚的，可以向婚姻登记机关撤回离婚登记申请，即任何一方均享有任意撤回权；(4) 离婚冷静期满后 30 日内，如果双方没有共同亲自到婚姻登记机关申请发给离婚证，视为撤回离婚登记申请。据此，选项 A 对离婚冷静期的起算点判断有误，选项 BD 对离婚冷静期过后的法律效果判断有误。选项 A、B、D 均错误，选项 C 正确。

**4.** [答案] AD　　[难度] 难

[考点] 可撤销婚姻；诉讼离婚；离婚的法律后果；夫妻共同债务

[命题和解题思路] 本题围绕婚姻制度展开，四个选项涉及了多个知识点，属于婚姻家庭领域的综合性命题，也是近年法考常见的命题方式。解答本题时，需要考生结合题干厘清四个选项各自考查的知识点，在此基础上结合现行法的规定进行分析判断。值得注意的是：(1) 调解是离婚诉讼中的必经程序；(2) 不论是可撤销婚姻还是无效婚姻，其事由都是封闭的，需要严格按照《民法典》婚姻家庭编的规定来判断；(3) 对离婚后的子女抚养，现行法规定了最有利于未成年子女的原则，但最终仍由法院自由裁量；(4) 夫妻一方在婚姻关系存续期间虚构债务以及从事违法犯罪活动所负的债务，均非夫妻共同债务。

[选项分析] 选项 A 考查离婚诉讼中的调解。《民法典》第 1079 条第 2 款规定："人民法院审理离婚案件，应当进行调解；如果感情确已破裂，调解无效的，应当准予离婚。"据此，在离婚诉讼中，法院有义务进行调解。选项 A 正确。

选项 B 考查可撤销婚姻。《民法典》第 1052 条第 1 款规定："因胁迫结婚的，受胁迫的一方可以向人民法院请求撤销婚姻。"《民法典》第 1053 条第 1 款规定："一方患有重大疾病的，应当在结婚登记前如实告知另一方；不如实告知的，另一方可以向人民法院请求撤销婚姻。"据此，现行法上规定的婚姻可撤销事由有二：胁迫与隐瞒重大疾病，隐瞒赌博成瘾的事实并非婚姻的可撤销事由。因此，本题中，赵某婚前隐瞒赌博成瘾的事实并不构成韩某撤销婚姻的事由。选项 B 错误。

选项 C 考查离婚时的子女抚养。《民法典》第 1084 条第 3 款规定："离婚后，不满两周岁的子女，以由母亲直接抚养为原则。已满两周岁的子女，父母双方对抚养问题协议不成的，由人民法院根据双方的具体情况，按照最有利于未成年子女的原则判决。子女已满八周岁的，应当尊重其真实意愿。"据此，离婚后的子女抚养问题，由人民法院按照最有利于未成年子女的原则自由裁量。结合本题，赌博习性只是法院考量的因素之一，但法院并无义务将孩子的抚养权判给韩某。选项 C 错误。

选项 D 考查夫妻共同债务。《民法典婚姻家庭编解释一》第 34 条规定："夫妻一方与第三人串通，虚构债务，第三人主张该债务为夫妻共同债务的，人民法院不予支持。夫妻一方在从事赌博、吸毒等违法犯罪活动中所负债务，第三人主张该债务为夫妻共同债务的，人民法院不予支持。"据此，夫妻一方参与赌博所负的违法债务并非夫妻共同债务。结合本题，赵某的赌债并非夫妻共同债务，韩某无需承担。选项 D 正确。

**5.** [答案] CD　　[难度] 难

[考点] 姓名权；监护的终止；离婚后的子女抚养；探望权

[命题和解题思路] 本题围绕夫妻离婚后子女的抚养费问题展开，同时兼顾了对姓名权、监护制度和探望权的考查，不仅具有综合性，考查的法条也较具细节性，考查难度较大。解答本题，考生首先需要明确，原则上子女的姓名是否更改与父母支付抚养费之间并没有法律上的联系，而且不论是父母离婚还是子女改名，对监护关系都没有影响。明确了这些，本题四个选项就不难判断了。

[选项分析] 选项 A 考查姓名权与抚养费支付

义务之间的关系。《民法典》第1015条规定："自然人应当随父姓或者母姓，但是有下列情形之一的，可以在父姓和母姓之外选取姓氏：（一）选取其他直系长辈血亲的姓氏；（二）因由法定扶养人以外的人扶养而选取扶养人姓氏；（三）有不违背公序良俗的其他正当理由。少数民族自然人的姓氏可以遵从本民族的文化传统和风俗习惯。"据此，丙改从母姓并未违法，且甲支付抚养费的义务是其作为丙的法定监护人的法定义务，不因丙改姓而免除。选项A错误。

选项B考查监护关系的终止。《民法典》第39条规定："有下列情形之一的，监护关系终止：（一）被监护人取得或者恢复完全民事行为能力；（二）监护人丧失监护能力；（三）被监护人或者监护人死亡；（四）人民法院认定监护关系终止的其他情形。监护关系终止后，被监护人仍然需要监护的，应当依法另行确定监护人。"据此，子女改姓并非监护关系终止的事由，因此，甲的监护义务不会因为丙改从母姓而终止。选项B错误。

选项C考查抚养费的增加。《民法典婚姻家庭编解释一》第55条规定："离婚后，父母一方要求变更子女抚养关系的，或者子女要求增加抚养费的，应当另行提起诉讼。"据此，丙有权起诉向甲请求增加抚养费。选项C正确。

选项D考查探望权。《民法典》第1086条第1款规定："离婚后，不直接抚养子女的父或者母，有探望子女的权利，另一方有协助的义务。"据此，甲对丙享有探望权，乙应当为甲探望丙提供便利。选项D正确。

**6.** ［答案］AD　　［难度］难

［考点］离婚损害赔偿请求权；一般人格权；生育权

［命题和解题思路］本题的核心考点为是否承认夫一方享有独立的生育权，对此，《民法典婚姻家庭编解释一》第23条有明确规定，考生结合该条解答即可。对于离婚损害赔偿请求权，重点关注：（1）请求的一方是否无过错；（2）相对方是否存在《民法典》第1091条规定的过错情节。

［选项分析］选项A考查离婚损害赔偿请求权。《民法典》第1091条规定："有下列情形之一，导致离婚的，无过错方有权请求损害赔偿：（一）重婚；（二）与他人同居；（三）实施家庭暴力；（四）虐待、遗弃家庭成员；（五）有其他重大过错。"本题中，甲夫婚内经常殴打乙妻，构成家庭暴力或虐待，乙在离婚诉讼中可以要求损害赔偿。选项A正确。

选项B与选项D考查生育权侵权。对于是否承认生育权作为独立的民事权利，学理上有较大争议。《民法典婚姻家庭编解释一》第23条规定："夫以妻擅自中止妊娠侵犯其生育权为由请求损害赔偿的，人民法院不予支持；夫妻双方因是否生育发生纠纷，致使感情已破裂，一方请求离婚的，人民法院经调解无效，应依照民法典第一千零七十九条第三款第五项的规定处理。"据此，现行法并未承认夫一方享有独立的生育权，因此，乙并未侵害甲的生育权，甲的赔偿请求自然也不应支持。选项B错误，选项D正确。

选项C考查一般人格权。《民法典》第990条第2款规定："除前款规定的人格权外，自然人享有基于人身自由、人格尊严产生的其他人格权益。"该条学理上称为一般人格权。本题中，妻子不愿生育擅自终止妊娠并未侵害丈夫的生育权，并未侵犯其人格尊严。选项C错误。

**7.** ［答案］D　　［难度］中

［考点］离婚的财产处理

［命题和解题思路］本题考查的是夫妻一方隐匿财产的法律后果以及离婚财产分割协议的法律效力，是对现行法的直接考查，基本上属于送分题。考生直接依据相关现行法条文分析作答即可。

［选项分析］选项A、C、D均考查夫妻一方隐匿财产的法律后果，直接依据法条判断即可。《民法典》第1092条规定："夫妻一方隐藏、转移、变卖、毁损、挥霍夫妻共同财产，或者伪造夫妻共同债务企图侵占另一方财产的，在离婚分割夫妻共同财产时，对该方可以少分或者不分。离婚后，另一方发现有上述行为的，可以向人民法院提起诉讼，请求再次分割夫妻共同财产。"结合本题，甲隐匿转移财产，分割财产时可少分或不分。离婚后发现甲还隐匿其他共同财产，乙可另诉再次分割财产。选项A与选项C正确。《民法典婚姻家庭编解释一》第84条规定："当事人依据民法典第一千零九十二条的规定向人民法院提起诉讼，请求再次分割夫妻共同财产的诉讼时效

期间为三年，从当事人发现之日起计算。"据此，选项 D 错误。

选项 B 考查离婚财产分割协议的法律效力。《民法典婚姻家庭编解释一》第 69 条第 2 款规定："当事人依照民法典第一千零七十六条签订的离婚协议中关于财产以及债务处理的条款，对男女双方具有法律约束力。登记离婚后当事人因履行上述协议发生纠纷提起诉讼的，人民法院应当受理。"据此可知，乙享有再起诉的权利。选项 B 正确。

**8.** ［答案］C    ［难度］中

［考点］离婚损害赔偿请求权

［命题和解题思路］本题考查的知识点较为集中明确，即离婚损害赔偿请求权。《民法典》规定了离婚时无过错方可以主张损害赔偿的具体情形。在本题的解答中，考生需要注意，如果双方均有该条中的过错情形，则相互抵销，双方均不得再请求损害赔偿。

［选项分析］关于离婚损害赔偿请求权，《民法典》第 1091 条规定："有下列情形之一，导致离婚的，无过错方有权请求损害赔偿：（一）重婚；（二）与他人同居；（三）实施家庭暴力；（四）虐待、遗弃家庭成员；（五）有其他重大过错。"本题中，钟某性情暴躁，常殴打妻子柳某，构成家庭暴力，在离婚时，柳某有权主张损害赔偿。选项 A 错误。

对于损害赔偿的范围，《民法典婚姻家庭编解释一》第 86 条规定："民法典第一千零九十一条规定的'损害赔偿'，包括物质损害赔偿和精神损害赔偿。涉及精神损害赔偿的，适用《最高人民法院关于确定民事侵权精神损害赔偿责任若干问题的解释》的有关规定。"结合本题，柳某离婚时主张损害赔偿，赔偿范围包括物质损害赔偿和精神损害赔偿。选项 B 错误。

《民法典婚姻家庭编解释一》第 90 条规定："夫妻双方均有民法典第一千零九十一条规定的过错情形，一方或者双方向对方提出离婚损害赔偿请求的，人民法院不予支持。"据此，如果夫妻双方均有《民法典》第 1091 条的过错情形，那么离婚时双方均不得主张损害赔偿。结合本题，如柳某婚内与杜某同居，则钟某与柳某离婚时均不得向对方主张损害赔偿。选项 D 错误，选项 C 正确。

**9.** ［答案］ABC    ［难度］难

［考点］诉讼离婚；合作作品的著作权归属；离婚损害赔偿请求权

［命题和解题思路］本题是民法与知识产权法的融合题，在民法层面考查了诉讼离婚的前提、法定离婚事由以及离婚损害赔偿请求权，在著作权法层面考查了合作作品的著作权归属，有一定难度。解答本题时，考生需要厘清各个选项所考查的具体知识点，并在此基础上结合现行法规定展开分析。

［选项分析］选项 A 考查诉讼离婚的前提。《民法典》第 1082 条规定："女方在怀孕期间、分娩后一年内或者终止妊娠后六个月内，男方不得提出离婚；但是，女方提出离婚或者人民法院认为确有必要受理男方离婚请求的除外。"本题中，作为妻子的申蓓提出离婚，不受该条限制，法院应予受理。选项 A 正确。

选项 B 考查法定离婚事由。《民法典》第 1079 条第 3 款规定："有下列情形之一，调解无效的，应当准予离婚：（一）重婚或者与他人同居；（二）实施家庭暴力或者虐待、遗弃家庭成员；（三）有赌博、吸毒等恶习屡教不改；（四）因感情不和分居满二年；（五）其他导致夫妻感情破裂的情形。"本题中，董楠吸毒恶习不改，符合该条款中的第 3 项，申蓓提起离婚诉讼，在人民法院调解不成时，应当准予离婚。选项 B 正确。

选项 C 考查合作作品的著作权归属。《著作权法》第 14 条第 1 款规定："两人以上合作创作的作品，著作权由合作作者共同享有。没有参加创作的人，不能成为合作作者。"据此结合本题，油画作品《爱你一千年》由董楠和申蓓共同创作，其著作权由两人共有。因此，董楠和申蓓不仅共有该画的所有权，还共有该画的著作权。董楠出售《爱你一千年》会同时侵犯申蓓的所有权和著作权。选项 C 正确。

选项 D 考查离婚损害赔偿请求权。《民法典》第 1091 条规定："有下列情形之一，导致离婚的，无过错方有权请求损害赔偿：（一）重婚；（二）与他人同居；（三）实施家庭暴力；（四）虐待、遗弃家庭成员；（五）有其他重大过错。"本题中，吸毒不属于请求离婚损害赔偿的法定事由，申蓓无权请求离婚损害赔偿。选项 D 错误。

# 第三十九章　夫妻财产关系

**1.** 甲（男）与乙（女）系夫妻，甲起诉离婚，法院并未准许。二人分居两年后，甲再次起诉，女方不同意离婚。经法院查明，分居期间男方把一笔存款转到其父亲名下，该笔存款是甲一人名下的A房的租金，而A房是甲在婚后以婚前存款购买的。对此，下列说法正确的是：（2023年回忆版）

A. 男方可以少分财产

B. 租金属于甲的个人财产

C. A房属于甲的个人财产

D. 法院应当准予离婚

**2.** 下列属于夫妻共同财产的是：（2022年回忆版）

A. 夫妻一方生日宴请后获得的礼金

B. 夫妻一方婚前创作的小说在婚后取得的版税

C. 男方给女方父母支付的彩礼婚后返还，但女方父母明示仅赠与女方

D. 夫妻一方婚前取得的破产安置补偿费

**3.** 张老汉和妻子李某居住在单位公租房内，后李某因病去世，张老汉与家中保姆何某相爱并结婚。婚后，张老汉用10万元养老保险金购买了该公租房并登记在自己名下。关于养老保险金和房屋的归属，下列哪一说法是正确的？（2018年回忆版）

A. 10万元养老保险金属于张老汉的个人财产

B. 房屋属于张老汉和前妻李某共有

C. 房屋属于张老汉所有

D. 房屋属于张老汉和保姆何某共有

**4.** 刘山峰、王翠花系老夫少妻，刘山峰婚前个人名下拥有别墅一栋。关于婚后该别墅的归属，下列哪一选项是正确的？（2016-3-20）

A. 该别墅不可能转化为夫妻共同财产

B. 婚后该别墅自动转化为夫妻共同财产

C. 婚姻持续满八年后该别墅即依法转化为夫妻共同财产

D. 刘、王可约定婚姻持续八年后该别墅转化为夫妻共同财产

**5.** 甲（男）、乙（女）结婚后，甲承诺，在子女出生后，将其婚前所有的一间门面房，变更登记为夫妻共同财产。后女儿丙出生，但甲不愿兑现承诺，导致夫妻感情破裂离婚，女儿丙随乙一起生活。后甲又与丁（女）结婚。未成年的丙因生重病住院急需医疗费20万元，甲与丁签订借款协议从夫妻共同财产中支取该20万元。下列哪一表述是错误的？（2014-3-23）

A. 甲与乙离婚时，乙无权请求将门面房作为夫妻共同财产分割

B. 甲与丁的协议应视为双方约定处分共同财产

C. 如甲、丁离婚，有关医疗费按借款协议约定处理

D. 如丁不同意甲支付医疗费，甲无权要求分割共有财产

**6.** 甲乙夫妻的下列哪一项婚后增值或所得，属于夫妻共同财产？（2013-3-23）

A. 甲婚前承包果园，婚后果树上结的果实

B. 乙婚前购买的1套房屋升值了50万元

C. 甲用婚前的10万元婚后投资股市，得利5万元

D. 乙婚前收藏的玉石升值了10万元

**1.** ［答案］ACD　　［难度］中

［考点］诉讼离婚、离婚的法律后果、法定夫妻财产制

［命题和解题思路］本题以甲、乙双方诉讼离婚为基础法律事实，考查诉讼离婚的相关知识点，并兼顾对法定夫妻财产制的考查。分析A房是否为夫妻共同财产时，考生需要注意该房登记在甲一人名下，且是用甲婚前存款购买，仍属于甲个人财产；对于租金，考生需要注意：夫妻一方个人财产的孳息，与《民法典》第321条规定的孳息不同，前者要求孳息的获取无需付出时间与管理成本；对于诉讼离婚后的夫妻财产分割问题，

考生需要重点分析本题中是否存在甲转移夫妻共同财产的情节。

[选项分析] 在逻辑上应先分析法院是否应准予离婚以及相关标的物是否为夫妻共同财产，由此才能进一步判断离婚后的财产分割问题，因此先分析选项 B、C、D，最后分析选项 A。

选项 B 与选项 C 均考查法定夫妻财产制。根据《民法典》第 1063 条第 1 项，一方的婚前财产是其个人财产。《民法典婚姻家庭编解释一》第 31 条规定，《民法典》第 1063 条规定为夫妻一方的个人财产，不因婚姻关系的延续而转化为夫妻共同财产。但当事人另有约定的除外。据此，A 房是甲在婚后以婚前存款购买的，应将其认定为甲的个人财产，而非夫妻共同财产。选项 C 正确。《民法典婚姻家庭编解释一》第 26 条规定，夫妻一方个人财产在婚后产生的收益，除孳息和自然增值外，应认定为夫妻共同财产。该条中的孳息仅指无需付出时间与管理成本即可获得的孳息，如存款利息，租金的获得需付出一定的时间与管理成本，应认定为夫妻共同财产。选项 B 错误。

选项 D 考查诉讼离婚，具体涉及应当准予离婚的法定事由。《民法典》第 1079 条第 3 款规定，有下列情形之一，调解无效的，应当准予离婚……(4) 因感情不和分居满二年……该条第 5 款规定，经人民法院判决不准离婚后，双方又分居满 1 年，一方再次提起离婚诉讼的，应当准予离婚。据此，二人分居 2 年后，甲再次起诉，法院应当准予离婚。选项 D 正确。

选项 A 考查离婚的法律后果，具体涉及夫妻共同财产的分割。《民法典》第 1092 条规定，夫妻一方隐藏、转移、变卖、毁损、挥霍夫妻共同财产，或者伪造夫妻共同债务企图侵占另一方财产的，在离婚分割夫妻共同财产时，对该方可以少分或者不分。离婚后，另一方发现有上述行为的，可以向人民法院提起诉讼，请求再次分割夫妻共同财产。据此，分居期间男方把一笔存款转到其父亲名下，该笔存款是甲一人名下的 A 房的租金，由于上文已经分析，该租金属于夫妻共同财产，因此甲存在转移夫妻共同财产的情形，在离婚时，对甲可以少分或者不分。选项 A 正确。

**2.** [答案] AB　　[难度] 中
[考点] 夫妻共同财产、夫妻一方的个人财产

[命题和解题思路] 本题以四个互相独立的选项对夫妻财产制度进行集中考查，考生需要结合我国的法定夫妻财产制分析哪些选项属于夫妻共同财产。具体分析时，考生应明确，我国的法定夫妻财产制是婚后所得夫妻共同共有制，相关选项应在这一基础上进行分析。

[选项分析] **我国的法定夫妻财产制是婚后所得夫妻共同共有制。**《民法典》第 1062 条第 1 款规定："夫妻在婚姻关系存续期间所得的下列财产，为夫妻的共同财产，归夫妻共同所有：（一）工资、奖金、劳务报酬；（二）生产、经营、投资的收益；（三）知识产权的收益；（四）继承或者受赠的财产，但是本法第一千零六十三条第三项规定的除外；（五）其他应当归共同所有的财产。"据此，夫妻一方生日宴请后获得的礼金属于该条款第 4 项情形，而夫妻一方婚前创作的小说在婚后取得的版税，属于该条款的第 3 项情形。选项 A 与选项 B 均为夫妻共同财产。

选项 C 与选项 D 都涉及法定的夫妻一方个人财产。《民法典》第 1063 条规定："下列财产为夫妻一方的个人财产：（一）一方的婚前财产；（二）一方因受到人身损害获得的赔偿或者补偿；（三）遗嘱或者赠与合同中确定只归一方的财产；（四）一方专用的生活用品；（五）其他应当归一方的财产。"《民法典婚姻家庭编解释一》第 25 条进一步规定："婚姻关系存续期间，下列财产属于民法典第一千零六十二条规定的'其他应当归共同所有的财产'：（一）一方以个人财产投资取得的收益；（二）男女双方实际取得或者应当取得的住房补贴、住房公积金；（三）男女双方实际取得或者应当取得的基本养老金、破产安置补偿费。"据此，夫妻一方婚前取得的破产安置补偿费属于《民法典》第 1063 条第 1 项情形。而选项 C 中，男方给女方父母支付的彩礼婚后返还，但女方父母明示仅赠与女方。这一情形符合《民法典》第 1063 条的第 3 项。选项 C 与选项 D 均为夫妻一方的个人财产。

**3.** [答案] D　　[难度] 易
[考点] 夫妻共同财产

[命题和解题思路] 本题考查的是考生对夫妻共同财产的掌握程度，是对现行法规定的直接考查，基本上等于送分题，直接依据《民法典婚姻

家庭编解释一》第 25 条与第 27 条作答即可。

[选项分析] 选项 A 涉及 10 万元养老保险金的归属，对于这一问题，《民法典婚姻家庭编解释一》第 25 条规定："婚姻关系存续期间，下列财产属于民法典第一千零六十二条规定的'其他应当归共同所有的财产'：（一）一方以个人财产投资取得的收益；（二）男女双方实际取得或者应当取得的住房补贴、住房公积金；（三）男女双方实际取得或者应当取得的养老保险金、破产安置补偿费。"据此结合本题，10 万元养老保险金属于夫妻共同财产。选项 A 错误。

选项 B、C、D 涉及房屋的归属。《民法典婚姻家庭编解释一》第 27 条规定："由一方婚前承租、婚后用共同财产购买的房屋，登记在一方名下的，应当认定为夫妻共同财产。"据此结合本题，房屋是张老汉婚前承租，与保姆结婚后用共同财产养老保险金购买所得，虽然登记在张老汉一方名下，但是属于夫妻共同财产。选项 B、C 均错误，选项 D 正确。

**4.** [答案] D　　[难度] 中

[考点] 法定夫妻财产制；约定夫妻财产制

[命题和解题思路] 本题考查法定夫妻财产制与约定夫妻财产制，考查难度适中。解答本题时，考生需要明确我国法定的夫妻财产制是婚后所得财产夫妻共有制，夫妻一方的个人财产不会因为婚姻关系的延续而转化为夫妻共同财产。当然，法律允许夫妻自由约定不同的财产制。

[选项分析] 选项 B 与选项 C 考查法定夫妻财产制。《民法典》第 1063 条规定："下列财产为夫妻一方的个人财产：（一）一方的婚前财产；（二）一方因受到人身损害获得的赔偿或者补偿；（三）遗嘱或者赠与合同中确定只归一方的财产；（四）一方专用的生活用品；（五）其他应当归一方的财产。"《民法典婚姻家庭编解释一》第 31 条规定："民法典第一千零六十三条规定为夫妻一方的个人财产，不因婚姻关系的延续而转化为夫妻共同财产。但当事人另有约定的除外。"据此结合本题，别墅属于刘山峰的婚前个人财产，不因和王翠花的婚姻关系而转化为夫妻共同财产，除非双方另有约定。选项 B 与选项 C 均错误。

选项 A 与选项 D 考查约定夫妻财产制。《民法典》第 1065 条规定："男女双方可以约定婚姻关系

存续期间所得的财产以及婚前财产归各自所有、共同所有或者部分各自所有、部分共同所有。约定应当采用书面形式。没有约定或者约定不明确的，适用本法第一千零六十二条、第一千零六十三条的规定。夫妻对婚姻关系存续期间所得的财产以及婚前财产的约定，对双方具有法律约束力。夫妻对婚姻关系存续期间所得的财产约定归各自所有，夫或者妻一方对外所负的债务，相对人知道该约定的，以夫或者妻一方的个人财产清偿。"据此结合本题，刘、王可约定婚姻持续 8 年后该别墅转化为夫妻共同财产。选项 A 错误，选项 D 正确。

**5.** [答案] D　　[难度] 难

[考点] 赠与合同；夫妻关系

[命题和解题思路] 本题将夫妻关系与赠与关系结合起来考查。事实上，针对夫妻间的赠与合同与夫妻间的借款合同，《民法典婚姻家庭编解释一》中均有明确规定，考生直接依据相关条文作答即可，选项 A、B、C 都是对相关条文的直接考查。对于夫妻共同财产的婚内分割，需要注意现行法原则上禁止，只有例外情形下才允许。

[选项分析] 选项 A 考查夫妻间的赠与合同。《民法典婚姻家庭编解释一》第 32 条规定："婚前或者婚姻关系存续期间，当事人约定将一方所有的房产赠与另一方或者共有，赠与方在赠与房产变更登记之前撤销赠与，另一方请求判令继续履行的，人民法院可以按照民法典第六百五十八条的规定处理。"《民法典》第 658 条规定："赠与人在赠与财产的权利转移之前可以撤销赠与。经过公证的赠与合同或者依法不得撤销的具有救灾、扶贫、助残等公益、道德义务性质的赠与合同，不适用前款规定。"据此结合本题，甲承诺在子女出生后将其婚前财产变更为夫妻共同财产，实质上是将个人财产的部分份额赠与乙，属于附生效条件的赠与合同。女儿丙出生后，条件成就，赠与合同生效。在赠与义务履行前，赠与人甲享有任意撤销权。因此，该门面房仍为甲的个人财产，甲与乙离婚时，乙无权请求将门面房作为夫妻共同财产进行分割。选项 A 正确，不当选。

选项 B 与选项 C 考查夫妻间的借款合同。《民法典婚姻家庭编解释一》第 82 条规定："夫妻之间订立借款协议，以夫妻共同财产出借给一方从事个人经营活动或者用于其他个人事务的，应视

为双方约定处分夫妻共同财产的行为，离婚时可以按照借款协议的约定处理。"本题中，甲丁之间的借款协议应当视为双方对共有财产的处分行为，离婚时应按照借款协议的约定处理。选项 BC 正确，不当选。

选项 D 考查夫妻共同财产的分割。《民法典》第 1066 条规定："婚姻关系存续期间，有下列情形之一的，夫妻一方可以向人民法院请求分割共同财产：（一）一方有隐藏、转移、变卖、毁损、挥霍夫妻共同财产或者伪造夫妻共同债务等严重损害夫妻共同财产利益的行为；（二）一方负有法定扶养义务的人患重大疾病需要医治，另一方不同意支付相关医疗费用。"婚姻关系存续期间，原则上不允许分割夫妻共同财产，但夫妻一方负有法定扶养义务的人患重大疾病需要医治，另一方不同意支付相关医疗费用者除外。本案中，丙是甲的婚生子女，未成年，丁不同意甲为丙支付医疗费，符合例外情形，即甲可以请求婚内分割共有财产。选项 D 错误，当选。

6. ［答案］C　　　　［难度］难
［考点］夫妻共同财产；夫妻一方的个人财产
［命题和解题思路］本题考查考生能否清晰区分夫妻共同财产以及夫妻一方的个人财产。解答本题时，考生需要结合现行法区分一方婚前个人财产在婚后产生的孳息、自然增值、投资收益，其中孳息与自然增值仍属个人财产，而投资收益

则为夫妻共同财产。

［选项分析］选项 A 考查夫妻个人财产的天然孳息的归属。《民法典婚姻家庭编解释一》第26 条规定："夫妻一方个人财产在婚后产生的收益，除孳息和自然增值外，应认定为夫妻共同财产。"据此，由于果树属于甲方的婚前个人财产，该果树在婚后产生的天然孳息——果实也是其个人财产。选项 A 不是夫妻共同财产，不当选。

选项 B 与选项 D 考查夫妻个人财产婚后自然增值的归属。自然增值是指非人为的增值，即通货膨胀、供求关系变化等市场因素造成的财产价值的提升。依据《民法典婚姻家庭编解释一》第26 条，乙婚前所购房屋升值了 50 万元，乙婚前收藏的玉石升值了 10 万元，都属于自然增值，不属于夫妻共同财产。选项 B 与选项 D 都不是夫妻共同财产，不当选。

选项 C 考查婚前个人财产投资收益的归属。《民法典婚姻家庭编解释一》第25 条规定："婚姻关系存续期间，下列财产属于民法典第一千零六十二条规定的'其他应当归共同所有的财产'：（一）一方以个人财产投资取得的收益；（二）男女双方实际取得或者应当取得的住房补贴、住房公积金；（三）男女双方实际取得或者应当取得的基本养老金、破产安置补偿费。"据此结合本题，甲用婚前的 10 万元婚后投资股市，得利 5 万元属于夫妻共同财产。选项 C 是夫妻共同财产，当选。

# 第四十章　亲属身份关系

## 试　题

1. 甲（男，20 岁）虚构身份信息与乙（女，21 岁）登记结婚。1 年之后，双方感情破裂，乙发现了甲虚构身份信息的事实。就乙有权采取的措施，下列哪些说法是正确的？（2022 年回忆版）
A. 请求法院确认婚姻无效
B. 以欺诈为由请求法院撤销婚姻
C. 就结婚登记申请行政复议
D. 以程序瑕疵为由请求法院撤销婚姻

2. 沈某（男，29 岁）和曾某（女，30 岁）系重组家庭，各有一双儿女。沈某的孩子沈俊 3 岁、沈俏 4 岁。曾某的孩子曾靓 5 岁、曾丽 7 岁。沈某和曾某婚后和各自的前妻、前夫商议，决定收养四个孩子，组成六口之家。对此，下列哪些说法是正确的？（2022 年回忆版）
A. 女方可以收养男方的两个孩子
B. 男方不可以收养女方的两个孩子
C. 男方只能收养女方一个孩子
D. 双方前妻、前夫的经济能力不影响孩子的收养

3. 甲（男）与乙（女）同居一段时间后，乙提出分手，甲不想分手，谎称有乙的隐私照片，暗示如果不结婚就会公布。乙心生恐惧，遂与甲

结婚。关于该结婚行为的法律后果，下列哪些说法是错误的？（2020年回忆版）

　　A. 因胁迫可撤销

　　B. 因欺诈可撤销

　　C. 因非真实意思而无效

　　D. 甲侵犯了乙的隐私权

**4.** 高甲患有精神病，其父高乙为监护人。2009年高甲与陈小美经人介绍认识，同年12月陈小美以其双胞胎妹妹陈小丽的名义与高甲登记结婚，2011年生育一子高小甲。2012年高乙得知儿媳的真实姓名为陈小美，遂向法院起诉。诉讼期间，陈小美将一直由其抚养的高小甲户口迁往自己原籍，并将高小甲改名为陈龙，高乙对此提出异议。下列哪一选项是正确的？（2017-3-17）

　　A. 高甲与陈小美的婚姻属无效婚姻

　　B. 高甲与陈小美的婚姻属可撤销婚姻

　　C. 陈小美为高小甲改名的行为侵害了高小甲的合法权益

　　D. 陈小美为高小甲改名的行为未侵害高甲的合法权益

**5.** 屈赞与曲玲协议离婚并约定婚生子屈曲由屈赞抚养，另口头约定曲玲按其能力给付抚养费并可随时探望屈曲。对此，下列哪些选项是正确的？（2016-3-65）

　　A. 曲玲有探望权，屈赞应履行必要的协助义务

　　B. 曲玲连续几年对屈曲不闻不问，违背了法定的探望义务

　　C. 屈赞拒不履行协助曲玲探望的义务，经由裁判可依法对屈赞采取拘留、罚款等强制措施

　　D. 屈赞拒不履行协助曲玲探望的义务，经由裁判可依法强制从屈赞处接领屈曲与曲玲会面

## 详　解

**1.** ［答案］AC　　　［难度］中

　　［考点］无效婚姻、可撤销婚姻、行政复议范围

　　［命题和解题思路］**本题是法考客观题中颇为少见的民法与行政法的融合题**，选项A、B、D集中考查了婚姻的效力，而选项C主要考查考生对行政复议范围规定的理解，同时考查考生对民政部门婚姻登记行为性质的掌握程度。解答本题时，

对于民法所涉及的几个选项，考生需要明确婚姻效力瑕疵制度的封闭性，即原则上婚姻的无效事由与可撤销事由仅限于《民法典》婚姻家庭编所规定的事由。

　　［选项分析］选项A、B、D考查无效婚姻与可撤销婚姻。依据《民法典》第1051条，婚姻的无效事由有三：（1）重婚；（2）有禁止结婚的亲属关系；（3）未到法定婚龄。而依据《民法典》第1052条与第1053条，婚姻的可撤销事由有二：（1）胁迫；（2）婚前隐瞒重大疾病。本题中，甲虚构身份信息与乙登记结婚，且登记结婚时甲未到法定婚龄（《民法典》第1047条）。甲乙之间的婚姻依据《民法典》第1051条是无效的。选项BD错误，选项A正确。

　　《行政复议法》虽然没有明确婚姻登记行为是否属于复议范围，但鉴于婚姻登记行为属于民政部门对乙和甲婚姻关系的确认行为，该行为属于具体行政行为的一种形式，在乙认为其侵犯自己合法权益的情况下，即有权就该行为申请行政复议。选项C正确。

**2.** ［答案］AD　　　［难度］中

　　［考点］被收养人、送养人、收养人的条件

　　［命题和解题思路］收养制度是法考客观题中较为冷僻的考点，本题围绕被收养人、送养人、收养人的条件而展开考查，具体涉及继父或者继母收养继子女的情形，考查难度适中。本题解答的关键在于，考生需要熟悉现行法针对继父或者继母收养继子女的情形，**放宽了被收养人、送养人、收养人的条件。**

　　［选项分析］《民法典》第1103条规定："继父或者继母经继子女的生父母同意，可以收养继子女，并可以不受本法第一千零九十三条第三项、第一千零九十四条第三项、第一千零九十八条和第一千一百条第一款规定的限制。"据此，在继父或者继母收养继子女的情形下，放宽了被收养人、送养人、收养人的条件。对于被收养人与送养人，结合《民法典》第1093条第3项以及第1094条第3项，不要求继子女的生父母有特殊困难无力抚养。对于收养的数量，结合《民法典》第1100条第1款，没有收养的数量限制。对于收养人的条件，结合《民法典》第1098条，无须满足以下条件：（1）无子女或者只有一名子女；（2）有抚

养、教育和保护被收养人的能力；（3）未患有在医学上认为不应当收养子女的疾病；（4）无不利于被收养人健康成长的违法犯罪记录；（5）年满30周岁。据此，沈某可以收养曾某的两个孩子，曾某也可以收养沈某的两个孩子，且双方前妻、前夫的经济能力如何，均不影响孩子的收养。选项B与选项C错误，选项A与选项D正确。

**3.** ［答案］BCD　　［难度］中
［考点］可撤销婚姻；无效婚姻；隐私权
［命题和解题思路］ 本题重点考查婚姻的效力，同时兼顾考查隐私权侵权，考查难度适中。解答本题时考生需要注意，**现行法对婚姻无效事由与可撤销事由的规定都是封闭性的，切勿受民事法律行为可撤销事由与无效事由的不当干扰。**
［选项分析］ 选项A与选项B考查可撤销婚姻。《民法典》规定了两种婚姻的可撤销事由：（1）胁迫（第1052条）；（2）一方婚前隐瞒重大疾病（第1053条）。婚姻胁迫是指行为人以给另一方当事人或其近亲属以生命、健康、身体、名誉、财产等方面造成损害为要挟，迫使另一方当事人违背自己真实意愿而结婚的行为。本题中，甲通过自己的威胁而使乙产生恐惧心理，乙基于恐惧被迫同意结婚，甲的行为属于胁迫。因此，该结婚行为因胁迫而可撤销。值得注意的是，欺诈并非婚姻的可撤销事由。选项B错误，当选；选项A正确，不当选。
选项C考查无效婚姻。《民法典》第1051条规定："有下列情形之一的，婚姻无效：（一）重婚；（二）有禁止结婚的亲属关系；（三）未到法定婚龄。"据此，现行法规定了三种封闭的婚姻无效事由，意思表示不真实并非婚姻无效事由。选项C错误，当选。
选项D考查隐私权侵权。《民法典》第1032条规定："自然人享有隐私权。任何组织或者个人不得以刺探、侵扰、泄露、公开等方式侵害他人的隐私权。隐私是自然人的私人生活安宁和不愿为他人知晓的私密空间、私密活动、私密信息。"本题中，甲只是谎称有乙的隐私照片，其并未真的掌握乙的隐私，自然无从侵害乙的隐私权。选项D错误，当选。

**4.** ［答案］D　　［难度］中
［考点］无效婚姻；可撤销婚姻；姓名权；父母子女关系
［命题和解题思路］ 婚姻的效力和亲权的内容是婚姻家庭法中的重要考点。本题中命题人以"冒用他人名义登记结婚"引出婚姻效力这一考点，以"夫妻一方擅自改变子女姓名"引出对亲权、自然人姓名权以及配偶权的考查。人物关系复杂，审题有些费劲，还涉及对婚姻家庭编的相关法理分析能力的考查，有一定难度。面对这样的题目，考生不要被扑朔迷离的案情吓到而自乱方寸。对于婚姻效力的判断，《民法典》婚姻家庭编规定了无效与可撤销事由，且该事由都是封闭的，需要避免受到民事法律行为可撤销与无效的不当干扰。
［选项分析］ 选项A考查无效婚姻。《民法典》第1051条规定："有下列情形之一的，婚姻无效：（一）重婚；（二）有禁止结婚的亲属关系；（三）未到法定婚龄。"据此现行法规定了三种封闭的婚姻无效事由。本题中，陈小美以其双胞胎妹妹陈小丽的名义与高甲登记结婚，属于冒用他人名义登记结婚，这不属于婚姻的无效事由。选项A错误。
选项B考查可撤销婚姻。《民法典》规定了两种婚姻的可撤销事由：（1）胁迫（第1052条）；（2）一方婚前隐瞒重大疾病（第1053条）。本题中并不存在这两种情形。选项B错误。
选项C与选项D考查姓名权以及父母子女关系。《民法典》第1015条第1款规定："自然人应当随父姓或者母姓，但是有下列情形之一的，可以在父姓和母姓之外选取姓氏：（一）选取其他直系长辈血亲的姓氏；（二）因由法定扶养人以外的人扶养而选取扶养人姓氏；（三）有不违背公序良俗的其他正当理由。少数民族自然人的姓氏可以遵从本民族的文化传统和风俗习惯。"据此，**父母可以决定未成年孩子取父姓，也可以取母姓，子女成年后可由子女自行决定（但不得违背公序良俗）。**本题中，陈小美为高小甲改名时，高小甲尚未成年，因此，作为母亲的陈小美为自己的孩子改名并未侵犯孩子的合法权益。选项C错误。**父母对未成年人姓名的决定权可以共同行使，也可以单独行使，单独行使时并不会影响另一方的合法权益。**选项D正确。

**5.** ［答案］AC　　［难度］易
［考点］探望权

[命题和解题思路] 本题聚焦于探望权，考查难度不大。解题时需要准确理解探望权：(1) 探望权是一种权利而非义务；(2) 探望权本身因为涉及人身，难以被直接强制执行。明确这两点，本题基本上等于送分题。

[选项分析] 选项 A 考查另一方对探望权行使的协助义务。《民法典》第 1086 条第 1 款规定："离婚后，不直接抚养子女的父或者母，有探望子女的权利，另一方有协助的义务。"结合本题，在屈赞与曲玲协议离婚后，曲玲有探望的权利，屈赞有协助的义务。选项 A 正确。

选项 B 考查探望权的属性与内容。探望权在现行法上是一种权利，而非义务。选项 B 错误。

选项 C 与选项 D 考查探望权的强制执行。《民法典婚姻家庭编解释一》第 68 条规定："对于拒不协助另一方行使探望权的有关个人或者组织，可以由人民法院依法采取拘留、罚款等强制措施，但是不能对子女的人身、探望行为进行强制执行。"结合本题，屈赞拒不履行协助曲玲探望的义务，经由裁判可依法对屈赞采取拘留、罚款等强制措施，但不得对子女人身、探望行为进行强制执行。选项 D 错误，选项 C 正确。

# 第四十一章　法定继承

## 试　题

📶 **1.** 段爸有三个儿子，分别是甲、乙、丙。甲多次殴打、虐待父亲，乙为争夺遗产而雇人杀害甲但未遂，丙则多次表示自己不要父亲的财产。段爸死前原谅了甲与乙。段爸死后，丙口头明确表示对于父亲的遗产，自己一分钱不要。关于甲、乙、丙的继承权，下列说法正确的是：(2023 年回忆版)

　　A. 甲没有丧失继承权

　　B. 乙没有丧失继承权

　　C. 丙已经丧失继承权

　　D. 丙没有丧失继承权

📶 **2.** 徐某与周某结婚，养育一子小冬。后两人离婚，小冬随母亲周某去国外生活，很少回来看望徐某。徐某与王某结婚，王某与前夫之女小娜一起生活。小娜 10 周岁时，徐某和王某离婚，小娜跟随王某生活，徐某不再照顾小娜。徐某晚年一直是侄子大壮照顾。现徐某去世，未留下遗嘱。小冬、小娜与大壮都要求分配徐某的遗产。对此，下列说法正确的是：(2023 年回忆版)

　　A. 大壮是徐某的法定继承人，有权参与遗产分配

　　B. 小娜是徐某的法定继承人，有权参与遗产分配

　　C. 虽然小冬未尽赡养义务，但其仍享有继承权

　　D. 大壮因赡养徐某较多，应当分得适当遗产

📶 **3.** 黄某有两个孩子黄伟和黄美。黄美与前夫赵某有一个孩子赵小星，后与卢某结婚共同抚育卢某儿子卢小东至成年。黄美于 2021 年 1 月 1 日去世。黄某亦于 2021 年 2 月 1 日去世，留有三套房产。对于这三套房产，下列哪些人有权继承？(2021 年回忆版)

　　A. 卢某　　　　　　B. 黄伟

　　C. 赵小星　　　　　D. 卢小东

📶 **4.** 姚某死亡后，配偶田某照顾年弱多病的姚父长达 15 年。3 年前，田某与丁某结婚，并育有一子小丁；1 年前，田某因故死亡，半年前姚父也因病死亡。关于小丁对姚父遗产的继承，下列哪一说法是正确的？(2019 年回忆版)

　　A. 可通过代位继承参与继承

　　B. 可通过转继承参与继承

　　C. 小丁不能参与继承

　　D. 小丁可适当获得遗产

📶 **5.** 熊某与杨某结婚后，杨某与前夫所生之子小强由二人一直抚养，熊某死亡，未立遗嘱。熊某去世前杨某孕有一对龙凤胎，于熊某死后生产，产出时男婴为死体，女婴为活体但旋即死亡。关于对熊某遗产的继承，下列哪些选项是正确的？(2016-3-66)

　　A. 杨某、小强均是第一顺位的法定继承人

　　B. 女婴死亡后，应当发生法定的代位继承

　　C. 为男婴保留的遗产份额由杨某、小强继承

D. 为女婴保留的遗产份额由杨某继承

**6.** 甲（男）与乙（女）结婚，其子小明 20 周岁时，甲与乙离婚。后甲与丙（女）再婚，丙子小亮 8 周岁，随甲、丙共同生活。小亮成年成家后，甲与丙甚感孤寂，收养孤儿小光为养子，视同己出，未办理收养手续。丙去世，其遗产的第一顺序继承人有哪些？（2014-3-65）

A. 小明　　　　B. 小亮

C. 甲　　　　　D. 小光

**7.** 甲自书遗嘱将所有遗产全部留给长子乙，并明确次子丙不能继承。乙与丁婚后育有一女戊、一子己。后乙、丁遇车祸，死亡先后时间不能确定。甲悲痛成疾，不久去世。丁母健在。下列哪些表述是正确的？（2013-3-66）

A. 甲、戊、己有权继承乙的遗产

B. 丁母有权转继承乙的遗产

C. 戊、己、丁母有权继承丁的遗产

D. 丙有权继承、戊和己有权代位继承甲的遗产

## 详　解

**1.** ［答案］AD　　　［难度］中

［考点］继承权的丧失、继承权的放弃

［命题和解题思路］本题对继承领域中继承权的丧失与放弃进行集中考查，难度不大，但是要求考生熟悉相关知识细节。甲与乙涉及的核心问题是二人是否丧失继承权，对此考生在解题时一方面要分析是否符合继承权丧失的法定情形，另一方面也需要分析段爸死亡前的原谅表示能否产生不丧失继承权的法律效果。对此考生尤其需要注意，《民法典》第 1125 条规定了两种不得宽恕的继承权丧失事由。丙涉及的核心问题在于其是否作出了有效的放弃继承权的表示，对此考生需要特别注意，继承人放弃继承权有法定的形式要求，即必须以书面形式为之。

［选项分析］选项 A 与选项 B 均考查继承权的丧失。《民法典》第 1125 条规定："继承人有下列行为之一的，丧失继承权：（一）故意杀害被继承人；（二）为争夺遗产而杀害其他继承人；（三）遗弃被继承人，或者虐待被继承人情节严重；（四）伪造、篡改、隐匿或者销毁遗嘱，情节严重；（五）以欺诈、胁迫手段迫使或者妨碍被继承人设立、变更

或者撤回遗嘱，情节严重。继承人有前款第三项至第五项行为，确有悔改表现，被继承人表示宽恕或者事后在遗嘱中将其列为继承人的，该继承人不丧失继承权。受遗赠人有本条第一款规定行为的，丧失受遗赠权。"据此，甲多次殴打、虐待父亲，符合第 1 款第 3 项。乙雇人杀害甲但未遂，结合《民法典继承编解释一》第 7 条，即使未遂，也符合该条第 1 款第 2 项的情形。段爸死前原谅了甲与乙，结合《民法典》第 1125 条第 2款，段爸对甲的宽恕可以使得甲不丧失继承权，而乙涉及的情形是不可宽恕的，即使段爸表示宽恕，乙也彻底丧失继承权。选项 A 正确，选项 B 错误。

选项 C 与选项 D 均考查继承权的放弃。《民法典》第 1124 条第 1 款规定，继承开始后，继承人放弃继承的，应当在遗产处理前，以书面形式作出放弃继承的表示；没有表示的，视为接受继承。据此，丙作为甲的法定继承人，如果要作出放弃继承的表示，应当以书面形式作出，而本题中丙的放弃表示以口头方式作出，不符合法定的形式要求，该表示不能成立生效，丙并未丧失继承权。选项 C 错误，选项 D 正确。

**2.** ［答案］C　　　［难度］难

［考点］法定继承人的范围、对继承人以外的人酌情分配遗产的特殊规则

［命题和解题思路］本题代表了继承法领域常见的命题方式，即介绍多个自然人之间的伦理关系，并在此基础上要求考生分析其中某个自然人死亡时其遗产的分配，此类题目通常都具有一定难度。本题的难点在于厘清徐某与小冬、小娜、大壮的关系，尤其是他们是否为徐某的法定继承人。大壮是徐某的侄子，不难判断其并非徐某的法定继承人。选项 B 的难点在于，如何判断继子女的法定继承人地位。对此考生需要注意：继女的法定继承人地位以存在事实上的抚养关系为前提，抚养关系一旦终止，则不再适用父母子女关系的规定，继女也就丧失了法定继承人的资格。选项 C 的难点在于，本题设置了一个干扰因素——小冬未尽赡养义务，考生需要分析这一情节是否会导致其继承权的丧失。对此考生需要注意：未尽赡养义务并非继承权丧失的事由，只有未尽赡养义务严重到遗弃的程度，才会丧失继承权。

选项 D 的难点在于一个细节，即对被继承人扶养较多的人，是"应当"分得适当遗产，还是"可以"分得适当遗产，考生需要注意二者的区分。

[选项分析] 选项 A、选项 B 与选项 C 均考查法定继承人的范围。《民法典》第 1127 条规定，遗产按照下列顺序继承：（1）第一顺序：配偶、子女、父母；（2）第二顺序：兄弟姐妹、祖父母、外祖父母。继承开始后，由第一顺序继承人继承，第二顺序继承人不继承；没有第一顺序继承人继承的，由第二顺序继承人继承。本编所称子女，包括婚生子女、非婚生子女、养子女和有扶养关系的继子女。本编所称父母，包括生父母、养父母和有扶养关系的继父母。本编所称兄弟姐妹，包括同父母的兄弟姐妹、同父异母或者同母异父的兄弟姐妹、养兄弟姐妹、有扶养关系的继兄弟姐妹。本题中，大壮是徐某的侄子，并非《民法典》第 1127 条明确列举的法定继承人，选项 A 错误。小冬是徐某的亲生子女，尽管小冬未尽到对徐某的赡养义务，但这一情节并非丧失继承权的事由，因此仍享有继承权。选项 C 正确。选项 B 则涉及继父母子女之间的继承关系。根据《民法典》第 1127 条，只有有扶养关系的继子女才是第一顺位的法定继承人。本题中，徐某死亡时，徐某和王某已经离婚，且小娜跟随王某生活，徐某不再照顾小娜，此时小娜已经不再是徐某"有扶养关系的继子女"，小娜不再享有继承权。选项 B 错误。

选项 D 考查对继承人以外的人酌情分配遗产的特殊规则。《民法典》第 1131 条规定，对继承人以外的依靠被继承人扶养的人，或者继承人以外的对被继承人扶养较多的人，可以分给适当的遗产。据此，尽管大壮并非徐某的法定继承人，但徐某晚年生活一直是侄子大壮照顾，大壮对徐某扶养较多，可以分得适当的遗产。选项 D 中的表述"应当"过于绝对，并不准确。选项 D 错误。

**3.** [答案] BC　　[难度] 中
[考点] 法定继承人的范围和顺序；代位继承
[命题和解题思路] 本题围绕遗产的法定继承而展开，要求考生对遗产的继承规则有较为清晰的认识，整体考查难度不大。解答本题最关键的是要厘清相关当事人之间的关系，在此基础上结合现行法关于法定继承的相关规定进行分析。对

于法定继承人，需要注意儿媳与女婿享有法定继承权的条件。对于代位继承，需要注意其适用的前提，特别是需要将其和转继承加以区分。

[选项分析] 选项 A 与选项 B 考查法定继承人的范围和顺序。由于题目并未交代黄某生前留有有效的遗嘱，因此关于黄某的遗产分配，适用法定继承的相关规定。《民法典》第 1127 条第 1 款规定："遗产按照下列顺序继承：（一）第一顺序：配偶、子女、父母；（二）第二顺序：兄弟姐妹、祖父母、外祖父母。"据此，黄伟作为黄某的子女，有权继承黄某的遗产，而卢某作为黄某的丧偶女婿，并不享有法定继承权。选项 B 正确，选项 A 错误。

选项 C 与选项 D 考查代位继承。黄美作为黄某的女儿先于黄某死亡，对于黄某的遗产继承，需要考虑代位继承规则。《民法典》第 1128 条第 1 款与第 2 款规定："被继承人的子女先于被继承人死亡的，由被继承人的子女的直系晚辈血亲代位继承。被继承人的兄弟姐妹先于被继承人死亡的，由被继承人的兄弟姐妹的子女代位继承。代位继承人一般只能继承被代位继承人有权继承的遗产份额。"依据该条第 1 款，黄美对黄某的继承份额，由黄美的直系晚辈血亲代位继承。在本题中，赵小星作为黄美的子女，有权代位继承黄某的遗产。选项 C 正确。黄美与继子卢小东之间有抚养关系，但卢小东并非黄美的直系晚辈血亲，无权代位继承，选项 D 错误。

**4.** [答案] A　　[难度] 难
[考点] 法定继承人的确定；代位继承与转继承
[命题和解题思路] 本题难点在于代位继承与转继承。审题时考生需要梳理当事人之间的亲属关系。解题时考生需要注意把握代位继承与转继承的适用条件，并且注意对公婆尽了主要赡养义务的丧偶儿媳和对岳父母尽了主要赡养义务的丧偶女婿也可作为第一顺序的法定继承人。

[选项分析]《民法典》第 1128 条第 1 款与第 2 款规定："被继承人的子女先于被继承人死亡的，由被继承人的子女的直系晚辈血亲代位继承。被继承人的兄弟姐妹先于被继承人死亡的，由被继承人的兄弟姐妹的子女代位继承。"本题中，田某作为对老姚尽了主要赡养义务的丧偶儿媳，为老姚的第一顺序继承人，小丁作为田某的直系晚

辈血亲，需要考虑其能否代位继承其母应得的遗产份额。《民法典继承编解释一》第 18 条规定："丧偶儿媳对公婆、丧偶女婿对岳父母，无论其是否再婚，依照民法典第一千一百二十九条规定作为第一顺序继承人时，不影响其子女代位继承。"据此，小丁可以通过代位继承方式参加继承。选项 A 正确，选项 C 错误。

《民法典》第 1152 条规定："继承开始后，继承人于遗产分割前死亡，并没有放弃继承的，该继承人应当继承的遗产转给其继承人，但是遗嘱另有安排的除外。"该条是关于转继承的规定。转继承是指继承开始后，继承人没有表示放弃继承，并于遗产分割前死亡的，其继承遗产的权利转移给他的合法继承人。本题中，田某先于老姚死亡，不符合转继承的构成条件，小丁不能通过转继承参与继承。选项 B 错误。

《民法典》第 1131 条规定："对继承人以外的依靠被继承人扶养的人，或者继承人以外的对被继承人扶养较多的人，可以分给适当的遗产。"适当分得遗产人包括以下两类人：（1）继承人以外的依靠被继承人扶养的人；（2）继承人以外的对被继承人扶养较多的人。本题中，小丁不属于上述适当分得遗产两类人中的任何一类。选项 D 错误。

**5.** ［答案］ACD ［难度］难

［考点］法定继承；转继承；代位继承

［命题和解题思路］代位继承与转继承是法考客观题中的常见考点。本题将遗产分割和法定继承的顺序、转继承和代位继承的区分等交织在一起，而且涉及胎儿出生时是死体以及出生后旋即死亡两种不同情况下，如何分配婴儿的遗产份额，颇具迷惑性。对于转继承和代位继承，考生需要重点关注其适用情形。对于出生后又死亡的胎儿，其应留份作为其遗产按照相应的继承规则处理。

［选项分析］选项 A 考查法定继承人的范围。对法条的记忆，干扰性不大。《民法典》第 1127 条规定："遗产按照下列顺序继承：（一）第一顺序：配偶、子女、父母；（二）第二顺序：兄弟姐妹、祖父母、外祖父母。继承开始后，由第一顺序继承人继承，第二顺序继承人不继承；没有第一顺序继承人继承的，由第二顺序继承人继承。本编所称子女，包括婚生子女、非婚生子女、养子女和有扶养关系的继子女。本编所称父母，包括生

父母、养父母和有扶养关系的继父母。本编所称兄弟姐妹，包括同父母的兄弟姐妹、同父异母或者同母异父的兄弟姐妹、养兄弟姐妹、有扶养关系的继兄弟姐妹。"据此结合本题，小强与熊某形成具有抚养关系的继父子，杨某为熊某的妻子，均是第一顺位的法定继承人。选项 A 正确。

选项 B 考查代位继承与转继承。《民法典》第 1128 条第 1 款规定："被继承人的子女先于被继承人死亡的，由被继承人的子女的直系晚辈血亲代位继承。"据此，代位继承以继承人先于被继承人死亡为条件，本题中，女婴后于被继承人熊某死亡，因此不发生代位继承，此时发生的是转继承。选项 B 错误。

选项 C 与选项 D 考查胎儿的应留份。《民法典》第 1155 条规定："遗产分割时，应当保留胎儿的继承份额。胎儿娩出时是死体的，保留的份额按照法定继承办理。"本题中，因为该男婴产出时为死体，为其保留的遗产份额，应作为熊某的遗产，由熊某的第一顺序法定继承人即杨某、小强继承。选项 C 正确。女婴产出时为活体但旋即死亡，该财产作为女婴的遗产由女婴的第一顺序法定继承人即其母亲杨某继承。选项 D 正确。

**6.** ［答案］BC ［难度］难

［考点］法定继承人的范围；收养关系的成立时间

［命题和解题思路］本题考查考生对第一顺位法定继承人的理解。解答本题时需要对选项中涉及的四人分开单独分析，各个击破。特别是需要注意的是，继父母子女之间的继承权以存在扶养关系为前提。涉及收养关系时需要考查收养关系是否已经登记成立，现行法并不认可事实上收养关系的效力。

［选项分析］本题中，丙去世时发生法定继承。《民法典》第 1127 条规定："遗产按照下列顺序继承：（一）第一顺序：配偶、子女、父母；（二）第二顺序：兄弟姐妹、祖父母、外祖父母。继承开始后，由第一顺序继承人继承，第二顺序继承人不继承；没有第一顺序继承人继承的，由第二顺序继承人继承。本编所称子女，包括婚生子女、非婚生子女、养子女和有扶养关系的继子女。本编所称父母，包括生父母、养父母和有扶养关系的继父母。本编所称兄弟姐妹，包括同父

母的兄弟姐妹、同父异母或者同母异父的兄弟姐妹、养兄弟姐妹、有扶养关系的继兄弟姐妹。"其中第一顺位的法定继承人包括继承人的配偶、子女和父母。

先看小明。《民法典》第1127条第3款规定中的子女，包括婚生子女、非婚生子女、养子女和有扶养关系的继子女。本题中，甲男与乙女离婚时，甲的子女小明已成年，不属于与丙有扶养关系的继子女，故小明不属于丙的遗产的第一顺序继承人。选项A错误。

再看小亮。小亮本来就是丙的子女，在8周岁时随甲、丙共同生活，属于与甲形成扶养关系的继子女，故小亮属于丙的遗产的第一顺序继承人。选项B正确。

再看小光。依据《民法典》第1105条的规定，收养关系自登记之日起成立。虽然小光为甲与丙的养子，视同己出，但是由于甲与丙未办理收养手续，不能产生合法收养关系，在法律上，小光不属于丙的养子女，故不能依法作为第一顺位继承人。选项D错误。

最后看甲。甲与丙再婚，属于丙的配偶，故甲属于丙遗产的第一顺序继承人。选项C正确。

**7.** ［答案］ACD　　［难度］难

［考点］法定继承；遗嘱继承；代位继承；转继承

［命题和解题思路］本题综合地考查了法定继承、遗嘱继承、代位继承与转继承等继承法上的知识点，有一定难度。解答本题首先需要厘清当事人之间的关系，明确法定继承与遗嘱继承、遗赠扶养协议之间的关系，在此基础上结合法定继承、代位继承与转继承等制度，合理确定被继承人遗产的分配方案。

［选项分析］选项A与选项C考查法定继承人的范围和顺序。在没有遗嘱和遗赠扶养协议时适用法定继承的规则，遗产由第一顺位继承人——配偶、子女、父母继承（《民法典》第1127条）。本题中，甲、戊、己是乙的第一顺序继承人，有权继承乙的遗产。选项A正确。丁的第一顺序继承人是戊、己、丁母，他们有权继承丁的遗产。选项C正确。

选项B考查转继承。《民法典》第1152条规定："继承开始后，继承人于遗产分割前死亡，并没有放弃继承的，该继承人应当继承的遗产转给其继承人，但是遗嘱另有安排的除外。"本题中，死亡人乙、丁是夫妻，同辈，都有其他继承人，故推定二人同时死亡，彼此不发生继承（《民法典》第1121条）。丁不能继承乙的遗产，丁母自然也就无权转继承乙的遗产。选项B错误。

选项D考查代位继承。本题中，甲自书遗嘱将所有遗产全部留给长子乙，但因乙先于甲死亡，甲的遗产应按照法定继承办理，且丙是甲的第一顺位法定继承人，有权继承甲的遗产。《民法典》第1128条第1款与第2款规定："被继承人的子女先于被继承人死亡的，由被继承人的子女的直系晚辈血亲代位继承。被继承人的兄弟姐妹先于被继承人死亡的，由被继承人的兄弟姐妹的子女代位继承。"据此，甲的儿子乙先于甲死亡，乙的子女戊、己有权代位继承甲的遗产。选项D正确。

# 第四十二章　遗嘱继承、遗赠和遗赠扶养协议

## 试　题

🔖 **1.** 甲乙结婚5年后，甲用夫妻共同存款购买了一套商品房并登记在自己名下。后乙怀孕，怀孕期间甲被查出患有绝症。甲考虑到自己时日无多，孩子出生后无人照顾，要求乙流产，乙不同意。后甲死亡，生前立有遗嘱，内容为：甲死后该商品房归甲的父母所有。4个月后，孩子出生，随母姓。对此，下列说法错误的是：（2022年回忆版）

A. 甲的遗产包括该套商品房

B. 甲的父母有权请求更改孩子的姓氏

C. 甲的遗嘱未给孩子留必要的份额，部分无效

D. 甲的遗嘱处分了夫妻共同财产，部分无效

🔖 **2.** 甲与乙（甲的妹妹）、丙（乙的儿子）三人旅游时参加漂流项目，途中发生意外，三人均溺水。乙当场死亡，甲当晚死亡，丙第二天死亡。

据查，甲乙的父母均已过世，甲未婚且无儿无女，丙有一子丁，乙另有一子戊。关于甲的遗产，下列说法错误的是：（2022 年回忆版）

    A. 戊有权基于转继承参与分配

    B. 丁有权基于代位继承参与分配

    C. 无人继承且无人受遗赠，应归国家所有

    D. 不包括死亡赔偿金

**3.** 甲立下自书遗嘱，将名下两套房子 X 房与 Y 房都给儿子，该遗嘱已公证。后来甲的女儿生活窘迫，甲将 X 房赠与女儿并办理了登记手续。甲的儿子得知此事后怀恨在心，对父亲态度大大转变，长期对父亲进行辱骂殴打。于是甲立下自书遗嘱，将剩余的 Y 房赠与侄子。甲死亡后，甲的子女与侄子为争夺房产产生争议。对此，下列哪些说法是正确的？（2021 年回忆版）

    A. 儿子没有因此丧失法定继承权

    B. 侄子取得 Y 房的所有权

    C. 儿子取得 Y 房的所有权

    D. 女儿取得 X 房的所有权

**4.** 韩某于 2017 年 3 月病故，留有住房 1 套、存款 50 万元、名人字画 10 余幅及某有限责任公司股权等遗产。韩某在 2014 年所立第一份自书遗嘱中表示全部遗产由其长子韩大继承。在 2015 年所立第二份自书遗嘱中，韩某表示其死后公司股权和名人字画留给 7 岁的外孙女婷婷。2017 年 6 月，韩大在未办理韩某遗留房屋所有权变更登记的情况下以自己的名义与陈卫订立了商品房买卖合同。下列哪些选项是错误的？（2017-3-66）

    A. 韩某的第一份遗嘱失效

    B. 韩某的第二份遗嘱无效

    C. 韩大与陈卫订立的商品房买卖合同无效

    D. 婷婷不能取得某有限责任公司股东资格

**5.** 贡某立公证遗嘱：死后财产全部归长子贡文所有。贡文知悉后，自书遗嘱：贡某全部遗产归弟弟贡武，自己全部遗产归儿子贡小文。贡某随后在贡文遗嘱上书写：同意，但还是留 10 万元给贡小文。其后，贡文先于贡某死亡。关于遗嘱的效力，下列哪一选项是正确的？（2016-3-21）

    A. 贡某遗嘱已被其通过书面方式变更

    B. 贡某遗嘱因贡文先死亡而不生效力

    C. 贡文遗嘱被贡某修改的部分合法有效

    D. 贡文遗嘱涉及处分贡某财产的部分有效

**6.** 老夫妇王冬与张霞有一子王希、一女王楠，王希婚后育有一子王小力。王冬和张霞曾约定，自家的门面房和住房属于王冬所有。2012 年 8 月 9 日，王冬办理了公证遗嘱，确定门面房由张霞和王希共同继承。2013 年 7 月 10 日，王冬将门面房卖给他人并办理了过户手续。2013 年 12 月，王冬去世，不久王希也去世。关于住房和出售门面房价款的继承，下列哪一说法是错误的？（2015-3-21）

    A. 张霞有部分继承权

    B. 王楠有部分继承权

    C. 王小力有部分继承权

    D. 王小力对住房有部分继承权、对出售门面房的价款有全部继承权

**7.** 甲有乙、丙和丁三个女儿。甲于 2013 年 1 月 1 日亲笔书写一份遗嘱，写明其全部遗产由乙继承，并签名和注明年月日。同年 3 月 2 日，甲又请张律师代书一份遗嘱，写明其全部遗产由丙继承。同年 5 月 3 日，甲因病被丁送至医院急救，甲又口头遗嘱一份，内容是其全部遗产由丁继承，在场的赵医生和李护士见证。甲病好转后出院休养，未立新遗嘱。如甲死亡，下列哪一选项是甲遗产的继承权人？（2014-3-24）

    A. 乙               B. 丙

    C. 丁               D. 乙、丙、丁

### 详 解

**1.** ［答案］ABC    ［难度］中

［考点］夫妻共同财产、遗产的概念与范围、遗嘱的效力、姓名权

［命题和解题思路］本题以继承法中的相关知识点考查为主线，顺带兼顾了夫妻共同财产和人格权编中的自然人姓名权问题。解答本题时，考生应将继承法的问题与姓名权的问题区分开分别观察。对于继承法上的问题，考生应先判断甲的遗产范围，特别是分析该商品房是甲的个人财产还是夫妻共同财产。该商品房尽管登记在甲一人名下，但是取得的时间是婚姻关系存续期间，且使用的价款来自夫妻共同存款，应属于夫妻共同财产。明确该商品房的夫妻共同财产属性后不难得出，甲死亡时，其遗产仅包括该商品房的一半。对于甲的遗嘱的效力，需要分析甲处分夫妻

共同财产以及未给胎儿留下必要的份额是否会导致遗嘱效力瑕疵。对于孩子的姓氏问题，作为监护人的父母有权决定孩子的姓氏，他人无权干涉。

[选项分析] 选项 A 考查夫妻共同财产与遗产的概念与范围。本题中，甲使用夫妻共同存款购买了一套商品房并登记在自己名下。我国夫妻法定的财产制是婚后所得共同共有制，据此可知，该商品房尽管登记在甲名下，但商品房所有权的取得时点是婚姻关系存续期间，且购买价款来自夫妻共同存款，属于夫妻共同财产。《民法典》第 1153 条第 1 款规定："夫妻共同所有的财产，除有约定的外，遗产分割时，应当先将共同所有的财产的一半分出为配偶所有，其余的为被继承人的遗产。"据此可知，甲的遗产仅包括该商品房的一半。选项 A 错误，当选。

选项 C 与选项 D 考查遗嘱的效力。《民法典继承编解释一》第 26 条规定："遗嘱人以遗嘱处分了国家、集体或者他人财产的，应当认定该部分遗嘱无效。"据此可知，由于甲的遗嘱处分了整套商品房，而其中有一半属于乙所有，因此甲的遗嘱部分无效。选项 D 正确，不当选。

选项 C 涉及未给胎儿预留继承份额是否影响遗嘱的效力。《民法典》第 1155 条规定："遗产分割时，应当保留胎儿的继承份额。胎儿娩出时是死体的，保留的份额按照法定继承办理。"该条的意思是胎儿在涉及继承时视同已经取得民事权利能力，有权提前参与遗产分配。但胎儿的必留份可以通过遗嘱排除，其无法影响遗嘱的效力。换言之，甲的遗嘱不会因为未给胎儿保留必留份而部分无效。选项 C 错误，当选。

选项 B 考查姓名权。《民法典》第 1015 条第 1 款规定："自然人应当随父姓或者母姓，但是有下列情形之一的，可以在父姓和母姓之外选取姓氏：（一）选取其他直系长辈血亲的姓氏；（二）因由法定扶养人以外的人扶养而选取扶养人姓氏；（三）有不违背公序良俗的其他正当理由。"据此结合目前的学理通说，父母作为孩子的监护人有权在法律允许的范围内决定孩子的姓氏。本题中，孩子出生后跟母姓，是《民法典》第 1015 条第 1 款明确认可的，甲的父母无权请求更改孩子的姓氏。选项 B 错误，当选。

**2.** [答案] ABC　　　[难度] 难

[考点] 法定继承、转继承、代位继承、遗产的概念和范围、无人继承又无人受遗赠的遗产的处理

[命题和解题思路] 本题是继承法部分客观题的典型套路，命题人设计了有亲属关系的五位自然人，其中三位先后死亡，进而要求考生对甲的遗产的相关问题作出分析与判断，有一定难度。解答本题时，考生应先厘清甲乙丙丁戊五人之间的亲属关系。在此基础上，结合乙——甲——丙这一死亡顺序，一一分析每个自然人死亡后其遗产的处理和去向，其中重点分析甲的遗产及其分配方式。在分析过程中，考生应特别注意代位继承与转继承的适用前提和适用法律效果。特别是对于侄子侄女、外甥外甥女的代位继承，可以代位继承的主体只有兄弟姐妹的子女，不包括其直系晚辈血亲。

[选项分析] 本题的四个选项都和甲的遗产相关，需要结合题干相关事实和现行法的规定对甲的遗产范围以及遗产的具体处理分配进行分析。

首先分析甲的遗产范围。《民法典》第 1122 条规定："遗产是自然人死亡时遗留的个人合法财产。依照法律规定或者根据其性质不得继承的遗产，不得继承。"据此，原则上甲生前遗留的所有个人合法财产都是甲的遗产。至于死亡赔偿金是否属于甲的遗产，需要结合死亡赔偿金的概念与归属来判断。甲死亡时，其民事权利能力已经消灭，死亡赔偿金并非对甲的损害赔偿，而是针对将来甲的近亲属所能够继承的财产减少所承担的赔偿责任，即死亡赔偿金的权利主体是甲的近亲属，并非甲自身，因此死亡赔偿金并非甲的遗产。选项 D 正确。

进而分析甲的遗产如何分配处理。由于本题未涉及遗嘱以及遗赠抚养协议等，直接依据法定继承的相关规定分析即可。本题中，乙先于甲死亡，结合甲乙的父母均已过世，甲未婚且无儿无女等事实可知，依据《民法典》第 1127 条，甲死亡时已经没有法定继承人了。不过，由于甲乙之间的兄妹关系，可能构成代位继承。《民法典》第 1128 条第 2 款规定："被继承人的兄弟姐妹先于被继承人死亡的，由被继承人的兄弟姐妹的子女代位继承。"据此可知，由于乙作为甲的妹妹先于甲死亡，甲的遗产应由乙的子女代位继承，即由丙

和戊代位继承。选项 A 错误，当选。而丙第二天也去世，这意味着丙作为代位继承的继承人，在遗产分割前就死亡了，此时应有转继承的空间。《民法典》第 1152 条规定："继承开始后，继承人于遗产分割前死亡，并没有放弃继承的，该继承人应当继承的遗产转给其继承人，但是遗嘱另有安排的除外。"据此，由于丙在甲遗产分割前死亡，其由代位继承所继承的遗产份额因通过转继承转给其继承人，即丁。因此丁有权通过转继承分配甲的遗产。选项 B 错误，当选。上述分析也清晰地表明，甲的遗产并非无人继承，不应归国家所有。选项 C 错误，当选。

**3.** ［答案］BD　　［难度］中

［考点］继承权的丧失；数份遗嘱内容的认定；遗嘱的变更和撤回

［命题和解题思路］本题涉及两份遗嘱、两套房产、两个子女，导致相应的继承关系比较复杂，容易迷惑考生。解答本题时，考生不妨将两套房 X 与 Y 分开分析，各自分析其所有权归属的变化。就 X 房而言，依据第一份公证遗嘱，应归属于甲的儿子，但是甲在公证遗嘱之后又将 X 房赠与女儿并办理了登记手续，这构成了对公证遗嘱内容的撤回，X 房就归甲的女儿，甲死亡的时候 X 房就不再是甲的遗产。同时，按照同样的方式去分析 Y 房的归属。此外，本题中甲的儿子作为继承人，长期对父亲进行辱骂殴打，构成继承权丧失的情形。需要再次提醒的是，《民法典》中公证遗嘱已经不再有优先效力，命题者在涉及遗嘱时可能会用公证遗嘱来迷惑考生。

［选项分析］选项 A 考查继承权的丧失。《民法典》第 1125 条第 1 款规定："继承人有下列行为之一的，丧失继承权：（一）故意杀害被继承人；（二）为争夺遗产而杀害其他继承人；（三）遗弃被继承人，或者虐待被继承人情节严重；（四）伪造、篡改、隐匿或者销毁遗嘱，情节严重；（五）以欺诈、胁迫手段迫使或者妨碍被继承人设立、变更或者撤回遗嘱，情节严重。"据此，甲的儿子长期对父亲进行辱骂殴打，构成对被继承人的虐待，情节严重，甲儿子的继承权因此而丧失。选项 A 错误。

选项 B 与选项 C 考查数份遗嘱内容的认定。本题中，甲先后立下两份遗嘱，其中第一份遗嘱

为公证遗嘱。《民法典》第 1142 条第 3 款规定："立有数份遗嘱，内容相抵触的，以最后的遗嘱为准。"据此，对于 Y 房的归属，应以第二份遗嘱为准。值得注意的是，在《民法典》中，公证遗嘱应不再具有优先效力。因此，Y 房的所有权应由甲的侄子取得。选项 B 正确，选项 C 错误。

选项 D 考查遗嘱的变更和撤回。甲立下第一份遗嘱后就 X 房又作出了相冲突的民事法律行为。《民法典》第 1142 条第 1 款与第 2 款规定："遗嘱人可以撤回、变更自己所立的遗嘱。立遗嘱后，遗嘱人实施与遗嘱内容相反的民事法律行为的，视为对遗嘱相关内容的撤回。"据此，甲在立下第一份遗嘱后又将 X 房赠与女儿，视为对第一份遗嘱的相关内容的撤回。因此，X 房的所有权由甲的女儿取得。选项 D 正确。

**4.** ［答案］ABCD　　［难度］中

［考点］遗嘱的变更和撤回；物权变动；股东资格的继承

［命题和解题思路］本题涉及两份遗嘱，发生了多个法律事实，需要考生在审题时结合时间线索梳理相关当事人的亲属关系，在此基础上确定最终的遗产分配方案。另需要注意的是，基于继承的物权变动自被继承人死亡时发生。

［选项分析］选项 A 考查遗嘱的变更和撤回。本题中，韩某的两份遗嘱都是自书遗嘱，且未经公证。第二份遗嘱改变了第一份遗嘱中关于股权和字画的处分内容，但并没有撤回第一份遗嘱，即第一份遗嘱中关于房屋和存款的处分内容依然有效，第一份遗嘱即使失效也只是部分失效（《民法典》第 1142 条）。选项 A 错误，当选。

选项 B 考查无效遗嘱。《民法典》第 1143 条规定："无民事行为能力人或者限制民事行为能力人所立的遗嘱无效。遗嘱必须表示遗嘱人的真实意思，受欺诈、胁迫所立的遗嘱无效。伪造的遗嘱无效。遗嘱被篡改的，篡改的内容无效。"该条规定了遗嘱无效的事由。本题中，韩某的第二份遗嘱是自己意思表示的变更，而不是对他人遗嘱的篡改，不具备民法典规定的遗嘱无效的情形。选项 B 错误，当选。

选项 C 看似考查合同的效力，其实是考查基于继承的物权变动。《民法典》第 230 条规定："因继承取得物权的，自继承开始时发生效力。"

这里的继承开始时指的是被继承人死亡时。结合本题，韩某死亡时韩大就取得了房屋的所有权，其与陈卫订立的商品房买卖合同属于有权处分，是有效的。选项 C 错误，当选。

选项 D 考查股东资格的继承。《公司法》第 75 条规定："自然人股东死亡后，其合法继承人可以继承股东资格；但是，公司章程另有规定的除外。"本题中，韩某第二份遗嘱为有效遗嘱，婷婷可以依据遗嘱继承股权。选项 D 错误，当选。

**5.** ［答案］A（原官方答案为 B，《民法典》生效后，本题的答案改为 A）　　［难度］难

［考点］遗嘱的变更与撤回；无效遗嘱

［命题和解题思路］本题围绕遗嘱展开考查。本题中贡某立有多份内容不同的遗嘱，需要考生认真审题，分析各遗嘱之间的关系以及各遗嘱的效力情况，特别是需要注意现行法已经不再承认公证遗嘱的优先效力。

［选项分析］本题在当年基于公证遗嘱的优先效力，以选项 B 为官方答案，但是由于《民法典》对公证遗嘱和其他类型的遗嘱效力一视同仁了，本题的答案也随之改变。

选项 A 考查遗嘱的变更。《民法典》第 1142 条规定："遗嘱人可以撤回、变更自己所立的遗嘱。立遗嘱后，遗嘱人实施与遗嘱内容相反的民事法律行为的，视为对遗嘱相关内容的撤回。立有数份遗嘱，内容相抵触的，以最后的遗嘱为准。"据此，遗嘱人可以撤回、变更自己所立的遗嘱。本题中，贡某在贡文的遗嘱上书面变更了自己的第一份公证遗嘱，该变更有效。选项 A 正确。

选项 B 考查遗嘱的变更和失效，有一定难度。遗嘱是死因行为，如果遗嘱指定的继承人先于遗嘱人死亡，关于该继承人的遗嘱内容将会失效。贡某前后立有两份遗嘱，第 1 份遗嘱仅指定了贡文一个受益人，因贡文先于贡某死亡而无法发生效力。但第 2 份遗嘱变更了第 1 份遗嘱的内容，而且依法应以第 2 份遗嘱为准。而第 2 份遗嘱指定的继承人已经没有贡文了，所以贡文的先亡不影响该遗嘱的效力（即使包含贡文，也只是针对贡文的部分无效，而不是全部无效）。选项 B 错误。

选项 C 与选项 D 考查无效遗嘱。《民法典继承编解释一》第 26 条规定："遗嘱人以遗嘱处分了国家、集体或者他人财产的，应当认定该部分遗嘱无效。"结合本题，贡文的遗嘱中"贡某全部遗产归弟弟贡武"的内容，属于处分贡某的财产，该部分内容无效。选项 D 错误。贡文的遗嘱中被贡某修改的部分也正是贡文处分贡某财产的部分，该部分不会因为贡文的修改而变得有效。选项 C 错误。

**6.** ［答案］D　　［难度］难

［考点］遗嘱的变更与撤回；法定继承；转继承

［命题和解题思路］本题涉及多个自然人、多个法律事实，题干部分较为复杂。解答本题时，第一步应先分析住房和出售门面房价款的性质，特别是要确定其是否为王冬的遗产；第二步是分析王冬的公证遗嘱的效力，需要注意其立遗嘱后处分门面房的行为应视为对公证遗嘱的撤回；第三步是依据法定继承规则确定住房和出售门面房价款的继承人；第四步是考虑不久后王希也去世的事实，对王希应继承的遗产部分适用转继承规则。

［选项分析］《民法典》第 1142 条规定："遗嘱人可以撤回、变更自己所立的遗嘱。立遗嘱后，遗嘱人实施与遗嘱内容相反的民事法律行为的，视为对遗嘱相关内容的撤回。立有数份遗嘱，内容相抵触的，以最后的遗嘱为准。"据此结合本题，2013 年 7 月 10 日王冬将门面房卖给他人并办理了过户手续，这一行为视为对自己 2012 年 8 月 9 日公证遗嘱的撤回。王冬和张霞曾约定，自家的门面房和住房属于王冬所有。因此，门面房的价款和住房一样都作为王冬的遗产适用法定继承的规则继承。

《民法典》第 1127 条第 1 款与第 2 款规定："遗产按下列顺序继承：（一）第一顺序：配偶、子女、父母；（二）第二顺序：兄弟姐妹、祖父母、外祖父母。继承开始后，由第一顺序继承人继承，第二顺序继承人不继承；没有第一顺序继承人继承的，由第二顺序继承人继承。"据此，住房和出售门面房价款应由王冬的配偶、父母、子女继承，在本题中，应由张霞、王楠、王希继承。但在遗产分割前王希也去世，应考虑转继承规则的适用。《民法典》第 1152 条规定："继承开始后，继承人于遗产分割前死亡，并没有放弃继承的，该继承人应当继承的遗产转给其继承人，但

是遗嘱另有安排的除外。"因此，王希应当继承的遗产部分应由其第一顺位的法定继承人王小力转继承，因此，对于住房和出售门面房价款，王小力都只有部分的继承权。选项A、B、C正确，不当选；选项D错误，当选。

**7.** [答案] A　　[难度] 中

[考点] 遗嘱的形式

[命题和解题思路] 本题考查的知识点较为明确集中，即考查遗嘱的形式，特别是自书遗嘱、代书遗嘱、口头遗嘱的生效前提，但涉及的问题点都具有细节性。解答本题，需要考生对《民法典》规定了几种遗嘱形式有较为全面的掌握，特别是需要注意各自的生效前提。

[选项分析] 选项A考查自书遗嘱。《民法典》第1134条规定："自书遗嘱由遗嘱人亲笔书写，签名，注明年、月、日。"结合本题，甲于2013年1月1日亲笔书写的以乙作为唯一继承人的自书遗嘱合法有效。选项A正确。

选项B考查代书遗嘱，有一定难度。《民法典》第1135条规定："代书遗嘱应当有两个以上见证人在场见证，由其中一人代书，并由遗嘱人、代书人和其他见证人签名，注明年、月、日。"结合本题，甲所立代书遗嘱因只有1名见证人，不符合形式要求而无效，故丙不能继承甲的遗产。选项B错误。

选项C考查口头遗嘱的情况。《民法典》第1138条规定："遗嘱人在危急情况下，可以立口头遗嘱。口头遗嘱应当有两个以上见证人在场见证。危急情况消除后，遗嘱人能够以书面或者录音录像形式立遗嘱的，所立的口头遗嘱无效。"甲未在病愈之后以书面或录音录像形式立遗嘱，因而所立的口头遗嘱无效，故丁不能继承甲的遗产。选项C错误。既然选项B与选项C错误，则选项D也自然错误，不当选。

# 第四十三章　遗产的处理

## 试　题

**1.** 华某与严某系重组家庭，华某一直斥巨资资助由前夫抚养的儿子华小伟，而其夫严某严格控制家庭支出，希望有能力帮助生活拮据的亲生女儿小严。后严某不幸患病离世，留下夫妻共有的一套房产和200万元的存款。关于严某的遗产，以下哪些说法是错误的？（2020年回忆版）

A. 小严可分得整套房产

B. 华某无权继承任何遗产

C. 小严可得存款的100万元

D. 华某可从其继承的遗产中继续资助华小伟50万元

**2.** 甲与乙结婚，女儿丙三岁时，甲因医疗事故死亡，获得60万元赔款。甲生前留有遗书，载明其死亡后的全部财产由其母丁继承。经查，甲与乙婚后除共同购买了一套住房外，另有20万元存款。下列哪一说法是正确的？（2013-3-24）

A. 60万元赔款属于遗产

B. 甲的遗嘱未保留丙的遗产份额，遗嘱全部无效

C. 住房和存款的各一半属于遗产

D. 乙有权继承甲的遗产

## 详　解

**1.** [答案] ABC　　[难度] 中

[考点] 遗产的概念和范围；法定继承

[命题和解题思路] 本题考查夫妻一方过世后夫妻共同财产的继承问题。解答本题，第一步要确认严某的遗产的范围，<mark>对于夫妻共同财产，只有其中的一半可以作为遗产继承</mark>；第二步是按照继承法的规定确认遗产的处理方案，在没有遗嘱或遗赠扶养协议等情形时，直接适用法定继承的规则。注意本题涉及存款的数额，切勿计算错误。

[选项分析] 解答本题时，第一步要确认严某的遗产的范围。《民法典》第1153条规定："夫妻共同所有的财产，除有约定的外，遗产分割时，应当先将共同所有的财产的一半分出为配偶所有，其余的为被继承人的遗产。遗产在家庭共有财产之中的，遗产分割时，应当先分出他人的财产。"据此结合本题，房产和200万元的存款均为夫妻

共同财产，只有其中的一半（房产的一半与 100 万元存款）可以作为严某的遗产发生继承。

第二步则是确认严某遗产的处理方案。由于本题中未提及存在遗嘱或遗赠扶养协议等情形，对严某的遗产直接适用法定继承规则即可。《民法典》第 1127 条规定："遗产按照下列顺序继承：（一）第一顺序：配偶、子女、父母；（二）第二顺序：兄弟姐妹、祖父母、外祖父母。继承开始后，由第一顺序继承人继承，第二顺序继承人不继承；没有第一顺序继承人继承的，由第二顺序继承人继承。本编所称子女，包括婚生子女、非婚生子女、养子女和有扶养关系的继子女。本编所称父母，包括生父母、养父母和有扶养关系的继父母。本编所称兄弟姐妹，包括同父母的兄弟姐妹、同父异母或者同母异父的兄弟姐妹、养兄弟姐妹、有扶养关系的继兄弟姐妹。"本题中，华某和小严属于严某的第一顺位继承人。华小伟虽然是华某的儿子，但与严某生前未形成抚养关系，无继承人资格。因此，严某的遗产由华某和小严平均分割，即每人分得房产的 1/4 和 50 万元存款。选项 ABC 错误，当选。华某从严某处继承的 50 万元属于其个人财产，享有处分权，因此，华某可以从其继承的遗产中继续资助华小伟 50 万元。选项 D 正确，不当选。

**2.** ［答案］ C ［难度］难

［考点］遗产的概念与范围；遗产的处理；遗嘱继承

［命题和解题思路］本题要求考生判断甲的遗产范围及其分配方案。解答本题时，第一步是梳理当事人之间的亲属关系并明确甲的遗产范围，特别需要注意被害人死亡时的侵权赔偿款并非遗产；第二步是结合必留份规则分析甲的遗嘱的效力；第三步是明确甲的遗产的分配方案。

［选项分析］选项 A 与选项 C 考查遗产的概念与范围。依据《民法典》第 1122 条，遗产是自然人死亡时遗留的个人合法财产。本题中，医疗事故赔款是对死者近亲属的经济补偿，不是死者的遗产范围。《民法典》第 1181 条也规定，被侵权人死亡的，其近亲属有权请求侵权人承担侵权责任。被侵权人死亡时的侵权责任权利人是死者的近亲属。选项 A 错误。《民法典》第 1153 条规定："夫妻共同所有的财产，除有约定的外，遗产分割时，应当先将共同所有的财产的一半分出为配偶所有，其余的为被继承人的遗产。遗产在家庭共有财产之中的，遗产分割时，应当先分出他人的财产。"据此，住房和存款作为夫妻共同财产，其中的一半属于甲的遗产。选项 C 正确。

选项 B 考查必留份规则。《民法典》第 1141 条规定："遗嘱应当为缺乏劳动能力又没有生活来源的继承人保留必要的遗产份额。"本题中，丙作为甲的女儿，是其法定继承人，其只有 3 岁，显然是缺乏劳动能力又没有生活来源的继承人，符合必留份的条件。这里"没有生活来源"的要件不妨从宽认定。但违反必留份规则并不会导致遗嘱全部无效，最多只是部分无效。选项 B 错误。

选项 D 考查遗嘱继承。《民法典》第 1123 条规定："继承开始后，按照法定继承办理；有遗嘱的，按照遗嘱继承或者遗赠办理；有遗赠扶养协议的，按照协议办理。"本题中，甲留有有效的遗嘱（与必留份相违背的部分无效），继承开始后应按照遗嘱办理。依据甲的遗嘱，乙并无继承权，因此，乙无权继承甲的遗产。选项 D 错误。

# 第四十四章 人格权及其保护

## 试 题

**1.** 大厨刘某擅长烧菜，在直播平台制作发布了视频《老刘油爆大虾》。李某看到后，用 AI 换脸技术制作发布了视频《老李油爆大虾》，视频其他内容均未改动。李某侵犯了刘某的下列哪一权利？（2023 年回忆版）

A. 肖像权 B. 姓名权
C. 名誉权 D. 著作权

**2.** 某校学生甲去影楼拍照，影楼员工乙为显示自己的修图技术，将甲的照片原图以及修图后的丑化图片一并上传至某网络平台，后其他同学认出了甲并取笑他。甲的性格素来内向，此事发生后更加自卑。对此，下列哪些说法是正确的？

（2023 年回忆版）

　　A. 乙侵犯了甲的名誉权

　　B. 乙侵犯了甲的肖像权

　　C. 甲有权请求影楼和乙承担连带责任

　　D. 甲有权请求影楼承担违约责任

📶 **3.** 张某因交通肇事罪被判处有期徒刑 2 年，出狱后和家人搬到另一个小区生活。李某和张某素有仇怨，得知张某搬家后，在电梯里贴上告示，内容为：十楼 807 住进来一个罪犯，大家要小心。该小区业主们知晓后都对张某避而远之。对此，下列哪些说法是正确的？（2022 年回忆版）

　　A. 李某侵犯了张某的名誉权

　　B. 李某侵犯了张某的隐私权

　　C. 李某侵犯了张某的个人信息权

　　D. 张某请求消除影响的权利不适用诉讼时效的规定

📶 **4.** 甲和乙二人长相非常相似，并且互相认识。乙得知甲获评"优秀模范"并有奖金，遂伪造甲的身份证，向有关部门签到并领取了奖金。对此，乙侵害了甲的下列哪些权益？（2020 年回忆版）

　　A. 姓名权　　　　B. 荣誉权

　　C. 财产权　　　　D. 个人信息权

📶 **5.** 甲怀孕期间因身体不适就医，因医生用药错误，致甲险些流产，虽保住了胎儿，但造成了胎儿乙残疾，甲也受到了身体伤害，甲因此向医院主张侵权赔偿。对此，下列哪一说法是正确的？（2020 年回忆版）

　　A. 甲、乙均有损害赔偿请求权

　　B. 只有甲有损害赔偿请求权

　　C. 甲、乙均无损害赔偿请求权

　　D. 只有乙有损害赔偿请求权

📶 **6.** 彭某因车祸双腿截肢，花巨资安装了科技含量高、只能由专业人员拆卸的假肢。某日与李某发生口角，李某一怒之下将彭某假肢打碎。下列哪一说法是正确的？（2019 年回忆版）

　　A. 彭某的生命健康权受到了侵害

　　B. 彭某可就假肢毁损向李某主张精神损害赔偿

　　C. 彭某的身体权遭到了侵害

　　D. 彭某可基于所有权主张侵权责任

📶 **7.** 张某因出售公民个人信息被判刑，孙某的姓

名、身份证号码、家庭住址等信息也在其中，买方是某公司。下列哪一选项是正确的？（2017-3-20）

　　A. 张某侵害了孙某的身份权

　　B. 张某侵害了孙某的名誉权

　　C. 张某侵害了孙某对其个人信息享有的民事权益

　　D. 某公司无须对孙某承担民事责任

📶 **8.** 摄影爱好者李某为好友丁某拍摄了一组生活照，并经丁某同意上传于某社交媒体群中。蔡某在社交媒体群中看到后，擅自将该组照片上传于某营利性摄影网站，获得报酬若干。对蔡某的行为，下列哪一说法是正确的？（2017-3-21）

　　A. 侵害了丁某的肖像权和身体权

　　B. 侵害了丁某的肖像权和李某的著作权

　　C. 侵害了丁某的身体权和李某的著作权

　　D. 不构成侵权

📶 **9.** 下列哪一情形构成对生命权的侵犯？（2016-3-22）

　　A. 甲女视其长发如生命，被情敌乙尽数剪去

　　B. 丙应丁要求，协助丁完成自杀行为

　　C. 戊为报复欲致己于死地，结果将己打成重伤

　　D. 庚医师因误诊致辛出生即残疾，辛认为庚应对自己的错误出生负责

---

```
          详  解
```

**1.** ［答案］D　　　［难度］中

［考点］肖像权、姓名权、名誉权、著作权侵权行为

［命题和解题思路］本题由目前实践中比较常见的 AI 换脸现象切入，将民法考点与知识产权法考点融合在一起考查，考查方式较为新颖，有一定难度。前三个选项涉及民法上三种具体的人格权，考生不仅要理解肖像权、姓名权与名誉权的含义，还要掌握侵害这些权利的常见行为，据此判断他人的行为是否侵害了老刘的人格权。选项 D 则涉及知识产权法中的著作权侵权这一考点，需要考生结合各具体著作权对应的受控行为判断他人的行为是否侵害了老刘的著作权。

　　［选项分析］选项 A 考查肖像权。《民法典》第 1018 条第 2 款规定，肖像是通过影像、雕塑、绘画等方式在一定载体上所反映的特定自然人可

以被识别的外部形象。《民法典》第 1019 条第 1 款规定，任何组织或者个人不得以丑化、污损，或者利用信息技术手段伪造等方式侵害他人的肖像权。未经肖像权人同意，不得制作、使用、公开肖像权人的肖像，但是法律另有规定的除外。本题中，他人使用 AI 换脸技术将老刘替换为老李，让一般公众认为该人是老李而非老刘。尽管该行为是在老刘的肖像上实施，但换脸后形成了他人（老李）的肖像，并未侵害老刘的肖像权。选项 A 错误。

选项 B 考查姓名权。《民法典》第 1014 条规定，任何组织或者个人不得以干涉、盗用、假冒等方式侵害他人的姓名权或者名称权。据此，侵害姓名权的常见行为包括干涉、盗用、假冒等。本题中，他人并未实施侵害老刘姓名权的行为。选项 B 错误。

选项 C 考查名誉权。《民法典》第 1024 条规定，民事主体享有名誉权。任何组织或者个人不得以侮辱、诽谤等方式侵害他人的名誉权。名誉是对民事主体的品德、声望、才能、信用等的社会评价。据此可知，常见的侵害名誉权的行为是侮辱与诽谤等，侵害的实质在于降低了他人的社会评价。本题中，他人用 AI 换脸技术将老刘替换为老李，这一行为并不存在侮辱、诽谤的情形，也并未导致老刘的社会评价降低，因此并未侵害老刘的名誉权。选项 C 错误。

选项 D 考查著作权侵权行为。著作权在内容上涉及发表权、署名权等多个具体权利，需要结合其受控行为判断。本题中，他人用 AI 换脸技术将老刘替换为老李，这一行为涉嫌对复制权的侵害。根据《著作权法》第 10 条第 1 款第 5 项，复制权，即以印刷、复印、拓印、录音、录像、翻录、翻拍、数字化等方式将作品制作一份或者多份的权利。本题中，他人用 AI 换脸技术将老刘替换为老李，这一行为导致《老李油爆大虾》在内容上与《老刘油爆大虾》高度相近，构成复制行为。因此，他人的该行为侵害了老刘的著作权。选项 D 正确。

**2.** ［答案］ABD　　［难度］中

［考点］名誉权、肖像权、用人者责任、违约责任

［命题和解题思路］本题将侵权、合同以及人

格权法中的多个考点融合在一起考查，虽有综合性，但难度不大。在人格权层面，本题主要涉及名誉权与肖像权侵权的判断，对此考生需要明确这两个人格权的具体保护对象，并熟悉侵犯这两个人格权的常见情形；对于影楼是否与乙承担连带责任的问题，考生需结合侵权上的用人者责任分析，同时结合连带责任以法定或约定为限这一基本原理判断；对于影楼是否承担违约责任，考生应先分析甲与影楼之间的合同关系，分析二者的权利义务，在此基础上结合违约责任的构成要件进行分析。

［选项分析］选项 A 与选项 B 均考查人格权，选项 A 具体涉及名誉权。《民法典》第 1024 条规定，民事主体享有名誉权。任何组织或者个人不得以侮辱、诽谤等方式侵害他人的名誉权。名誉是对民事主体的品德、声望、才能、信用等的社会评价。侵害名誉权的主要情形是侮辱、诽谤，也包括其他导致民事主体社会评价降低的不法行为。本题中，乙将甲的丑化图片上传至网络平台，导致其他同学认出了甲并取笑他，明显不当降低了甲的社会评价。乙的行为侵犯了甲的名誉权。选项 A 正确。

选项 B 具体涉及肖像权。《民法典》第 1019 条第 1 款规定，任何组织或者个人不得以丑化、污损，或者利用信息技术手段伪造等方式侵害他人的肖像权。未经肖像权人同意，不得制作、使用、公开肖像权人的肖像，但是法律另有规定的除外。据此，乙未经甲的同意，制作甲的丑化图片，并将甲的照片原图和丑化图片上传至网络平台，属于擅自制作、使用并公开甲的肖像的行为，侵犯了甲的肖像权。选项 B 正确。

选项 C 考查用人者责任。结合加害人乙是影楼员工的事实，本题很可能与用人者责任相关。《民法典》第 1191 条第 1 款规定，用人单位的工作人员因执行工作任务造成他人损害的，由用人单位承担侵权责任。用人单位承担侵权责任后，可以向有故意或者重大过失的工作人员追偿。据此，乙侵犯了甲的名誉权与肖像权，存在过错，成立对甲的侵权责任。且乙是影楼的员工，在执行工作任务过程中实施了该侵权行为，影楼应为乙承担替代责任，影楼与乙之间并不成立连带责任。选项 C 错误。

选项 D 考查违约责任。本题中，甲在影楼拍

摄人身照，双方缔结了合同关系，具体的类型为承揽合同，在该合同中，影楼有义务保管甲的人身照，不得擅自使用甲的肖像，更不得丑化甲的肖像。在合同的履行过程中，影楼违反了该义务，致使甲的名誉权与肖像权受到侵害，结合《民法典》第577条，甲有权请求影楼承担违约责任。选项D正确。

**3.** [答案] BCD　　　　[难度] 中

[考点] 名誉权、隐私权、个人信息的保护、不适用诉讼时效的请求权

[命题和解题思路] 本题集中考查了自然人的人格权制度，同时兼顾诉讼时效制度适用范围的考查。解答本题时，考生应先确定张某犯罪信息以及住址信息的法律性质，对于这一问题，考生需要知晓的是隐私与个人信息之间存在一定的重叠，本题中张某的犯罪信息既是隐私也是个人信息。在此基础上，考生需要结合各人格权的具体含义和侵害的典型方式判断各人格权是否被侵犯。对于名誉权侵犯的判断，考生应抓住社会评价降低这一核心要素，侵犯名誉权的具体方式通常是侮辱与诽谤。对于不适用诉讼时效的请求权，考生需要整理并掌握现行法规定的不适用诉讼时效的请求权。依据《民法典》第196条、第995条以及《诉讼时效规定》第1条，下列请求权不适用诉讼时效：（1）请求停止侵害、排除妨碍、消除危险的请求权（《民法典》第196条第1项）；（2）不动产物权和登记的动产物权的权利人请求返还财产的请求权（《民法典》第196条第2项）；（3）请求支付抚养费、赡养费或者扶养费的请求权（《民法典》第196条第3项）；（4）侵害人格权的受害人停止侵害、排除妨碍、消除危险、消除影响、恢复名誉、赔礼道歉请求权（《民法典》第995条）；（5）支付存款本金及利息请求权（《诉讼时效规定》第1条第1项）；（6）兑付国债、金融债券以及向不特定对象发行的企业债券本息请求权（《诉讼时效规定》第1条第2项）；（7）基于投资关系产生的缴付出资请求权（《诉讼时效规定》第1条第3项）。

[选项分析] 选项A考查名誉权。《民法典》第1024条规定："民事主体享有名誉权。任何组织或者个人不得以侮辱、诽谤等方式侵害他人的名誉权。名誉是对民事主体的品德、声望、才能、

信用等的社会评价。"据此可知，以侮辱、诽谤等方式导致他人社会评价降低，构成对名誉权的侵犯。本题中，张某的犯罪信息属于张某的隐私，李某尽管擅自公开，但其并未捏造事实，并不构成对张某名誉权的侵犯。选项A错误。

选项B考查隐私权。《民法典》第1032条规定："自然人享有隐私权。任何组织或者个人不得以刺探、侵扰、泄露、公开等方式侵害他人的隐私权。隐私是自然人的私人生活安宁和不愿为他人知晓的私密空间、私密活动、私密信息。"据此，张某的犯罪信息属于张某的隐私，而李某擅自公开，侵犯了张某的隐私权。选项B正确。

选项C考查个人信息的保护。结合《民法典》第1034条，张某的犯罪信息与住址信息属于个人信息，李某使用该个人信息未征求张某的同意，侵犯了张某的个人信息权。需要指出的是，对于个人信息是否存在个人信息权，学理上存在争议，从法考备考的角度，采取承认个人信息权的立场较为妥当。选项C正确。

选项D考查不适用诉讼时效的请求权。《民法典》第995条规定："人格权受到侵害的，受害人有权依照本法和其他法律的规定请求行为人承担民事责任。受害人的停止侵害、排除妨碍、消除危险、消除影响、恢复名誉、赔礼道歉请求权，不适用诉讼时效的规定。"据此可知，张某的人格权受侵犯后有权请求消除影响，且该请求权不适用诉讼时效。选项D正确。

**4.** [答案] ACD　　　　[难度] 中

[考点] 姓名权；荣誉权；财产权；个人信息的保护

[命题和解题思路] 本题考查了侵害姓名权、荣誉权、财产权与个人信息的保护等多个知识点，属于对相关知识点的直接考查。解答本题时，考生需要对相关人格权的含义进行基本区分，厘清各具体人格权之间的区别。同时需要注意，冒名领奖行为本身并不会侵害被冒名人的荣誉权。

[选项分析] 选项A考查姓名权。《民法典》第1014条规定："任何组织或者个人不得以干涉、盗用、假冒等方式侵害他人的姓名权或者名称权。"据此结合本题，乙伪造甲的身份证，使用甲的姓名签到并领取奖金，侵害了甲的姓名权。选项A正确。

选项 B 考查荣誉权。《民法典》第 1031 条第 1 款规定：“民事主体享有荣誉权。任何组织或者个人不得非法剥夺他人的荣誉称号，不得诋毁、贬损他人的荣誉。”本题中，甲获评“优秀模范”荣誉，甲对于其获得的荣誉及其利益享有保持、支配、维护的具体人格权。乙冒用甲的“优秀模范”身份领取奖金，并没有改变有关部门将“优秀模范”荣誉授予甲的事实，没有侵害甲的荣誉权。选项 B 错误。

选项 C 考查财产权。乙冒用甲的身份向有关部门签到并领取了应属于甲的奖金，乙的行为侵害了甲的财产权。选项 C 正确。

选项 D 考查个人信息的保护。《民法典》第 111 条规定：“自然人的个人信息受法律保护。任何组织或者个人需要获取他人个人信息的，应当依法取得并确保信息安全，不得非法收集、使用、加工、传输他人个人信息，不得非法买卖、提供或者公开他人个人信息。”关于个人信息的范围，《民法典》第 1034 条规定：“自然人的个人信息受法律保护。个人信息是以电子或者其他方式记录的能够单独或者与其他信息结合识别特定自然人的各种信息，包括自然人的姓名、出生日期、身份证件号码、生物识别信息、住址、电话号码、电子邮箱、健康信息、行踪信息等。个人信息中的私密信息，适用有关隐私权的规定；没有规定的，适用有关个人信息保护的规定。”据此结合本题，乙伪造了甲的身份证，非法获取并利用了甲的身份证号码等个人信息，构成对甲个人信息权的侵害。虽然《民法典》第 111 条并未使用个人信息权这样的表述，但事实上承认了独立的个人信息权。选项 D 正确。

需要注意的是，学理上对个人信息是否为独立的民事权利存在争议，且《民法典》第 111 条并未使用个人信息权这样的表述，如果对个人信息坚持民事权益说，认为其并非独立的民事权利，则本题的答案为 AC。

**5.** ［答案］A　　［难度］易

［考点］医疗损害责任；胎儿利益的特殊保护

［命题和解题思路］本题将医疗损害责任与胎儿利益的特殊保护结合在一起考查，难度不大。解答本题时需要分别分析甲与乙是否享有损害赔偿请求权。对于胎儿乙，需要注意的是，尽管

《民法典》第 16 条仅列举了遗产继承、接受赠与两种情形，但是该条有“等”字，表明胎儿利益特殊保护的情形是开放的，还包括其他涉及胎儿利益保护的情形。

［选项分析］从本题的四个选项来看，本题主要涉及两个问题：（1）甲是否有损害赔偿请求权；（2）乙是否有损害赔偿请求权。

关于甲是否享有损害赔偿请求权，《民法典》第 1221 条规定：“医务人员在诊疗活动中未尽到与当时的医疗水平相应的诊疗义务，造成患者损害的，医疗机构应当承担赔偿责任。”该条是对医疗损害责任的一般规定，奉行过错原则。本题中，医生用药错误，存在过错，导致甲身体受到了伤害。受害人甲享有损害赔偿请求权。选项 C 与选项 D 均错误，不当选。

关于乙是否享有损害赔偿请求权，《民法典》第 16 条规定：“涉及遗产继承、接受赠与等胎儿利益保护的，胎儿视为具有民事权利能力。但是，胎儿娩出时为死体的，其民事权利能力自始不存在。”该条用“等”表明胎儿利益并不局限于遗产继承、接受赠与这两种情形，按照学理通说，在胎儿未出生之前，其身体健康遭受侵害，也享有损害赔偿请求权，该项权利可由其法定代理人代理行使。故乙也享有损害赔偿请求权。选项 B 错误，选项 A 正确。

**6.** ［答案］C　　［难度］中

［考点］健康权；身体权

［命题和解题思路］本题的焦点在于假肢的法律地位，在此基础上考查考生对健康权、身体权的理解。解题时需要注意，按照目前的通说，假肢在不同情形下有不同的法律地位，应当区别对待。

［选项分析］假肢在与人体相结合之前是物，具体来说是动产，是物权的客体。假肢安装后便持续性地与人体结合，不再是物，而是自然人身体的一部分，属于主体的范畴，不再是客体。此时对假肢的侵害就是对人的身体的侵害。李某一怒之下将彭某的假肢打碎，是对彭某人身权的侵害。选项 D 错误。至于侵害的究竟是身体权还是健康权，需要结合这两个权利的概念来进行判断。身体权是指自然人保持身体的完整并自主地支配肢体、器官和其他身体组织的权利。《民法典》第 1003 条规定：“自然人享有身体权。自然人的身体

完整和行动自由受法律保护。任何组织或者个人不得侵害他人的身体权。"健康权是指自然人身心健康受法律保护，任何组织和个人不得加以侵害的人格权。《民法典》第 1004 条规定："自然人享有健康权。自然人的身心健康受法律保护。任何组织或者个人不得侵害他人的健康权。"据此，李某打碎假肢的行为侵害的是彭某的身体权。选项 A 错误，选项 C 正确。

对于彭某能否主张精神损害赔偿，《民法典》第 1183 条第 1 款规定："侵害自然人人身权益造成严重精神损害的，被侵权人有权请求精神损害赔偿。"本题中，如果李某打碎假肢的行为造成了彭某严重的精神损害，彭某有权请求精神损害赔偿，但彭某不得就假肢毁损向李某主张精神损害赔偿。选项 B 错误。

**7.** [答案] C     [难度] 中

[考点] 个人信息的保护；身份权；名誉权

[命题和解题思路] 本题以目前较为常见的个人信息买卖为主要事实，考查个人信息的保护以及考生对身份权、名誉权的理解。解答本题时需要注意区分人格权与身份权，同时需要注意，单纯买卖个人信息通常并不构成对名誉权的侵害。

[选项分析] 选项 A 考查身份权。身份权是指自然人在亲属、婚姻家庭等领域基于特定身份地位享有的民事权利，与人格权存在明显区别。题干中涉及的孙某的姓名、身份证号码、家庭住址等虽与身份信息相关，但不属于身份权范畴，而属于人格要素范畴。因此，张某的行为并未侵害孙某的身份权。选项 A 错误。

选项 B 考查名誉权。《民法典》第 1024 条规定："民事主体享有名誉权。任何组织或者个人不得以侮辱、诽谤等方式侵害他人的名誉权。名誉是对民事主体的品德、声望、才能、信用等的社会评价。"本题中，张某没有实施侮辱或者诽谤行为，也没有造成孙某的社会评价降低，不构成名誉权的侵害。选项 B 错误。

选项 C 与选项 D 考查个人信息的保护，是本题的主要考查目标。《民法典》第 111 条规定："自然人的个人信息受法律保护。任何组织或者个人需要获取他人个人信息的，应当依法取得并确保信息安全，不得非法收集、使用、加工、传输

他人个人信息，不得非法买卖、提供或者公开他人个人信息。"本题中，张某出售孙某的个人信息，侵害了孙某对其个人信息享有的民事权益，某公司需要承担相应的民事责任。选项 D 错误，选项 C 正确。

**8.** [答案] B     [难度] 中

[考点] 肖像权；身体权；著作权

[命题和解题思路] 本题是民法与知识产权法的融合题，在民法层面考查了肖像权侵权与身体权侵权，在知识产权法层面考查了著作权侵权，不过作为单选题，本题难度不大。解答本题时需要结合肖像权、身体权与著作权的定义与内容，结合题干里的背景事实展开分析。

[选项分析] 选项 A、B、C 均涉及肖像权与身体权。《民法典》第 1019 条规定："任何组织或者个人不得以丑化、污损，或者利用信息技术手段伪造等方式侵害他人的肖像权。未经肖像权人同意，不得制作、使用、公开肖像权人的肖像，但是法律另有规定的除外。未经肖像权人同意，肖像作品权利人不得以发表、复制、发行、出租、展览等方式使用或者公开肖像权人的肖像。"本题中，蔡某未经丁某的同意将其照片通过社交媒体上传至某营利性摄影网站，获得报酬若干，构成对丁某肖像权的侵害。《民法典》第 1003 条规定："自然人享有身体权。自然人的身体完整和行动自由受法律保护。任何组织或者个人不得侵害他人的身体权。"本题中，蔡某擅自上传丁某照片获利，未对丁某的身体利益造成损害，不构成对丁某身体权的侵犯。选项 A、C、D 均错误。

选项 B 也同时考查著作权侵权。李某为丁某拍摄的生活照属于《著作权法》上的摄影作品（《著作权法》第 3 条），拍摄者李某是作者，享有著作权。蔡某擅自将该组照片上传于某营利性摄影网站获得报酬若干，侵害了李某的著作权（具体来说是信息网络传播权）。选项 B 正确。

**9.** [答案] B     [难度] 易

[考点] 生命权

[命题和解题思路] 本题聚焦于考生对生命权的理解，考查难度不大。解答本题时需要注意生命权与其他人格权的区别，侵害生命权以造成他人死亡为前提。

[选项分析] 生命权，是指以自然人的生命安

全和生命尊严为内容的权利。《民法典》第1002条规定："自然人享有生命权。自然人的生命安全和生命尊严受法律保护。任何组织或者个人不得侵害他人的生命权。"选项A中，乙擅自剪掉甲的长发，破坏甲之身体的完整性，构成对甲身体权的侵害，而非侵害其生命权。选项A错误。

选项B中，丙帮助丁自杀，造成丁死亡的后果，构成对丁生命权的侵害。虽然丁同意丙侵害自己的生命权，但该受害人的同意因违反公序良俗原则而无效，不具有违法阻却性。选项B正确。

选项C中，戊之加害行为仅造成己重伤而非死亡的后果，仅侵害了己的健康权（或身体权），尚不构成对己生命权的侵害。选项C错误。

选项D涉及所谓的"错误出生"，庚医生的误诊并未造成自然人死亡的后果，不构成对生命权的侵害。选项D错误。

# 第四十五章　侵权责任的承担

## 试　题

**1.** 甲、乙、丙、丁四人合谋共同将戊打伤，戊花费医药费1万元。甲取得了戊的谅解，戊表示不会起诉甲也不会追究甲的责任。戊向法院起诉了乙丙丁。乙表示不论法院判决自己赔偿多少，都愿意先行赔付戊所有损失，再向其他人追偿。对此，下列哪些说法是正确的？（2023年回忆版）

A. 乙赔偿戊所有损失后，可以向丙、丁分别追偿2500元

B. 戊若免除甲的责任，法院应在判决书中注明

C. 法院应将甲追加为共同被告

D. 甲、乙、丙、丁成立共同侵权，应承担连带责任

**2.** 张某是A市篮球运动员，李某和陈某是B市篮球运动员。某次篮球比赛中，张某正常扣篮时，李某未能及时躲闪，导致受伤。陈某认为张某系故意为之，遂拿起篮球朝张某砸去，导致张某受伤。对此，下列哪些说法是正确的？（2021年回忆版）

A. 张某的人身伤害应由李某与陈某共同负担

B. 李某的人身伤害是自甘风险，由其自己承担

C. 张某的人身伤害应由陈某负责

D. 李某的人身伤害应由篮球比赛的组织者承担

**3.** 甲在地铁里下天桥楼梯，边走边低头看手机，突然被地面翘起来的铁皮绊了一下，甲未受伤，但却把上楼梯的乙撞倒，造成乙重伤。关于赔偿责任主体，下列哪些说法是正确的？（2020年回忆版）

A. 地铁公司应承担责任

B. 甲应承担责任

C. 甲与地铁公司按份承担责任

D. 甲与地铁公司连带承担责任

**4.** 姚某旅游途中，前往某玉石市场参观，在唐某经营的摊位上拿起一只翡翠手镯，经唐某同意后试戴，并问价。唐某报价18万元（实际进货价8万元，市价9万元），姚某感觉价格太高，急忙取下，不慎将手镯摔断。关于姚某的赔偿责任，下列哪一选项是正确的？（2017-3-22）

A. 应承担违约责任

B. 应赔偿唐某8万元损失

C. 应赔偿唐某9万元损失

D. 应赔偿唐某18万元损失

**5.** 刘婆婆回家途中，看见邻居肖婆婆带着外孙小勇和另一家邻居的孩子小囡（均为4岁多）在小区花园中玩耍，便上前拿出几根香蕉递给小勇，随后离去。小勇接过香蕉后，递给小囡一根，小囡吞食时误入气管导致休克，经抢救无效死亡。对此，下列哪一选项是正确的？（2017-3-23）

A. 刘婆婆应对小囡的死亡承担民事责任

B. 肖婆婆应对小囡的死亡承担民事责任

C. 小勇的父母应对小囡的死亡承担民事责任

D. 属意外事件，不产生相关人员的过错责任

**6.** 某洗浴中心大堂处有醒目提示语："到店洗浴客人的贵重物品，请放前台保管"。甲在更衣时因地滑摔成重伤，并摔碎了手上价值20万元的定情信物玉镯。经查明：因该中心雇用的清洁工乙

清洁不彻底，地面湿滑导致甲摔倒。下列哪一选项是正确的？（2015-3-23）

A. 甲应自行承担玉镯损失

B. 洗浴中心应承担玉镯的全部损失

C. 甲有权请求洗浴中心赔偿精神损害

D. 洗浴中心和乙对甲的损害承担连带责任

🔊 **7.** 张某毕业要去外地工作，将自己贴身生活用品、私密照片及平板电脑等装箱交给甲快递公司运送。张某在箱外贴了"私人物品，严禁打开"的字条。张某到外地收到快递后察觉有异，经查实，甲公司工作人员李某曾翻看箱内物品，并损坏了平板电脑。下列哪些选项是正确的？（2015-3-66）

A. 甲公司侵犯了张某的隐私权

B. 张某可请求甲公司承担精神损害赔偿责任

C. 张某可请求甲公司赔偿平板电脑的损失

D. 张某可请求甲公司和李某承担连带赔偿责任

## 详 解

**1.** [答案] AD　　[难度] 中

[考点] 共同侵权行为、连带之债、普通共同诉讼

[命题和解题思路] 本题是典型的民法与民事诉讼法融合题，命题人以侵权上的共同侵权行为为基础法律事实，对民法上的连带之债以及民事诉讼法中的共同诉讼形态予以考查。本题的解答需要考生将相关实体法与程序法知识融会贯通。在民法层面，考生解题时应先确定甲、乙、丙、丁四人的责任类型，明确其为连带之债，在此基础上结合连带之债的相关规则进行分析，尤其需要注意债权人免除部分连带债务人债务时的法律效果。在民事诉讼法层面，就共同诉讼形态的判断，应结合连带责任的内涵作出具体分析。承担连带责任，赔偿权利人享有自由选择权，有权要求任何一个赔偿义务人承担全部赔偿责任，也有权要求赔偿义务人中的一人或多人承担部分的赔偿责任。据此，因连带责任被起诉不成立共同诉讼，法院无须追加共同诉讼人。

[选项分析] 先分析民法相关的选项。选项 D 考查共同侵权行为。《民法典》第 1168 条规定："二人以上共同实施侵权行为，造成他人损害的，

应当承担连带责任。"据此结合本题，甲、乙、丙、丁四人合谋共同将戊打伤，戊花费医药费 1 万元，甲、乙、丙、丁四人应对戊承担连带责任。选项 D 正确。

选项 A 是在选项 D 的基础上考查连带之债，具体涉及债权人免除部分连带债务人债务的法律效果。《民法典》第 519 条第 1 款规定："连带债务人之间的份额难以确定的，视为份额相同。"本题中并无情节表明四人的份额可以确定，应视为份额相同，即每人 2500 元（这也符合选项 A 的表述）。《民法典》第 520 条第 2 款规定："部分连带债务人的债务被债权人免除的，在该连带债务人应当承担的份额范围内，其他债务人对债权人的债务消灭。"本题中，甲取得了戊的谅解，戊表示不会起诉甲也不会追究甲的责任，这一事实表明债权人戊对连带债务人甲作出了债务免除的意思表示，由此，在甲应当承担的份额范围内（即 2500 元），乙、丙、丁三人的债务消灭，但乙、丙、丁仍需在 7500 元的范围内对戊承担连带之债，进而乙赔偿戊所有损失后，有权向丙、丁分别追偿 2500 元。选项 A 正确。

《民法典》第 178 条第 1 款规定，二人以上依法承担连带责任的，权利人有权请求部分或者全部连带责任人承担责任。据此，因承担连带责任被起诉并不属于必要共同诉讼，甲取得了戊的谅解，戊表示不会起诉甲，法院不必追加甲为共同被告，法院也不必在判决书中对戊免除甲的责任予以注明。选项 B 和选项 C 均错误。

**2.** [答案] BC　　[难度] 中

[考点] 自甘风险；违反安全保障义务的侵权责任

[命题和解题思路] 本题考查了《民法典》新增的自甘风险规则，并未设置陷阱，因此考查难度不大。本题的法律依据为《民法典》第 1176 条，需要考生理解该条的一些核心要点。==自甘风险作为免责事由，只能免除其他文体活动参加者的侵权责任，并且其他参加者不能有故意或者重大过失==。对于文体活动的组织者，则适用单独依据违反安全保障义务的侵权责任、教育机构的侵权责任等规定判断。所以解题时首先需要区分其他文体活动的参加者与文体活动的组织者，进而展开侵权责任的分析。此外，本题四个选项中，

选项 AC 互斥，选项 BD 互斥，这在一定程度上降低了本题的难度。

[选项分析] 本题主要考查《民法典》第1176 条关于自甘风险的规定。该条规定："自愿参加具有一定风险的文体活动，因其他参加者的行为受到损害的，受害人不得请求其他参加者承担侵权责任；但是，其他参加者对损害的发生有故意或者重大过失的除外。活动组织者的责任适用本法第一千一百九十八条至第一千二百零一条的规定。"据此，在篮球比赛中，张某正常扣篮导致李某受伤，其没有故意或重大过失，因此对于李某的人身损害，不得请求张某承担。该损害属于自甘风险，由李某自行承担。而张某的人身伤害则是陈某故意为之，陈某不能依据自甘风险规则免责，而需要向张某承担侵权责任。对于活动组织者的责任，《民法典》第1198 条规定："宾馆、商场、银行、车站、机场、体育场馆、娱乐场所等经营场所、公共场所的经营者、管理者或者群众性活动的组织者，未尽到安全保障义务，造成他人损害的，应当承担侵权责任。因第三人的行为造成他人损害的，由第三人承担侵权责任；经营者、管理者或者组织者未尽到安全保障义务的，承担相应的补充责任。经营者、管理者或者组织者承担补充责任后，可以向第三人追偿。"结合本题，篮球比赛的组织者并未违反安全保障义务，因此，对张某与李某的人身伤害，篮球比赛的组织者均无需承担侵权责任。综上，选项 B 与选项 C 正确，选项 A 与选项 D 错误。

**3.** [答案] ABC　　[难度] 中

[考点] 无意思联络的数人侵权

[命题和解题思路] 本题考查数人侵权的特殊情形及其责任承担规则，考查难度适中。解题时，考生首先要明确本题属于单独侵权还是数人侵权，在此基础上进一步确认是何种类型的数人侵权。

[选项分析] 本题中乙的重伤结果，先后由两个主体侵权行为的相继叠加而成，属于"多因一果"的数人侵权形态。《民法典》第1172 条规定："二人以上分别实施侵权行为造成同一损害，能够确定责任大小的，各自承担相应的责任；难以确定责任大小的，平均承担责任。"适用本条规定应符合以下构成要件：一是二人以上分别实施侵权行为；二是每人的侵权行为不足以造成全部损害；

三是造成同一损害后果。本题中，甲过天桥时低头看手机被地面翘起的铁皮绊了一下将乙撞成重伤，是甲低头看手机和地铁站没有及时处理翘起的铁皮这一安全隐患共同造成的，并且低头看手机的行为和翘起铁皮的行为单独都不能导致乙重伤结果发生，因此，甲和地铁公司都应承担责任，并且责任承担方式为按份责任。选项 D 错误，选项 A、B、C 正确。

**4.** [答案] C　　[难度] 中

[考点] 财产损害赔偿；违约责任

[命题和解题思路] 本题考查违约责任与财产损害赔偿的赔偿标准，考查难度适中。就违约责任而言，其以有效的合同为构成的前提。若无有效的合同，则不可能构成违约责任。就财产损害赔偿而言，现行法确立了损失发生时的市场价格这一基本的赔偿标准。

[选项分析] 选项 A 考查违约责任。违约责任的构成以有效的合同为前提。本题中，姚某试戴并问价的过程显然未与唐某达成买卖合意，买卖合同并未成立，自然不可能构成违约责任。选项 A 错误。

选项 B、C、D 考查财产损害赔偿的赔偿标准。《民法典》第1184 条规定："侵害他人财产的，财产损失按照损失发生时的市场价格或者其他合理方式计算。"本题中，姚某因过失侵犯唐某对手镯的所有权，该手镯的市场价为 9 万元，应以 9 万元作为赔偿标准。选项 B 与选项 D 错误，选项 C 正确。

**5.** [答案] D　　[难度] 中

[考点] 侵权责任的基本构成要件

[命题和解题思路] 本题改编自公报案例"蒋海燕、曾英诉覃维邱、苏燕弟生命权纠纷案"（《中华人民共和国最高人民法院公报》2016 年第11 期），考查了一般侵权责任的构成要件，尤其是考查考生对因果关系要件的理解，考查难度其实并不大。解答本题需要分别分析刘婆婆、肖婆婆以及小勇父母的侵权责任，结合一般侵权责任的构成要件分析，重点关注因果关系要件。需要注意的是，监护人的责任以被监护人的侵权责任成立为前提。

[选项分析] 本题的核心问题是：谁应对小囡的死亡负责，从四个选项的设置来看，可能的责

任人有刘婆婆、肖婆婆以及小勇的父母，需要分别进行分析。

先分析刘婆婆是否应对小囡的死亡负责。需要考查刘婆婆是否构成一般侵权责任的构成要件（《民法典》第 1165 条第 1 款）。这里涉及的主要问题在于：刘婆婆递香蕉的行为是否具有过错，是否与小囡的死亡之间存在因果关系。刘婆婆主动好心给小勇吃香蕉，是邻人之间善意的分享行为，其通常并不会造成死亡的后果。并且从一般生活经验来看，4 岁的小朋友已经具备了独立进食香蕉的能力，刘婆婆的行为与小囡的死亡之间只有事实上的联络，但是欠缺法律上的因果关系，刘婆婆的侵权责任不成立。选项 A 错误。

再分析肖婆婆是否应对小囡的死亡负责。基于同样的理由，小勇将香蕉分给小囡的行为属于邻人之间的分享行为，其本身通常并不会造成死亡的后果，且小囡按照一般生活经验已经具备独立进食香蕉的能力，对于小勇的分享行为以及小囡的吃香蕉行为，肖婆婆均无制止的义务，肖婆婆的不作为与小囡的死亡也不存在因果关系，其侵权责任也难以构成。选项 B 错误。

最后分析小勇的父母是否应对小囡的死亡负责。小勇将香蕉分给小囡的行为属于邻人之间的分享行为，其本身通常并不会造成死亡的后果。因此，小勇的行为与小囡的死亡之间并无因果关系，小勇的侵权责任不成立，自然无需讨论其监护人的责任。小勇的父母无需为小囡的死亡负责。选项 C 错误。

小囡是在进食过程中吞食香蕉误入气管造成的休克，经抢救无效死亡，是无法预见而令人惋惜的意外事件。选项 D 正确。

**6.** [答案] C　　[难度] 中

[考点] 违反安全保障义务的侵权责任；过失相抵；精神损害赔偿；用人者责任

[命题和解题思路] 本题将违反安全保障义务的侵权责任与用人者责任结合起来考查，命题角度较为新颖，但考查难度不大，结合相关规定分析即可。

[选项分析] 选项 A 与选项 D 考查违反安全保障义务的侵权责任与用人者责任。《民法典》第 1198 条第 1 款规定："宾馆、商场、银行、车站、机场、体育场馆、娱乐场所等经营场所、公共场

所的经营者、管理者或者群众性活动的组织者，未尽到安全保障义务，造成他人损害的，应当承担侵权责任。"洗浴中心作为公共场所，因清洁不彻底造成了顾客甲滑倒摔坏玉镯，应当对甲遭受的损失承担过错责任。尽管甲并未按照规定将其玉镯放在前台保管，但这涉及的是过失相抵的问题，不能完全免除洗浴中心的侵权责任。选项 A 错误。

选项 B 考查过失相抵。《民法典》第 1173 条规定："被侵权人对同一损害的发生或者扩大有过错的，可以减轻侵权人的责任。"本题中，受害人甲未按照提示将玉镯置于前台保管，对玉镯的毁损也有一定过错，可以减轻洗浴中心的责任。选项 B 错误。

选项 C 考查精神损害赔偿。《民法典》第 1183 条规定："侵害自然人人身权益造成严重精神损害的，被侵权人有权请求精神损害赔偿。因故意或者重大过失侵害自然人具有人身意义的特定物造成严重精神损害的，被侵权人有权请求精神损害赔偿。"本题中，甲因洗浴中心违反安全保障义务而摔成重伤，玉镯被摔碎，洗浴中心具有重大过失，而且作为定情信物的玉镯属于"具有人格象征意义的特定纪念物品"，因洗浴中心的侵权行为而永久性毁损灭失。甲有权就此请求洗浴中心承担精神损害赔偿责任。选项 C 正确。

选项 D 考查用人者责任。《民法典》第 1191 条第 1 款规定："用人单位的工作人员因执行工作任务造成他人损害的，由用人单位承担侵权责任。用人单位承担侵权责任后，可以向有故意或者重大过失的工作人员追偿。"本题中，清洁工乙因执行工作任务时清洁不彻底，致甲遭受损害，构成侵权，洗浴中心作为用人单位需要承担无过错的替代责任。洗浴中心和乙对甲的损害并不承担连带责任。选项 D 错误。

**7.** [答案] AC　　[难度] 中

[考点] 隐私权；精神损害赔偿；用人者责任

[命题和解题思路] 本题综合地考查了隐私权侵权、精神损害赔偿以及用人者责任等考点。解答本题时需要明确隐私权的含义并在此基础上判断隐私权侵权是否构成。需要注意的是，本题中具体的侵权行为由李某作出，需要结合用人者责任的规定分析甲公司是否需要承担替代责任。

[选项分析] 选项 A 考查隐私权与用人者责

任。《民法典》第1032条规定："自然人享有隐私权。任何组织或者个人不得以刺探、侵扰、泄露、公开等方式侵害他人的隐私权。隐私是自然人的私人生活安宁和不愿为他人知晓的私密空间、私密活动、私密信息。"本题中，贴身生活用品、私密照片均包含个人隐私信息。李某无视张某在纸箱上的警示，未经允许，擅自接触这些隐私信息，构成对张某隐私权的侵犯。《民法典》第1191条第1款规定："用人单位的工作人员因执行工作任务造成他人损害的，由用人单位承担侵权责任。用人单位承担侵权责任后，可以向有故意或者重大过失的工作人员追偿。"本题中，李某系在执行工作任务时造成他人损害，应由用人单位甲公司

承担无过错的替代责任。选项A正确。

选项B考查精神损害赔偿。《民法典》第1183条规定："侵害自然人人身权益造成严重精神损害的，被侵权人有权请求精神损害赔偿。因故意或者重大过失侵害自然人具有人身意义的特定物造成严重精神损害的，被侵权人有权请求精神损害赔偿。"本题中，张某的隐私权虽然遭受侵害，但并未造成严重后果，张某无权请求甲公司承担精神损害赔偿责任。选项B错误。

选项C与选项D考查用人者责任。李某系在执行工作任务时损坏了张某的平板电脑，应由用人单位即甲公司承担无过错的替代责任。李某与甲公司并不构成连带责任。选项D错误，选项C正确。

# 第四十六章　特殊侵权责任主体

## 试　题

**1.** 甲在乙饭店用餐，将车停在乙饭店内部的专用停车场，停车票上写明：消费满300元免停车费，未满则需按照每小时10元交纳停车费。甲在乙饭店消费500元，离开时发现该车被偷。据查，停车场的工作人员在交班前提前下班，该车被丙偷走并卖给丁。对此，下列哪些说法是正确的？（2023年回忆版）

　　A. 乙饭店应承担相应的补充责任

　　B. 甲有权请求丙返还卖车款

　　C. 甲有权请求乙饭店承担违约责任

　　D. 甲有权请求乙饭店承担侵权责任

**2.** 张某在其父死亡后，委托甲殡葬公司负责操办丧葬事宜。甲公司的员工胡某在送骨灰盒的时候不慎将盒子磕破，导致部分骨灰漏出。张某起诉甲公司，要求1万元的骨灰盒侵权损害赔偿、2万元的精神损害赔偿和3万元的其他损害赔偿。对此，下列哪一说法是正确的？（2022年回忆版）

　　A. 法院应驳回起诉

　　B. 法院应判决支持张某骨灰盒的赔偿请求

　　C. 法院应判决支持张某骨灰盒的赔偿请求和精神损害赔偿请求

　　D. 法院应支持张某的全部诉讼请求

**3.** 某校正在举行篮球比赛，拾荒者赵某突然穿过篮球场，被正在运球的钱某撞伤。据查，学校对该篮球场并未设围栏。对于赵某的人身损害赔偿，下列哪一说法是正确的？（2022年回忆版）

　　A. 应由赵某自行负担

　　B. 应由学校负担

　　C. 应由赵某和学校共同负担

　　D. 应由钱某负担

**4.** 甲不胜酒力，经常喝一口就会醉倒。某日，乙大摆宴席，邀请甲参加，甲在宴席上喝醉了。次日醒来，甲发现自己在酒店。酒店监控显示，甲醉酒回酒店房间时打碎了酒店的花瓶。对此，下列说法错误的是：（2022年回忆版）

　　A. 甲是无民事行为能力人

　　B. 甲是限制民事行为能力人

　　C. 花瓶的损害应由甲全责赔偿

　　D. 花瓶的损害应由乙全责赔偿

**5.** 庄某驾车行驶时未尽合理的安全注意义务，刮蹭了老人韩某，致其骨折。经鉴定，韩某损伤度为70%，但主要是因为其骨质疏松严重。关于庄某赔偿责任的承担，下列哪一说法是正确的？（2019年回忆版）

　　A. 不需承担赔偿责任

　　B. 承担部分赔偿责任

　　C. 韩某骨质疏松不属于庄某承担责任的考量因素

D. 本案应按照无意思联络的数人侵权处理

**6.** 甲的儿子乙（8岁）因遗嘱继承了祖父遗产10万元。某日，乙玩耍时将另一小朋友丙的眼睛划伤。丙的监护人要求甲承担赔偿责任2万元。后法院查明，甲已尽到监护职责。下列哪一说法是正确的？（2015-3-24）

A. 因乙的财产足以赔偿丙，故不需用甲的财产赔偿

B. 甲已尽到监护职责，无需承担侵权责任

C. 用乙的财产向丙赔偿，乙赔偿后可在甲应承担的份额内向甲追偿

D. 应由甲直接赔偿，否则会损害被监护人乙的利益

**7.** 甲电器销售公司的安装工人李某在为消费者黄某安装空调的过程中，不慎从高处掉落安装工具，将路人王某砸成重伤。李某是乙公司的劳务派遣人员，此前曾多次发生类似小事故，甲公司曾要求乙公司另派他人，但乙公司未予换人。下列哪一选项是正确的？（2014-3-21）

A. 对王某的赔偿责任应由李某承担，黄某承担补充责任

B. 对王某的赔偿责任应由甲公司承担，乙公司承担补充责任

C. 甲公司与乙公司应对王某承担连带赔偿责任

D. 对王某的赔偿责任承担应采用过错责任原则

**8.** 甲参加乙旅行社组织的旅游活动。未经甲和其他旅游者同意，乙旅行社将本次业务转让给当地的丙旅行社。丙旅行社聘请丁公司提供大巴运输服务。途中，由于丁公司司机黄某酒后驾驶与迎面违章变道的个体运输户刘某货车相撞，造成甲受伤。甲的下列哪些请求能够获得法院的支持？（2014-3-67）

A. 请求丁公司和黄某承担连带赔偿责任

B. 请求黄某与刘某承担连带赔偿责任

C. 请求乙旅行社和丙旅行社承担连带赔偿责任

D. 请求刘某承担赔偿责任

**9.** 甲赴宴饮酒，遂由有驾照的乙代驾其车，乙违章撞伤丙。交管部门认定乙负全责。以下假定情形中对丙的赔偿责任，哪些表述是正确的？（2013-3-67）

A. 如乙是与甲一同赴宴的好友，乙不承担赔偿责任

B. 如乙是代驾公司派出的驾驶员，该公司应承担赔偿责任

C. 如乙是酒店雇佣的为饮酒客人提供代驾服务的驾驶员，乙不承担赔偿责任

D. 如乙是出租车公司驾驶员，公司明文禁止代驾，乙为获高额报酬而代驾，乙应承担赔偿责任

## 详　解

**1.** ［答案］ABCD　　［难度］中

［考点］违反安全保障义务的侵权责任、不当得利、违约责任

［命题和解题思路］本题以吃饭停车+机动车盗窃作为基础法律事实，对侵权、违约与不当得利等多个考点展开考查。在审题环节，考生一方面需要结合题干事实分析甲与乙饭店之间是否存在合同关系以及存在何种合同关系（有偿还是无偿）；另一方面应初步分析四个选项，分别将其归入违约责任问题、侵权责任问题与不当得利问题，对此需要注意的是，选项A中相应的补充责任是侵权上的一种典型的责任类型，因此选项A涉及的也是对侵权责任的判断。解题时，对于乙的违约责任是否成立，考生需要明确其合同的有偿与无偿；对于乙饭店侵权责任的成立问题，考生应先判断其属于一般侵权还是特殊侵权，涉及的是单独侵权还是多数人侵权；对于不当得利返还问题，考生应秉持构成要件思维。

［选项分析］选项A与选项D均考查违反安全保障义务的侵权责任。首先需要确定的是，乙作为饭店属于典型的经营场所，应对甲的机动车负有安全保障义务，据此乙饭店涉及的侵权类型应为特殊侵权，即违反安全保障义务的侵权责任。《民法典》第1198条规定，宾馆、商场、银行、车站、机场、体育场馆、娱乐场所等经营场所、公共场所的经营者、管理者或者群众性活动的组织者，未尽到安全保障义务，造成他人损害的，应当承担侵权责任。因第三人的行为造成他人损害的，由第三人承担侵权责任；经营者、管理者或者组织者未尽到安全保障义务的，承担相应的

补充责任。经营者、管理者或者组织者承担补充责任后，可以向第三人追偿。据此，甲的机动车被第三人丙偷盗，而停车场的工作人员在交班前提前下班，乙饭店未尽到安全保障义务，应承担相应的补充责任。选项 A 与选项 D 均正确。

选项 B 考查不当得利，具体涉及不当得利返还请求权的成立问题。根据《民法典》第 985 条，得利人没有法律根据取得不当利益的，受损失的人可以请求得利人返还取得的利益。据此，不当得利返还请求权的成立要件是：（1）一方得利；（2）另一方受损失；（3）得利与受损之间存在因果关系；（4）得利欠缺法律依据。本题中，丙将甲的车偷走并出卖获得卖车款，该卖车款并无法律依据，导致甲的机动车所有权受损，甲有权基于不当得利请求丙返还卖车款。选项 B 正确。

选项 C 考查违约责任。甲与乙饭店关于停车的合同属于保管合同，尽管甲消费 500 元免除停车费，但该保管合同仍属于有偿保管，停车费事实上已经包含在餐饮的消费之中。《民法典》第 897 条规定，保管期内，因保管人保管不善造成保管物毁损、灭失的，保管人应当承担赔偿责任。但是，无偿保管人证明自己没有故意或者重大过失的，不承担赔偿责任。据此，乙饭店在保管机动车的过程中存在过失，保管不善，对甲的机动车损失应予以赔偿。甲有权请求乙承担违约责任。选项 C 正确。

**2.** ［答案］B　　　［难度］中

［考点］用人者责任、非财产损害赔偿

［命题和解题思路］本题围绕张父骨灰盒破损这一法律事实展开，对侵权上的多个考点展开考查。从四个选项的表述来看，本题的核心在于判断张某的三个诉讼请求能在多大范围内得到法院的支持。对此，考生在解题时应一一分析。对于骨灰盒的损害赔偿，应结合《民法典》第 1191 条第 1 款的规定展开分析，判断甲公司是否应承担无过错的替代责任。对于 2 万元的精神损害赔偿，考生应区分侵害的是人格权还是特定物，对于特定物，精神损害赔偿的成立要求较高，以故意或重大过失为前提。

［选项分析］本题中，对于骨灰盒本身，胡某在送骨灰盒的时候不慎将盒子磕破，存在过错，导致该骨灰盒损坏，负有侵权责任。但是，《民法

典》第 1191 条第 1 款规定："用人单位的工作人员因执行工作任务造成他人损害的，由用人单位承担侵权责任。用人单位承担侵权责任后，可以向有故意或者重大过失的工作人员追偿。"据此，由于胡某作为甲公司的员工，其磕破骨灰盒的行为是在执行工作任务过程中发生的，甲公司作为用人单位应承担无过错的替代责任。因此，对于骨灰盒本身的损坏，甲公司是有义务赔偿的。对于精神损害赔偿部分，《民法典》第 1183 条规定："侵害自然人人身权益造成严重精神损害的，被侵权人有权请求精神损害赔偿。因故意或者重大过失侵害自然人具有人身意义的特定物造成严重精神损害的，被侵权人有权请求精神损害赔偿。"据此可知，侵害特定物而负担精神损害赔偿时要求具有故意或重大过失，而本题中，胡某仅稍有不慎，属于一般过失，而非重大过失，因此精神损害赔偿并不构成。除此以外，张某并无其他损害，无权请求其他损害的赔偿。选项 A、C、D 错误，选项 B 正确。

**3.** ［答案］A　　　［难度］中

［考点］侵权责任的基本构成要件、违反安全保障义务的侵权责任

［命题和解题思路］从题干和四个表述来看，本题以一则事实简单的侵权事件为切入点，对侵权的相关考点展开考查。对于赵某的人身损害，可能承担责任的主体有：钱某、学校以及赵某自己。解答本题时，考生需要区分钱某和学校，分析各自的侵权责任是否成立。具体分析时，首先确定是一般侵权还是特殊侵权，进而依据各自的构成要件展开。

［选项分析］可能对赵某人身损害承担侵权责任的主体有钱某与学校。

先分析钱某的侵权责任是否成立。在篮球比赛中，拾荒者赵某突然穿过篮球场，被正在运球的钱某撞伤。这一侵权事实属于一般侵权，其责任是否成立应结合《民法典》第 1165 条第 1 款分析。钱某在按照正常的篮球比赛规则运球，其无法预见赵某的突然闯入，对于赵某的人身损害，钱某并无过错，因此钱某的侵权责任并不成立。

再分析学校的侵权责任是否成立。学校负有一定的安全保障义务。《民法典》第 1198 条第 1 款规定："宾馆、商场、银行、车站、机场、体育

场馆、娱乐场所等经营场所、公共场所的经营者、管理者或者群众性活动的组织者，未尽到安全保障义务，造成他人损害的，应当承担侵权责任。"结合本题，题干中明确交代，学校对该篮球场并未设围栏，但这一不作为并不能被评价为学校未尽到安全保障义务，因为未设置围栏和赵某被钱某撞伤之间并无法律上的相当因果关系。赵某作为一个正常的成年人，不管有没有围栏，都应该能够注意到篮球比赛正在进行中，其仍突然闯入篮球场并被撞伤，学校并无过错，也无相当因果关系。因此，学校的侵权责任也不成立。

综上，对于赵某的人身损害，应由赵某自己承担。选项 B、C、D 错误，选项 A 正确。

4. ［答案］ABD　　［难度］中

［考点］完全民事行为能力、暂时没有意识或者失去控制时的侵权责任

［命题和解题思路］《民法典》第 1190 条规定了完全民事行为能力人暂时没有意识或者失去控制时的侵权责任，这一侵权类型在往年法考客观题中很少出现，属于冷僻考点，本题即围绕这一侵权类型展开考查。从四个选项来看，一方面考生需要判断甲的民事行为能力状况；另一方面考生需要分析酒店花瓶损害应由谁赔偿。对于甲的民事行为能力判断问题，考生需要注意的是，完全民事行为能力人暂时没有意识或者失去控制，并不影响其作为完全民事行为能力人的法律地位；对于花瓶的损害赔偿问题，考生需要注意的是，原则上完全民事行为能力人因醉酒导致对自己的行为暂时没有意识，本身就有过错，需要对酒后产生的损害承担赔偿责任。

［选项分析］选项 A 与选项 B 考查完全民事行为能力。题干中并未交代甲存在限制民事行为能力或者无民事行为能力的情节，因此甲应属于完全民事行为能力人。需要分析的是，甲的醉酒情节是否会影响其完全民事行为能力人的判断。对此，通说认为偶然性的醉酒并不影响民事行为能力的有无，甲仍然是完全民事行为能力人。选项 AB 错误，当选。

选项 C 与选项 D 考查暂时没有意识或者失去控制时的侵权责任。《民法典》第 1190 条规定："完全民事行为能力人对自己的行为暂时没有意识或者失去控制造成他人损害有过错的，应当承担

侵权责任；没有过错的，根据行为人的经济状况对受害人适当补偿。完全民事行为能力人因醉酒、滥用麻醉药品或者精神药品对自己的行为暂时没有意识或者失去控制造成他人损害的，应当承担侵权责任。"据此，甲明知自己不胜酒力还在参加乙宴会时喝酒并陷入醉酒状态，对于甲的醉酒状态，甲自身是有过错的。而花瓶的损害就是在甲醉酒状态下导致的，属于原因自由行为，依据该条的第 2 款，甲应当对花瓶的损害承担全部的赔偿责任。此外还需要分析乙是否需要承担花瓶的赔偿责任。尽管乙邀请甲参加宴会，但是其对甲醉酒并无过错，并且乙邀请甲参加宴会与甲损坏酒店花瓶之间，并无法律上的相当因果关系，乙对该花瓶的损害无须承担赔偿责任。选项 D 错误，当选；选项 C 正确，不当选。

5. ［答案］C　　［难度］中

［考点］机动车交通事故责任

［命题和解题思路］本题考查的是机动车交通事故责任，背景事实较为简单。解答本题时需要根据机动车交通事故责任的归责原则对庄某的责任构成进行分析。需要注意的是，尽管现行法没有明确规定，但是依据最高人民法院指导性案例第 24 号"荣宝英诉王阳、永诚财产保险股份有限公司江阴支公司机动车交通事故责任纠纷案"，受害人的特殊体质并非侵权责任的减免事由。

［选项分析］本题属于典型的机动车交通事故责任，依据《道路交通安全法》第 76 条，对于机动车与行人之间的事故，奉行无过错责任原则，且庄某未尽合理的安全注意义务，存在过错，需要为韩某的人身损害承担侵权责任。需要考虑的是，韩某自身的特殊体质是否构成庄某责任的减免事由。对于受害人自身的特殊体质，现行法未作出明确规定，按照最高人民法院在指导性案例第 24 号中所持的立场来看，特殊体质本身并非责任减免事由，因此，庄某需要对韩某的人身损害承担全部侵权责任。本题属于单独侵权，并不涉及数人侵权。选项 A、B、D 错误，选项 C 正确。

6. ［答案］A　　［难度］中

［考点］监护人责任

［命题和解题思路］本题考查知识点较为集中明确，即监护人责任。解答本题时需要注意，如

果被监护人有个人财产的，应先由其个人财产支付赔偿费用，对于不足部分，监护人承担无过错的替代责任，即使监护人尽到了监护职责，也只能减轻责任。

[选项分析]《民法典》第1188条规定："无民事行为能力人、限制民事行为能力人造成他人损害的，由监护人承担侵权责任。监护人尽到监护职责的，可以减轻其侵权责任。有财产的无民事行为能力人、限制民事行为能力人造成他人损害的，从本人财产中支付赔偿费用；不足部分，由监护人赔偿。"结合本题，乙玩耍时将另一小朋友丙的眼睛划伤，乙需要向丙承担侵权责任。由于乙自己有10万元的个人财产，应从该个人财产中支付赔偿费用2万元。乙的监护人甲无需承担无过错的替代责任。退一步来说，即使乙的监护人甲需要承担无过错的替代责任，如果其尽到了监护职责，则其可以减轻责任，但不能免除责任。选项A正确，选项B、C、D错误。

**7.** [答案] B　　[难度] 中
[考点] 用人者责任

[命题和解题思路] 本题是对《民法典》第1191条第2款的简单考查。解题时直接依据该条规定展开分析即可。

[选项分析] 本题涉及的核心问题是王某的赔偿责任应由谁承担。《民法典》第1191条第2款规定："劳务派遣期间，被派遣的工作人员因执行工作任务造成他人损害的，由接受劳务派遣的用工单位承担侵权责任；劳务派遣单位有过错的，承担相应的责任。"据此结合本题，李某是乙公司的劳务派遣人员，在执行工作任务时基于过错掉落安装工具，砸伤王某，对于王某的损害，甲公司承担无过错的替代责任，劳务派遣单位乙公司存在过错，也需要承担相应的补充责任。选项B正确，选项A、C、D错误。

**8.** [答案] CD　　[难度] 难
[考点] 机动车交通事故责任；无意思联络的数人侵权；用人者责任；连带责任

[命题和解题思路] 本题考查用人单位责任和旅游活动中的侵权责任，都属于特殊侵权责任类型。本题涉及擅自转让旅行业务、无意思联络的分别侵权、用人单位的替代责任等情形，存在多方主体、多重法律关系、多个法条，有一定难度。

解题时需要先从机动车交通事故责任入手，明确事故双方的责任形态，在此基础上对黄某的责任是否由其用人单位承担进行分析。需要特别注意的是，本题还涉及《旅游纠纷规定》中旅游经营者擅自将其旅游业务转让时的连带责任。

[选项分析] 本题总体上属于机动车交通事故责任，具体属于机动车与车内乘客之间的侵权责任承担问题，依据《道路交通安全法》第76条，奉行过错责任原则。本题中，由于丁公司司机黄某酒后驾驶与迎面违章变道的个体运输户刘某货车相撞，造成甲受伤，黄某与刘某均存在过错，对甲的人身损害都成立侵权责任，属于无意思联络的数人侵权。《民法典》第1172条规定："二人以上分别实施侵权行为造成同一损害，能够确定责任大小的，各自承担相应的责任；难以确定责任大小的，平均承担责任。"本题中，黄某与刘某单个的加害行为无法造成甲的全部损害，因此应由黄某与刘某双方根据过错、原因力等因素承担按份责任。对于黄某需要承担的责任，《民法典》第1191条第1款规定，因执行工作任务致人损害，用人单位承担侵权责任。本题中，黄某是肇事司机，但其为丁公司的员工，且是在受丁公司指派执行运输任务途中肇事，应由丁公司承担无过错替代责任，而非丁公司与黄某连带承担。《旅游纠纷规定》第10条第2款规定："旅游经营者擅自将其旅游业务转让给其他旅游经营者，旅游者在旅游过程中遭受损害，请求与其签订旅游合同的旅游经营者和实际提供旅游服务的旅游经营者承担连带责任的，人民法院应予支持。"本题中，乙旅行社擅自将旅游业务转让给丙旅行社，两家旅行社应当对甲在旅游过程中遭受的损害承担连带责任。综上，选项A与选项B错误，选项C与选项D正确。

**9.** [答案] BC　　[难度] 中
[考点] 机动车交通事故责任；用人单位责任
[命题和解题思路] 本题考查机动车交通事故责任与用人单位责任。解答本题时需要对四个选项分开进行分析，本题选项D可能在判断上有些困难，尽管行为人不在单位授权或指示的范围内，但如果有执行工作任务的外观，也被认为构成"执行工作任务"。

[选项分析] 选项A具有一定的迷惑性。乙作为甲的好友帮助其开车，形成好意施惠关系。但

乙系机动车运行的实际控制者和运行利益享有者，且对损害的发生具有过错，应当对丙遭受的损害承担责任。选项 A 错误。

选项 B、C、D 考查用人单位责任。《民法典》第 1191 条第 1 款规定，因执行工作任务致人损害，用人单位承担侵权责任。本题中，如果乙是代驾公司派出的驾驶员，应由代驾公司承担无过

错的替代责任。如果乙是酒店雇佣的为饮酒客人提供代驾服务的驾驶员，则应由酒店承担无过错的替代责任。选项 B 与选项 C 正确。选项 D 有一定的迷惑性。尽管公司明文禁止代驾，乙代驾的行为也不在单位授权或指示的范围内，但乙有执行工作任务的外观，也构成用人者责任，应由出租车公司承担无过错的替代责任。选项 D 错误。

# 第四十七章　产品侵权责任

## 试　题

**1.** 在学校宿舍内，S 同学（14 岁）因翻身动作太大从上铺摔下受伤。据查，该宿舍的床铺围栏只有床长的三分之一，而行业要求则是床长的三分之二。校方辩称，该校以往上铺的护栏都是这种结构，已尽到安全防范义务，并且多年来从未出现学生从上铺摔下来的情况。对于 S 同学的人身损害赔偿，下列哪一说法是正确的？（2022 年回忆版）

　　A. 应由 S 同学自己承担

　　B. 应由学校承担全部责任

　　C. 应由学校与床铺的生产商承担连带责任

　　D. 应由学校承担相应的补充责任

**2.** 甲商场举办促销活动，张奶奶购买一台榨汁机，并得到商场赠送的一罐奶粉。张奶奶回去喝奶粉后上吐下泻 7 日，后经检测，奶粉有严重质量问题。经调查，该批问题奶粉系乙公司生产并向甲商场供应。对此，下列说法哪些是正确的？（2019 年回忆版）

　　A. 张奶奶可请求甲商场承担侵权责任

　　B. 张奶奶可请求甲商场承担违约责任

　　C. 张奶奶可向乙公司主张惩罚性赔偿

　　D. 甲商场可以奶粉是无偿赠送为由拒绝承担责任

**3.** 赵某从商店购买了一台甲公司生产的家用洗衣机，洗涤衣物时，该洗衣机因技术缺陷发生爆裂，叶轮飞出造成赵某严重人身损害并毁坏衣物。赵某的下列哪些诉求是正确的？（2015-3-58）

　　A. 商店应承担更换洗衣机或退货、赔偿衣物

损失和赔偿人身损害的违约责任

　　B. 商店应按违约责任更换洗衣机或者退货，也可请求甲公司按侵权责任赔偿衣物损失和人身损害

　　C. 商店或者甲公司应赔偿因洗衣机缺陷造成的损害

　　D. 商店或者甲公司应赔偿物质损害和精神损害

## 详　解

**1.** ［答案］D　　［难度］中
　　［考点］产品责任、教育机构的侵权责任
　　［命题和解题思路］本题以校园中的人身损害为事实背景，将侵权上的产品责任与教育机构的侵权责任结合在一起考查，需要考生充分厘清二者之间的关系。解答本题的难点在于厘清侵权的分析思路。首先，考生应将可能的侵权人找出来，本题中主要涉及学校与床铺的生产商；其次，考生应分析学校与床铺生产商的侵权各自属于一般侵权还是特殊侵权，相应的侵权责任是否构成；最后，分析学校与床铺生产商之间的侵权属于何种多数人侵权。在此基础上，本题即可得到准确的解答。

　　［选项分析］本题中，对于 S 同学的人身损害赔偿，可能的责任人有二：学校与床铺的生产商。

　　学校可能需要承担教育机构的侵权责任。《民法典》第 1200 条规定："限制民事行为能力人在学校或者其他教育机构学习、生活期间受到人身损害，学校或者其他教育机构未尽到教育、管理职责的，应当承担侵权责任。"本题中，S 同学是在学校学习、生活期间遭受的人身损害，且学校购买的床铺，安全性无法达到行业要求，未尽到

对学生的安全保护与管理义务，学校的侵权责任成立。

床铺的生产商可能需要承担产品责任。《民法典》第1202条规定："因产品存在缺陷造成他人损害的，生产者应当承担侵权责任。"据此可知，生产者对缺陷产品所导致的人身财产损害，需要承担无过错责任。本题中，生产商生产的该床铺围栏只有床长的三分之一，而行业要求则是床长的三分之二，安全性方面是有缺陷的，该缺陷也最终导致了S同学的人身损害。因此，床铺的生产商需要承担无过错责任。

对于学校与床铺生产商构成何种多数人侵权，需要结合《民法典》第1201条分析。该条规定："无民事行为能力人或者限制民事行为能力人在幼儿园、学校或者其他教育机构学习、生活期间，受到幼儿园、学校或者其他教育机构以外的第三人人身损害的，由第三人承担侵权责任；幼儿园、学校或者其他教育机构未尽到管理职责的，承担相应的补充责任。幼儿园、学校或者其他教育机构承担补充责任后，可以向第三人追偿。"据此可知，学校与床铺生产者承担按份责任，其中学校承担相应的补充责任，并且该补充责任承担后可以向床铺生产商追偿。综上，选项A、B、C错误，选项D正确。

**2.** ［答案］AB ［难度］中
［考点］产品责任；违约责任；惩罚性赔偿
［命题和解题思路］缺陷产品致害时往往构成侵权与违约的竞合。解答本题时需要注意，惩罚性赔偿的责任主体是经营者，通常并不包括生产者。此外需要注意的是，赠品的责任并不因无偿赠送而减轻。

［选项分析］本题的核心是张奶奶的人身损害赔偿问题，可以分别从侵权与合同的角度去分析。从合同的角度，本题涉及加害给付的违约责任。《民法典》第577条规定："当事人一方不履行合同义务或者履行合同义务不符合约定的，应当承担继续履行、采取补救措施或者赔偿损失等违约责任。"本题中，甲商场赠送了有质量瑕疵的奶粉造成张奶奶上吐下泻7日，对该加害给付行为，甲商场须承担违约责任。选项B正确。从侵权的角度看，《民法典》第1203条规定："因产品存在缺陷造成他人损害的，被侵权人可以向产品的生

产者请求赔偿，也可以向产品的销售者请求赔偿。产品缺陷由生产者造成的，销售者赔偿后，有权向生产者追偿。因销售者的过错使产品存在缺陷的，生产者赔偿后，有权向销售者追偿。"据此结合本题，张奶奶既可以请求奶粉生产者乙公司承担无过错的产品责任，也可以请求奶粉的销售者甲商场承担无过错的产品责任。选项A正确。

关于选项C涉及的惩罚性赔偿，《消费者权益保护法》第55条第2款规定："经营者明知商品或者服务存在缺陷，仍然向消费者提供，造成消费者或者其他受害人死亡或者健康严重损害的，受害人有权要求经营者依照本法第四十九条、第五十一条等法律规定赔偿损失，并有权要求所受损失二倍以下的惩罚性赔偿。"本题中，经营者是甲商场，张奶奶有权请求甲商场承担惩罚性赔偿，但乙公司作为生产者并非经营者，张奶奶不得向乙公司主张惩罚性赔偿。选项C错误。

选项D考查违约责任与侵权责任的免责事由。《食品药品纠纷规定》第4条规定："食品、药品生产者、销售者提供给消费者的食品或者药品的赠品发生质量安全问题，造成消费者损害，消费者主张权利，生产者、销售者以消费者未对赠品支付对价为由进行免责抗辩的，人民法院不予支持。"据此，甲商场不可以奶粉是无偿赠送为由拒绝承担责任。选项D错误。

**3.** ［答案］ABCD ［难度］中
［考点］产品责任；违约责任；精神损害赔偿
［命题和解题思路］本题是典型的违约与侵权竞合的情形。需要注意的是，产品自身的损害问题原则上属于合同调整的范围，不能主张产品责任，产品责任所保护的是产品自身损害以外的其他损害。

［选项分析］选项A考查违约责任。《民法典》第577条规定："当事人一方不履行合同义务或者履行合同义务不符合约定的，应当承担继续履行、采取补救措施或者赔偿损失等违约责任。"《民法典》第582条规定："履行不符合约定的，应当按照当事人的约定承担违约责任。对违约责任没有约定或者约定不明确，依据本法第五百一十条的规定仍不能确定的，受损害方根据标的的性质以及损失的大小，可以合理选择请求对方承担修理、重作、更换、退货、减少价款或者报酬

等违约责任。"《民法典》第 583 条规定："当事人一方不履行合同义务或者履行合同义务不符合约定的，在履行义务或者采取补救措施后，对方还有其他损失的，应当赔偿损失。"据此结合本题，商店作为卖方交付了质量有瑕疵的洗衣机，并造成了赵某严重人身损害并毁坏衣物，需要承担相应的违约责任，对洗衣机本身的损害，还有赵某的人身损害，以及赵某衣物的损害，均须赔偿。选项 A 正确。

选项 B 与选项 C 考查违约责任与产品责任的竞合。《民法典》第 1203 条规定："因产品存在缺陷造成他人损害的，被侵权人可以向产品的生产者请求赔偿，也可以向产品的销售者请求赔偿。产品缺陷由生产者造成的，销售者赔偿后，有权向生产者追偿。因销售者的过错使产品存在缺陷的，生产者赔偿后，有权向销售者追偿。"本题

中，洗衣机本身的损害属于洗衣机买卖合同的内容，属于该合同的履行利益，应通过违约责任来主张救济。而就赵某的人身损害以及赵某衣物的损害，可以主张产品责任。选项 B 与选项 C 正确。

选项 D 考查精神损害赔偿。《民法典》第 996 条规定："因当事人一方的违约行为，损害对方人格权并造成严重精神损害，受损害方选择请求其承担违约责任的，不影响受损害方请求精神损害赔偿。"《民法典》第 1183 条规定："侵害自然人人身权益造成严重精神损害的，被侵权人有权请求精神损害赔偿。因故意或者重大过失侵害自然人具有人身意义的特定物造成严重精神损害的，被侵权人有权请求精神损害赔偿。"不论是基于违约还是侵权，都可以主张精神损害赔偿。本题中，赵某的精神损害也是产品责任的赔偿范围。选项 D 正确。

# 第四十八章　机动车交通事故责任

## 试 题

📶 **1.** 甲驾驶机动车闯红灯，撞伤了过马路的行人乙。据查，该机动车的车主是丙，但在 1 个月前被丁偷去。丁将该车借给朋友甲，在借用期间发生该事故。若不考虑机动车保险，针对乙的人身损害赔偿，下列哪一说法是正确的？（2022 年回忆版）

　　A. 甲单独承担赔偿责任

　　B. 丙单独承担赔偿责任

　　C. 甲与丙承担连带责任

　　D. 甲与丁承担连带责任

📶 **2.** 甲平日开车上下班，无偿搭载好友乙。某日下班路上，甲边驾车边玩手机，导致汽车与路边护栏相撞，致乙受伤。在不考虑保险的前提下，对于乙的人身损害，下列哪一说法是正确的？（2021 年回忆版）

　　A. 甲可以适当减轻责任

　　B. 甲应该承担全部责任

　　C. 甲不应该承担责任

　　D. 甲应承担无过错责任

📶 **3.** 阿东把自己的轿车临时借给阿南使用。阿

南开到便利店门口停车买烟，没锁车也没拔钥匙。在附近玩耍的阿西（15 岁）教唆阿北（13 岁）开走这辆车，于是阿北将这辆车悄悄开走了。不料把路人阿中撞成重伤。在不考虑保险责任的前提下，下列说法正确的是：（2020 年回忆版）

　　A. 阿东应对阿中作出赔偿

　　B. 阿南应对阿中作出赔偿

　　C. 阿西的监护人应对阿中作出赔偿

　　D. 阿北的监护人应对阿中作出赔偿

## 详 解

**1.** [答案] D　　[难度] 中

[考点] 机动车交通事故责任

[命题和解题思路] 机动车交通事故责任是法考客观题的常见考点，本题就是对这一考点的集中考查。对于机动车交通事故责任如何承担的问题，考生不妨按照以下思路进行分析：（1）区分机动车之间的事故与机动车和非机动车之间的事故，根据各自的归责原则分析机动车一方责任是否成立；（2）结合无偿搭乘等规定分析是否需要减轻机动车一方的责任；（3）结合题干的具体情形，分析除了机动车的驾驶人（使用人）以外，是否还有其他需要承担责任的主体，例如挂靠情形下，

挂靠人和被挂靠人承担连带责任，机动车盗窃、抢劫或者抢夺情形下，盗窃人、抢劫人或者抢夺人与机动车使用人承担连带责任；（4）结合用人者责任的相关规定，分析是否有用人单位需要对相关主体承担替代责任。本题需要在上述第（3）个环节进行重点分析，本题中发生事故的机动车存在盗窃的情节，此时应重点结合《民法典》第1215条进行分析。

［选项分析］本题属于典型的机动车交通事故责任问题，甲驾驶机动车时闯红灯撞伤了过马路的行人乙，机动车一方的侵权责任显然成立，但是问题在于责任具体应由谁来承担。《民法典》第1215条第1款规定："盗窃、抢劫或者抢夺的机动车发生交通事故造成损害的，由盗窃人、抢劫人或者抢夺人承担赔偿责任。盗窃人、抢劫人或者抢夺人与机动车使用人不是同一人，发生交通事故造成损害，属于该机动车一方责任的，由盗窃人、抢劫人或者抢夺人与机动车使用人承担连带责任。"据此，甲是机动车的使用人，而丁是机动车的盗窃人，对于乙的人身损害，应由甲与丁承担连带责任。选项A、B、C错误，D选项正确。

**2.** ［答案］B　　［难度］中
［考点］机动车交通事故责任

［命题和解题思路］机动车交通事故责任是法考的重要考点，也很容易命制复杂的难题，幸好本题并未设置复杂的案情。对于涉及机动车交通事故的题目，都有固定的分析套路：首先，考生需要结合案情明确是机动车之间的事故还是机动车与非机动车之间的事故，二者的归责原则并不相同，本题涉及的是机动车之间的事故，具体是导致车内乘客损害，适用的是过错责任，结合甲的过错，其对乙的侵权责任构成。有时题目中会直接告知交通事故的责任认定书，此时直接依据责任认定书明确各方的责任即可。其次，检视是否存在责任减免事由，特别是考查是否存在无偿搭乘的情形，本题中，虽然乙无偿搭乘，但是甲开车玩手机显然具有重大过失，此时无偿搭乘就不能作为责任减轻事由了。最后，看侵权人一方是否存在用人者责任之类的情形，有时候题目中会交代肇事司机是某公司的员工，此时需要考虑其用人单位是否承担无过错的替代责任。不过本题不涉及这一情节。

［选项分析］在机动车交通事故责任中，归责原则需要区分不同的情形，依据《道路交通安全法》第76条进行判断。**除了机动车与非机动车驾驶人、行人之间的事故适用无过错责任以外，其他情形下（机动车与机动车之间、机动车与车内乘客之间）均适用过错责任原则。**选项D错误。

本题中，甲驾车时玩手机，严重违反了驾驶的相关法律法规，违反了普通人的一般要求，具有重大过失。由此造成事故，致使乙受伤，应当承担侵权责任。至于乙的无偿搭乘是否能减轻甲的责任，需要结合《民法典》第1217条判断。该条规定："非营运机动车发生交通事故造成无偿搭乘人损害，属于该机动车一方责任的，应当减轻其赔偿责任，但是机动车使用人有故意或者重大过失的除外。"具体结合本题，由于甲具有重大过失，其不能依据无偿搭乘规则主张减轻责任。因此，甲需要对乙的全部人身损害承担责任。选项A与选项C错误，选项B正确。

**3.** ［答案］C　　［难度］中
［考点］机动车交通事故责任；监护人责任；教唆侵权责任

［命题和解题思路］本题的背景事实虽以机动车交通事故为基调，但是设置了多个主体，穿插了教唆侵权、机动车盗窃等具有迷惑性的因素，增加了本题的解题难度，容易使考生有无从下手的感觉。结合四个选项，解题时考生需要就四人分开单独进行分析。阿东、阿南二人的责任不难判断，涉及的是对《民法典》第1209条与第1215条的直接考查。阿西、阿北二人的责任需要结合教唆侵权与监护人责任的规定进行分析，特别是需要将当事人的年龄转化为民事行为能力。

［选项分析］选项A考查借用机动车的交通事故责任。《民法典》第1209条规定："因租赁、借用等情形机动车所有人、管理人与使用人不是同一人时，发生交通事故造成损害，属于该机动车一方责任的，由机动车使用人承担赔偿责任；机动车所有人、管理人对损害的发生有过错的，承担相应的赔偿责任。"结合本题，阿东作为机动车所有权人，将车出借阿南之后致害，由使用人承担赔偿责任；阿东对损害发生没有过错，其不应承担责任。选项A错误。

选项B考查盗抢机动车的交通事故责任。《民法典》第 1215 条规定："盗窃、抢劫或者抢夺的机动车发生交通事故造成损害的，由盗窃人、抢劫人或者抢夺人承担赔偿责任。盗窃人、抢劫人或者抢夺人与机动车使用人不是同一人，发生交通事故造成损害，属于该机动车一方责任的，由盗窃人、抢劫人或者抢夺人与机动车使用人承担连带责任。保险人在机动车强制保险责任限额范围内垫付抢救费用的，有权向交通事故责任人追偿。"本题中，阿西和阿北两人悄悄开走阿南停在门口的车，属于盗窃，并且盗窃人与机动车使用人为同一人，盗窃的机动车发生交通事故造成路人阿中损害的，应由盗窃人承担赔偿责任。被盗窃人阿南不承担责任。选项 B 错误。

选项 C 考查监护人责任与教唆侵权责任。《民法典》第 1188 条规定："无民事行为能力人、限制民事行为能力人造成他人损害的，由监护人承担侵权责任。监护人尽到监护职责的，可以减轻其侵权责任。有财产的无民事行为能力人、限制民事行为能力人造成他人损害的，从本人财产中支付赔偿费用；不足部分，由监护人赔偿。"此外，《民法典》第 1169 条规定："教唆、帮助他人实施侵权行为的，应当与行为人承担连带责任。教唆、帮助无民事行为能力人、限制民事行为能力人实施侵权行为的，应当承担侵权责任；该无民事行为能力人、限制民事行为能力人的监护人未尽到监护职责的，应当承担相应的责任。"本题中，阿西虽未成年，也成立教唆侵权行为，但其产生的侵权责任由其监护人替代承担。选项 C 正确。

选项 D 考查教唆侵权责任。根据《民法典》第 1169 条第 2 款规定，被教唆人阿北（13 岁）未成年，实施被教唆行为侵权的，由教唆人阿西承担独立责任，被教唆人不承担责任，因此其监护人也不承担替代责任。只是在监护人对该侵权行为有过错的才承担监护责任（属于自己责任）。本题中并未有阿北监护人的过错情节，阿北的监护人不承担责任。对阿中的损害，应由阿西及其监护人承担侵权责任，而阿北及其监护人承担责任，没有依据。选项 D 错误。

# 第四十九章　医疗损害责任

## 试 题

📶 田某突发重病神志不清，田父将其送至医院，医院使用进口医疗器械实施手术，手术失败，田某死亡。田父认为医院在诊疗过程中存在一系列违规操作，应对田某的死亡承担赔偿责任。关于本案，下列哪一选项是正确的？（2016-3-23）

A. 医疗损害适用过错责任原则，由患方承担举证责任

B. 医院实施该手术，无法取得田某的同意，可自主决定

C. 如因医疗器械缺陷致损，患方只能向生产者主张赔偿

D. 医院有权拒绝提供相关病历，且不会因此承担不利后果

## 详 解

[答案] A　　[难度] 易
[考点] 医疗损害责任

[命题和解题思路] 本题是对医疗损害责任的直接考查，基本上属于送分题，考生直接依据《民法典》中的相关规定分析即可。

[选项分析] 选项 A 考查医疗损害责任的归责原则。《民法典》第 1218 条规定："患者在诊疗活动中受到损害，医疗机构或者其医务人员有过错的，由医疗机构承担赔偿责任。"据此，医疗损害责任奉行过错责任原则，由受害人负担过错的举证责任。选项 A 正确。

选项 B 考查医疗机构的告知义务。《民法典》第 1219 条规定："医务人员在诊疗活动中应当向患者说明病情和医疗措施。需要实施手术、特殊检查、特殊治疗的，医务人员应当及时向患者具体说明医疗风险、替代医疗方案等情况，并取得其明确同意；不能或者不宜向患者说明的，应当向患者的近亲属说明，并取得其明确同意。医务人员未尽到前款义务，造成患者损害的，医疗机构应当承担赔偿责任。"本题中，医院无法取得患者田某同意时，应向田父说明情况并取得其明确同意，否则即侵犯了患者及其近亲属的知情同意

权。选项 B 错误。

选项 C 考查产品责任。《民法典》第 1223 条规定："因药品、消毒产品、医疗器械的缺陷，或者输入不合格的血液造成患者损害的，患者可以向药品上市许可持有人、生产者、血液提供机构请求赔偿，也可以向医疗机构请求赔偿。患者向医疗机构请求赔偿的，医疗机构赔偿后，有权向负有责任的药品上市许可持有人、生产者、血液提供机构追偿。"该条虽位于医疗损害责任这一章节，但性质上属于产品责任。据此，因医疗器械缺陷致损，患者既可以向生产者主张赔偿，也可

以向医疗机构主张赔偿。选项 C 错误。

选项 D 考查医疗损害责任中适用过错推定规则的特殊情形。《民法典》第 1222 条规定："患者在诊疗活动中受到损害，有下列情形之一的，推定医疗机构有过错：（一）违反法律、行政法规、规章以及其他有关诊疗规范的规定；（二）隐匿或者拒绝提供与纠纷有关的病历资料；（三）遗失、伪造、篡改或者违法销毁病历资料。"本题中，医疗机构拒绝提供与纠纷有关的病历，符合过错推定的情形，应推定医疗机构有过错，需承担相应的不利后果。选项 D 错误。

# 第五十章　饲养动物侵权责任

## 试 题

📶 **1.** 某小区流浪狗频频出没，居民多次向物业公司反映，未获回应。某日，居民马大姐出门倒垃圾，不慎洒落一袋厨余垃圾在路上，几只流浪狗随即围上抢食，拿着香肠的小学生小明碰巧路过，被流浪狗抢食咬伤。关于小明的损害赔偿承担，下列哪一说法是正确的？（2020 年回忆版）

A. 马大姐与物业公司承担连带责任

B. 应按照饲养动物损害责任处理

C. 马大姐承担赔偿责任

D. 物业公司承担赔偿责任

📶 **2.** 甲乙二人去荒郊骑马，马匹均系甲饲养。在骑行中，一只野兔突然窜出，乙骑的马受惊后剧烈跳窜，致乙摔下后手臂骨折。关于对乙的损害赔偿责任承担，下列哪些说法是正确的？（2019 年回忆版）

A. 纯属意外，乙自担责任

B. 甲是马的饲养人，应承担全部责任

C. 本案的侵权责任应采无过错归责原则

D. 甲乙承担连带责任

📶 **3.** 王某因全家外出旅游，请邻居戴某代为看管其饲养的宠物狗。戴某看管期间，张某偷狗，被狗咬伤。关于张某被咬伤的损害，下列哪一选项是正确的？（2017-3-24）

A. 王某应对张某所受损害承担全部责任

B. 戴某应对张某所受损害承担全部责任

C. 王某和戴某对张某损害共同承担全部责任

D. 王某或戴某不应对张某损害承担全部责任

📶 **4.** 甲、乙、丙三家毗邻而居，甲、乙分别饲养山羊各一只。某日二羊走脱，将丙辛苦栽培的珍稀药材悉数啃光。关于甲、乙的责任，下列哪些选项是正确的？（2017-3-67）

A. 甲、乙可各自通过证明已尽到管理职责而免责

B. 基于共同致害行为，甲、乙应承担连带责任

C. 如能确定二羊各自啃食的数量，则甲、乙各自承担相应赔偿责任

D. 如不能确定二羊各自啃食的数量，则甲、乙平均承担赔偿责任

📶 **5.** 关于动物致害侵权责任的说法，下列哪些选项是正确的？（2015-3-67）

A. 甲 8 周岁的儿子翻墙进入邻居院中玩耍，被院内藏獒咬伤，邻居应承担侵权责任

B. 小学生乙和丙放学途经养狗的王平家，丙故意逗狗，狗被激怒咬伤乙，只能由丙的监护人对乙承担侵权责任

C. 丁下夜班回家途经邻居家门时，未看到邻居饲养的小猪趴在路上而绊倒摔伤，邻居应承担侵权责任

D. 戊带女儿到动物园游玩时，动物园饲养的老虎从破损的虎笼蹿出将戊女儿咬伤，动物园应承担侵权责任

## 详　解

**1.** [答案] D　　[难度] 中

[考点] 违反安全保障义务的侵权责任；饲养动物侵权责任；一般侵权责任的构成要件

[命题和解题思路] 本题以富有生活气息的背景事实考查了违反安全保障义务的侵权责任、饲养动物侵权责任以及一般侵权责任。解答本题时需要注意，对于流浪狗造成的人身损害，因其没有饲养人或管理人，并不适用饲养动物侵权责任。对马大姐侵权责任的构成需要结合一般侵权责任的构成要件来分析，切勿直接根据直觉判断。

[选项分析] 本题的核心问题是小明的人身损害应由谁承担赔偿责任，从四个选项来看，可供备选的责任主体有二：物业公司与马大姐。

就物业公司是否应当承担责任，《民法典》第1198条规定："宾馆、商场、银行、车站、机场、体育场馆、娱乐场所等经营场所、公共场所的经营者、管理者或者群众性活动的组织者，未尽到安全保障义务，造成他人损害的，应当承担侵权责任。因第三人的行为造成他人损害的，由第三人承担侵权责任；经营者、管理者或者组织者未尽到安全保障义务的，承担相应的补充责任。经营者、管理者或者组织者承担补充责任后，可以向第三人追偿。"该条规定了违反安全保障义务的侵权责任。本题中，物业公司属于安保义务人，有保障小区安全的义务。居民多次向物业反映而未得到回应，物业公司违反了安全保障义务，存在过错，物业公司的不作为大大增加了小区中流浪狗伤人的危险，最终小明被流浪狗抢食咬伤，物业公司需要承担违反安全保障义务的侵权责任。选项D正确。

就马大姐是否承担责任，需要分析其是否构成一般侵权（《民法典》第1165条第1款）。马大姐丢垃圾不慎掉落的行为，虽然有一定的过错，但并不必然引起流浪狗咬伤小明的损害结果，两者之间虽有事实联系，但没有法律上的因果关系，马大姐的侵权责任并不成立。选项A与选项C均错误。

由于本题中小明的人身损害由流浪狗造成，其并无饲养人或管理人，因此无法适用饲养动物侵权责任的相关规定。选项B错误。

**2.** [答案] BC　　[难度] 中

[考点] 饲养动物损害责任；自甘风险

[命题和解题思路] 本题主要考查饲养动物致人损害、行为人自陷风险的问题，解题时需要准确把握动物致害的认定、特殊归责原则的适用，以及连带责任、与有过失等概念的理解。

[选项分析] 本题中，荒郊骑马并非冒险活动，而且乙受伤的直接原因是马的剧烈跳窜，应按照饲养动物侵权处理。故选项A说法错误。

《民法典》第1245条规定："饲养的动物造成他人损害的，动物饲养人或者管理人应当承担侵权责任；但是，能够证明损害是因被侵权人故意或者重大过失造成的，可以不承担或者减轻责任。"《民法典》第1250条进一步规定："因第三人的过错致使动物造成他人损害的，被侵权人可以向动物饲养人或者管理人请求赔偿，也可以向第三人请求赔偿。动物饲养人或者管理人赔偿后，有权向第三人追偿。"依据法条本旨，饲养动物致人损害的，采取无过错归责原则，故选项C说法正确。法条也规定了免责事由，但本题中受害人乙对马的惊吓跳窜并无故意或重大过失，饲养人甲并不能因此减免责任。同时，尽管马的惊吓是因为兔子的突然窜出引起，但由于是一只野兔，并没有所谓的"第三人过错导致"，也就不存在甲与第三人的"不真正连带责任"，故该损害责任应由甲全部承担，选项B说法正确。而甲乙的连带责任更没有法律依据，故选项D说法错误。

**3.** [答案] D　　[难度] 中

[考点] 饲养动物损害责任

[命题和解题思路] 本题围绕动物致人损害责任展开，而且只考查其中的一个知识点，即责任减免事由。按照本题四个选项的分布特点，考生只需围绕《民法典》第1245条的规定，弄清是否存在责任减免情形即可。

[选项分析]《民法典》第1245条规定："饲养的动物造成他人损害的，动物饲养人或者管理人应当承担侵权责任；但是，能够证明损害是因被侵权人故意或者重大过失造成的，可以不承担或者减轻责任。"本题中，张某偷狗，被狗咬伤，显然具有重大过失或故意，应对饲养人或管理人的责任进行减免，王某或戴某不应对张某的损害承担全部责任。选项A、B、C均错

误，选项 D 正确。

**4.** ［答案］CD　　　［难度］中

［考点］饲养动物损害责任；无意思联络的数人侵权

［命题和解题思路］本题将饲养动物损害责任与无意思联络的数人侵权结合起来考查，不过由于案例事实比较简单，法律关系并不复杂。解答本题时，考生一方面需要结合饲养动物损害责任的规定去分析甲乙侵权责任的成立；另一方面需要结合数人侵权的规定分析甲乙属于何种数人侵权以及相应的责任如何分配。

［选项解析］

选项 A 考查饲养动物损害责任的归责原则。《民法典》第 1245 条规定："饲养的动物造成他人损害的，动物饲养人或者管理人应当承担侵权责任；但是，能够证明损害是因被侵权人故意或者重大过失造成的，可以不承担或者减轻责任。"该条确立了饲养动物损害责任原则上奉行无过错责任。结合本题，甲、乙就算证明自己已经尽到管理职责，也不能免责。选项 A 错误。

选项 B、C、D 考查无意思联络的数人侵权。首先可以明确的是，甲、乙二人并无侵权之意思联络，而且二人的羊都实施了加害行为，共同导致了丙的损害，任何一只羊都无法造成全部损害，属于原因力聚合的情形。《民法典》第 1172 条规定："二人以上分别实施侵权行为造成同一损害，能够确定责任大小的，各自承担相应的责任；难以确定责任大小的，平均承担责任。"据此结合本题，甲、乙二人应承担按份责任。如能确定二羊各自啃食的数量，则甲、乙各自承担相应赔偿责任；如不能确定二羊各自啃食的数量，则甲、乙平均承担赔偿责任。选项 B 错误，选项 C 与选项 D 正确。

**5.** ［答案］ACD　　　［难度］中

［考点］饲养动物损害责任

［命题和解题思路］本题四个选项均属于变着花样考查饲养动物侵权，《民法典》侵权责任编第九章饲养动物损害责任大致可以分为四类：一般的饲养动物侵权、违反管理规定未采取必要安全措施导致的饲养动物侵权、饲养禁止饲养的危险性动物导致的饲养动物侵权以及动物园饲养动物侵权，这四类侵权的归责原则以及责任减免事由都有所不同。解题时考生需要分析四个选项各属于哪种具体类型，然后重点结合归责原则与责任减免事由进行分析。

［选项分析］选项 A 考查禁止饲养的危险动物损害责任。《民法典》第 1247 条规定："禁止饲养的烈性犬等危险动物造成他人损害的，动物饲养人或者管理人应当承担侵权责任。"该条设置了较为绝对的无过错责任原则，即使受害人有故意或重大过失，也不得减轻或免除责任。藏獒属于禁止饲养的烈性犬，邻居应对甲儿子的人身损害承担赔偿责任。选项 A 正确。

选项 B 考查第三人过错导致的饲养动物损害责任。《民法典》第 1250 条规定："因第三人的过错致使动物造成他人损害的，被侵权人可以向动物饲养人或者管理人请求赔偿，也可以向第三人请求赔偿。动物饲养人或者管理人赔偿后，有权向第三人追偿。"本题中，因丙的过错导致乙被狗咬伤，乙可以向狗的饲养人或管理人请求赔偿，也可以请求丙的监护人承担赔偿责任（《民法典》第 1188 条）。选项 B 错误。

选项 C 考查饲养动物损害责任的责任减免事由。《民法典》第 1245 条规定："饲养的动物造成他人损害的，动物饲养人或者管理人应当承担侵权责任；但是，能够证明损害是因被侵权人故意或者重大过失造成的，可以不承担或者减轻责任。"本题中，邻居家的小猪趴在路上，致下夜班的丁绊倒摔伤，因天黑路暗，不易察觉地上趴着小猪，一般而言，不存在可以免除或者减轻饲养人责任的受害人故意或重大过失，邻居应对丁承担无过错的侵权责任。选项 C 正确。

选项 D 考查动物园饲养动物致人损害责任。《民法典》第 1248 条规定："动物园的动物造成他人损害的，动物园应当承担侵权责任；但是，能够证明尽到管理职责的，不承担侵权责任。"据此，动物园对其饲养的动物致害承担过错推定责任。本题中，老虎从破损的虎笼蹿出，说明动物园未尽到管理职责，需要为戊女儿的人身损害负责。选项 D 正确。

# 第五十一章 物件损害责任

## 试 题

📶 *1.* 某小区的住宅楼共 20 层，某日十楼业主装修阳台时不慎掉下两颗钢钉，砸坏了九楼伸出房檐的玻璃，钢钉和玻璃碎渣一起坠落，砸坏了一楼的顶棚。一楼的业主同时起诉九楼、十楼的业主以及物业公司。关于一楼顶棚损害的承担，下列哪一说法是正确的？（2023 年回忆版）

    A. 仅十楼业主承担

    B. 九楼与十楼业主承担连带责任

    C. 九楼业主、十楼业主以及物业公司承担按份责任

    D. 九楼业主、十楼业主以及物业公司承担连带责任

📶 *2.* 金某回家需经过小区一内部道路，但有辆皮卡违规停放多日，物业未做处理。金某只好绕道而行，不料 19 楼的史某在阳台收衣服时，手中的木质晾衣架不慎掉落，正好砸中金某，致金某重伤。关于金某人身损害的赔偿责任，下列说法正确的是：（2021 年回忆版）

    A. 由史某承担赔偿责任

    B. 由史某与物业公司承担连带责任

    C. 由物业公司承担补偿责任

    D. 史某构成高空抛物罪

📶 *3.* 一儿童（5 岁）拿玩具金箍棒将三楼自家阳台的花瓶打落，砸伤了路过的快递员韩某。关于韩某人身损害的责任承担，下列哪一表述是正确的？（2021 年回忆版）

    A. 由儿童承担赔偿责任

    B. 由儿童父母承担

    C. 由快递公司承担

    D. 由快递公司和儿童父母共同承担

📶 *4.* 洪某在某小区被不明业主高空抛下的物品砸伤，花费医疗费数万元，于是将二楼以上住户、小区物业公司、管区派出所告上法庭索赔。对此，下列哪些说法是正确的？（2020 年回忆版）

    A. 二楼以上住户、物业公司不承担连带责任

    B. 二楼以上住户若能证明自己不在家，则不承担责任

    C. 派出所承担查清案件事实的责任

    D. 物业公司承担安全保障责任

📶 *5.* 赵某受邻居钱某的邀请，带着于某的宠物狗去住在三楼的钱某家做客，并将宠物狗放在三楼阳台上晒太阳。钱某提醒赵某，狗有摔下去的危险。果然，狗在阳台上玩耍时摔下楼，砸伤了正常走路的杨某。对于杨某的损害赔偿主张，下列哪些说法是正确的？（2018 年回忆版）

    A. 可请求赵某承担建筑物使用人的侵权责任

    B. 可请求钱某承担建筑物管理人的侵权责任

    C. 可请求钱某承担动物管理人的侵权责任

    D. 可请求于某承担动物饲养人的侵权责任

📶 *6.* 4 名行人正常经过北方牧场时跌入粪坑，1 人获救 3 人死亡。据查，当地牧民为养草放牧，储存牛羊粪便用于施肥，一家牧场往往挖有三四个粪坑，深者达三四米，之前也发生过同类事故。关于牧场的责任，下列哪些选项是正确的？（2016-3-67）

    A. 应当适用无过错责任原则

    B. 应当适用过错推定责任原则

    C. 本案情形已经构成不可抗力

    D. 牧场管理人可通过证明自己尽到管理职责而免责

## 详 解

*1.* ［答案］A     ［难度］中

［考点］建筑物中抛掷物品或者建筑物上坠落物品致害责任

［命题和解题思路］由题干描述的事实不难推断，本题涉及高空抛（坠）物问题，总体而言难度不大。解题时，考生需要区分建筑物使用人（在本题中为业主）与物业服务企业，二者承担责任的依据是不一样的。对于业主是否需要承担责任，需要结合高空抛（坠）物的侵权人是谁，侵权人能否调查确定来判断；物业公司则对业主的人身财产安全负担一般性的安全保障义务，物业公司是否承担侵权责任，取决于其是否违反了安

全保障义务。

　　[选项分析]《民法典》第1254条规定，禁止从建筑物中抛掷物品。从建筑物中抛掷物品或者从建筑物上坠落的物品造成他人损害的，由侵权人依法承担侵权责任；经调查难以确定具体侵权人的，除能够证明自己不是侵权人的外，由可能加害的建筑物使用人给予补偿。可能加害的建筑物使用人补偿后，有权向侵权人追偿。物业服务企业等建筑物管理人应当采取必要的安全保障措施防止前款规定情形的发生；未采取必要的安全保障措施的，应当依法承担未履行安全保障义务的侵权责任。发生本条第1款规定的情形的，公安等机关应当依法及时调查，查清责任人。该条对高空抛（坠）物问题作出了集中规定。由于本题中并无关于难以查明具体侵权人的情节，因此不存在可能加害的建筑物使用人承担补偿责任的空间。只需要结合具体的侵权人确定责任的分配。本题中，一楼的顶棚被砸坏的原因是十楼装修时不慎掉落两颗钢钉，九楼的玻璃也是因这两颗钢钉而被砸坏。因此对于一楼顶棚的损坏，十楼的业主是侵权人，应由十楼的业主承担侵权责任，九楼的业主无需承担侵权责任。既然九楼的业主并无侵权责任，自然也就谈不上与其他主体的连带或按份责任了。选项B、C、D均错误，选项A正确。

　　此外需要补充的是，关于物业公司的侵权责任，根据《民法典》第1254条第2款，物业公司的侵权责任类型属于违反安全保障义务的侵权责任。《民法典》第1198条第1款规定，宾馆、商场、银行、车站、机场、体育场馆、娱乐场所等经营场所、公共场所的经营者、管理者或者群众性活动的组织者，未尽到安全保障义务，造成他人损害的，应当承担侵权责任。据此，物业公司的侵权责任成立以违反安全保障义务为前提，本题题干中并无表明物业公司存在违反安全保障义务的情节，因此物业公司的侵权责任并不成立。

**2.**［答案］A　　［难度］难

　　［考点］建筑物中抛掷物品或者建筑物上坠落物品致害责任；违反安全保障义务的侵权责任；高空抛物罪

　　［命题和解题思路］本题属于民法和刑法的融合题，主要是对民法知识点的考查，同时涉及刑

法上的高空抛物罪。民刑融合的题目在法考中并不多见，可能也代表了一种未来客观题的命题趋势，需要考生综合运用民法与刑法知识。解答本题时，首先需要明确在民法层面上史某对金某的侵权责任奉行过错推定的归责原则。对于物业公司的责任，则需要结合违反安全保障义务的侵权责任进行分析，特别是本题中需要关注因果关系这一要件是否构成。本题中有辆皮卡违规停放多日，物业未做处理，物业公司的不作为与金某的损害之间虽有事实上的联系，但并不具备相当因果关系。刑法层面是否构成高空抛物罪，则依据相应的构成要件进行分析。

　　［选项分析］选项A、B、C从民法的角度考查建筑物中抛掷物品或者建筑物上坠落物品致害责任与违反安全保障义务的侵权责任。《民法典》第1253条规定："建筑物、构筑物或者其他设施及其搁置物、悬挂物发生脱落、坠落造成他人损害，所有人、管理人或者使用人不能证明自己没有过错的，应当承担侵权责任。所有人、管理人或者使用人赔偿后，有其他责任人的，有权向其他责任人追偿。"据此，史某对金某的侵权责任奉行过错推定原则，而本题中史某明显具有过错，因此，史某应当赔偿金某的人身损害。选项A正确。

　　至于物业公司的责任。《民法典》第1254条第2款规定："物业服务企业等建筑物管理人应当采取必要的安全保障措施防止前款规定情形的发生；未采取必要的安全保障措施的，应当依法承担未履行安全保障义务的侵权责任。"据此，物业公司的侵权责任构成应适用《民法典》第1198条。该条规定："宾馆、商场、银行、车站、机场、体育场馆、娱乐场所等经营场所、公共场所的经营者、管理者或者群众性活动的组织者，未尽到安全保障义务，造成他人损害的，应当承担侵权责任。因第三人的行为造成他人损害的，由第三人承担侵权责任；经营者、管理者或者组织者未尽到安全保障义务的，承担相应的补充责任。经营者、管理者或者组织者承担补充责任后，可以向第三人追偿。"在本题中，有辆皮卡违规停放多日，物业未做处理，但物业公司并未违反安全保障义务，因为物业公司的安全保障义务是针对防止高空抛物发生的，而治理机动车的违规停放并非这里的安全保障义务的要求内容，并且在本

题中，**物业公司未及时处理违规停放的皮卡，与金某遭受损害之间，也欠缺相当的因果关系。因此，物业公司并无责任。选项 B、C 错误。**

选项 D 考查刑法上的高空抛物罪。《刑法》第291 条之二规定："从建筑物或者其他高空抛掷物品，情节严重的，处一年以下有期徒刑、拘役或者管制，并处或者单处罚金。有前款行为，同时构成其他犯罪的，依照处罚较重的规定定罪处罚。"**高空抛物罪处罚的是故意行为，史某的行为是不慎导致晾衣架掉落，是典型的高空坠物行为，因此，不成立高空抛物罪**，不能追究史某的刑事责任。选项 D 错误。

**3.** ［答案］B ［难度］中

［考点］建筑物中抛掷物品或者建筑物上坠落物品致害责任；监护人责任

［命题和解题思路］本题考查考生对生活事实的法律解读能力，由于背景事实相对简单，因此考查难度不大。解答本题时，应先确定具体的加害人及其侵权类型，并在此基础上结合监护人责任的规定分析最终的责任承担者即可。**需要注意两点：其一，对于未成年人，现行法并不认可其过错能力；其二，监护人责任为无过错的替代责任。**

［选项分析］本题属于典型的建筑物中抛掷物品或者建筑物上坠落物品致害责任，《民法典》第1254 条规定："禁止从建筑物中抛掷物品。从建筑物中抛掷物品或者从建筑物上坠落的物品造成他人损害的，由侵权人依法承担侵权责任；经调查难以确定具体侵权人的，除能够证明自己不是侵权人的外，由可能加害的建筑物使用人给予补偿。可能加害的建筑物使用人补偿后，有权向侵权人追偿。物业服务企业等建筑物管理人应当采取必要的安全保障措施防止前款规定情形的发生；未采取必要的安全保障措施的，应当依法承担未履行安全保障义务的侵权责任。发生本条第一款规定的情形的，公安等机关应当依法及时调查，查清责任人。"据此，对于韩某的人身损害责任应由侵权人——儿童承担。在此基础上需要结合监护人责任的规定。《民法典》第1188 条规定："无民事行为能力人、限制民事行为能力人造成他人损害的，由监护人承担侵权责任。监护人尽到监护职责的，可以减轻其侵权责任。有财产的无民事

行为能力人、限制民事行为能力人造成他人损害的，从本人财产中支付赔偿费用；不足部分，由监护人赔偿。"据此，对于儿童的责任，由其父母作为监护人承担无过错的替代责任。选项 B 正确，选项 A 错误。

需要注意的是，本题并不适用用人者责任。《民法典》第1191 条第 1 款规定："用人单位的工作人员因执行工作任务造成他人损害的，由用人单位承担侵权责任。用人单位承担侵权责任后，可以向有故意或者重大过失的工作人员追偿。"该条适用的前提是工作人员作为加害人，而本题中，**作为快递公司员工的韩某是受害人。**选项 C 与选项 D 均错误。

**4.** ［答案］ABCD ［难度］易

［考点］建筑物中抛掷物品致害责任

［命题和解题思路］《民法典》第1254 条对高空抛物致害问题作出了修改与完善，本题是对该条的直接考查，基本上属于送分题。

［选项分析］选项 A 与选项 B 是对《民法典》第1254 条第 1 款的考查。《民法典》第1254 条第1 款规定："从建筑物中抛掷物品或者从建筑物上坠落的物品造成他人损害的，由侵权人依法承担侵权责任；经调查难以确定具体侵权人的，除能够证明自己不是侵权人的外，由可能加害的建筑物使用人给予补偿。"可能加害的建筑物使用人对受害人的责任承担方式是给予补偿，而不是承担连带责任。由于本题涉及的是抛掷物，二楼以上住户若能证明自己不在家，可以免责。但如果是坠落物，是不能通过证明自己不在家而免责的。选项 A、B 正确。

选项 C 是对《民法典》第1254 条第 3 款的考查。《民法典》第1254 条第 3 款规定："发生本条第一款规定的情形的，公安等机关应当依法及时调查，查清责任人。"据此，派出所承担查清案件事实的责任。选项 C 正确。

选项 D 是对《民法典》第1254 条第 2 款的考查。《民法典》第1254 条第 2 款规定："物业服务企业等建筑物管理人应当采取必要的安全保障措施防止前款规定情形的发生；未采取必要的安全保障措施的，应当依法承担未履行安全保障义务的侵权责任。"据此，物业公司承担安全保障责任。选项 D 正确。

**5.** ［答案］AB　　［难度］难

［考点］建筑物和物件致人损害责任；饲养动物损害责任

［命题和解题思路］本题背景事实略微有点离奇，以高空飞狗的事实考查建筑物和物件致人损害责任以及饲养动物损害责任，有一定难度。建筑物、构筑物或者其他设备及其搁置物、悬挂物发生脱落、坠落造成他人损害，现行法对责任人的界定是"所有人、管理人或者使用人"，承担的是过错推定责任。而对于饲养动物损害责任，需要注意其构成前提之一就是损害源于动物本身的危险，如果并非动物本身的危险所致，不能适用饲养动物损害责任。

［选项分析］选项 A 与选项 B 考查建筑物和物件损害责任。《民法典》第 1253 条规定："建筑物、构筑物或者其他设施及其搁置物、悬挂物发生脱落、坠落造成他人损害，所有人、管理人或者使用人不能证明自己没有过错的，应当承担侵权责任。所有人、管理人或者使用人赔偿后，有其他责任人的，有权向其他责任人追偿。"坠落的狗虽非本条所规定的建筑物、构筑物、搁置物、悬挂物，但坠落的狗致人损害，在性质上类似于高空坠物致人损害，可以类推适用《民法典》第 1253 条的规定。钱某作为建筑物的所有人或管理人，应当承担过错推定责任，其虽有提醒，但并未有效阻止赵某实施危险行为，应承担建筑物管理人的过错责任。选项 B 正确。赵某作为建筑物使用人，在他人阳台放置了易动且易坠落的物件（狗），存在明显过错，应当承担建筑物使用者的过错推定责任。选项 A 正确。

选项 C、D 考查饲养动物损害责任。饲养动物损害责任的构成前提之一是属于动物本身的危险，而在本题中，狗因坠落给杨某造成损害，并非源于动物本身的危险，因此不适用饲养动物损害责

任。选项 C 与选项 D 均错误。

**6.** ［答案］BD　　［难度］中

［考点］建筑物和物件致人损害责任

［命题和解题思路］本题考查建筑物和物件致人损害责任的地下设施致害责任，具体涉及归责原则与责任减免事由等知识点。解答本题时，需要注意不同的地下设施致害时归责原则有所不同，同时需要注意区分地下设施施工人责任与地下窨井洞穴管理人责任。

［选项分析］选项 A 与选项 B 考查地下设施致害责任。《民法典》第 1258 条规定："在公共场所或者道路上挖掘、修缮安装地下设施等造成他人损害，施工人不能证明已经设置明显标志和采取安全措施的，应当承担侵权责任。窨井等地下设施造成他人损害，管理人不能证明尽到管理职责的，应当承担侵权责任。"地下设施致损包括"在公共场所或者道路上挖掘、修缮安装地下设施等"与"窨井等地下设施造成他人损害"两种情形，前者适用无过错责任原则，后者适用过错推定责任原则。本题中，北方牧场所挖粪坑致行人损害属"窨井等地下设施造成他人损害"，适用过错推定责任原则。选项 A 错误，选项 B 正确。

选项 C 考查不可抗力。《民法典》第 180 条规定："因不可抗力不能履行民事义务的，不承担民事责任。法律另有规定的，依照其规定。不可抗力是不能预见、不能避免且不能克服的客观情况。"本题中，考虑到之前也发生过同类事故，应可以通过采取安全防范措施加以避免、克服，难以构成不可抗力。选项 C 错误。

选项 D 考查物件致人损害的免责事由。依据《民法典》第 1258 条，北方牧场所挖粪坑致行人损害适用过错推定责任原则，牧场管理人可通过证明自己尽到管理职责而免责。选项 D 正确。

# 桑磊法考
# 2024客观题网络辅导

咨询电话：400-839-3366　　　报名通道：扫描下方二维码